विश्नोई संतकवियों द्वारा रचित राम-कृष्ण सम्बन्धी आख्यान काव्य

डॉ. रामस्वरूप

Pustak Bharati
Toronto Canada

Book Title: विश्नोई संतकवियों द्वारा रचित राम–कृष्ण सम्बन्धी आख्यान काव्य

Author: डॉ. रामस्वरूप

Published by:
Pustak Bharati (Books-India)
180 Torresdale Ave, Toronto Canada M2R 3E4
email : pustak.bharati.canada@gmail.com

Copyright ©2025

ISBN : 978-1-998027-25-5

ISBN 978-1-998027-25-5
9 781998 027255

© All rights reserved. No part of this book may be copied, reproduced or utilised in any manner or by any means, computerised, e-mail, scanning, photocopying or by recording in any information storage and retrieval system, without the permission in writing from the author.

विषयानुक्रमणिका

	प्राक्कथन	i
1.	विश्नोई पंथ : स्वरूप एवं मान्यताएँ	1
2.	राम-कृष्ण सम्बन्धी आख्यान काव्यकारों का जीवनवृत्त एवं कृतित्व	26
3.	राम-कृष्ण सम्बन्धी आख्यान काव्यों का परिचयात्मक विवेचन	109
4.	उपजीव्य ग्रंथों सहित आख्यान काव्यों का परस्पर तुलनात्मक अध्ययन	142
5.	निराकार-निर्गुण भक्ति और सगुण-साकार राम-कृष्ण	179
6.	आलोच्य आख्यान काव्यों का काव्यगत वैशिष्ट्य	196
	उपसंहार	256
	ग्रंथ सूची	264

प्राक्कथन

नमो नमो गुर जंभ नमो गुर ज्ञान दिवाकर।
नमो गुरु उपदेस नमो गुरदेव विद्याधर।
नमो नमो सिध साध, नमो रिष राज मुनिवर।
नमो नमो पित माता, नमो स्रब देव पुरन्दर।
पांच तत ब्रह्ममंडळू नमो नमो स्रब आतमा।
कर जोडै ऊधव कहै नमो विष्णु प्रमातमा।।

उत्तर भारत में विक्रम की सोलहवीं शताब्दी में प्रवर्तित विश्नोई पंथ मूलतः निर्गुण मतावलंबी है, लेकिन निर्गुण पंथ-सम्प्रदायों की मानी जाने वाली सामान्य विशेषताओं से विश्नोई पंथ की मान्यताएं कुछ भिन्न हैं। इस पंथ के प्रवर्तक गुरु जाम्भोजी हैं। उनकी वाणी साहित्य में उपलब्ध उनके विचार विश्नोई पंथ के सिद्धांतों के रूप में मान्य हैं। इस पंथ में विष्णु को परब्रह्म माना गया है। विष्णु के निराकार रूप को मानने वाले विश्नोई पंथ का परमसत्ता के अवतार में विश्वास है। गुरु जाम्भोजी विष्णु के दशावतार मानते हैं। विष्णु अनंत रूपों में सर्वत्र व्याप्त है। भगवान के अवतार में विश्वास रखते हुए भी गुरु जाम्भोजी को मूर्तिपूजा स्वीकार्य नहीं है। इस पंथ में शास्त्र एवं पुस्तकों को महत्त्व दिया जाता है। गुरु जाम्भोजी के अनुसार वेद, शास्त्र थोथे नहीं हैं, किंतु उनका सार ग्रहण किया जाना चाहिए, अध्ययन के द्वारा उनका मर्म समझा जाना चाहिए। गुरु जाम्भोजी पुनर्जन्म और कर्म-सिद्धांत पर पूर्ण विश्वास करते हैं। गुरु जाम्भोजी एक महान् कर्मयोगी थे, जिन्होंने अपनी ज्ञानमयी वाणी से समाज को सुसंस्कृत और आदर्श समाज बनाने का कार्य किया। मनुष्य के लौकिक जीवन के उत्थान और उसे लोक कल्याण की ओर उन्मुख करने का सहज, सरल एवं व्यावहारिक मार्ग गुरु जाम्भोजी ने विश्नोई पंथ के माध्यम से बताया।

विश्नोई पंथ से सम्बन्धित शोध-समीक्षा साहित्य पर दृष्टिपात करने पर स्पष्ट हुआ कि इस पंथ के प्रवर्तक गुरु जाम्भोजी तथा अन्य संतकवियों के काव्य पर आधारित शोध कार्य हुए हैं। स्वतंत्र समीक्षाएं भी हुई है। पंथ के स्वरूप, आध्यात्मिक दर्शन, धार्मिक-सामाजिक दृष्टिकोण, पर्यावरण संरक्षण आदि पर काफी कुछ लिखा-पढ़ा गया है, लेकिन विश्नोई संतकाव्य के और भी अनेक महत्त्वपूर्ण पक्ष है, जिन पर अभी तक विशेष ध्यान नहीं दिया गया।

निर्गुण-निराकार विष्णु के उपासक विश्नोई पंथ में चूंकि अवतारवाद को मान्यता मिली, विष्णु के मत्स्य, कूर्म, वराह, वामन, नृसिंह, परशुराम, राम, कृष्ण, बुद्ध और कल्कि अवतारों को स्वीकार किया गया है। इन

दशावतारों में बुद्ध बौद्ध धर्म के प्रवर्तक भगवान् बुद्ध नहीं है। इस पंथ की विचारधारा के अनुसार विष्णु ने द्वापर युग में बुद्ध रूप धारण करके गयासुर का वध किया था। इन अवतारों में नौ अवतार हो चुके हैं और दसवां कल्कि अवतार शेष है। अवतारवाद में आस्था के कारण अवतारों से सम्बन्धित कथाओं पर आधारित काव्यों की रचना इस पंथ में हुई। अन्य पंथ–सम्प्रदायों की भांति विश्नोई पंथ में भी अनेक प्रतिभा सम्पन्न साधक हुए, विष्णु के अवतारों में राम–अवतार और कृष्ण–अवतार को लोक में सर्वाधिक महत्त्व मिला है। विश्नोई पंथ के काव्य का अवलोकन करते हुए हमने पाया कि इस पंथ के संतकवियों ने राम और कृष्ण से सम्बन्धित अनेक आख्यान काव्यों की रचना की है।

हिंदी–समाज–हिंदी–निर्गुणभक्तिकाव्य–परम्परा को 'राम नाम का मरम है आना' के विचार–रूप में देखता समझता है, लेकिन मूलतः निर्गुण–निराकार से सम्बद्ध एक पंथ न केवल राम और कृष्ण को मान्यता देता है बल्कि उनके संत–महात्मा उनसे सम्बन्धित काव्य रचनाएं भी करते हैं। निर्गुण भक्ति की रचनाओं के साथ–साथ सगुण अवतार की विविध लीला विषयक रचनाएं इस पंथ की विशिष्टता है। जो गुरु जाम्भोजी के सगुणोन्मुखी निर्गुण भक्ति काव्य–परम्परा की प्रवृत्ति को परिलक्षित करती है।

ऐसी स्थिति में हमने अनुभव किया कि विश्नोई पंथ के राम–कृष्ण सम्बन्धी काव्यों और उनके परिप्रेक्ष्य में हिंदी की निर्गुण काव्य परम्परा को देखने–परखने और समझने की आवश्यकता है। प्रस्तुत ग्रन्थ इसी आवश्यकता की पूर्ति का एक विनम्र प्रयास है।

भारतीय संस्कृति के उन्नायक मानवतावाद के प्रतीक पुरुष राम–कृष्ण लोक एवं समाज में मानवतावादी चेतना के साक्षी स्वरूप में वर्तमान है। विश्नोई पंथ में अवतारवाद की भावना के फलस्वरूप राम और कृष्ण दोनों प्रमुख अवतारों को आधार बनाकर विपुल मात्रा में साहित्य सृजन हुआ। संतकवियों ने इन दोनों अवतारों को पूर्ण ब्रह्म के प्रतीक मानकर उनके आदर्श मानवतावादी स्वरूप को लोक में प्रस्तुत किया। राम और कृष्ण अपनी–अपनी चारित्रिक विशिष्टताओं की वजह से लोक–समाज में भक्तों के मानस को प्रकाशमान करते हैं। ज्ञान–विज्ञान के समस्त पक्षों का सम्यक् निरूपण इनमें देखने को मिलता है।

प्रस्तुत ग्रन्थ में विश्नोई पंथ के डेल्हजी, पदम भगत, मेहोजी गोदारा, सुरजनदासजी पूनिया, केसौदास गोदारा, रामलला और ऊदोजी अड़ींग इन सात संतकवियों की राम–कृष्ण सम्बन्धी दस आख्यान काव्य रचनाओं को विवेचित–विश्लेषित किया गया है। मानव जीवन की आदर्श नीति, संस्कृति, स्वस्थ धर्म परम्पर और संस्कारों के पालन की प्रेरणा इन आख्यान काव्यों में विशेष रूप से उद्घाटित हुई है। ये आख्यान काव्य

भारतीय समाज के सांस्कृतिक विकास की दृष्टि से बहुत महत्त्वपूर्ण है। इन आख्यानों के माध्यम से विश्नोई संतकवियों ने समाज को भगवान् के प्रति प्रेम और भक्ति से प्रेरित करने के साथ ही समाज सुधार एवं धर्म की नई व्याख्या भी प्रस्तुत की है।

विश्नोई संतकवियों ने आख्यानों के माध्यम से राम का चरित एक आदर्श महापुरुष के रूप में सत्यवादी, न्यायप्रिय, दृढ़ संकल्पशील, श्रमशील, परोपकारी तथा धीर-गंभीर-लोकरक्षक के रूप में उद्घाटित किया है। वहीं कृष्ण सम्बन्धी आख्यान काव्य धार्मिक एवं सांस्कृतिक दृष्टि से विशेष महत्त्वपूर्ण है। धार्मिक ग्रंथ के रूप में ये रचनाएं मनुष्य के जीवन के अभ्युदय को उद्घाटित करता है, वहीं कर्म, ज्ञान और भक्ति का समन्वय इनमें देखने को मिलता है। इतिहास के साथ-साथ कल्पना शक्ति का भी पूर्ण समावेश इन आख्यानों में विशेष रूप से मिलता है। सामान्य जनता के आचार-विचार से लेकर लोक में करणीय एवं श्रेष्ठ कार्य तथा अनैतिक कार्यों से सदैव बचने की प्रेरणा भी इन आख्यान काव्यों में समाहित है। इनमें प्रचलित कथाओं में कई नवीन लोक प्रचलित-प्रसिद्ध तत्त्वों का संयोजन भी किया गया है। भारतीय समाज, संस्कृति और मानवीय चेतना के विविध पहलुओं को साहित्यिक रूप में समेटा गया है। लोक भाषा में समाज की सांस्कृतिक यात्रा, मानवीय भावों की संवेदनशीलता, उद्देश्यों एवं राम-कृष्ण सम्बन्धी आख्यान काव्य परम्परा की दृष्टि से समस्त रचनाएं महत्त्वपूर्ण एवं प्रभावशाली है। लोक की सामाजिक श्रेष्ठता, धार्मिक भक्ति-भावना, नैतिक आचरण और सांस्कृतिक उन्नयन में आख्यानों का बहुत बड़ा योग है। मनुष्य के आचार-विचार में सुधार और उन्नयन तथा मध्ययुगीन समाज के सांस्कृतिक और साहित्यिक विकास की दृष्टि से ये आख्यान महत्त्वपूर्ण है। प्रायः सभी आख्यान लोक भाषा में रचित संवादात्मक शैली व विभिन्न देशी राग-रागिनियों में गेय हैं। संवाद सटीक, आकर्षक, मुहावरेदार एवं दैनिक प्रयोग की भाषा में व्यक्त किये गए हैं। इनमें विश्नोई पंथ की मान्यताएं, परम्परा एवं गुरु जाम्भोजी की विचारधारा का पूर्ण प्रभाव परिलक्षित होता है।

प्रस्तुत ग्रन्थ कुल छह अध्यायों में विभक्त है। प्रथम अध्याय में विश्नोई पंथ के स्वरूप और उसकी मान्यताओं को स्पष्ट किया गया है। पंथ के प्रवर्तक गुरु जाम्भोजी के संक्षिप्त जीवन परिचय के साथ उन्हें एक नये पंथ की आवश्यकता क्यों पड़ी अर्थात् पंथ संस्थापन सम्बन्धी उनके उद्देश्यों पर विचार करते हुए उन उद्देश्यों की पूर्ति के लिए उन्होंने जिन नीति-नियमों का निर्धारण किया, उनका विवेचन भी इसी अध्याय में किया गया है।

द्वितीय अध्याय में हमारे अध्ययन विषय की सीमा में आने वाले

विश्नोई संतकवियों का जीवनवृत्त रेखांकित किया गया है। राम–कृष्ण सम्बन्धी आख्यानों की रचना करने वाले संतकवियों के जन्म, परलोकगमन, परिवार आदि से सम्बन्धित तथ्यात्मक जानकारी जुटाने का उद्यम किया गया है। साथ ही उनके संत जीवन, पंथ में स्थिति, पंथ और समाज के लिए उनके अवदान पर भी प्रकाश डाला गया है। जीवन परिचय के साथ ही सम्बन्धित कवियों के सम्पूर्ण कृतित्व का परिचयात्मक विवरण भी इसी अध्याय के अन्तर्गत समाविष्ट है। इसके अन्तर्गत रचनाओं की उपलब्ध हस्तलिखित प्रतियों से सम्बन्धित जानकारी अर्थात् लिपिकाल, लिपिकर्ता, लिपिस्थान आदि के साथ रचनाओं के रचनाकाल, वर्ण्य विषय, आकार–प्रकार, प्रकाशन स्थिति आदि का विवरण है।

विश्नोई पंथ के संतकवियों द्वारा रचित राम और कृष्ण सम्बन्धित आख्यान काव्यों की कथावस्तु का विवेचन–विश्लेषण तृतीय अध्याय में किया गया है। इसके अन्तर्गत विश्नोई संत परम्परा के सात रचनाकारों द्वारा रचित विवेच्य विषय से सम्बन्धित दस रचनाएँ सम्मिलित है ।

ग्रंथ के चतुर्थ अध्याय में विश्नोई पंथ के संतकवियों द्वारा रचित राम–कृष्ण सम्बन्धी आख्यान काव्यों का रामायण, महाभारत, पुराण आदि उपजीव्य ग्रंथों के साथ तुलनात्मक अध्ययन प्रस्तुत किया गया है। इसके साथ ही इस परम्परा की समान विषय वस्तु वाली रचनाओं का भी परस्पर तुलनात्मक अध्ययन किया गया है।

निराकार–निर्गुण भक्ति परम्परा की सामान्य विशेषताओं में एक यह भी है कि वह अवतारवाद और विष्णु के अवतार रूप में राम–कृष्ण आदि को स्वीकार नहीं करती। लेकिन विश्नोई पंथ मूलतः निराकारोपासक होते हुए भी विष्णु के अवतारों को स्वीकार करता है। न केवल स्वीकार करता है उनसे सम्बन्धित कथाओं को कहता–सुनता और उन पर काव्य रचना भी करता है। प्रस्तुत ग्रन्थ का पंचम अध्याय इसी विषय पर केन्द्रित है। इसके अन्तर्गत सामान्य निर्गुण भक्ति परम्परा से विश्नोई पंथ के इस पृथक् दृष्टिकोण को समझाने के साथ ही हमने यह भी देखने का प्रयास किया है कि सगुण भक्ति परम्परा के राम और कृष्ण के साथ इनका क्या साम्य–वैषम्य है।

पुस्तक के षष्ठ अध्याय का शीर्षक है– 'आलोच्य आख्यान काव्यों का काव्यगत वैशिष्ट्य'। इसके अन्तर्गत सर्वप्रथम रस व्यंजना की दृष्टि से इन रचनाओं का परीक्षण किया है, साथ ही रचनाकारों के प्रकृति–चित्रण का मूल्यांकन किया गया है। अभिव्यक्ति पक्ष की दृष्टि से सर्वप्रथम भाषा पर विचार किया गया है।

विवेच्य काव्य रचनाओं का एक महत्त्वपूर्ण पक्ष है। इनमें प्राप्त होने वाली संवाद योजना। संवादों की दृष्टि से काव्य रचनाओं के मूल्याकंन के पश्चात् अलंकार, प्रतीक, बिम्ब, छन्द, संगीतात्मकता की दृष्टि से इन

रचनाओं का विवेचन–विश्लेषण किया गया है।

अंत में 'उपसंहार' शीर्षक के अन्तर्गत सम्पूर्ण ग्रंथ के सार रूप में विश्नोई संतकवियों द्वारा रचित राम–कृष्ण सम्बन्धी आख्यान काव्यों के सर्वांगपूर्ण महत्त्व का आकलन किया गया है।

सर्वप्रथम मैं मेरे आराध्य विष्णु की पूर्ण प्रतिष्ठा परम् गुरु जाम्भोजी के श्रीचरणों में श्रद्धापूर्वक नमन–वंदन करता हूँ, जिनकी असीम अनुकम्पा से ग्रंथ लेखक का कार्य सुलभ एवं संभव हुआ। मैं राम–कृष्ण सम्बन्धी आख्यान काव्यों के रचनाकार समस्त संतकवियों के पावन चरणों में वंदन करता हूँ। साथ ही प्रस्तुत ग्रन्थ को सम्पन्न करने में जिन श्रद्धास्पद, परमस्नेही, विद्वज्जनों का कुशल मार्गदर्शन एवं सानिध्य प्राप्त हुआ, उनके प्रति हृदय की अतल गहराइयों से श्रद्धा–समन्वित आभार प्रकट करता हूँ।

माता–पिता एवं गुरुजनों के आशीर्वाद और परिजनों के सहयोग के प्रति मैं श्रद्धावनत हूँ। आप सभी के स्नेहाशीष का प्रतिफल ही मेरे लेखन कार्य की सम्पन्नता है।

विश्नोई संतकवियों द्वारा रचित राम–कृष्ण सम्बन्धी आख्यान काव्यों पर लेखन हेतु विषय चयन से लेकर संपूर्ण कार्य में निरंतर प्रोत्साहन, उत्साहवर्धन, शुभाशीष, विद्वतापूर्ण निर्देशन एवं अमूल्य सहयोग प्रदान करने वाले परम श्रद्धेय, वंदनीय गुरुश्रेष्ठ डॉ. देवेन्द्र कुमार सिंह गौतम, प्रोफेसर हिंदी विभाग, जयनारायण व्यास विश्वविद्यालय, जोधपुर ने सहृदयता एवं आत्मीयता के साथ अनवरत मेरे मनोबल में अभिवृद्धि करते हुए महत्त्वपूर्ण सुझाव एवं बहुमूल्य ज्ञान देकर आलोक स्तम्भ की भांति मेरा मार्ग–दर्शन किया। आपकी महती कृपा के लिए आभार प्रकट करके, मैं उऋण नहीं होना चाहता हूँ। मैं श्रद्धा–संवलित हृदय का मौन ही गुरुवर के चरणों में अर्पित करता हूँ।

प्रस्तुत ग्रन्थ को सम्पन्न करने से पूर्व सत्प्रेरणा, मार्गदर्शन एवं दिशा–निर्देश प्रदान करने तथा संतकवियों द्वारा रचित काव्यों को पढने–समझने के लिए जाम्भाणी साहित्य अकादमी के पूर्व अध्यक्ष, स्वामी कृष्णानंद आचार्य (ऋषिकेश), गुरुवर स्वामी भागीरथदास शास्त्री (जैसलां), डॉ. गोवर्धनराम, श्रीमहंत शिवदास शास्त्री (रुड़कली धाम) ने मुझे अपनी कृपा दृष्टि का पात्र बनाया। स्वामी कृष्णानंद जी आचार्य ने अपने निजी पुस्तकालय से मुझे अनेक दुर्लभ हस्तलिखित ग्रंथ, सहायक ग्रंथ एवं प्राचीन हस्तलिखित ग्रंथों की मृदुलिपि पाठ शोध सामग्री निर्बाध उपलब्ध कराई। आपके पावन सहयोग से ही मुझे दुर्लभ हस्तलिखित वाणी ग्रंथों को देखने, अध्ययन–अनुशीलन करने व गूढ़ रहस्यों को समझने का सौभाग्य प्राप्त हुआ। आप सभी के आशीर्वाद, कुशल मार्गदर्शन एवं सतत् प्रेरणा से मैं इस कार्य को पूर्ण करने में सफल हो सका। मैं सदैव आप

सभी के प्रति श्रद्धावनत हूँ।

विश्नोई पंथ के साहित्य के अधिकारी विद्वान डॉ. हीरालाल माहेश्वरी (जयपुर), प्रोफेसर नरसीराम बिश्नोई (हिसार), डॉ. सोनाराम विश्नोई (जोधपुर), प्रो. किशनाराम बिश्नोई (हिसार), डॉ. बनवारीलाल सहू (हनुमानगढ़), प्रो. पुष्पा विश्नोई (जोधपुर) आदि ने समय-समय पर भाषा एवं साहित्य सम्बन्धी जटिल गुत्थियों को सुलझाने में अपनी सम्मति प्रदान की। इन सभी सुधीजनों का स्नेह-सान्निध्य मेरे लिए प्रेरणास्रोत रहा है। विश्नोई संतकवियों के साहित्य से सम्बन्धित हस्तलिखित ग्रंथ उपलब्ध कराने में अखिल भारतीय बिश्नोई महासभा, मुकाम, जाम्भाणी साहित्य अकादमी, बीकानेर, राजस्थान प्राच्य विद्या प्रतिष्ठान, जोधपुर, गुरु जंभेश्वर जी महाराज धार्मिक अध्ययन संस्थान, गुरु जंभेश्वर विज्ञान एवं प्रौद्योगिकी विश्वविद्यालय, हिसार, वील्होजी पुस्तकालय, बिश्नोई मंदिर, हिसार एवं केंद्रीय पुस्तकालय, जयनारायण व्यास विश्वविद्यालय, जोधपुर के अधिकारियों एवं कर्मचारियों से मिले संस्थागत, वैचारिक एवं आत्मीय सहयोग के प्रति मैं कृतज्ञ हूँ।

श्री मूलाराम लोल (जाम्भाणी साहित्य अकादमी), डॉ. प्रेमसिंह राजपुरोहित (सहायक आचार्य), डॉ. सुरेंद्र कुमार, श्री पुरुषोत्तम थोरी (प्राध्यापक), डॉ. पुखराज (प्राध्यापक), डॉ. संगीता विश्नोई, अनुज महेंद्र जंवर का मैं आभार प्रकट करता हूँ, जिनके समय-समय पर प्राप्त प्रोत्साहन, उत्साहवर्धन एवं सहयोग से मैं प्रस्तुत ग्रन्थ लेखन का कार्य सम्पन्न कर सका।

अनवरत प्रसन्नभाव से सहयोगात्मक परिस्थितियाँ प्रदान कर मानसिक संबल प्रदान करने हेतु मैं अर्धांगिनी श्रीमती गुड्डी देवी एवं अंकिता और खुशबू (पुत्री) व कपिल (पुत्र) का भी आभार प्रकट करता हूँ। आपके सहयोग से मेरे कार्य में निरंतरता बनी रही।

अब मैं इस ग्रंथ लेखन के कार्य में प्रत्यक्ष एवं अप्रत्यक्ष रूप से सहयोग करने वाले समस्त विद्वज्जन, विचारक, संत-महापुरुष एवं इस कार्य के सृजन में सहायक व उपयोगी सिद्ध होने वाले समस्त आत्मीय जनों का हार्दिक आभार प्रकट करता हूँ। मैं उन समस्त सुकृति विद्वज्जनों के प्रति भी आभार व्यक्त करना अपना परम दायित्व समझता हूँ, जिनके ग्रंथ एवं विचार किसी न किसी रूप में इस कार्य के सृजन में सहायक साबित हुए हैं। मैं राम-कृष्ण सम्बन्धी आख्यान काव्यों की रचना करने वाले समस्त संतकवियों के प्रति नतमस्तक हूँ।

21 जुलाई, 2025   रामस्वरूप
जोधपुर

1. विश्नोई पंथ : स्वरूप एवं मान्यताएँ

विश्नोई पंथ से हमारा तात्पर्य–उत्तरी भारत में विक्रम की सोलहवीं शताब्दी में उदित एक नवीन पंथ, जिसने निराश एवं भग्नशील जनता के हृदय में आशा का संचार किया और उसे जीवन पथ पर अग्रसर होने के लिए एक नवीन संजीवनी प्रदान की। यह पंथ हिन्दी साहित्येतिहास के मध्यकालीन भक्ति साहित्य में 'विश्नोई–पंथ' के नाम से अभिहित हुआ। इस पंथ के प्रवर्तक एक महान योगी, निष्ठावान अमर साधक, कैवल्यज्ञानी, महाप्राणवान चिन्तक, समाज सुधारक तथा धर्म– संस्थापक– गुरु जाम्भोजी है। इस पंथ की मूल मान्यताएँ मध्यकाल में प्रवर्तित अन्य पंथ–सम्प्रदायों की मानी जानी वाली सामान्य विशेषताओं से कुछ भिन्न हैं।

मध्यकाल में प्रवर्तित पंथ–सम्प्रदायों के साथ 'विश्नोई–पंथ' की गणना मूलतः निर्गुण मतावलम्बी के रूप में की जाती है। इस पंथ के मूल उपासक निर्गुण–निराकार विष्णु है इस पंथ में विष्णु को परब्रह्म माना गया है। विष्णु के निराकार रूप को मानने वाले विश्नोई पंथ का परमसत्ता के अवतार में विश्वास है। उनके अनुसार विष्णु अनन्त रूपों में सर्वत्र व्याप्त है। अवतारवाद में विश्वास रखते हुए भी इस पंथ में मूर्तिपूजा स्वीकार्य नहीं है। इस पंथ में शास्त्र एवं पुस्तक ज्ञान को महत्त्व दिया जाता है। पुनर्जन्म एवं कर्म सिद्धान्त पर इस पंथ के लोग पूर्ण विश्वास करते हैं।

विश्नोई पंथ के स्वरूप एवं मान्यताओं आदि के विवेचन–विश्लेषण से पूर्व हमें पंथ–प्रर्वतक गुरु जाम्भोजी का जीवन परिचय जानना आवश्यक है क्योंकि किसी भी पंथ–सम्प्रदाय पर उनके प्रवर्तक का ही व्यक्तित्व सर्वत्र छाया रहता है।

गुरु जाम्भोजी का जीवन परिचय

मध्ययुग में प्रवर्तित अधिकांश पंथ–सम्प्रदायों के प्रवर्तकों, संतों एवं भक्त कवियों का जीवनवृत्त प्रायः प्रामाणिक रूप से उपलब्ध नहीं होता है, उनके विषय में अलग–अलग विद्वानों के भिन्न–भिन्न मत है लेकिन विश्नोई पंथ–प्रवर्तक गुरु जाम्भोजी के जीवन काल के विषय में अप्रामाणिक कुछ भी नहीं है। गुरु जाम्भोजी का जीवन परिचय पंथ के तत्कालीन एवं परवर्ती संतकवियों द्वारा सृजित साहित्य में लिपिबद्ध है। गुरु जाम्भोजी की महिमा एवं लोक–प्रसिद्धि उनके युग में ही आरम्भ हो चुकी थी। कई इतिहास प्रसिद्ध राजा–महाराजा उनसे शास्त्रार्थ करने आये थे, जो किंवदतियां न होकर सुष्ठु प्रमाण के रूप में उपलब्ध होता

है। प्राचीन हस्तलिखित ग्रंथों, विभिन्न परवानों एवं कई राजाओं द्वारा दिये गये परवाने व ताम्रपत्र इनके प्रमाण हैं। जिस प्रकार श्रीराम और श्रीकृष्ण का जीवन चरित वर्णित हुआ है, उसी प्रकार गुरु जाम्भोजी का जीवन चरित भी पंथ के लोगों द्वारा रचित काव्यग्रंथों में उपलब्ध होता है।

जाम्भाणी संतकवियों द्वारा लिपिबद्ध उपलब्ध प्राचीन हस्तलिखित प्रतियों, शोध प्रबन्धों, स्वतन्त्र शोध समीक्षाएँ, साहित्य इतिहास ग्रंथों तथा विश्नोई पंथ, संत साहित्य एवं संतभक्त परिचय से संबंधित प्रकाशित शोध–समीक्षा ग्रंथों के आधार पर यहाँ संक्षेप में गुरु जाम्भोजी का जीवन परिचय दिया जाता है–

जन्मकाल व जन्म स्थान

गुरु जाम्भोजी का जन्म विक्रम सम्वत् 1508, भादवा वदी अष्टमी को उत्तर भारत के राजस्थान प्रान्त के तत्कालीन जोधपुर रियासत के नागौर परगने के पीपासर गाँव में हुआ। गुरु जाम्भोजी के दिव्य एवं अलौकिक जन्मावतार का उल्लेख अनेक संतकवियों ने किया है। यहाँ कतिपय छंद उल्लेखित किये जाते हैं–

संवत् पन्द्रह सौ इठोत्तर, कृतका नक्षत्र प्रमाण।
भादो वदि अरु अष्टमी, चन्द्रवार पुनि जाण।।[1]

संतकवि वील्होजी की वाणी में इस तिथि का उल्लेख इस प्रकार हुआ है–

पंदरा सै अठौत्तरै गुरु आयो करिभाव।
कुपरि पलटण परे करण, थापण रित्य नियाव।।[2]

संतकवि केसौदास गोदारा ने इसी तिथि का समर्थन करते हुए गुरु जाम्भोजी के अवतरण को इस प्रकार उल्लेखित किया है–

पनरासर अठोतरि इला, कायम ले परगटीयो कला।
वदि भादव आठैव्य अवतार, करि कीरया आयो करतार।[3]

संत साहबराम राहड़ 'जम्भसार' में गुरु जाम्भोजी के मृत्यु–लोक में आने की तिथि, वार आदि के बारे में इस प्रकार लिखते हैं–

भली ऋतु वर्षा भाद्रवै मास। कियो कुल पुंवार तणै प्रकाश।
गिणे तिथि आठम पख अंधार। सम्पूर्ण शांत सुसोम सुवार।।[4]

परमानन्द जी के शब्दों में–

कलजुग मां श्रबे धंम बछेद हुवौ। पाछै संमत् 1508 व्रषे मीती भादवा वदे 8 वार सोमवार क्रतका नषत श्री बिसंनजी गाँव पीपासर मंघे लोहट पुंवार रै घरै चरित रूपी प्रगट हुवा। पार कंणी पायो नहीं।'[5]

स्वामी ब्रह्मानन्द ने 'जम्भदेव चरित भानु' ग्रंथ में गुरु जाम्भोजी का

जन्मावतार 'सम्वत् पंद्रह सौ आठ भादों बदी अष्टमी सोमवार कृतिका नक्षत्र को आधी रात हांसाजी के शुद्धोदर से पुत्र रूप रत्न प्रकट हुआ।[6] स्वयं गुरु जाम्भोजी ने अपनी वाणी में स्वयं के अवतार स्थल का उल्लेख सबद संख्या 67 में इस प्रकार किया गया है– **'श्री गढ आलमोट पुर पाटण, भुंय नागौरी म्हे उण्डे नीरे अवतार लीयो।**[7]

इसके अतिरिक्त जाम्भाणी साहित्य एवं अन्य सभी समीक्षा ग्रंथों में जहाँ भी इनका जीवनवृत्त उल्लेखित हुआ है प्रायः सभी ग्रंथों में इसी जन्म–काल एवं जन्म–स्थान को स्वीकार किया गया है।

जाम्भाणी साहित्य के अधिकारी विद्वान डॉ. हीरालाल माहेश्वरी,[8] स्वामी कृष्णानन्द आचार्य,[9] डॉ. कृष्णलाल बिश्नोई,[10] डॉ. सुरेन्द्र कुमार बिश्नोई,[11] डॉ. बनवारीलाल सहू,[12] डॉ. मदनकुमार जानी,[13] डॉ. ओंकारनाथ चतुर्वेदी,[14] डॉ. पेमाराम,[15] डॉ. मदन सैनी,[16] डॉ. किशनाराम बिश्नोई,[17] डॉ. नगेन्द्र, डॉ. हरदयाल,[18] आचार्य परशुराम चतुर्वेदी[19] आदि सभी विद्वानों ने अपने समीक्षा ग्रंथों में इसे स्वीकार किया है।

गुरु जाम्भोजी का जन्मावतार स्थल पीपासर गाँव नागौर जिला मुख्यालय से 45 किमी उत्तर दिशा में स्थित है। जहाँ पर गुरु जाम्भोजी के पिताजी लोहटजी का प्राचीन भवन, गुरु जाम्भोजी की खड़ाऊ जोड़ी व अन्य सामान, प्राचीन कुँआ आदि वर्तमान है। यहाँ पर राजस्थान सरकार की ओर से एक पेनोरमा भी बनाया गया है जिसमें गुरु जाम्भोजी के जीवनवृत्त को आधुनिक उपकरणों के माध्यम से दर्शाया गया है।

अन्य पंथ–सम्प्रदायों की भांति विश्नोई पंथ में गुरु जाम्भोजी के जीवन–काल एवं जन्म–स्थान के विषय में लोक प्रचलित किंवदतिंयों एवं पंथ की साम्प्रदायिक मान्यताओं को आधार नहीं बनाया गया है। गुरु जाम्भोजी एक दिव्य देवत्य स्वरूप लेकर उत्पन्न हुए। उनकी अलौकिक प्रतिभा और विलक्षण बुद्धिमत्ता को देखते हुए, उनकी उपस्थिति में विश्नोई पंथ के संत कवियों ने उनके दैव्य जीवन चरित को पद्य–बद्ध कर दिया, जो लोगों का कंठाहार बन गया और उसे लिपिबद्ध भी कर दिया गया।

परिवार (माता–पिता एवं वंश)

गुरु जाम्भोजी का जन्म क्षत्रिय कुल पंवार वंश में हुआ था।[20] पूर्व में भगवान विष्णु द्वारा योगी रूप धारण करके दिये गये वचनानुसार उनका जन्म माता हांसा के उदर से हुआ। साहबराम राहड़ के अनुसार–

दासी आय बधाई लयऊ, हांसा उदर पुत्र भवऊ।[21]

हांसा देवी यादव वंशी भाटियों से निसृत खिलहरी कुल, छापर गांव निवासी मोहकम सिंह भाटी की पुत्री थी।[22] हांसा का उपनाम केशर भी

था।

खिलहरी कुल वंस निवास, हांसा नांव धरे सुखवास।
सोई लोहट धरि वर नारी, सुकलीणी सोभा संसारी।।[23]
भाटी जादंम वंसावली, ताहूं निका खिलहरी कुली।
तिंह वंसे उपनी हांसा माय, भाग बड़ो सुकलीणी थाय।।[24]

गुरु जाम्भोजी के पिता का नाम लोहट जी पंवार था, जो राजा विक्रमादित्य के वंशज माने जाते थे।[25] इनके पितामह का नाम रोलोजी पंवार था, जो उमट शाखा के पंवार थे। रोलोजी की धर्मपत्नी राजाधि देवी के लोहटजी एवं पूल्होजी नामक दो पुत्र एवं एक पुत्री का जन्म हुआ, जिनका नाम तांतू रखा गया।[26] पूल्होजी लोहटजी के छोटे भाई एवं गुरु जाम्भोजी के चाचा थे, वे प्रारम्भ में नागौर जिले के लाडनूं गांव में रहते थे। पूल्होजी ही गुरु जाम्भोजी द्वारा संस्थापित विश्नोई पंथ में सर्वप्रथम दीक्षित हुए।[27] विश्नोई पंथ ग्रहण करने के पश्चात् वे फलोदी तहसील के रणीसर गांव में रहने लगे, जहां पर उनकी समाधि एवं मन्दिर है। गुरु जाम्भोजी की भुवा का नाम तांतू था, जिनका ससुराल ननेऊ गांव में था।

'गुरु जाम्भोजी ने विश्नोई पंथ में मान्य तथा संक्षेप में मुक्ति के उपाय हेतु प्रसिद्ध 'नवण–मंत्र' (वृहन्नवण) तांतू के प्रति कहा।'[28] यह पंथ में सर्वाधिक प्रसिद्ध एवं प्रचलित है। गुरु जाम्भोजी माता हांसा एवं लोहटजी पंवार की इकलौती संतान थे, जाम्भाणी साहित्य परम्परा एवं पंथ की मान्यतानुसार उनका जन्म लोहटजी की वृद्धावस्था में हुआ माना जाता है।

गुरु जाम्भोजी ने अन्य पंथ एवं सम्प्रदाय प्रवर्तकों की तरह गृहस्थी स्वीकार नहीं की थी। वे आजीवन चिर ब्रह्मचारी रहे। गुरु जाम्भोजी की वाणी एवं विश्नोई पंथ के साहित्य में गुरु जाम्भोजी के गुरु के विषय में कहीं कोई प्रमाण नहीं मिलते हैं। उन्होंने लौकिक गुरु किसी को भी धारण नहीं किया था, चूंकि वे स्वयं एक श्रेष्ठ योगी, धर्माचार्य, पंथ–संस्थापक एवं कैवल्यज्ञानी थे। यद्यपि उन्होंने अपनी वाणी में योग्य गुरु की ओर संकेत अवश्य किया है कि जो व्यक्ति सहज हो, शील धर्म का पालन करने वाला हो, वेदों, उपनिषदों, दर्शनों आदि का ज्ञाता हो, ऐसे योग्य व्यक्ति को गुरु धारण करना चाहिए।

शिष्य परम्परा के रूप में गुरु जाम्भोजी की एक लम्बी शिष्य परम्परा मिलती है, जिसमें संत–भक्तों से लेकर कई इतिहास प्रसिद्ध महापुरुष भी शामिल हैं।

उनके सम्पूर्ण जीवनकाल को संतकवि वील्होजी ने परमोध रूपी छपइया की पंक्ति में इस प्रकार छंदबद्ध किया–

बरस सात संसारि, बाल लीला नीरहारी।
वरस पांच बावीस, पाळ एता दिन चारी।
ग्यारै और चालीस, सबद कथिया अवनासी।
बाल गुवाळ गुर ग्यान, मास तीन बरस पच्यासी।
पनरासै 'र तिराणवै, वादे मंगसर नुंवि आगळे।
पालटे रूप रहियो रिधु, इडग जौति संभराथले।[29]

कृतित्व

गुरु जाम्भोजी अपने लौकिक रूप में श्रेष्ठ चिंतक, अनुरागी और कर्मठ महापुरुष के साथ–साथ एक श्रेष्ठ युग–प्रवर्तक के रूप में परम पूज्य है। उनकी वाणी लोक एवं समाज में 'जम्भवाणी' के नाम से प्रसिद्ध एवं प्रचलित है। जम्भवाणी गुरु जाम्भोजी के द्वारा दिये गये उपदेशों एवं वचनों के संग्रह का सामूहिक नाम है। इसका अन्य प्रचलित नाम 'सबदवाणी' भी है। हस्तलिखित प्रतियों में वाणी के लिए 'सबद श्रीवायक' का प्रयोग मिलता है, जिसका तात्पर्य श्रीमुख से निसृत ज्ञानवाणी है। 'सबद' शब्द का रूपान्तर है। वेद का अर्थ ज्ञान और वे शब्द परक हैं। अतः 'सबद' का अर्थ है–ज्ञान। इस कारण इसका नाम 'सबदवाणी' भी है।[30] जम्भसार में इसके लिए 'शब्द श्री महाकाव्य' शब्द प्रयुक्त हुआ है।[31] जम्भवाणी विश्नोई पंथ के सिद्धान्तों का मूल आधार एवं जम्भाणी साहित्य परम्परा का विशाल कोश भी है। जम्भवाणी सम्पूर्ण जाम्भाणी साहित्य–सृजन का प्रधान उपजीव्य एवं पंथ की प्रेरणा स्रोत है। जम्भवाणी को विश्नोई पंथ में सर्वाधिक आदर एवं महत्त्व प्राप्त है। जिस प्रकार गीता भगवान श्रीकृष्ण से मुख से उच्चरित उपदेशों का सार संग्रह है, ठीक उसी प्रकार ही जम्भवाणी गुरु जाम्भोजी के श्रीमुख से उच्चरित देववाणी है।

जम्भवाणी का रचनाकाल सम्वत् 1515 से आरम्भ होकर गुरु जाम्भोजी के वैकुण्ठवास (सम्वत् 1593) तक हैं।[32] इस दीर्घावधि में गुरु जाम्भोजी ने अनेक 'सबद' कहे होंगे, किन्तु 'अद्यावधि अधिकतम 123 सबद ही प्रामाणिक रूप से इस सबदवाणी में मिलते हैं।[33] इनके अलावा नवण–मंत्र, कलश–पूजा मंत्र, पाहल मंत्र, सुगरा मंत्र, बालक मंत्र एवं साधु दीक्षा मंत्र आदि उपलब्ध होते हैं।

प्रसिद्धि है कि–

"अनन्त सबद सतगुरु कह्या पच्चासी वरस परवांण।
नाथै कंठि रहिया अता, सेई सीख्या वील्ह सुजाण।।"[34]

गुरु जाम्भोजी ने इतने लम्बे समय में अनन्त सबद अपने श्रीमुख से उच्चरित किये लेकिन उनके हुजूरी शिष्य नाथौजी को जितने कंठस्थ रहे, वे अद्यावधि हमारे पास उपलब्ध है।

अल्लूजी चारण एवं गोकल जी बणियाळ आदि कवियों ने तो इन्हें पंचम वेद तक की संज्ञा से अभिहित किया है–

पांचवो वेद सांभळि सबद, च्यारि वेद हूंता चलूं।
केवलीझंभ सावळ कवळ, आज साच पाये अलूं।।[35] (अल्लू जी)

गोकल ने इसे इस प्रकार छंदबद्ध किया है–

खेह न खोज नहीं छांह न छोती, विराजै जंभ निरमल जोति।
पढै मुख पंचवो वेद पुराण, झंणकै जोजन झीणी बांण।।[36]

'परमानन्द बणियाल बिश्नोई पंथ के अति प्रसिद्ध कवि हुए हैं, उन्होंने वील्होजी की पोथी से सम्वत् 1796 में सबदवाणी को लिपिबद्ध किया था। आज लिपिबद्ध एवं उपलब्ध सबदवाणियों में परमानन्द बणियाल द्वारा लिपिबद्ध सबदवाणी ही सबसे प्राचीन एवं प्रामाणिक मानी जाती है।'[37]

विश्नोई पंथ के प्रत्येक सामाजिक एवं धार्मिक अनुष्ठानों में जम्भवाणी का सस्वर पाठ किया जाता है। विश्नोई पंथ के साहित्य इतिहास में सर्वाधिक सम्पादन, प्रकाशन एवं टीका 'जम्भवाणी' का ही हुआ है तथा उपलब्ध प्राचीन हस्तलिखित ग्रंथों में भी सर्वाधिक प्रतियां जम्भवाणी की ही प्राप्त होती है जो इसकी लोक प्रसिद्धि का प्रमाण है।

विश्नोई पंथ : प्रवर्तन

भारतीय धर्म साधना के इतिहास में वही साधक अमर हुए हैं, जिन्होंने युगीन परिस्थितियों की अनुभूति ग्रहण करके, साधना के पथ पर अग्रसर होकर संतप्त मानव–समाज का जीवन–पथ आलोकित किया और उसे लोक–कल्याणकारी तत्त्वों से सम्पन्न किया। इसी श्रेणी के साधकों में गुरु जाम्भोजी अग्रगण्य है। वे जो अलौकिक एवं लोक कल्याणकारी स्वरूप लेकर अवतरित हुए उनका यह स्वरूप समकालीन एवं परवर्ती–समाज के लिए वरदान साबित हुआ। उस युग में मरुप्रदेश का सम्पूर्ण जन–समुदाय भयंकर त्रिकाल[38] का सामना कर रहा था। इस संकटमयी और संक्रमणकालीन परिस्थितियों में समाज को सम्भालने का कार्य गुरु जाम्भोजी ने किया। उनके उदात्त, दिव्य एवं अलौकिक व्यक्तित्व ने अत्यन्त भयंकर दुर्भिक्ष से त्रस्त मानवता की सहायता कर उनके प्राणों की रक्षा की।[39] उनकी इस प्रकार की दिव्य–सिद्धि, पीयूष–वर्षी वाणी एवं शीतल शांत उपदेश से प्रभावित एवं आकर्षित होकर अधिकाधिक लोग उनके पास आने लगे। यह वर्ष विश्नोई पंथ का प्रवर्तन काल था। इस प्रकार की घोर–विनाशक परिस्थितियों में गुरु जाम्भोजी ने अपने पंथ का प्रवर्तन किया।

गुरु जाम्भोजी ने जन्म से सात वर्ष (सम्वत् 1508 से 1515 तक)[40]

बाल्यकाल के रूप में व्यतीत किया। उसके बाद द्वापर युग के अवतार भगवान कृष्ण की तरह सम्वत् 1515 से 1542 तक 27 वर्ष गायें चराई।[41] सम्वत् 1540[42] में अपने माता–पिता के परलोकगमन होने के पश्चात् वे अपनी सम्पूर्ण पैतृक सम्पत्ति त्याग कर, अपने आस–पास के क्षेत्र के सबसे ऊँचे रेत के धोरे (टीले) पर रहने लगे। वहीं पर रहते हुए उन्होंने अपने सिद्धि बल से लोगों की सहायता की। अनाज, जल व चारे की उपलब्धता होने के कारण ही उस स्थान का नाम सम्भराथल[43] पड़ा। यह वर्ष इतिहास में सम्वत् 1542 के नाम से जाना जाता है–

'संमत कहावै पनरासयौ कुसमूं सबल बयालो पयो।
जीवा जुण्य संताई भूख, गउवां मिनखां इधको दुख।[44]

अपने जीवनकाल के चौंतीसवें बसंत में विक्रम सम्वत् 1542 की कार्तिक वदी अष्ठमी के दिन गुरु जाम्भोजी ने सम्भराथल धोरे पर कलश स्थापित करके विश्नोई पंथ का प्रवर्तन किया।

पंथ की स्थापना को विश्नोई संतकवियों ने इस प्रकार स्पष्ट किया है–

(क) काल बयालो कहत सही, गुरु अन्न दे जीव उबारिया।
कातिक वदि हरि कलश थाप्यो, जुग–जुग सतगुरु तारिया।।[45]

(ख) करि माळा मुख जाप करि, सोह मेटियो कुथांन
पहली कलस परठियौ, सइय ब्रह्माणं सिनान।।[46]

(ग) पनराशै कार्तिक वदी, अष्टमी तिथ ससीवार।
न्यात जमाती मूलरा, आऐ जम्भ दरबार।।[47]

स्पष्ट है कि सम्वत् 1542 कार्तिक वदी अष्टमी, सोमवार के दिन गुरु जाम्भोजी ने सम्भराथल धोरे पर उपस्थित सभी जन–समुदाय को ज्ञानोपदेश देते हुए, सर्वप्रथम हवन (यज्ञ) करते हुए कलश स्थापित किया,[48] उसके बाद कलश मंत्र एवं विष्णु मंत्र का उच्चारण करते हुए पूल्होजी पंवार सहित अनेक लोगों की उपस्थिति में पाहल[49] बनाकर, उपस्थिति जन–समुदाय को विश्नोई पंथ में दीक्षित किया[50]। सर्वप्रथम पंथ में पूल्होजी पंवार (उनके चाचा) दीक्षित हुए[51] तथा उसके बाद उपस्थित जन समूह।

विश्नोई पंथ में बालक–वृद्ध, स्त्री–पुरुष, सभी वर्ग, वर्ण एवं जाति, धर्म के जिज्ञासु लोग दीक्षित हुए। जो लोग इस पंथ में दीक्षित हुए, उनके गोत्र तो परम्परागत ही रहे, परन्तु उन सभी की एक ही जाति विश्नोई हो गई। इतिहासकार डॉ. पानगड़िया के अनुसार– मध्यकाल में राजस्थान में दो नयी जातियों का जन्म हुआ– उनमें 15वीं शताब्दी में जाम्भोजी नामक संत ने संभराथल में बिश्नोई सम्प्रदाय की स्थापना की।

जाम्भोजी के उपासक अधिकतर जाट थे, बिश्नोई कहलाये।[52] इस अवसर पर सामान्य जन के अतिरिक्त कई राजा–महाराजा भी उपस्थित हुए थे।[53] इस प्रकार गुरु जाम्भोजी की सर्वजन–हृदय स्पर्शी विचारधारा ने उत्तरी भारत में विशाल जनमानस के लिए एक नया जीवन–पथ आलोकित किया।

विश्नोई पंथ में सतयुग के प्रह्लाद का विशेष महत्त्व है, जाम्भाणी साहित्य में इनको बहुत सम्मान के साथ उल्लेखित किया गया है।

जम्भवाणी के अनुसार–

आयो बारा काजै, बारा मैं सूं एक घटे तो गुरुचलो गुरु लाजै।।[54]
बारह करोड़ समाहन आयो, प्रह्लाद सूं वाचा कवल जूं थाई।।[55]

स्पष्ट है कि सतयुग में प्रह्लाद को भगवान विष्णु ने तैतीस करोड़ जीवों के उद्धार का वचन दिया था, उनमें से पांच कोटि जीव प्रह्लाद के साथ, सात कोटि जीव त्रेतायुग में सत्यवादी राजा हरिशचन्द्र के साथ एवं नौ करोड़ जीव द्वापर युग में राव युधिष्ठिर के साथ मोक्ष गमन हुए। शेष बारह कोटि जीवों के उद्धार के लिए गुरु जाम्भोजी का अवतार, पूर्व में किये गये वचनानुसार हुआ। अतः यह पंथ सतयुग के प्रह्लाद का पंथ है।

विश्नोई पंथ के लिए पंथ पसलाद,[56] पहराज धर्म,[57] गुरुपंथ,[58] गुरवाट,[59] सतपंथ, सहजपंथ, मुक्ति खेत का पंथ, विषमपंथ, विष्णु धर्म[60] आदि नाम भी साहित्य में प्रयुक्त होते हैं। इन सभी संज्ञाओं के पीछे पंथ के उद्देश्य एवं प्रवृत्ति ही प्रधान कारण माने जाते हैं। गुरु जाम्भोजी द्वारा प्रवर्तित होने के कारण इस पंथ को 'जाम्भाणी पंथ', धर्म–नियमों के पालनार्थ अनेकों अवसरों पर स्वेच्छा से प्राण त्यागने के कारण 'तगाला' तथा नित्य प्रातः जल्दी स्नान करने की वजह से 'स्नानी' भी कहा जाता है। स्पष्ट है कि राजस्थान प्रदेश आरम्भ से ही जल की दृष्टि से अभावग्रस्त रहा है, यहाँ **"जळ ठंडा थळ उजळा"** की कहावत अति प्राचीन है। यहां जल का स्तर बहुत गहरा तथा बालू रेते के धोरे बहुत चमकीले हैं। अन्य पंथ–सम्प्रदायों में प्रायः स्नान पर इतना जोर नहीं दिया गया है क्योंकि उन क्षेत्रों में जल की उपलब्धता थी और लोग स्वभावतः स्नान करते थे, जबकि इस पंथ में स्नान पर बहुत अधिक जोर इसलिए दिया गया है कि उस युग में जहां जल पीने के लिए ही पर्याप्त नहीं था। अतः जल के अभाव में ग्रामीण परिवेश के लोक प्रतिदिन स्नान करने में असमर्थ थे, ऐसी स्थिति में गुरु जाम्भोजी ने प्रतिदिन स्नान का नियम आध्यात्मिक भावना के साथ जोड़कर, अपने पंथ में अनिवार्य कर दिया, जो विभिन्न दृष्टियों से अनुयायियों के लिए लाभप्रद है।

इस पंथ के प्रमुख उपास्य देव विष्णु है तथा पंथ में गुरु जाम्भोजी

को विष्णु ही माना जाता है। जम्भवाणी में 'विष्णु' के जप पर सर्वाधिक बल दिया गया है। इस पंथ के एक मात्र उपास्य देव विष्णु है, जो कि पंथ के नामकरण का आधार है–

पहले नांव श्री विष्णु को, सिंवरू सिरजणहार।
जिण हो पंथ चलावियो, खरतर खाण्डाधार।।[61]
पंथ जाम्भाणो सति करि जांणो, असत न भाखो लोई।
हरि को जाप धियावौ एक मुनि, नावं दियो विसनोई।।[62]

विश्नोई पंथ में गुरु जाम्भोजी को अवतार के रूप में स्वीकार किया जाता है। वे स्वयं सबदवाणी में कहते हैं–

श्रीगढ़ आल मोटपुर पाटण, भुंय नागौरी म्है ऊण्डै नीरें अवतार लीयो।
अठगी ठंगण अदगी दागण, अगजा गंजण, ऊनथ नाथण अनु नवावण।।[63]

जो लोग ठग है उन्हें सन्मार्ग पर लाने के लिए, जो पाखण्डी है उन्हें धर्मात्मा बनाने के लिए, जिनका आचरण शुद्ध नहीं है उन्हें शुद्ध आचरण सिखाने के लिए, जो धर्म की मर्यादा से विहीन है, उन्हें धर्म के बन्धन में बांधने के लिए मैंने नागौर की गहरे पानी वाली मरुभूमि (पीपासर) में अवतार लिया। गुरु जाम्भोजी के यहां अवतरित होने सम्बन्धी मान्यता नवीन है, मध्यकाल में प्रचलित अन्य पंथ–सम्प्रदायों में इस प्रकार की मान्यता देखने को नहीं मिलती है। पंथ के अधिकांश संत–कवियों ने यथाअवसर इसका उल्लेख भी किया है।

डॉ. हीरालाल माहेश्वरी ने विश्नोई पंथ की विचारधारा एवं साधना पद्धति को स्पष्ट करते हुए लिखा है कि– 'यह किसी संकीर्ण विचारधारा, विशेष प्रकार की साधना पद्धति का आग्रह करने वाला सम्प्रदाय नहीं है, न ही किसी विशेष वर्ग या वर्ण के लिए है। यह सबके लिए है। कर्म और आचरण प्रधान सम्प्रदाय है। 'कृष्णार्पण कर निरन्तर कर्म करने में विश्वास करता है। सद्वृत्ति, सत्कर्म, समबुद्धि, जीवदया, परोपकार और पर्यावरण की रक्षा करना तथा भगवद् नाम स्मरण करते हुए आत्म–कल्याण करना इसका उद्देश्य है। इस कारण यह मानव–धर्म को अपनाने वाला सम्प्रदाय है। यह पंथ जीवन की विधि और जीवन जीने की पद्धति है।[64] पुरुषोत्तम अग्रवाल आधुनिकता की कई विशेषताओं का उल्लेख करते हुए विश्नोई पंथ के पर्यावरण प्रेम को वे देशज आधुनिकता का एक महत्त्वपूर्ण स्तम्भ मानते हैं।[65] विश्नोई पंथ संकीर्णताओं से परे एक उदार मानवतावादी धर्म–पंथ है जो सच्चे अर्थ में युक्तियुक्त जीवन–यापन करते हुए लोककल्याणकारी मार्ग प्रस्तुत करता है। उनके द्वारा बताये गये मार्ग पर चलकर व्यक्ति जब तक जीवित है तब तक युक्तिपूर्वक जीवन व्यतीत कर सकता है और परलोक गमन के साथ ही मुक्ति भी सम्भव है।

निर्वाण

विक्रम सम्वत् 1593 मार्गशीर्ष बदी नवमी को लालासर की साथरी में कंकेड़ी (कंकेहड़ी) वृक्ष के नीचे गुरु जाम्भोजी ने अपना पंचभौतिक शरीर छोड़ा–

पंनरासै तिरानवै वदि, मंगसरि वंमेश।
तिथि नुंवि निरषि निरमली, ओल्हे अलेष।।
नाल्हासर की साथरी, पोहंचि कियो परवांण।
इला मां अंधियारौ हुवौ, जाणि भोम्य वरव्यौ भाण।।[66]

यह तिथि विश्नोई पंथ के साहित्य में छंदों के रूप में इस प्रकार प्रकट है–

नाल्हासर की साथरी, चिरत कियौ मुरारी।
दास मीठु बल्य जात है, छकि आई सारी।।[67]
पनरासै तिराणवै साला तिथि नौमी मिगसर वदि काला।
जम्भगुरु सतलोक माऐ।[68]

अन्य प्रकार से इस घटना का इस प्रकार उल्लेख इस प्रकार भी हुआ है–

'संवत् 1593 मगसर वदनुंय सांम्ही अलोप हुआ। वांसे लोक दीषाण ने पुतेलो मेल्ह गया। 85 व्रस 3 मांहीना। दीन 3 घड़ी नीरहारी पुरस प्रगट रह्या। नान्हासर थी तालव्य ल्याया।[69]

विश्नोई पंथ के संतकवियों ने इस घटना का विवरण इस प्रकार दिया है वहीं परशुराम चतुर्वेदी[70] ने यह घटना वि. सं. 1580 के लगभग की मानी है तथा जोधपुर राज्य के इतिहास[71] ग्रंथ में इस घटना का काल सम्वत् 1583 लिखा हुआ है। साहित्य अनुशीलन से यह स्पष्ट होता है कि इनके द्वारा उल्लेखित काल अप्रमाणिक एवं निराधार है।

जाम्भाणी साहित्य के अनुसार गुरु जाम्भोजी के निर्वाण के समय चारों तरफ अंधेरा छा गया। उनके निर्वाण के समाचार सुनकर अनेक भक्तों ने भक्त विह्वल होकर प्राण त्याग दिये।[72]

स्वामी ब्रह्मानन्द, स्वामी कृष्णानंद आचार्य, डॉ. बनवारीलाल सहू, डॉ. किशनाराम बिश्नोई, डॉ. सुरेन्द्र कुमार, डॉ. ओंकारनाथ चतुर्वेदी, डॉ. कृष्णलाल बिश्नोई, स्वामी भागीरथदास आचार्य[73] आदि सभी विद्वान उपर्युक्त निर्वाण काल एवं निर्वाण स्थल को स्वीकार करते है।

विश्नोई पंथ में गुरु जाम्भोजी के परिनिर्वाण की तिथि 'चिलत–नवमी' के नाम से उल्लेखित हुई है– **सांम सिधारिया चिलत कियो, पंनरासै तिरानवै,**। 'चिलत' उर्दू का शब्द है, जिसका अर्थ है– अभाव, कमी, न्यूनता। अंग्रेजी में SCARCITY कहा गया है। यह नवमी

पंथ के लिए बड़ी कमी कर गई थी।[74] इस नवमी के दिन लालासर में प्रतिवर्ष मेला भरता है।

गुरु जाम्भोजी के पार्थिव देह को लालासर से 25–30 किमी दक्षिण में संभराथल धोरे के पास तालवा गांव में समाधिस्थ किया गया। वह स्थान वर्तमान में मुकाम के नाम से जाना जाता है।

पंथ का स्वरूप

मध्यकाल में भारतवर्ष में प्रवर्तित विश्नोई पंथ मूलतः एक धार्मिक पंथ है। धार्मिक पंथ–सम्प्रदायों के तत्त्वों के रूप में इसमें सिद्धान्त, साधना और व्यवहार का उचित समन्वय देखने को मिलता है। साथ ही इसमें वैदिक, पौराणिक एवं औपनिषदिक विचार–धाराओं और साधना पद्धतियों के मध्य भी समुचित मेल दिखायी पड़ता है क्योंकि यह एक वैदिक परम्परा का धर्म पंथ है। यह पंथ मूलतः निर्गुण मतावलम्बी है। इसमें विष्णु को परब्रह्म माना गया है जो इस पंथ के उपास्य देव है। परमसत्ता के अवतार में पूर्ण विश्वास रखते हुए इस पंथ में विष्णु के दशावतार स्वीकार्य हैं। 'इस प्रकार सम्प्रदाय में स्वीकृत सगुण–निर्गुण मान्यता और वैदिक कर्मकाण्ड–यज्ञ तीनों समाहित है और समन्वित रूप में प्रकट हुए हैं। इसमें वैदिक, औपनिषदिक, पौराणिक विचारधाराओं और साधना पद्धतियों का सम्यक् समन्वय है।[75] आचार–व्यवहार, धर्म नियमों का पालन एवं अपने जीवन उद्देश्यों के प्रति समर्पित विश्नोई पंथ भारतीय धर्म साधना, इतिहास, समाज एवं संस्कृति में अपनी अलग ही मौलिक पहचान के कारण महत्त्वपूर्ण स्थान रखता है। गुरु जाम्भोजी द्वारा प्रदत्त बहुत ही सन्तुलित एवं वैज्ञानिक आचार–संहिता का सैद्धान्तिक रूप से पालन करने कारण विश्नोई पंथ की वैश्विक दृष्टिपटल पर भी अपनी अलग ही पहचान है।

विश्नोई पंथ के हुजूरी शिष्य ऊदोजी नैण के शब्दों में– यह एक 'उत्तम पंथ' है।

नीच थका उतिम किया, न्यांन खडग नांवी अती।
उतिम पंथ चलावियो उदा, प्रथी पातिगां डूबती।।[76]

कवि दसुंधीदास ने विश्नोई पंथ को सागर से मंथन करके निकाले गये रत्न के समान बताया है–

जैसे मथि सायर मां, चवदै रतंन काढे।
तैसे तिहु लोक ही, मां पंथ ही चलाय है।।[77]

वील्होजी के परम शिष्य केसौदास अपनी साखी में पंथ के विषय में अपने हृदय के उद्‌गार इस प्रकार करते हैं–

पिछाण पोह मां अणियां सुगुरु सुपह दाखियो।
तीन सौ त्रेसठ मथ मार्ग, पंथ उत्तम चलाविया।।[78]

एक अज्ञात कवि ने इसे 'सहज पंथ' भी बताया है–

कलिकाल वेद अथर्वण, सहज पंथ चलावियो।
संभराथल जोत जागी, जग विणजण आवियो।[79]

गुरु जाम्भोजी द्वारा प्रदत्त आचार–संहिता का अक्षरशः पालन करते हुए पंथ के संत कवियों ने अपने काव्य में पंथ को 'सहज पंथ' एवं उत्तम पंथ बताया। तत्कालीन धर्म में जो कुरीतियां एवं बाह्याडम्बर प्रचलित थे उन सभी से ऊपर उठकर जाम्भोजी ने अपने पंथ में सभी धर्म–ग्रंथों का सार प्रस्तुत करते हुए उनकी श्रेष्ठ विचारधारा को अपने पंथ के सिद्धान्तों के रूप में प्रस्तुत किया, इसलिए इसे उत्तम पंथ माना है। सहज पंथ के अर्थ में यह विचारधारा केवल विश्नोइयों के लिए ही ग्राह्य नहीं है अपितु इनके सिद्धान्तों पर चलकर किसी भी धर्म–पंथ, सम्प्रदाय का व्यक्ति अपने जीवन का कल्याण कर सकता है। इनके विषय में दिनेशचन्द्र, ओंकार नारायण सिंह लिखते हैं "जाम्भोजी वस्तुतः बहुमुखी प्रतिभा युक्त महापुरुष थे। उनके कार्यक्षेत्र में धर्म व समाज प्रमुख थे। एक सत्यनिष्ठ मानवतावादी एवं जीवमात्र के प्रति करूणा की उत्कृष्ट भावना से ओत–प्रोत उन्होंने उन परम्पराओं की नींव डाली जिस पर आने वाली शताब्दियों की सामाजिक–संस्कृति का विशाल भवन निर्मित हुआ।[80]

इस पंथ में पुनर्जन्म एवं कर्म सिद्धान्त पर पूर्ण विश्वास किया जाता है तथा चौरासी लाख यौनियों का मान्यतापूर्वक उल्लेख भी देखने को मिलता है।[81] व्यावहारिक जीवन में विष्णु का जप करने के साथ–साथ, झूठ, निंदा, वाद–विवाद, चोरी, द्वेषभावना, क्रोध, मोह, जीवहत्या आदि का त्याग करना पंथ के अनुयायियों के लिए आवश्यक है। इस पंथ में मूर्तिपूजा, तीर्थ, हज काबा आदि यात्रा करना, सिर मुण्डन करवाना, गोरखहटड़ी धोकना आदि को अज्ञानी लोगों का कार्य बताया गया है, तथा इन्हें पाखण्ड के प्रमाण माने जाते हैं। गुरु ज्ञान के बिना तत्त्व प्राप्ति हेतु जोगी, जंगम, दिगम्बर, ब्राह्मण, संन्यासी, पण्डित आदि को मनहठी माना जाता है। तीर्थ यात्रा केवल लोक दिखावा है। स्पष्ट है कि विश्नोई पंथ में निर्गुण परब्रह्म विष्णु की उपासना, दैनिक यज्ञ आदि को विशेष महत्त्व प्रदान किया जाता है तथा तीर्थ यात्रा, भूत–प्रेत, भौमिया आदि की पूजा इस पंथ में स्वीकार्य नहीं है।

विश्नोई पंथ में अन्य निर्गुण पंथ–सम्प्रदायों की भांति वेद–शास्त्र आदि की निन्दा नहीं की जाती है। पंथ में माना जाता है कि हमारे ऋषि–मुनियों एवं संत–कवियों ने सबदों के अक्षरों की टेढ़ी–मेढ़ी लकीरों में जो भाव भरा है वह पंथ का गौरव और धरोहर है, अध्ययन–अनुशीलन की वस्तु है, उनका सार ग्रहण किया जाना चाहिए।

व्यावहारिक दृष्टि से इस पंथ के लोगों का जीवन सामान्य एवं सरल है। पंथ के धर्म–नियमों के प्रति गहरी आस्था रखते हैं। समाज को सबसे बड़ा मानकर, सामाजिक निर्णय को सर्वोच्च प्राथमिकता देते हैं तथा एक संयमित जीवन जीते हैं। इस विषय में आचार्य परशुराम चतुर्वेदी लिखते हैं कि– 'इस पंथ के अनुयायियों में तगड़े नौजवान और तेजस्विनी स्त्रियों की कमी नहीं, जो उनके संयत जीवन का परिणाम है।'[82] पंथ के लोक धर्म–नियमों का पालन इतनी दृढ़तापूर्वक करते हैं कि इसमें कहीं पर भी, किसी भी प्रकार की शिथिलता नहीं दिखाते हैं। धर्म रक्षा के भाव से स्वेच्छा से प्राण दिये हैं, जिसके अनेक उदाहरण जाम्भाणी साहित्य में मिलते हैं। डॉ. हीरालाल माहेश्वरी ने विश्नोई पंथ को एक गतिशील एवं प्राणवान समाज कहा है।[83] लौकिक दृष्टि से भी यह पंथ महत्त्वपूर्ण है, इस पंथ के सम्पूर्ण सिद्धान्त तर्क सम्मत एवं वैज्ञानिक कसौटी पर खरे उतरते हैं।

पंथ के सामाजिक स्वरूप के अन्तर्गत समाज में गृहस्थ एवं साधु दो प्रकार के लोग रहते हैं। सभी साधुओं का संबंध जाम्भोलाव स्थित साधुओं की ''आथूणी जागां'' और ''अगूणी जागां'' से है। गृहस्थ लोगों का मुख्य व्यवसाय कृषि एवं पशुपालन है। पंथ के मूल उपास्य देव विष्णु है, गुरु जाम्भोजी को विष्णु ही मानकर वर्तमान में उन्हें उपास्य देव के रूप में स्वीकार करते हैं। आध्यात्मिक स्वरूप के अंतर्गत विश्नोई पंथ में 'जम्भवाणी' को 'देववाणी' माना जाता है। पंथ का सबसे पवित्र गुरु ग्रंथ जम्भवाणी है तथा इसके अलावा कुछ प्रमुख मंत्र भी है जो भिन्न–भिन्न अवसरों पर प्रयुक्त होते हैं। कलश स्थापना मंत्र, पाहल मंत्र, साधु गुरु दीक्षा मंत्र, सुगरा मंत्र एवं संध्यामंत्र आदि प्रमुख हैं।

विश्नोई पंथ की स्थापना के बाद गुरु जाम्भोजी की कीर्ति चारों ओर फैल गई थी। उनके पास असंख्य लोग ज्ञान चर्चा एवं शंका समाधान के लिए आते थे। जनसाधारण के अलावा राजा–महाराजा, नाथ जोगी, शास्त्रज्ञ, पण्डित, कृषक एवं गृहस्थ वर्ग के लोग आते थे। जिनमें इतिहास प्रसिद्ध छह राजाओं का उल्लेख विशेष रूप से द्रष्टव्य है–

दिल्ली सिकन्दर, साह दे परचो परचायौ।
मंहमद खान नागौरि, परचि गुर पाए आयौ।
दूदो मेड़तियो राव, आय गुर पाय विलग्यो।
राव जैसलमेर परचतां सांसौ भग्गो।
सांतिल संनमुखि आय, सुचील तां हुवौ सिनानी।
सांगा राणा सुण्य सीख, जका गुर कहीं सै मानी।
छव राज्यंदर के के अवर, आचारे ओळखियौ।
वील्ह कहै मांगौ पुन्ह, जाहं मुगति नै हाथो दीयौ।[84]

इनके अलावा अजमेर के सूबेदार मल्लू खाँ, टोडा रायसिंह के नेतसी सोलंकी, जोधपुर के कुँवर मालदेव और मूला पुरोहित, राठौड़ राव बीदा, कर्नाटक का शेख सद्दो, मुल्तान के सधारी मुल्ला, बीकानेर के राव लूणकरण और कुँवर जैतसी जैसे प्रमुख है। उपर्युक्त सभी पुरुष भिन्न–भिन्न अवसरों, कार्यों एवं घटनाओं के सन्दर्भ में गुरु जाम्भोजी के सम्पर्क में आये थे। 'प्रसंगवश कहा जा सकता है कि– फरिश्ता तथा अन्य विद्वानों ने साक्ष्यों पर कबीर और बादशाह सिकंदर लोदी का जो सम्बन्ध बताया है, वह जाम्भोजी और सिकंदर लोदी का होना चाहिए।'[85] तद्युगीन सम्पूर्ण व्यवस्थाओं का सम्यक्रूपेण विश्लेषण करने के पश्चात् गुरु जाम्भोजी ने किसी भी धर्म एवं पंथ–सम्प्रदाय को बुरा नहीं बताया तथा वेद, शास्त्र, पुराण, कुरान आदि शास्त्रों की निंदा नहीं करते हुए तत्कालीन समाज में धर्म, कर्म एवं सिद्धान्त के नाम पर प्रचलित अनेक प्रकार के पाखण्डों को अनुचित बताया। धर्म के वास्तविक स्वरूप से लोगों को परिचित करवाया तथा आचार–विचार की पवित्रता पर विशेष जोर दिया। जीवन में सच्चाई, पवित्रता और कर्मठता उनके आदर्श थे, वे कथनी एवं करनी में सदैव एकरूपता चाहते थे। तत्कालीन युग में उन्होंने धार्मिक, सामाजिक, सांस्कृतिक एवं वैचारिक दृष्टि से क्रान्ति की।

विश्नोई पंथ के धर्म–नियम

गुरु जाम्भोजी ने पंथ के नीति–नियमों का निर्धारण करते हुए 29 धर्म–नियमों की एक आचार–संहिता प्रस्तुत की, जो पंथ की आधारशिला है। पंथ के सभी लोगों के लिए इन धर्म–नियमों की पालना करना अनिवार्य है। ये धर्म–नियम गुरु जाम्भोजी ने सम्प्रदाय प्रर्वतन के समय बनाये थे।[1] उस समय विश्नोई पंथ में दीक्षित होने वाले प्रत्येक व्यक्ति के लिए इन 29 धर्म–नियमों का पालन करना अनिवार्य शर्त थी। ये धर्म–नियम आध्यात्मिक दृष्टि से अत्यन्त महत्त्वपूर्ण होने के साथ–साथ वैज्ञानिक एवं व्यावहारिक दृष्टि से भी प्रासंगिक है। 'इन नियमों का महत्त्व पहले जितना था, उतना ही आज भी है और आने वाले समय में इनका महत्त्व और अधिक बढ़ता जाएगा। इन नियमों का संबंध किसी काल, स्थान एवं जाति विशेष से न होकर सम्पूर्ण मानव जाति से है तथा सार्वकालिक है।'[87]

ये 29 धर्म–नियम इस प्रकार हैं–

1. स्त्री के बच्चा पैदा होने पर 30 दिन सूतक मानना।
2. पांच दिन ऋतुवती स्त्री का गृहकार्य से पृथक् रहना।
3. प्रतिदिन सवेरे जल्दी उठकर स्नान करना।
4. शील धर्म का पालन करना।

5. संतोष रखना।
6. बाह्य और आभ्यांतरिक पवित्रता रखना।
7. दो समय संध्या-उपासना करना।
8. संध्या समय आरती और हरि-गान करना।
9. निष्ठा और प्रेम-पूर्वक हवन करना।
10. पानी, ईंधन और दूध को छान-बीन कर व्यवहार में लाना।
11. वाणी सोच-विचार कर बोलना।
12. क्षमा-दया धारण करना।
13. चोरी नहीं करना।
14. किसी की निंदा न करना।
15. झूठ नहीं बोलना।
16. वाद-विवाद का त्याग करना।
17. अमावस्या को व्रत रखना।
18. विष्णु का भजन (नाम-स्मरण) करना।
19. जीवों पर दया करना।
20. हरे वृक्ष नहीं काटना।
21. काम, क्रोध आदि विकारों को वश में रखना।
22. रसोई अपने हाथ से बनानी।
23. थाट अमर रखना।
24. बछड़े को बधिया नहीं करवाना।
25. अफीम का सेवन नहीं करना।
26. भांग नहीं पीना।
27. तम्बाकू का सेवन नहीं करना।
28. मद्य और मांस का भक्षण नहीं करना।
29. नील का त्याग करना।

अभिवादन प्रणाली

विश्नोई पंथ के लोग परस्पर मिलते हैं तो अभिवादन के रूप में दोनों हाथ जोड़कर नवण-प्रणाम कहते हैं, प्रत्युत्तर में सामने वाला 'विष्णु नै, गुरु जाम्भोजी नै कहता है। अभिवादन प्रणाली इस पंथ के लोगों की नम्रता का प्रतीक है जो स्वयं स्वीकार न करके अपने आराध्य को समर्पित कर दिया जाता है।

संस्कार

प्राचीन हिन्दू धर्म में प्रचलित सोलह संस्कारों में से विश्नोई पंथ में कतिपय संस्कार सम्मिलित किए गए हैं- जिनमें जन्म, सुगरा, विवाह एवं मृत्यु संस्कार प्रमुख है।

विश्नोई संतकवियों द्वारा रचित राम-कृष्ण संबंधी आख्यान काव्य

जन्म संस्कार बालक के जन्म के 30वें दिन, सुगरा संस्कार 12 से 15 वर्ष की आयु के मध्य, विवाह संस्कार बिना किसी मुहूर्त की प्रतीक्षा किये घर-परिवार वालों की सुविधा अनुसार चार गौत्र छोड़कर तथा अंतिम संस्कार मृत्यु के बाद शव को भूमि दाग (भूमि में दफनाकर) के रूप में किया जाता है।

पाहल

विश्नोई पंथ में पाहल (पाहळ) का सर्वाधिक महत्त्व है। पंथ की स्थापना के समय भी प्रत्येक व्यक्ति पाहल ग्रहण करके ही विश्नोई बना था। पंथ के अनुयायियों के प्रमुख संस्कारों-जन्म, विवाह एवं मृत्यु आदि के अवसर पर हवन करते हुए कलश स्थापित करके पाहल बनाया जाता है। पाहल ग्रहण करने के बाद ही संस्कार पूर्ण माना जाता है।

हवन

विश्नोई पंथ के घरों में प्रतिदिन प्रातः घी से हवन किया जाता है। मान्यता है कि हवन की ज्योति में गुरु जाम्भोजी के दर्शन हैं। प्रत्येक संस्कारों को हवन से ही सम्पूर्ण किया जाता है। यह परम्परा गुरु जाम्भोजी के समय से ही चल रही है। इस पंथ में शुभ अवसर का भी आयोजन यज्ञ से ही आरम्भ किया जाता है। हवन के साथ-साथ जम्भवाणी का सस्वर पाठ किया जाता है।

जागरण

विश्नोई पंथ में प्रचलित यह एक लोक प्रथा है। पंथ के साहित्य में इस प्रथा को जम्मा, जुम्मा, जमला, जुमला आदि नामों से अभिहित किया गया है। इसमें रात्रि में लोग एक पवित्र भावना से एकत्र होकर गुरु जाम्भोजी की आरती, साखी, हरजस, भजन एवं आख्यान आदि का श्रवण करते हैं। इसमें गाने का कार्य साधु, गृहस्थ व गायणे आदि करते हैं। जागरण में पांच आरती व जुमले की साखियां अनिवार्य रूप से गाई जाती है। दूसरे दिन सुबह हवन, सबदवाणी का पाठ एवं पाहल तथा भोजन का आयोजन किया जाता है। यह प्रथा गुरु जाम्भोजी के समय से ही प्रचलित है।

विश्नोई पंथ में वंशावली लिखने का कार्य भाट करते हैं जो परम्परागत रूप से महलाणा (जोधपुर) गांव के निवासी हैं। ये आसनों भाट के वंशज माने जाते हैं।

विश्नोई पंथ में होली के अलावा सभी हिन्दू त्योहार अन्य पंथ-सम्प्रदायों की भांति धूमधाम से उत्साहपूर्वक मनाया जाता है। होली का इस पंथ में विशेष महत्त्व है। विश्नोई पंथ के लोग होली का दिन खुशी के रूप में न मनाकर प्रह्लाद का पंथ होने के कारण शोक के रूप

में मनाते हैं। उस दिन सूर्य अस्त होने से पूर्व ही खीच (अनाज को कूटकर पकाया हुआ भोजन) आदि भोजन के रूप में ग्रहण करते हैं तथा सूर्यास्त के बाद सूतक लगना माना जाता है। दूसरे दिन प्रातः प्रह्लाद के जीवित होने का समाचार सुनकर 'प्रह्लाद चरित' का पाठ, हवन एवं पाहल ग्रहण किया जाता है। होली का पाहल लेना प्रत्येक विश्नोई के लिए अनिवार्य है। इस पंथ में होली जलाने की प्रथा नहीं है, जलता हुए देखना भी पाप समझा जाता है। धुलेण्डी के दिन रंग आदि नहीं खेला जाता है।

विश्नोई पंथ की साथरी एवं भण्डारे

अपने भ्रमण के दौरान गुरु जाम्भोजी जिन स्थानों पर ठहरे एवं लोगों को ज्ञानोपदेश दिया तथा उस स्थान के लिए एक संत नियुक्त किया, वह स्थान पंथ में साथरी के नाम से प्रसिद्ध है। संत कवि साहबराम राहड़ ने विश्नोई पंथ के महापुराण 'जम्भसार' ग्रंथ में इन सोलह साथरियों[88] का नामोल्लेख किया है–

1. संभराथल	2. पीपासर
3. अलाय	4. किसनासर
5. जैसलां	6. रणीसर
7. भींयासर	8. कमल साथरी[89]
9. लोहावट	10. मुंजासर
11. पुर	12. नगीना
13. लोदीगढ़	14. रोटू
15. सांवतसर	16. लालासर

विश्नोई पंथ में पुराने समय से ही समाज के 24 भण्डारों की मान्यता रही है। वह स्थान, जहां पर गुरु जाम्भोजी ने परोपकार की भावना से समाज के लिए भोजन–पानी आदि की व्यवस्था प्रारम्भ की, पंथ में उसे भण्डारे के नाम से जाना जाता है। जम्भसार ग्रंथ में इन भण्डारों[90] का उल्लेख इस प्रकार हुआ है–

1. हिमटसर 2. अलाय 3. पीपासर 4. रोटू 5. लालासर 6. अणखीसर 7. जसरासर 8. पारवा 9. पारवा[91] 10. जांगलू 11. जांगलू[92] 12. नाथूसर 13. बापेऊ 14. खीदांसर 15. गींगल गांव 16. भीयांसर 17. पड़ियाल 18. मोहटी 19. लोहावट 20. ननेऊ 21. हिंगुणिया 22. धवा 23. खेजड़ली और 24. मनांणै।

विश्नोई पंथ का प्रसार

गुरु जाम्भोजी का बहुत ही व्यापक दृष्टिकोण था। उनकी वाणी में सांसारिक एवं पारमार्थिक कल्याण का स्वर विद्यमान है। वे विशुद्ध रूप से

व्यापक मानव–धर्म के विकास में पूर्ण सहयोग करने वाले थे। उन्होंने आध्यात्मिक साधना को मानवीय आदेशों के साथ स्थापित किया था। सोलहवीं शताब्दी से लेकर वर्तमान तक उनका पंथ निरन्तर उत्तरोत्तर प्रगति कर रहा है।

पंथ में प्रथम आदि विष्णु, विष्णु के अवतार गुरु जाम्भोजी एवं जाम्भोजी के शिष्य समस्त गृहस्थ एवं संत जिन्होंने विश्नोई पंथ ग्रहण किया। संत परम्परा में प्रथम रेड़ोजी, रणधीर जी बाबल एवं निहालदास जी हुए, उनके बाद विभिन्न संतों की शिष्य परम्परा वर्तमान तक प्रचलित है। गृहस्थ विश्नोई के घर में जन्म लेने वाला बालक, जिसे जन्म के तीसवें दिन बालक मंत्र के द्वारा एवं पाहल पिलाकर विश्नोई बनाया जाता है।

वर्तमान में विश्नोई पंथ का विस्तार भारत राष्ट्र के राजस्थान, हरियाणा, पंजाब, मध्यप्रदेश, उत्तरप्रदेश, उत्तराखण्ड, महाराष्ट्र, गुजरात, आन्ध्रप्रदेश, तमिलनाडु , कर्नाटक, गोवा सहित गई अन्य राज्यों में भी है। यहां तक कि विश्नोई पंथ के अनुयायी भारत के बाहर नेपाल राष्ट्र के मूल निवासी भी है, नेपाल में यह क्षेत्र नौबीसा के नाम से प्रसिद्ध है।[93]

गुरु जाम्भोजी की वाणी एवं पंथ के साहित्य अनुशीलन से गुरु जाम्भोजी का राजस्थान के अलावा कश्मीर, कच्छ, सौराष्ट्र, महाराष्ट्र, तैलंगाना, दिल्ली, कोंकण, गुजरात, मालवा, काठमाण्डू, खुरासन, नगीना, बिजनौर, अहमदपुर, लोदीपुर, लखनऊ, कन्नौज, कानपुर, काशी, आगरा, अवध, हांसी, हिसार, मलेर कोटड़ा, लाहौर, कर्नाटक एवं लंका आदि स्थलों पर भ्रमण करने का वर्णन मिलता है।[94] इन स्थलों के अतिरिक्त जीव हिंसा बंद करवाने के उद्देश्य से मक्का–मदीना एवं मुल्तान का भ्रमण[95] भी विशेष रूप से उल्लेखनीय है। इनके अलावा पटना में 100 गांवों के होने का पता विष्णोई महासभा ने लगाया था। सभा को प्राप्त सूचनानुसार कराची, नेपाल, रंगून, काबुल, गजनी और लंका में भी ये लोग बसे हुए थे।[96]

साहित्यिक स्वरूप

विश्नोई पंथ का सबसे पवित्र एवं आधार स्तम्भ ग्रंथ जम्भवाणी है तथा उसके बाद में साखियों को विशेष मान्यता प्राप्त है। जम्भवाणी को उपजीव्य ग्रंथ मानकर इस पंथ परम्परा के सैंकड़ों साहित्यकारों (संत–कवियों) ने साहित्य की समस्त विधाओं पर विपुल साहित्य सृजन किया है, जिनमें आरती, साखी, हरजस, कवित्त, मंगल काव्य, आख्यान, उपाख्यान्, विविध कथाएँ, जीवन–चरित आदि प्रमुख है। इस पंथ के साहित्य को समृद्ध बनाने हेतु पंथ में शताधिक (संतकवि) हुए हैं। हुजूरी

(गुरु जाम्भोजी के समकालीन) एवं परवर्ती साहित्यकारों की एक विस्तृत शृंखला है, जिनमें कतिपय नामोल्लेख किये जाते हैं– ऊदोजी नैण, तेजोजी चारण, केसोजी देहडू, कान्होजी बारहट, समसद्दीन, अल्लूजी कविया, राव लूणकरण, वील्होजी, गोकलजी बणियाल, सेवादास, मयाराम दास, परमानंद बणियाल, हरचन्द जी ढुकिया, गोविन्दराम गोदारा, पीताम्बरदास, साहबराम राहड़, स्वामी ब्रह्मानन्द आदि।[97]

विशेष रूप से उल्लेखनीय है कि वील्होजी एवं उनके प्रमुख शिष्य सुरजनदास पूनिया व केसौदास गोदारा का युग विश्नोई पंथ के साहित्य का स्वर्ण–युग है।

हमारे शोध–परिधि में आने वाले साहित्यकारों के रूप में संतकवि डेल्हजी (कथा अंहमनी), पदम भगत (रुक्मिणी मंगल), मेहोजी गोदारा (रामायण), सुरजनदासजी पूनिया (रामरासौ व कथा उषा पुराण), केसौदास गोदारा (कथा बहसोंवनी, कथा स्वर्गारोहिणी व कथा भींव दुसासणी), रामलला (रुक्मिणी मंगल) व ऊदोजी अडींग (सनेहलीला) का विस्तृत विवेचन–विश्लेषण अगले अध्याय में किया जाएगा।

पंथ का प्राचीन साहित्य संतकवियों द्वारा लिखा गया है एवं उसका संरक्षण एवं संवर्धन पंथ की साथरियों में हुआ। इस पंथ का साहित्य न केवल परिणाम की दृष्टि से ही महत्त्वपूर्ण है, अपितु भाषा, भाव–गांभीर्य, काव्य–सौष्ठव एवं वर्ण्य विषय की दृष्टि से भी उल्लेखनीय है। पंथ का यह साहित्य साहित्येतिहास में संत–साहित्य की दृष्टि से महत्त्वपूर्ण स्थान रखता है।

गुरु जाम्भोजी के अनुयायी तथा उनकी विचारधारा के अनुरूप साहित्य सृजन करने वाले साहित्यकारों द्वारा लिखा गया साहित्य समग्र रूप से 'जाम्भाणी साहित्य' कहलाता है इस प्रकार विश्नोई पंथ से संबंधित सम्पूर्ण साहित्य समग्र रूप से जाम्भाणी साहित्य हैं।

संदर्भ सूची :

1. सुरजनी कृत कथा औतार :(सम्पादक) स्वामी आत्मप्रकाश 'जिज्ञासु' , पृष्ठ संख्या : 3, 13
2. वील्होजी की वाणी : (सम्पादक) कृष्णलाल बिश्नोई, पृष्ठ संख्या : 59, कथा धड़ाबंध चौहजुगी
3. पोथो ग्रंथ ज्ञान : (सम्पादक) कृष्णानन्द आचार्य, पृष्ठ संख्या : 115, कथा विगतावली
4. जम्भसार, चौथा प्रकरण : (सम्पादक) कृष्णानन्द शास्त्री, पृष्ठ संख्या : 65
5. जाम्भोजी, विष्णोई सम्प्रदाय और साहित्य : डॉ हीरालाल माहेश्वरी, भाग–पहला, पृष्ठ संख्या : 225
6. श्री जम्भदेव चरित्र भानु : (सम्पादक) ताराचन्द खीचड़, ब्रह्मानन्द कृत, पृष्ठ संख्या : 18
7. सबदवाणी, सबद संख्या : 67
8. जाम्भोजी, विष्णोई सम्प्रदाय और साहित्य (भाग–पहला), पृष्ठ संख्या : 224
9. पोथो ग्रंथ ज्ञान, भूमिका : 3
10. गुरु जाम्भोजी एवं बिश्नोई पंथ का इतिहास, पृष्ठ संख्या : 50
11. हिन्दी संत परम्परा और संत केसो, पृष्ठ संख्या : 45
12. बिश्नोई पंथ और साहित्य , पृष्ठ संख्या : 10
13. राजस्थान एवं गुजरात के मध्यकालीन संत एवं भक्तकवि , पृष्ठ संख्या : 192
14. संत परम्परा और साहित्य : पृष्ठ संख्या 53
15. मध्यकालीन राजस्थान में धार्मिक आन्दोलन, पृष्ठ संख्या : 85
16. राजस्थानी काव्य में रामकथा, पृष्ठ संख्या : 114
17. गुरु जम्भेश्वर : जीवन और साधना, पृष्ठ संख्या 22
18. हिन्दी साहित्य का इतिहास, पृष्ठ संख्या : 123
19. जाम्भोजी 'विष्णोई सम्प्रदाय और साहित्य ग्रंथ की भूमिका
20. (क) बिश्नोई लोक कथाओं में ऐतिहासिक तत्त्व : डॉ. कृष्णलाल बिश्नोई, पृष्ठ संख्या : 48
    (ख) जाम्भोजी की वाणी : सूर्य शंकर पारीक, पृष्ठ संख्या : 30
21. जम्भसार (भाग–1) चौथा प्रकरण : (सम्पादक) स्वामी कृष्णानन्द शास्त्री, पृष्ठ संख्या : 48
22. (क) श्री जम्भदेव चरित्र भानु–स्वामी ब्रह्मानन्द कृत : (सम्पादक) ताराचंद खीचड़, पृष्ठ संख्या : 16

(ख) जाम्भोजी का जीवन चरित्र : स्वामी रामदास जी, पृष्ठ संख्या : 1

(ग) वील्होजी की वाणी (कथा अवतार पात की) : (सम्पादक) कृष्णलाल बिश्नोई
(घ) जम्भसार (भाग–1) चौथा प्रकरण : (सम्पादक) स्वामी कृष्णानन्द शास्त्री, पृष्ठ संख्या 52–53
23. पोथो ग्रंथ ज्ञान : (सम्पादक) कृष्णानन्द आचार्य, पृष्ठ संख्या : 195
24. वील्होजी की वाणी : (सम्पादक) कृष्णलाल बिश्नोई, पृष्ठ संख्या : 70
25. (क) जम्भसार (भाग–1) : (सम्पादक) स्वामी कृष्णानन्द शास्त्री, पृष्ठ संख्या : 5–6
(ख) श्री जम्भदेव चरित्र भानु : (सम्पादक) ताराचन्द खीचड़, पृष्ठ संख्या : 16
26. (क) जाम्भोजी, विष्णोई सम्प्रदाय और साहित्य (पहला भाग) : डॉ. हीरालाल माहेश्वरी, पृष्ठ संख्या : 221
(ख) श्री जम्भदेव चरित्र भानु (स्वामी ब्रह्मानन्द कृत) : (सम्पादक) ताराचन्द खीचड़, पृष्ठ संख्या : 16
27. पोथो ग्रंथ ज्ञान (कथा पूल्होजी की– वील्होजी रचित) : (सम्पादक) कृष्णानंद आचार्य, पृष्ठ संख्या 34
28. शब्दवाणी : ईश्वरानंद गिरी,पृष्ठ संख्या : 123
29. वील्होजी की वाणी : (सम्पादक) डॉ. कृष्णलाल बिश्नोई, पृष्ठ संख्या : 169
30. श्री जाम्भोजी और जम्भवाणी मीमांसा : डॉ. हीरालाल माहेश्वरी, पृष्ठ संख्या : 14
31. जम्भसार (भाग–1) : (सम्पादक) स्वामी कृष्णानंद आचार्य, पृष्ठ संख्या : 40
32. (क) बिश्नोई पंथ और साहित्य : डॉ. बनवारीलाल सहू पृष्ठ संख्या : 40
(ख) श्री जाम्भोजी और जम्भवाणी मीमांसा : डॉ. हीरालाल माहेश्वरी, पृष्ठ संख्या : 13
33. हिन्दी संत परम्परा और संत केसो : डॉ. सुरेन्द्र कुमार, पृष्ठ संख्या : 54
34. (क) जाम्भोजी, विष्णोई सम्प्रदाय और साहित्य (पहला भाग), : डॉ. हीरालाल माहेश्वरी, पृष्ठ संख्या : 421
(ख) पोथो ग्रंथ ज्ञान : (सम्पादक) कृष्णानंद आचार्य, भूमिका : iii
35. जाम्भोजी की सबदवाणी (मूल और टीका) : डॉ. हीरालाल माहेश्वरी, पृष्ठ संख्या : 10
36. पोथो ग्रंथ ज्ञान : (सम्पादक) कृष्णानंद आचार्य, पृष्ठ संख्या : 309

37. (क) बिश्नोई पंथ और साहित्य : डॉ. बनवारीलाल सहू, पृष्ठ संख्या : 40
(ख) जाम्भोजी की सबदवाणी (मूल और टीका) : डॉ. हीरालाल माहेश्वरी, पृष्ठ संख्या : 9
38. अनाज, जल एवं पशुओं के चारे का अभाव
39. (क) वंश–भास्कर : तीसरा भाग, पृष्ठ संख्या : 1964–65, छंद संख्या 31, 27, सम्वत् 1956
(ख) जाम्भोजी, विष्णोई सम्प्रदाय और साहित्य (पहला भाग) : पृष्ठ संख्या : 238
40. वील्होजी की वाणी : (सम्पादक) डॉ. कृष्णलाल बिश्नोई, पृष्ठ संख्या : 169
41. वही, पृष्ठ संख्या : 169
42. जाम्भोजी, विष्णोई सम्प्रदाय और साहित्य (पहला भाग) : पृष्ठ संख्या : 238
43. वह स्थान जो अनाज, जल एवं चारे से परिपूर्ण हो, वहां पर मनुष्य एवं पशु के लिए जीवन यापन करने में किसी भी प्रकार का कष्ट न हो, सम्पूर्ण दृष्टि से परिपूर्ण स्थल– सम्भराथल कहलाता है।
44. वील्होजी की वाणी : (सम्पादक) डॉ. कृष्णलाल बिश्नोई, पृष्ठ संख्या : 6
45. साखी भावार्थ प्रकाश : (सम्पादक) स्वामी कृष्णानंद आचार्य, पृष्ठ संख्या : 284
46. सुरजनदास पूनिया कृत कथा परसिध
47. साहबराम राहड़कृत जम्भसार : भाग–प्रथम, सातवां अध्याय, पृष्ठ संख्या : 95–96
48. **'सुभ जोग अरू इमृत बेला, कलश थाप कीन्हेउ हरि मेला'**
(जम्भसार–भाग–1) सातवां अध्याय, पृष्ठ संख्या : 107
49. पाहल विश्नोई पंथ का अनिवार्य विधान है। जम्भवाणी का पाठ करते हुए साधु–संतो के द्वारा मिट्टी के कलश में जल भरकर सफेद कपड़े से ढका, उस पर माला रखी जाती है। अंत में कलश मंत्र का जाप करके बाद में पाहल मंत्र के उच्चारण से जल को अभिमन्त्रित किया जाता है। इस प्रकार यज्ञ की ज्योति के पास स्थापित कलश–जिसमें भरा जल कलश मंत्र एवं पाहल मंत्र के उच्चारण से अभिमन्त्रित किये जाने पर पाहल कहलाता है।
50. श्री जम्भदेव चरित भानु : ब्रह्मानन्द शास्त्री , पृष्ठ संख्या : 54
51. **ले ले पाहल सकल घर गएउ। चल्यौ पंथ विश्नोई भएउ।।**
जम्भसार– सातवां प्रकरण : पृष्ठ संख्या : 107

52. राजस्थान का इतिहास : बी. एल. पानगड़िया, पृष्ठ संख्या : 65
53. वही, पृष्ठ संख्या : 65
54. सबदवाणी : (सम्पादक) स्वामी कृष्णानन्द आचार्य, सबद संख्या : 118
55. वही, सबद संख्या : 96 ,
56. **"विषम पंथ पसलाद को खंडा तीखी धार"** वील्होजी की वाणी, पृष्ठ संख्या : 10
57. **"पहलाद सूं परचिसी, धुर पहराज धर्म"** सुरजनदास कृत कथा परसिध
58. श्री जम्भवाणी टीका : डॉ. हीरालाल माहेश्वरी, सबद–2, पृष्ठ संख्या : 10
59. **"भूल गयो गुरवाटो"** सबदवाणी गुटका सबद संख्या : 114
60. हिन्दी संत परम्परा और संत केसो : डॉ. सुरेन्द्र कुमार, पृष्ठ संख्या : 58
61. साखी भावार्थ प्रकाश : (सम्पादक) स्वामी कृष्णानंद आचार्य, पृष्ठ संख्या : 215
62. जाम्भोजी, विष्णोई सम्प्रदाय और साहित्य : डॉ. हीरालाल माहेश्वरी, (दूसरा भाग) पृष्ठ संख्या : 587
63. सबदवाणी गुटका : (सम्पादक) कृष्णानंद आचार्य, सबद संख्या : 67
64. श्री जाम्भोजी और जम्भवाणी मीमांसा : डॉ. हीरालाल माहेश्वरी, पृष्ठ संख्या : 10
65. अकथ कहानी प्रेम की : पुरुषोत्तम अग्रवाल, पृष्ठ संख्या : 112
66. साखी भावार्थ प्रकाश : (सम्पादक) कृष्णानंद आचार्य, पृष्ठ संख्या : 269
67. जाम्भोजी, विष्णोई सम्प्रदाय और साहित्य (पहला भाग) : पृष्ठ संख्या : 253
68. जम्भसार भाग–2: (सम्पादक) स्वामी कृष्णानंद आचार्य, पृष्ठ संख्या : 204
69. जाम्भोजी, विष्णोई सम्प्रदाय और साहित्य (पहला भाग) : पृष्ठ संख्या : 253
70. उत्तरी भारत की संत परम्परा : परशुराम चतुर्वेदी, पृष्ठ संख्या : 263
71. जोधपुर राज्य का इतिहास : श्री गौरीशंकर हीराचन्द ओझा, पृष्ठ संख्या : 25
72. **"धन धनकार भयौ जग सारौ। जाहां ताहा भक्त देह निज डारै" :** (जम्भसार भाग–2), पृष्ठ संख्या : 199
73. श्री विश्नोई धर्म संस्थापक : भागीरथदास आचार्य, पृष्ठ संख्या : 182
74. जम्भज्योति मासिक पत्रिका, सम्पादकीय, मूलाराम लोल, अंक : 4 दिसम्बर, 2012

75. जाम्भोजी, विष्णोई सम्प्रदाय और साहित्य : डॉ. हीरालाल माहेश्वरी (भाग पहला), पृष्ठ संख्या : 429
76. जाम्भोजी, विष्णोई सम्प्रदाय और साहित्य : डॉ. हीरालाल माहेश्वरी (दूसरा भाग), पृष्ठ संख्या : 571
77. वही , पृष्ठ संख्या : 587
78. साखी भावार्थ प्रकाश : (सम्पादक) कृष्णानंद आचार्य, पृष्ठ संख्या : 256
79. वही, पृष्ठ संख्या : 56
80. राजस्थान की भक्ति परम्परा एवं संस्कृति : दिनेशचन्द्र, ओंकार नारायण सिंह, पृष्ठ संख्या : 51
81. सबदवाणी गुटका : डॉ. हीरालाल माहेश्वरी, सबद संख्या : 3
82. उत्तरी भारत की संत परम्परा : आचार्य परशुराम चतुर्वेदी, पृष्ठ संख्या : 336
83. जाम्भोजी, विष्णोई सम्प्रदाय और साहित्य : डॉ. हीरालाल माहेश्वरी (पहला भाग), पृष्ठ संख्या : 18
84. वील्होजी की वाणी : (सम्पादक) कृष्णलाल बिश्नोई, पृष्ठ संख्या : 213
85. जाम्भोजी : हीरालाल माहेश्वरी, पृष्ठ संख्या : 12
86. हिन्दी संत परम्परा और संत केसो : डॉ. सुरेन्द्र कुमार, पृष्ठ संख्या : 57
87. बिश्नोई पंथ और साहित्य : डॉ. बनवारीलाल सहू , पृष्ठ संख्या : 16
88. जम्भसार भाग–2 : (सम्पादक) स्वामी कृष्णानंद आचार्य, पृष्ठ संख्या : 188–189
89. कमल साथरी के स्थान पर एक अन्य पद में 'कंवलेस्वर' नाम का उल्लेख भी मिलता है।
90. जम्भसार भाग–2 : (सम्पादक) स्वामी कृष्णानंद आचार्य, पृष्ठ संख्या : 190–191
91. **'पारवै भण्डारा दोया, उदै अतली कोई क होया।**
दूजा लोचा मण्डी दयो। भण्डारो यो ही भल भयो।।"
(जम्भसार दूसरा भाग, पृष्ठ संख्या : 190)
92. **'भण्डारो जांगलू जबरा। जांकी लई जंभ गुर खबरा।**
प्रथम ठुकरै रो भण्डारो । रतनो कहियै भक्त हमारो।
सेंणे बणियाल रो भण्डारो। जम्भ गुरु को कहियै प्यारौ।"
(जम्भसार दूसरा भाग, पृष्ठ संख्या : 190)
93. अन्तरर्राष्ट्रीय संगोष्ठी के समापन सत्र के मुख्य वक्ता : डॉ. अच्युत अर्याल का उद्‌बोधन– मार्च 2018 विज्ञान भवन, नई दिल्ली,

विश्नोई संतकवियों द्वारा रचित राम—कृष्ण संबंधी आख्यान काव्य

94. (क) सबदवाणी : सबद संख्या—67 (शुक्ल हंस)
    (ख) बिश्नोई पंथ और साहित्य : डॉ. बनवारीलाल सहू, पृष्ठ संख्या : 37
95. बिश्नोई पंथ और साहित्य : डॉ. बनवारीलाल सहू, पृष्ठ संख्या : 37
96. जाम्भोजी, विष्णोई सम्प्रदाय और साहित्य : डॉ. हीरालाल माहेश्वरी (पहला भाग), पृष्ठ संख्या : 464
97. (क) जाम्भोजी, विष्णोई सम्प्रदाय और साहित्य : डॉ. हीरालाल माहेश्वरी (पहला भाग)
    (ख) पोथो ग्रंथ ज्ञान : (सम्पादक) कृष्णानंद आचार्य
    (ग) बिश्नोई पंथ और साहित्य : डॉ. बनवारीलाल सहू, पृष्ठ संख्या : 71—75

2. राम-कृष्ण सम्बन्धी आख्यान काव्यकारों का जीवनवृत्त एवं कृतित्व

डेल्हजी

गुरु जाम्भोजी एवं उनकी परम्परा के शिष्यों द्वारा देश के विस्तृत क्षेत्र में 'वैष्णव' भक्ति की पुष्टि निरन्तर हो रही थी और कई संतकवि फुटकर पदों में विष्णु के विभिन्न अवतारों की महिमा करते आ रहे थे; परन्तु जाम्भाणी साहित्य के क्षेत्र में आख्यान काव्य परम्परा का प्रारम्भ विक्रम की सोलहवीं शताब्दी के संतकवि डेल्हजी की वाणी एवं रचनाओं से माना जाता है। हिन्दी साहित्य में 'राजस्थानी आख्यान काव्य परम्परा को प्रारम्भ करने का श्रेय संतकवि डेल्हजी को ही दिया जाता है।

विश्नोई पंथ प्रवर्तक गुरु जाम्भोजी के हुजूरी शिष्यों में डेल्हजी का महत्त्वपूर्ण स्थान माना जाता है। डेल्हजी लालासर (बीकानेर) के आस पास के रहने वाले थे। ये गृहस्थ जीवन व्यतीत करते थे। अवस्था में गुरु जाम्भोजी से बड़े बताये जाते हैं। पंथ की मान्यतानुसार संसार की अनित्यता से दुःखी होकर व गुरु जाम्भोजी के उपदेश एवं उनकी महिमा से प्रभावित होकर, डेल्हजी के हृदय में जाम्भोजी को गुरु बनाने की लालसा जागी। अनेक ब्राह्मणों के साथ समराथल धोरे पर आकर, गुरु जाम्भोजी के शिष्य बनकर 'विश्नोई' हो गए

ग्रिहे तीन सै ब्राह्मण आये। भऐ जमाती सिखा कटाऐ।
तन के बालक तीस गनाऐ। लियो पाहल गुरु सरणै आऐ।।[1]

राजस्थानी के प्रख्यात डिंगल कवि पीरदास लालस के ग्रंथ 'परमेसर पुराण' में गुरु जाम्भोजी और भक्तों एवं कवियों के साथ इनका भी नामोल्लेख मिलता है—

बांभण डेलू बोलिया, काइम राजा केथि।
धिणी तुहारौ धारुआ, औ जोई बैठे अेथि।।[2]

विश्नोई पंथ के अनेक संतकवियों ने गुरु जाम्भोजी को 'कायमराजा' कहा है। जिसके आधार पर डेल्हजी के संदर्भ में भी उपर्युक्त कथन सही प्रतीत होता है।

डेल्हजी गुरु जाम्भोजी के सर्वाधिक यशस्वी साधक और पंथ प्रगतिशील विचारक थे। गुरु जाम्भोजी की वाणी से प्रभावित होने वाले संतकवियों में डेल्हजी का प्रमुख स्थान माना जाता है। कवि की काव्य कृतियों में जाम्भोजी की वाणी का प्रभाव स्पष्ट रूप से दिखाई देता है। 'गुरु जाम्भोजी की सबदवाणी' सम्वत् 1550 के बाद ही अधिक प्रचलित

हुई थी।[3] संतकवि की काव्य रचनाओं में जाम्भोजी की वाणी का सर्वाधिक प्रभाव होने के कारण हम यह कह सकते हैं कि कवि पंथ ग्रहण करने के पश्चात् निश्चित रूप से कुछ समय तक गुरु जाम्भोजी एवं अन्य संत–भक्तों के साथ संभराथल धोरे पर रहे होंगे।

संत कवि की रचनाओं के अन्तस्साक्ष्य और पीरदान लालस आदि के ग्रन्थों में डेल्हजी के माता–पिता तथा विश्नोई पंथ में दीक्षित होने से पूर्व के उनके जीवन क्रम का कोई निश्चित संकेत नहीं मिलता है। कवि की काव्य कृतियों में समाज के रीति–रिवाज, लोक–व्यवहार, मान्यताएँ, विश्वास आदि का वर्णन मिलता है। जिससे यह अनुमान लगाया जा सकता है कि संतकवि का गुरु जाम्भोजी के साथ भ्रमण भी काफी विस्तृत रहा होगा। इस प्रकार कवि को पवित्र एवं साधनात्मक जीवन प्राप्त हुआ था, किन्तु इनके आविर्भाव काल, निधनकाल एवं जीवन चरित्र के सम्बन्ध में कोई निश्चित प्रामाणिक सामग्री उपलब्ध नहीं होती है।

अनुमान के आधार पर इनका जन्म सम्वत् 1490[4] में माना जाता है। इस मत को जाम्भाणी साहित्य के समस्त विद्वानों ने निर्विवाद स्वीकार किया है।

जाम्भाणी साहित्य के वरिष्ठ शोध–समीक्षक डॉ. हीरालाल माहेश्वरी ने डेल्हजी का निधनकाल सम्वत् 1550[5] के आस पास अनुमानित किया है। कवि का निधनकाल 1550 सम्वत् होने से कवि की आयु 60 वर्ष ठहरती है, लेकिन कवि की काव्य रचनाओं के भाव एवं काव्य सौष्ठव तथा सामाजिक मनोभावों के आचार–विचारों से यह निश्चित रूप से कहा जा सकता है कि कवि का निधन सम्वत् 1550 के बाद ही हुआ होगा।

संतकवि की काव्य रचना 'बुध परगास' (ग्रंथ साखी) की अन्तिम पंक्ति अपने पुत्र को लक्ष्य करके लिखी गई है–

'भणै डेल्ह परषोतमं पुता, राज करौ परवार संजुता।।[6]

संतकवि की यह पंक्ति कवि के चरित्र की सरलता, विनम्रता और तीव्र संवेदना की परिचायक है। कवि के व्यक्तिगत जीवन के सम्बन्ध में इस उक्ति से अधिक से अधिक इतना निष्कर्ष निकाला जा सकता है कि 'कवि को किसी न किसी प्रकार लोक जीवन का घनिष्ठ अनुभव प्राप्त हुआ था और उसी के आधार पर उनके मन में मरुप्रदेशीय जीवन, करणीय–अकरणीय कार्य तथा नीति–ज्ञान आदि के विषय में विचार धारा प्रकट की।

संतकवि अपने व्यक्तिगत जीवन में सदाचार एवं पंथ के नियमों का पालन करना आवश्यक मानते थे। उन्होंने अपनी रचनाओं में इस पर पूरा बल दिया है। ये सच्चे कर्मठ व प्रवृत्तिगामी संत थे। इस बात को कवि ने

विश्नोई संतकवियों द्वारा रचित राम-कृष्ण संबंधी आख्यान काव्य

अपने गृहस्थ जीवन को त्यागकर, विश्नोई पंथ में दीक्षित होकर, पंथ की आचार संहिता का पालन करते हुए प्रमाणित किया है। इनकी उपलब्ध काव्य रचनाओं से यह भी स्पष्ट होता है कि इनका जीवन आदर्श, जीवन मुक्त और कर्मयोगी जैसा था।

कृतित्व

विश्नोई पंथ के 'हुजूरी कवियों में पौराणिक कथानकों पर आख्यान काव्यों की रचना करने वालों में तीन कवि प्रमुख हैं—डेल्हजी, पदम भगत और मेहो। कालक्रम की दृष्टि से प्रथम दोनों कवि 16वीं शताब्दी आरम्भ के हैं। राजस्थानी साहित्य में आख्यान काव्य परम्परा का सूत्रपात इन्हीं दोनों से होता है।[7]

संतकवि की काव्य रचनाओं में भक्ति के साथ-साथ लोक कल्याण और नैतिक मूल्यों की प्रतिष्ठा हुई है। गुरु जाम्भोजी के समसामयिक विश्नोई पंथ के कवि डेल्हजी अच्छे साहित्य ज्ञाता और पण्डित थे। कवि ने कई काव्य रचनाएँ की थीं जिनमें से उपलब्ध प्रमुख काव्य रचनाएँ इस प्रकार हैं—

(1) बुध परगास (साखी) (2) कथा अहंमनी (कथा अहदांवणी)

बुध परगास

यह एक साखी है, जो छन्दा की साखी के नाम से जानी जाती है। यह 'विहाग' राग में गेय है। इस साखी की रचना कवि ने अपने पुत्र को लक्ष्य करके की थी। कवि ने इस साखी को 27 चौपइयों में पद्यबद्ध किया था।

जैसा कि रचना के नाम से ज्ञात होता है कि 'बुध परगास' अर्थात् बुद्धि को प्रकाश देने वाली काव्य कृति। कवि की यह रचना मरुप्रदेशीय समाज के रीति-रिवाज, परम्परा, लोकजीवन, व्यावहारिक ज्ञान, मान्यताएँ एवं विश्वास से सम्बन्धित है। इस काव्य कृति में कवि ने नीति-कथन एवं करणीय-अकरणीय कृत्यों से सम्बन्धित अपने विचारों का स्पष्टीकरण किया है। तत्कालीन मरुप्रदेशीय समाज, आदर्श, रीति-नीति, विश्वास आदि प्रसंगों का सजीव चित्रण है। छल, कपट, स्वार्थ, साम्प्रदायिकता एवं बाह्याचार जैसी बातों से दूर करने का परामर्श भी दिया गया है।

कवि की उक्त काव्य रचना का मूल उद्देश्य यह था कि मानव समाज का सुधार एवं विकास समाज के व्यक्तियों के सुधार एवं विकास से ही संभव है। अतएव यह परमावश्यक है कि प्रत्येक व्यक्ति वास्तविक स्थिति को समझे, मूल तत्त्वों को यथा साध्य पहचाने एवं ग्रहण करें और उसके अनुकूल आचरण में प्रवृत्त रहे। इस प्रकार स्वयं आनन्दमय जीवन व्यतीत करता हुआ समाज एवं विश्व का भी कल्याण करें।

कवि के शब्दों में–

बुध परगास सुंणे सभकोई, मूरिख सूंणे पिडंत होई।
विमासे चाल न भुलै कोई, पाणी पीजै औघट होई।।[8]

समस्त विष्णोई साखियों में प्रस्तुत साखी अपने ढंग की एक ही है।[9] इस प्रकार रीति–नीति एवं व्यावहारिक ज्ञानवर्द्धन हेतु जाम्भाणी साखियों की यह सर्वश्रेष्ठ साखी है।

उपलब्ध प्रति

यह रचना अखिल भारतीय बिश्नोई महासभा, बीकानेर के संग्रहालय में उपलब्ध गुटके में संगृहीत है। गुटके का लिपिकाल सम्वत् 1881–1907 लिखा हुआ है। इस प्रकार इस रचना को इन वर्षों के बीच कभी लिपिबद्ध किया गया होगा। लिपिकर्ता थापन वसता।

कथा अहदांवणी

आख्यान काव्य परम्परा को प्रारम्भ करने और उसे सुदृढ़ता प्रदान करने में डेल्हजी विरचित 'कथा अहंमनी' का महत्त्वपूर्ण स्थान है। भक्तिकालीन आख्यान काव्य परम्परा की विश्नोई संतकवियों द्वारा विरचित प्रथम पौराणिक आख्यान काव्य कृति है। इस रचना को अलग–अलग लिपिकारों ने निम्न नामों से लिपिबद्ध किया– कथा अहमंनी, कथा अहदांणौ, अहैदावणी, अहंदावेनी, कथा अभिमन्यु, अदावणी। धनाश्री, धवल, मारू, मारू धवलै, सोरठ, गवडी एवं असाधाहड़ी आदि देशी राग–रागिनियों में गेय हैं। जैसा कि रचना के नाम से विदित होता है कि यह रचना अर्जुन के पुत्र अभिमन्यु से सम्बन्धित है। चूंकि महाभारत में श्रीकृष्ण केन्द्रीय भूमिका में थे, इसलिए काव्य कृति में भी कवि ने श्रीकृष्ण के लोक रक्षक, नीति–परक एवं धर्म संस्थापक स्वरूप को जनमानस के सामने रखने की आवश्यकता समझी।

यह आख्यान काव्य मुख्य से संवाद शैली में रचित, वर्णन प्रधान है। इसमें संवाद रूप, कवि–कथन तथा पात्र विशेष के भाव रूप के साथ–साथ अत्यन्त नाटकीय, प्रभावशाली एवं कथा को गति प्रदान करने वाले हैं। साढ़ौ (ऊँटनियों), रेबारियों तथा मरुप्रदेश की विभिन्न वस्तुओं के वर्णन से इसे स्थानीय रंग से युक्त कर दिया गया है। कवि ने ज्योतिष, शकुन एवं स्वप्न फल वर्णन करते हुए इस काव्यकृति को अत्यन्त प्रभावशाली एवं मरुप्रदेश की विशेषताओं से ओत–प्रोत बना दिया है। 'इसमें संगीत, वर्णात्मक एवं नाटकीय तत्त्वों की त्रिवेणी प्रवाहित होती हुई दिखाई देती है।'[10]

कवि ने अपने मौलिक विचार, अभिव्यक्ति एवं सिद्धान्तों को प्रचलित शैली में प्रस्तुत किया है। इनकी 'स्वानुभूति' में लोकजनीन अनुभूति की

व्यापकता और इनके आदर्श पद की स्थिति उक्त रचना में झलकती है। कवि ने इस काव्य कृति में अपने उच्च से उच्च एवं गंभीर से गंभीर भावों को सर्वसाधारण की भाषा में व्यक्त करने का प्रयास किया है।

उपलब्ध हस्तलिखित प्रतियां

अखिल भारतीय बिश्नोई महासभा के संग्रहालय में इस रचना की कुल 5 प्रतियाँ प्राप्त होती है। जो गुटकों के रूप में उपलब्ध है। गुटकों पर ग्रंथांक नहीं लिखे गये हैं। उपलब्ध सभी प्रतियां अपूर्ण एवं कुछ कटी–फटी हैं। प्रतियों का परिचय इस प्रकार है–

प्रथम प्रति

उपलब्ध प्रति में शीर्षक 'कथा अहदावणी' के रूप में मिलता है। यह एक अपूर्ण प्रति है जिसके 4 पत्र उपलब्ध हुए हैं। इन चारों पत्रों में कथा अहदावणी के 88 छंद लिपिबद्ध हुए हैं। लिपिकाल, लिपिकर्ता एवं लिपिस्थान का कहीं कोई उल्लेख नहीं मिलता है। इसका आरम्भ एवं अंत क्रमशः इस प्रकार है–

आरम्भ :

श्री विष्णुजी सत्य।।
श्री।। गणेशाय नमः।।
अथ कथा अहदावणी लिषते।।
राग धनाश्री।।
प्रणउ गंणपति गुणां गहीर। संदूरी पिजरै सरीर।
मूसै चड़ै फरस कर धरे।। को को दोष विनायक हरे।। 1।।

अंत :

छपन कौड जादव वोलै। सुण नारायण बात।
वारै वरस रो मोटो होयसी।। किण विध लावा घात।। 88।।

द्वितीय प्रति

उपलब्ध इस प्रति में शीर्षक 'कथा अहदांणौ' लिखा हुआ है। प्रति में कुल 22 पत्र हैं, यह भी अपूर्ण है। लिपिकाल, लिपिकर्ता एवं लिपिस्थान के विषय में साहित्य कृति मौन है। इसका प्रारम्भ व अंत इस प्रकार हुआ है–

प्रारम्भ :

श्री विष्ण जी।। सत सही ।। लिखंते कथा अहदाणौ।। राग धनासी।।
पणउ गुणोउ गुंणो गहीर।। मुस चड़ फरस जो कर।।
को को दोष विन्यांयक हर।। 1।।

अंत :

चोह पहर रो विचार अणदकुवरी सुहणौ लह।।
नीस दीन अंधारी रात।। ईद्र भुवण औवघाट हुव।। ईद्र देव ......।

तृतीय प्रति

इस प्रति का प्रारम्भ छंद संख्या 73 से होता है तथा अंतिम छंद संख्या 655 है। 43 पत्रों में लिपिबद्ध अपूर्ण प्रति है। लिपिकाल, लिपिकर्ता एवं लिपिस्थान आदि का उल्लेख नहीं मिलता है। कृति का आदि एवं अंत इस प्रकार है–

आदि :

हुवा राज बधांवैणा बाजिया अनन्त थाल।
कलि तोरण बांधिया हरि बन्दरवाल।

अंत :

कहो जीमा जीमण कुण जीमसी तो सुत कियो काल।
नीठर बाभण बाभणी प्रष्या तात अहमात अरजन कहै उचर नीठर।।

चतुर्थ प्रति

इस प्रति में रचना का नाम ' अदावणी' शीर्षक के रूप में मिलता है। यह एक अपूर्ण एवं खण्डित प्रति है। इस प्रति में विवेचित रचना का आदि एवं अंत मिलता है लेकिन बीच के छंद नहीं मिलते हैं। छंद संख्या 01 से 24 तक क्रमानुसार ठीक है, उसके बाद के पत्र पर छंद संख्या 585 है, जो 695 तक उचित क्रम में लिपिबद्ध मिलती है। कहने का तात्पर्य यह है कि लिपिकर्ता ने तो कुल 695 छंदों को लिपिबद्ध किया था, किंतु किसी ने बीच के (छंद संख्या 25 से लेकर 584 तक के) पत्र फाड़ दिये। इस रचना का प्रारम्भ इस प्रकार किया गया है–

आदि :

श्री विष्णजी सत सही।। लीखंते अदावणी।।
पंणउ गुणौउ गुणां गहीर।। संदीरी पीजर सरीर।।
मुस चड़ फरस जो कर।। को को दोष वीन्यायक हर।। 1।।

अंत :

कथा सुंणे अमंनी।। नर नारी सब लोग।।
जे नर तो सुख भोगवै।। जाह वीसन के लोक।। 695।।

कथा सुपरण समांपीता। संमत 1881 व्रेषे मीती चत सुध 12 वार सोमवार।। लीखतु साध कनीराम जी।। सीष बलुजी को। उदयार चीत सू लीखाय छः अहमंनी सपूरण।। संमापीता।। गांव पुर मधे।। सुथान बासै परगट।। साथरी जामजी की सूचीत। श्री वीसन जी छत छत जी।

यह प्रति सम्वत् 1881 के चैत्र मास के शुक्ल पक्ष की द्वादशी,

सोमवार को बलुजी के शिष्य साधु (संत) कनीराम जी द्वारा गाँव पुर (जिला भीलवाड़ा) जाम्भोजी के मन्दिर में लिपिबद्ध की गई।

पंचम प्रति

यह भी एक अपूर्ण एवं खण्डित प्रति है जो एक गुटके में संकलित है। इस गुटके में अलग–अलग कवियों द्वारा रचित अनेक रचनाओं को संकलित किया गया है। गुटके में पत्र संख्या 145 से 165 के बीच यह कृति लिपिबद्ध मिलती है। इस गुटके में इस रचना के कुल 21 पत्र हमें उपलब्ध होते हैं। इसका परिचय इस प्रकार है –

आदि :

श्री विसन जी सति सही लीखतु कथा अहदावणी।। राग धनासश्री।।
पणउ गुणउ गुणा गहीर।। सदुरी पीजर सरीर।।
मुस चड़ फरस जो कर।। को को दोष विन्यायक हर।। 1।।

अंत :

मिल गावं मंगलचार, सुदिन सुवा यैति सुभ घड़ी।
मन षोजी दाषो मांहि, कदि र विनायक थापीस्यां।।

प्रकाशन स्थिति

संतकवि परमानंद बणियाळ (विक्रम सम्वत् 1750–1845) द्वारा संरचित एवं संगृहीत गुटके में विवेचित रचना की एक हस्तलिखित प्रति उपलब्ध होती है। गुटके (संग्रह ग्रंथ) का सम्पादन कृष्णानन्द आचार्य एवं प्रकाशन जाम्भाणी साहित्य अकादमी, बीकानेर द्वारा सन् 2013 ई. में 'जाम्भाणी सार संग्रह पोथो ग्रंथ ज्ञान' नाम से किया गया। इस संग्रह ग्रंथ के कुल 23 पत्रों में यह रचना 'कथा अहमनी (लिखतु अहैदावणी अभिमन्यु डेल्हजी द्वारा रचित) शीर्षक से सम्पादित एवं प्रकाशित है। इस रचना में अन्तिम छंद संख्या 670 है जबकि डॉ. हीरालाल माहेश्वरी ने अपने शोध प्रबन्ध (जाम्भोजी, विष्णोई सम्प्रदाय और साहित्य) में रचना के छंदों की संख्या 717 बताई है।[11] प्रकाशित रचना का आदि एवं अंत इस प्रकार है–

आदि :

पणैउं गुणैउं गुंणां गहीरै, सुदैरी पीजैर राख शरीरै।
मुसे चड़े फरजौ करे, कोई कोई दोष विनायक हरे।। 1।।[12]

अंत में कवि ने कथा का माहात्म्य इस प्रकार वर्णित किया है –

कथा संवारी जुगत सूं, भारथ री साखा धरी।
गीता कोस बरी ते, कथा सुंणे जे अहंमनी।। 669 ।।
कथा सुंणे जे अहंमनी, नरनारी सब लोग।
जेत वरतो सुख भाग वे, जांह विसन के लौक।। 670 ।।[13]

कथा संपूरण समापती ''लिखतु थापन अमरा गांव भीयांसर मधे'' बाच जीको नूण वाचैजौजी'' समत 1830 चेतवद 2 वार आदितवार'' श्री विसन जी सति सही।

सम्वत् 1830 चैत्र मास कृष्ण पक्ष तिथि द्वितीया वार रविवार को अमरा थापन ने भीयांसर (फलौदी) गाँव के मध्य इस काव्य ग्रंथ को लिपिबद्ध किया था।

पदम भगत

जीवनवृत्त

जाम्भाणी साहित्य में 'आख्यान काव्य' की अजस्र धारा को प्रवाहित करने वाले विश्नोई संतकवियों में पदम भगत का प्रमुख स्थान माना जाता है। पंथ के हुजूरी संतकवियों एवं महलाणा गाँव के विश्नोई भाटों के अनुसार पदम भगत के 'विश्नोई साधु' होने का प्रमाण मिलता है। पंथ के आरम्भिक हुजूरी संतकवियों में विवेच्य कवि की प्रसिद्धि मानी जाती है। इनकी प्रसिद्धि का प्रमुख कारण इनके द्वारा लिखा गया 'रुक्मिणी मंगल' और 'आरती' है।

विश्नोई पंथ में जागरण या जम्मा की प्रथा गुरु जाम्भोजी के समय से ही चली आ रही है। रात्रि जागरण में दास पदम कृत 'रुक्मिणी मंगल' (क्रिसणजी रो ब्यावलो) का गाया जाना तथा अर्द्ध रात्रि के पश्चात् पदम भगत विरचित आरती गाने की परम्परा भी थी, जो कुछ क्षेत्रों में अद्यपर्यन्त भी गायी जाती है। विश्नोई पंथ में जो आदर उनतीस नियमों एवं सबदवाणी को है, वही आदर संतकवि की इन काव्य रचनाओं को प्राप्त है। पंथ में इन दोनों रचनाओं के इस महत्त्व से भी पदम भगत का विश्नोई संतकवि होना सिद्ध होता है।

संतकवि की उपलब्ध काव्य कृतियों में कवि ने स्वयं को 'वैष्णव' और 'साध' बताया है–

त्रिभुवन तणां रूप की संष्या, आंणई एकणि वांणी।
हर जोसी तेड़ी नइ पूछया, वैष्णव पदम बखाणी।।[14]
द्वारावती आणंद भयो है, सुरनर देत असीस।
वैस भण पदमइयो वैष्णव, सिंघासण जगदीस।।[15]
रुषमण्य रूप तंणौ को संध्या, आंणौ एका वाणी।
जादम तेड़ौ मुंकियो, पदमइयै साध बखाणी।।[16]

इस प्रकार कवि ने स्वयं को ''वैष्णव'' कहकर विश्नोई पंथ की मूलाधार मान्यता 'विष्णु उपासना' को स्पष्ट किया है तथा अन्य पद्य में 'साध' (साधु) कहकर भी अपना परिचय विश्नोई–पंथी कवि के रूप में दिया है। 'विश्नोई पंथ को साधु पंथ भी कहा जाता है।'[17] चूंकि

पंथ–प्रवर्तक गुरु जाम्भोजी स्वयं भी साधु रूप में ही थे; अतः उनके शिष्य भी साधु ही कहे जाते हैं। काव्य कृति में 'विष्णोई' के लिए 'वैष्णव' शब्द का प्रयोग सम्प्रदाय की आरम्भिक और विकासमान स्थिति का द्योतक है तथा जिसके द्वारा मूलाधार मान्यता 'विष्णु उपासना' का स्पष्ट संकेत किया गया है।[18] कवि की रचनाओं से प्राप्त तथ्यों से यह स्पष्ट होता है कि उनका संबंध 'विश्नोई पंथ' से अवश्य था।

पदम भगत नागौर के पास गुणावती नामक गाँव के रहने वाले थे। प्रारम्भ में ये तेली जाति के थे–

'विष्णु भक्त विसनोई, रहे गुणावती माही जात्य का तेली'[19]

कवि बचपन में तेल की घाणी का कार्य करता था, इस बीच कवि को वैराग्य उत्पन्न हुआ और कवि ने गुरु जाम्भोजी के विचार एवं सिद्धान्तों से प्रभावित होकर जाति, धर्म, कर्म (वर्ण) आदि के बाह्य बन्धनों को तोड़ते हुए साम्प्रदायिक सद्भावना का परिचय देते हुए विश्नोई पंथ स्वीकार कर लिया।

विष्णु भक्त गुंणावती, रहै जु तेली जात।
विस्नोई धर्मं आचरै, जम्भेसर किया पात।।[20]

जाम्भोजी को गुरु बनाने के बाद कवि गृहस्थ जीवन छोड़कर साधु (साध) बन गये थे।

परम गुरु जम्भदेवजी, रहो कृपालु सहाय।
ईश को ध्यान बताय द्यो, देवो तिमर नशाय।।[21]
यम का पाशा ईश सब काट्या, शरण तुम्हारी आया।
जब जाम्भेश्वर किरपा कीनी, तब गुरु नाम सुनाया।।[22]

इसी प्रसंग का उल्लेख भाष्याकार स्वामी सच्चिदानन्द योगिराज ने श्री जम्भगीता ग्रंथ में इस प्रकार किया है–

बिश्नोई रहै गुणावती, तेली वाकी जात।
बिष्णु धर्म नीकै चले, जम्भेश्वर किया पात।।[23]

भक्त प्रवर, संतकवि पदम भगत के जीवन के विषय में पूर्णतः प्रामाणिक सामग्री अत्यल्प है। इनका जीवन वृत्त उनकी अपनी कृतियों के अन्तः साक्ष्य और बाह्य साक्ष्य के आधार पर उपलब्ध होता है। इसके लिए जाम्भोजी, विष्णोई सम्प्रदाय और साहित्य (डॉ. हीरालाल माहेश्वरी), रुक्मिणी मंगल (सम्पादक कृष्णानन्द आचार्य), हिन्दी संत परम्परा और संत केसो (डॉ. सुरेन्द्र कुमार), बिश्नोइ पंथ और साहित्य (डॉ. बनवारी लाल सहू), पोथो ग्रंथ ज्ञान (प्रकाशक– जाम्भाणी साहित्य अकादमी, बीकानेर) का आधार लिया जाता है। उपर्युक्त शोध समीक्षकों के अनुसार संतकवि का जन्म सम्वत् 1500 के आसपास अनुमानित किया जाता है।

विश्नोई संतकवियों द्वारा रचित राम-कृष्ण संबंधी आख्यान काव्य

जन्म स्थान कवि के पैतृक गाँव गुणावती (नागौर) को ही उचित ठहराया जाता है।

गुरु जाम्भोजी का शिष्य बनने के बाद भी वे अपने पैतृक गाँव गुणावती में ही रहते थे। कवि का देहावसान अनुमानित सम्वत् 1555[24] के आसपास उनके पैतृक गाँव में ही हुआ होगा।

पदम भगत की शिक्षा के विषय में किसी ग्रंथ में कहीं कोई उल्लेख नहीं मिलता है। कवि का काव्य उनकी उच्च शिक्षा, विस्तृत अनुभव और आध्यात्मिक चिन्तन का प्रत्यक्ष प्रमाण है। काव्य और संगीत विद्या दोनों में वे असाधारण रूप से व्युत्पन्न थे।

संतकवि के माता-पिता तथा परिवार के विषय में कोई निश्चित संकेत नहीं मिलते हैं। वैराग्य भाव जाग्रत होने के बाद वे घर-परिवार सब कुछ छोड़कर विश्नोई पंथ में प्रविष्ट हो गये थे। पंथ से लोक जीवन का घनिष्ठ अनुभव प्राप्त कर गृहस्थ लोगों में निष्ठा, कर्त्तव्य भावना और धर्म नियमों को समझाने में कवि का जीवन व्यतीत हुआ।

समग्र रूप से हम यह कह सकते हैं कि पदम भगत उच्चकोटि के संतकवि थे। जिन्होंने परमतत्त्व का अनुभव कर लिया और अपने व्यक्तित्त्व से ऊपर उठकर उसके साथ तद्रूप भी हो गये। आत्मोन्नति व आत्मकल्याण के साथ-साथ सर्वभूत-हितार्थ देवत्व आदि के मध्य समन्वय स्थापित करना कवि के जीवन का अन्तिम लक्ष्य था। पदम भगत एक महान साधक पुरुष थे। प्रकृति ने इनको बुद्धि और विवेक भी प्रचुर मात्रा में दिया था। जिनका उचित प्रयोग कवि ने अपनी काव्य रचना में किया।

कृतित्व

पदम भगत में भक्ति, काव्य प्रतिभा और सिद्धान्त चिन्तन का अद्भुत समन्वय है। कवि की काव्य कृतियाँ गृहस्थ जीवन से सम्बन्धित है। इनके काव्य सृजन का मुख्य ध्येय गृहस्थ लोगों को मोक्ष मार्ग दिखाना था। इनका उद्देश्य 'जाम्भोजी के ध्येय का संकेत कराने के साथ ही गृहस्थ लोगों में निष्ठा, कर्त्तव्य-भावना भरती और उनको साहस और सम्बल प्रदान करती है।'[25] पदम भगत विरचित निम्न रचनाएँ अद्यावधि उपलब्ध है–

1. रुक्मिणी मंगल (यह रचना क्रिसणजी रो ब्यावलो, विवाहलो, ब्यावलो, हरजी रो ब्यावलो आदि नामों से भी जानी जाती है।
2. फुटकल रचनाएँ– आरती, हरजस आदि ।

रुक्मिणी मंगल

'रुक्मिणी मंगल' लौकिक शैली में लिखा गया आख्यान काव्य है। इसका अपर नाम "किसनजी रो ब्यावलो" है। विवाह के प्रसंग का वर्णन

करने वाले काव्यों की प्राचीन संज्ञा विवाह, विवाहलो, विवाहला, यह सबसे प्राचीन है। दूसरी संज्ञा 'मंगल' है।[26] राजस्थानी जनता में पदम भगत कृत रुक्मिणी मंगल बड़े चाव से गाया और सुना जाता है। इसमें प्रमुख रूप से श्रीकृष्ण के जीवन चरित्र को केन्द्रीभूत किया गया है। साथ ही कृष्ण–रुक्मिणी विवाह प्रसंग के शृंगार, भक्ति और वीरता संबंधी अनेक मार्मिक भावों का समावेश भी किया गया है। वैष्णव भक्तों का प्रधान उपास्य ग्रंथ श्रीमद्भागवत का इस काव्य कृति पर सर्वाधिक प्रभाव माना जा सकता है।

राजस्थान में आज भी मुख्य रूप से दो विवाहले सर्वाधिक प्रसिद्ध है। प्रथम क्रिसणजी रो ब्यावलो पदम भगत कृत और द्वितीय हरजी भाटी कृत रामदेवजी रो ब्यावलो, ये दोनों ही लौकिक शैली में वर्णित है। इन दोनों में से 'रुक्मिणी मंगल (क्रिसणजी रो ब्यावलो) को अधिक प्रसिद्ध एवं लोकप्रिय माना जाता है। यह अपनी मौखिक परम्परा के कारण आज भी जनमानस में अपने व्यापक एवं लोकप्रिय स्वरूप को बनाये हुए हैं।

इसकी रचना कवि ने गेय रूप में और पूर्णतः धार्मिक दृष्टि से की है। जिस प्रकार श्रीमद्भागवत का सप्ताह आयोजित होता है उसी प्रकार पदम भगत कृत 'रुक्मिणी मंगल' का भी भक्तों और संतों द्वारा सप्ताह आयोजित किया जाता था। पदम भगत विरचित रुक्मिणी मंगल यहाँ तक कि न केवल विश्नोई पंथ तक ही सीमित है, अपितु वैष्णव धर्म के अन्य पंथ–सम्प्रदायों के लोगों ने भी इसे लिपिबद्ध करने का प्रयास किया है।

रुक्मिणी मंगल राग मारुं, सोरठ, रामगिरी, आसावरी, ठुमरी, खम्भावची, कैरवा, भैरवी, सोहनी, सारंग, कालगंड़ा, विहाग, सिंधु, केदार, लावणी, रेखता, दण्डक, झेला, चर्चरी, काफी, बरवो, होरी, धमाल, जंगलो, परज, कानड़ो, धमाल, धवल, धनाश्री आदि लोक प्रचलित राग–रागिनियों में गेय है। इसका रचनाकाल अनुमानतः सम्वत् 1545 के लगभग निर्धारित किया जाता है।[27] जनता में मौखिक परम्परानुसार प्रचलित होने के कारण इसमें समय–समय पर परिवर्तन होते रहे हैं। अतः छंद विधान के विषय में निश्चित रूप से कुछ नहीं कहा जा सकता है। उपलब्ध हस्तलिखित एवं प्रकाशित प्रतियों में इस रचना के छंदो की संख्या 250 से 300 के बीच में मिलती है।

'पदम भगत के रुक्मिणी मंगल की प्राचीनतम हस्तलिखित प्रति सम्वत् 1669 फाल्गुन कृष्णा दशमी की लिखित उपलब्ध होती है।'[28] नागरी प्रचारिणी सभा, काशी से श्यामसुन्दरदास द्वारा सम्पादित 'अैनुअल रिपोर्ट ऑन दी सर्च फॉर हिन्दी मैन्युस्क्रिप्टस फार दी ईयर 1900'– विवरण संख्या 24, 92 में उपलब्ध प्राचीनतम प्रति का लिपिकाल सम्वत् 1669 बतलाया गया है।'[29] जबकि डॉ. सियाराम तिवारी का मत कुछ

भिन्न है, उन्होंने 'हिन्दी के मध्यकालीन खण्ड काव्य' शोध प्रबन्ध में 'इस ग्रंथ का रचनाकाल सम्वत् 1669 बताया है।'[30] डॉ. हीरालाल माहेश्वरी इस संबंध में अपने शोध प्रबन्ध में इस प्रकार लिखते हैं– डॉ. तिवारी ने 'अन्यत्र भ्रम से इसका रचनाकाल सम्वत् 1669 बताया गया है, जो वस्तुतः अभय जैन ग्रंथालय बीकानेर में उपलब्ध हस्तलिखित प्रति का लिपिकाल है।[31]

उपलब्ध हस्तलिखित प्रतियाँ

राजस्थान प्राच्य विद्या प्रतिष्ठान, जोधपुर में संग्रहीत हस्तलिखित प्रतियाँ इस प्रकार हैं–

1. ग्रंथांक 12592 (3) लिपिकाल 19वीं शताब्दी, पत्र संख्या 53–86।
2. ग्रंथांक 11588 लिपिकाल 1942, पत्र संख्या 1–144 सचित्र, लिपिकर्ता नंदराम, लिपिस्थान– नागौर, पत्र के माप के चित्र संख्या–8 विशेष ज्ञातव्य।
3. ग्रंथांक 15819 (1) लिपिकाल 1880, पत्र संख्या 1–94, लिपिस्थान– तिंवरी।
4. ग्रंथांक 23596 लिपिकाल 1947, पत्र संख्या 78वां पूर्ण, लिपिकर्ता– चतुर्भुज शर्मा।
5. ग्रंथांक 25268 (1) लिपिकाल 19वीं शताब्दी, पत्र संख्या 33 अपूर्ण।
6. ग्रंथांक 27999 (1) लिपिकाल 1944, पत्र संख्या 1–98 पूर्ण।
7. ग्रंथांक 25454 लिपिकाल 1915, पत्र संख्या 81 पूर्ण, लिपिकर्ता– हरिराम व्यास, लिपिस्थान–जोधपुर।
8. ग्रंथांक 28143, लिपिकाल 1927, पत्र संख्या 55 पूर्ण, लिपिकर्ता– वैष्णव गिरधारीदास, लिपिस्थान– नागौर।
9. ग्रंथांक 28540 लिपिकाल 1918, पत्र संख्या 76, लिपिकर्ता– ब्राह्मण चूनीलाल, लिपिस्थान– महु।
10. ग्रंथांक 36871 लिपिकाल 1910, पत्र संख्या 58 अपूर्ण।

वील्होजी पुस्तकालय, बिश्नोई मन्दिर, हिसार में एक प्रति उपलब्ध होती है। जो इस प्रकार है–

ग्रंथ क्रमांक–66, लिपिकाल– 1891, पत्र संख्या 94 पूर्ण।

प्रति में उपलब्ध रचना का शीर्षक 'रूकमणी मंगल' लिखा हुआ है।

आदि :

अथः रुकमणी मंगल लिख्यते।। वाल।।
साद कीयो हर पदमीयो दीयो बिमांण खिनाय।
कीरत करी श्री कृष्ण की लीयो हजूर बुलाय।। 1 ।।

अंत :

इता श्री रुक्रमण मंगल ....।
सं. 1891 रा मिति फागण वदी 14 दिने लिखत।

प्रति में लिपिकर्ता का नाम तो उल्लेखित हुआ है, लेकिन स्पष्ट रूप से दिखायी नहीं देता है। हरियाणा में यह 'रुक्मिणी मंगल' अरसण, वरज, बढ़ती ताल, विहाग, मालताल, ललित और तिताला आदि प्रचलित राग–रागिनियों में गाया जाता है।

अखिल भारतीय बिश्नोई महासभा, मुकाम के संग्रहालय में उपलब्ध प्रतियों में इस रचना की कुल 5 प्रतियाँ मिलती हैं। उपलब्ध सभी रचनाएँ गुटकों में प्राप्त होती है। संग्रहालय में उपलब्ध गुटाकों पर ग्रंथांक नहीं लिखे गये हैं। प्राप्त सभी प्रतियाँ अपूर्ण एवं खण्डित है। उपलब्ध प्रतियों का परिचय इस प्रकार है –

प्रथम प्रति

उपलब्ध प्रति में शीर्षक 'रुक्मिणी मंगल' के रूप में मिलता है। इस प्रति के 43 पत्र उपलब्ध होते हैं। प्रति का आदि एवं अन्त इस प्रकार है–

आदि :

श्री जंभगुरवे नमः अथः पदमइय कृत रुक्मणी मंगल लिख्यते।।
संसार सागर अथाह जल सूझत वार न पार।
गुर गोबिंद कृपा करो गावां मंगलचार।।1

अंत :

सोनो दीनो सालवो रूपो अंत न पार।
भणै पदमइयो जन आरती आवागवण निवार।।

इतिश्री पदमइयो कृत रूक्मणी मंगल बिवाहलो समाप्त्म। संवत् 1937 मिति बैसाख सुदी 2 लिखते बिहारीदास।

यह प्रति सम्वत् 1937 बैसाख सुदी द्वितीया को बिहारीदास द्वारा लिपिबद्ध की गई है। लिपिस्थान का कहीं कोई उल्लेख नहीं मिलता है।

द्वितीय प्रति

प्रस्तुत प्रति में रचना का नाम 'रुक्मिणी मंगल' लिखा हुआ है। यह एक अपूर्ण एवं खण्डित प्रति है। जिसके 40 पत्र हमें उपलब्ध हुए हैं। लिपिकाल, लिपिस्थान एवं लिपिकर्ता के विषय में प्रति मौन है। कृति का आरम्भ एवं अंत इस प्रकार है–

आरम्भ :

श्री विष्णजी श्री रामचन्द्रजी नम अथ श्री प्रदमईया कृत
'रुकमणी मंगल लिखतं'।

दोहा :

संसार सागर अथाग जल।। सूझत वार न पार।।
गुर गोबिद कृपा करो।। गांवां मंगलचार। 1।

अंत :

भाभी उभी रंग झरोखे, देवर ने समझावे रे।
भीम कंवर के रूप लुभाणों, वातो हाथ न आवै रे।।

तृतीय प्रति

इस प्रति के कुल 28 पत्र हमें उपलब्ध हुए हैं। यह प्रति सम्वत् 1945 में पुरोहित कृपाराम द्वारा स्वपठनार्थ लिपिबद्ध की गई। लिपिस्थान जंगलगढ़। प्रति में 'रुकमणि मंगल' शीर्षक उल्लेखित है। प्रति का आदि एवं अंत इस प्रकार है–

आदि :

श्री गणेशाय नमः।। अथ रुकमणी मंगल ....। दोहा।।
जन्म मरण से रहित है नारायण करतार :
हरि .... से लेत भूमि अवतार।

अंत :

इति श्री कृष्ण रूक्मणी मंगल पदम कृत भाषा संपूर्णम।।
यह सपुस्तकं दृष्टात दृशं लिखितं मयाः यदि श्रुद्वमश्रुछवामय दोष न दीयते।।

संम्वत् 1945 वर्षे शाके 1890 प्रवर्त्तमाने मासोज्ञ में मासै प्रथम चैत्र मासे शुक्ल पक्षे तिथि 4 मृगुवारे प्रथम पहेरै, जंगलगढ़ मध्ये लिपीकृत प्रोहित कृपाराम श्वपठनार्थ।। कोई वाचै विचारे जिण नै जय श्री कृष्णः।

चतुर्थ प्रति

यह प्रति थापन वसता द्वारा लिपिबद्ध गुटके में संगृहीत है। गुटके पर ग्रंथांक नहीं है। इस गुटके में इस रचना के 31 पत्र उपलब्ध होते हैं। इस प्रति में रचना का नाम 'वेमाहो श्री किसनजी रो' लिखा हुआ मिलता है। प्रति का लिपिकाल– सम्वत् 1881 आषाढ़ सुदी चतुर्थी वार रविवार, लिपिकर्ता– थापन वसता। लिपिस्थान का प्रति में कहीं कोई उल्लेख नहीं मिलता है। प्रति में उपलब्ध रचना का प्रथम छंद एवं अंतिम छंद इस प्रकार है–

प्रथम छंद :

गवरी नंदंन विनउ सुर तेतीस वीवाण।।
किसंन तणै विमाहलो, रिद्य सिद्य प्रसिद्ध परवाण।।

अंतिम छंद :

गहर गाजै सकैल सुर नर मंडली।।
पदम गावै मुगत पावै, अहै मनै पुगी रली।। 33।।

पंचम प्रति

यह प्रति थापन तेज मोटावत द्वारा लिपिबद्ध की हुई है। जो एक संग्रह ग्रंथ में संकलित उपलब्ध होती है। संग्रह ग्रंथ में उपलब्ध प्रति का शीर्षक 'वेमाहो श्री किसनजी रो पदम भगत कृत' लिखा हुआ मिलता है। यह प्रति इस प्रकार है–

लिपिकाल : सम्वत् 1881, श्रावण सुदी प्रथमा वार मंगलवार।
लिपिकर्ता : थापन तेज मोटावत तथा लिपि स्थान के विषय में कृति मौन है। उपलब्ध पत्रों की संख्या 16 है।

रचना का प्रारम्भ

गवरी नंदन विनय सुरपत सुरत सुजाण।
किसन तणो रे विवाहलो रिद्ध सिद्ध परमाण।।

रचना का अंत

आरती कीजै मुगतै लीजै। चुवैर ढोलै देवता।।
सुरं नारी गीतै गावै।। कांन्ह जुवै खेलता।।
वैणै राये मोरी।। गहर गाजै।। सकैल सुर नर मंडली।।
पदम गावै मुगत पावै। अहै मनै पुगी रली।। 33।।
ब्यावलो किसंनजी रो संपूरण।। 1।।
संवत 1881 वीरखे मीती स्वाण सूद 1।।
वार मंल।। दसतक थापन तेज मोटावंत रा छै।।

प्रकाशन

1. पदमदास कृत बड़ा रुक्मिणी मंगल, बम्बई श्री वेंकटेश्वर स्टीम प्रेस से सम्वत् 1987 में प्रकाशित हुआ। कृति के कुल 139 पृष्ठ है।
2. पदमैया विरचित 'रुक्मिणी मंगल' जोशी पुस्तक भवन, किशनगढ़ से सम्वत् 2039 में प्रकाशित हुआ। कृति में कुल 288 पृष्ठ है।
3. राजस्थानी साहित्य समिति, बिसाऊ से प्रकाशित प्रति अत्यन्त जीर्ण–शीर्ण हालत में उपलब्ध होती है। इस प्रति पर प्रकाशन वर्ष का उल्लेख नहीं मिलता है।
4. आर्य ब्रादर्स बुकसेलर, पुरानी मण्डी अजमेर से प्रकाशित प्रति भी मिलती है। वह भी प्रकाशन वर्ष के विषय में मौन है।
5. पदम भगत द्वारा रचित 'श्री रुक्मिणी मंगल' (ब्यावलो श्री किसनजी रो) का सम्पादन एवं प्रकाशन कृष्णानन्द आचार्य बिश्नोई मन्दिर, ऋषिकेश से सम्वत् 2061 में प्राप्त हुआ है। कृति के कुल 151 पृष्ठ है।
6. पदमदास कृत 'रुक्मिणी मंगल', जाम्भाणी साहित्य अकादमी, बीकानेर से जाम्भाणी सार संग्रह 'पोथो ग्रंथ ज्ञान' में सन् 2013 ई. में प्रकाशित हुआ। कृति के कुल 66 पृष्ठ है।

मेहोजी गोदारा

रामाख्यान काव्य परम्परा की रचना करने वाले कवियों में विश्नोई–संतकवि मेहोजी गोदारा का स्थान काव्य सौष्ठव और भाषा की प्रांजलता की दृष्टि से सर्वोपरि माना जाता है। बहुमुखी प्रतिभा के धनी संतकवि रामाख्यान काव्य परम्परा के अधिकारी भक्तकवि है।

संतकवि मेहोजी गोदारा के जीवनकाल की तिथियाँ अभी तक निश्चित रूप से ज्ञात नहीं है। उन्होंने स्वयं अपना ऐतिहासिक आत्मचरित्र प्रायः कुछ भी नहीं दिया है। इनके जीवनवृत्त के विषय में आधुनिक लेखकों एवं विद्वानों के कथन अधिकतर अनुमानों पर ही आधारित है। फिर भी समस्त उपलब्ध सामग्री की खोजबीन करने के पश्चात् जो निष्कर्ष निकलेगा उसके आधार पर उनका संक्षिप्त जीवन परिचय दिया जा सकता है।

विश्नोई पंथ में मेहोजी एवं उनके पिता सेखोजी का नाम पंथ प्रवर्तक गुरु जाम्भोजी (वि.सं. 1508–1593) के समय से ही जुड़ा हुआ है। गुरु जाम्भोजी ने विक्रम सम्वत् 1542 में विश्नोई पंथ की स्थापना की थी, उस समय सेखोजी गोदारा को थापन (संस्कारकर्ता) नियुक्त किया था। सेखोजी वर्तमान बीकानेर जिले के श्रीडूंगरगढ़ तहसील के भोजास गाँव के निवासी थे। इनके तीन पुत्र, मेहो, चैनो और चाहू थे।

संतकवि साहबराम राहड़ (विक्रम सम्वत् 1871–1948) ने अपनी संकलित कृति जम्भसार में उक्त तथ्यों का उल्लेख इस प्रकार किया है–

भोजास गांव अरु जात गोदारो। सेखो नाम जम्भ को प्यारो।।
रथ को बैलवान वड़ भारी। थापन कीनेऊ ताहि विचारी।।
ब्राह्मण इह अस्थापण कीन्हा। कर्मकाण्ड करहू कहि दीन्हा।।
सेषै कै पुत्र भए तीना। मेहो, चैनो, चाहू प्रवीना।।[32]

सेखोजी के तीन पुत्रों में से मेहोजी दूसरे थे। शेष दो पुत्र थे चैनो और चाहू।[33] डॉ. हीरालाल माहेश्वरी,[34] श्याम महर्षि,[35] डॉ. बनवारी लाल सहू[36] आदि विद्वानों ने मेहोजी को सेखोजी के तीन पुत्रों में से द्वितीय (बीच का पुत्र) माना है। जबकि डॉ. मदन सैनी अपने शोध–प्रबन्ध में डॉ. माहेश्वरी के मत को नकारते हुए, इन्हें सेखोजी का ज्येष्ठ पुत्र मानते हैं।[37] मेहोजी सेखोजी के द्वितीय पुत्र ही थे, न कि प्रथम। विश्नोई पंथ की स्थापना के समय (विक्रम सम्वत् 1542) मेहोजी की उम्र 2 –2½ वर्ष की थी। इसके आधार पर यह अनुमान लगाया जा सकता है कि मेहोजी का जन्म विक्रम संम्वत् 1539–40 के आस–पास हुआ।[38] विश्नोई पंथ के साहित्य के वरिष्ठ शोध–समीक्षक डॉ. हीरालाल माहेश्वरी संतकवि का जन्म संम्वत् 1540 निर्धारित करते हैं।[39]

इस प्रकार संतकवि मेहोजी गोदारा के जन्म के विषय में हिन्दी साहित्य में कोई मतभेद नहीं है सभी विद्वानों ने कवि का जन्म संम्वत् 1540 माना है। अतः हम समग्र रूप से कह सकते हैं कि मेहोजी का जन्म विक्रम संम्वत् 1539–40 के आसपास वर्तमान बीकानेर जिले की श्रीडूंगरगढ़ तहसील के भोजास गाँव में सेखोजी गोदारा (थापन) के घर हुआ था।

उच्चकोटि के रामभक्त होते हुए भी मेहोजी का पारिवारिक जीवन साधारण गृहस्थ के परिवार का जीवन था। जीवन के आरम्भिक वर्षों में इनकी बाल्यावस्था इनके पैतृक गाँव में ही व्यतीत हुई। बड़े होने पर भोजास गाँव को छोड़कर सपरिवार रूणिया गाँव में आकर रहने लगे। प्रसिद्धि है कि इस बीच मेहोजी का सम्पर्क जैन और सनातनी धर्म के साधु–संतो के साथ अधिक रहता था। उन संतों का प्रभाव एवं गुरु जाम्भोजी की वाणी से प्रभावित होने के पश्चात् कवि अपना अधिकांश समय विष्णु अवतार भगवान राम के चिन्तन–मनन में लगाते थे। 'जाम्भोजी के वैकुण्ठवास संम्वत् 1593 के पश्चात् ताळवा गाँव के पास उनके समाधि स्थल पर एक मन्दिर बनाना आरम्भ किया गया, जो संम्वत् 1597 में पूरा हुआ।'[40] यह गाँव गुरु जाम्भोजी का अन्तिम ऐहिक मुकाम होने के कारण वर्तमान में मुकाम नाम से प्रसिद्ध है। संम्वत् 1593 में कवि रूणिया गाँव छोड़कर कुछ वर्षों तक यहाँ पर रहे व मन्दिर निर्माण का कार्य भी देखा।

आपसी पारिवारिक मतभेद के कारण संम्वत् 1597 में जाम्भोजी की तीन वस्तुएँ चोला, चींपी और टोपी लेकर सपरिवार जांगलू गाँव आ गए।

चौलो टोपी डिबी लीवी, और लियो असबाब।
जांगलू जावत भऐ, सांमां करत जबाब।। 35।।
जाय जांगलूँ बैठत भएऊ, मेहे की औलाद यह रहे।
याको अचरज कीजै नांही, जम्भगुरु की आपा मांही।।[41]

यहाँ के धनराज भाटी ने इनको आदरपूर्वक यहाँ बसाया[42] जांगलू गाँव में गुरु जाम्भोजी के प्रति अनन्य श्रद्धा प्रकट करते हुए कवि ने मन्दिर बनाया तथा उसमें अपने गुरु जाम्भोजी का चोला, चींपी व टोपी स्थापित कर दिये। गुरु जाम्भोजी का चोला व चींपी आज भी इस मन्दिर में है।[43] टोपी को कुछ वर्षों के बाद मुकाम के थापन वापस तालवा (मुकाम) ले गये। वे इस मन्दिर में नियमित रूप से हवन व सबदवाणी का पाठ किया करते थे; जो अद्यावधि नियमित रूप से जारी है। वर्तमान में इस स्थान पर भव्य मन्दिर का निमार्ण कराया जा चुका है।

मेहोजी गोदारा के परिवार में पिता व दो भाइयों के अतिरिक्त कोई

विश्नोई संतकवियों द्वारा रचित राम-कृष्ण संबंधी आख्यान काव्य

निश्चित जानकारी नहीं मिलती है। संतकवि का विवाह तो निश्चित रूप से हुआ था, संतानें भी हुई थीं, लेकिन विवाह कब तथा किसके साथ एवं कितने बच्चे थे? इस विषय में अन्तः एवं बाह्य साक्ष्य अनुपलब्ध है। मेहोजी के देवलोक गमन के बाद उनकी संतति जैसलमेर जिले के गोडू गाँव में जाकर रहने लगी।[44] वर्तमान में मेहोजी के वंशजो के बारे में कोई निश्चित पता नहीं चलता किन्तु कवि के अन्य दो भाइयों की वंश-परम्परा के लोग अब भी मुकाम और अन्य स्थानों पर रहते हैं।

विश्नोई पंथ में प्रमुख रूप से चार संस्कार प्रधान माने जाते हैं। जिनमें जन्म संस्कार, सुगरा संस्कार, विवाह संस्कार और अन्तिम (मृत्यु) संस्कार मुख्य है। प्रचलित चार संस्कारों में से सुगरा संस्कार को छोड़कर शेष तीनों प्रकार के संस्कार एवं विशिष्ट अवसरों पर कलश-स्थापना कर 'पाहल' बनाया जाता है। 'पाहल कलश' के अभिमन्त्रित जल को कहा जाता है। कलश स्थापितकर 'पाहल' बनाने का कार्य सम्पन्न करने वाला हेतु गुरु जाम्भोजी ने 'थापनों' की नियुक्ति की थी। थापन कोई उपजाति या गौत्र नहीं होता है। 'कलश-स्थापना का कार्य करने वाला 'थापन' संज्ञा से अभिहित किया जाता है।'[45] इस प्रकार थापन का कार्य विश्नोई-पंथ में अत्यन्त पवित्र और महत्त्वपूर्ण माना जाता है। सेखोजी गोदारा एवं अनके पुत्र मेहो, चैनो तथा उनकी वंश-परम्परा के लोग उस समय से लेकर आज भी उपर्युक्त कार्य करते हैं। इस प्रकार मेहोजी का विश्नोई पंथ में सम्माननीय, पवित्र और महत्त्वपूर्ण स्थान एवं कार्य था। पंथ के समस्त लोगों को पाहल देने एवं तीनों प्रकार के संस्कार को सम्पन्न कराने में मेहोजी का बहुत बड़ा सामाजिक अवदान माना जाता है।

संतकवि के विषय में 'चूरू मण्डल का शोधपूर्ण इतिहास' के लेखक ने लिखा है कि 'सम्प्रदाय में मान्य 24 की लूर, हिंडोलणो एवं जांभैजी रै भक्तां री भक्तामाल में इनका नाम आया है।'[46] उक्त कृतियों का अध्ययन करने के पश्चात् समीक्षक का यह कथन सही नहीं ठहरता।

विश्नोई साहित्य में रामाख्यान काव्य परम्परा के प्रतिनिधि संतकवि मेहोजी गोदारा पंथ की समग्र जनता के हृदय मन्दिर में पूर्ण प्रेम-प्रतिष्ठा के साथ विराजे रहे हैं। परम्परा से प्रसिद्ध है कि कवि ने लगभग 35 वर्ष की आयु में संवत् 1575 के आसपास रामाख्यान काव्य की रचना करके पंथ में प्रतिष्ठा स्थापित की थी। उसी समय से ही रामायण के पद जागरणों में गाये जाने लगे। मेहोजी की प्रसिद्धि गुरु जाम्भोजी के विद्यमानता में ही खूब फैल गई थी। 'रामायण' के पद रात्रि जागरणों में गाये जाने की वजह से कवि की ख्याति विश्नोई-पंथ के अलावा अन्य पंथ-सम्प्रदाय व समाज में भी काफी फैल चुकी थी।

संतकवि की काव्य–कृति ही उनकी उच्च शिक्षा, विस्तृत, लोक–अनुभव और गंभीर आध्यात्मिक चिन्तन का प्रत्यक्ष प्रमाण है। काव्यकला की भाँति संगीत का भी गहन ज्ञान मेहोजी को था, इसका प्रमाण न केवल उनके द्वारा रचित पदों में विभिन्न राग–रागिनियों का उल्लेख है, वरन् 'रामायण' में जगह–जगह पर हमें संगीत का जो उच्च वातावरण मिलता है, उससे विदित होता है कि मेहोजी की प्रकृति में काव्य और संगीत मूर्तिमान होकर घुल मिल गये थे।

कृतित्व

संतकवि मेहोजी गोदारा अपने युग के प्रख्यात कवियों में हैं। कवि अपने जीवन का अधिकांश समय विष्णु अवतार श्रीराम के चिन्तन–मनन करने में व्यतीत करते थे। कवि के काव्य अध्ययन से मध्य–युगीन लोकजीवन की भारतीय परम्परा को स्पष्ट रूप से समझा जा सकता है। मेहोजी ने जितनी सूक्ष्मता के साथ विष्णु अवतार गुरु जाम्भोजी को समझा और पहचाना था, उतनी सूक्ष्मता के साथ समझने और पहचानने वाले संतकवि कम ही मिलते हैं।

मेहोजी गोदारा अन्यतम है। साधना, साहित्य रचना व कवित्व की दृष्टि से संत साहित्य में इनका महत्त्वपूर्ण स्थान है। संतकवि मेहोजी गोदारा की 'रामायण' रचना उपलब्ध है। इसके अतिरिक्त कवि की अन्य कोई काव्यकृति उपलब्ध नहीं होती है।

विश्नाई पंथ की प्रायः सभी प्रमुख आख्यान काव्य कृतियों में मेहोजी कृत रामायण का सर्वोच्च स्थान माना जाता है। राजस्थानी भाषा का रामकथा विषयक यह प्रथम आख्यान काव्य है, 'जिसकी प्रसिद्धि रचना के पश्चात् ही जाम्भोजी की विद्यमानता में खूब फैल गई थी। कवि की चतुर्दिक कीर्ति देखकर सभी उसको परम विष्णु भक्त मानने लगे। इस रामायण के पद जाम्भाणी साखियों की भांति विभिन्न राग–रागिनियों में गेय भी है। रचनाकाल से ही ये पद रुक्मिणी मंगल, जाम्भाणी साखियों तथा आरतियों के साथ–साथ पंथ के अनेक संत कवियों व गृहस्थों द्वारा गाये जाने लगे। इस काव्यकृति में कुल 261 दोहे–चौपाइयां हैं जो विभिन्न राग–रागिनियों में गेय हैं – भुंवरों, सुबह, धनांसी, रामगिरी, हंसौ, मलार, जैतसरी।

कवि स्वयं अपनी काव्य कृति के अन्तिम छंद में रचना का नाम 'रामायण' बताते हैं–

अड़सठ तीरथ जो पुन न्हाया, सुणौं रामायण कांनै।
पढिया ने मेहो समझावै, धापो धरमं धियानै।।[47]

परवर्तीकालीन संतों, भक्तों, लेखकों, कवियों ने भी रचना का नाम

'रामायण' ही लिखा है।[48] छंद संख्या 136, 148, 149, 156, 259, 261 और 261 में कवि का नामोल्लेख भी मिलता है।

रामायण का रचनाकाल

मेहोजी गोदारा कृत 'रामायण' की उपलब्ध प्रतियों में इसके रचनाकाल का उल्लेख प्राप्त नहीं होता है। अन्यत्र भी इसके निश्चित रचनाकाल उल्लिखित नहीं मिलते हैं।

रामायण कवि की एकमात्र काव्यकृति है जिसकी रचना कवि ने अपनी 35 वर्ष की उम्र में सम्वत् 1575 के आसपास की थी।[49] तुलसी के पूर्व, समकालीन और पश्चात् अनेक कवियों, संतों और भक्तों ने विविध प्रकार के रामकाव्य का प्रणयन किया।[50] मेहोजी की रामायण के रचना समय–संवत् 1575 तक हिन्दी, मरु–गुर्जर और राजस्थानी और राजस्थानी में तीन प्रकार की रामकाव्य परम्पराएँ प्रचलित थीं .... इनमें मेहोजी की रामायण तीसरी परम्परा में राजस्थानी का रामकथा विषयक पहला आख्यान काव्य है। यह वैष्णव लोकधर्मी रामकाव्य परम्परा की सशक्त रचना है। मेहोजी कृत रामायण की रचना के लगभग 58 साल पश्चात् गोस्वामी तुलसीदास ने रामचरितमानस का प्रणयन किया।[51] जबकि 'राजस्थानी काव्य में रामकथा' शोध प्रबन्ध में डॉ. मदन सैनी रामायण के रचनाकाल के विषय में जाम्भोजी, विष्णोई सम्प्रदाय और साहित्य का सन्दर्भ प्रस्तुत करने के पश्चात् लिखते हैं कि 'यह वस्तुतः 1558 में लिखी गई।[52] डॉ. बनवारी लाल सहू के अनुसार 'रूणिया गाँव में रहते हुए उन्होंने सम्वत् 1575 के आसपास रामायण की रचना की थी।[53] शुभकरण देवल माधवदास दधवाडिया प्रणीत रांम रासौ की भूमिका में दधवाड़िया से पूर्ववर्ती कवियों की पंक्ति में रामभक्ति विषयक रचनाकारों में 'मेहारामायण' के प्रणेता मेहा गोदारा का नाम प्रमुख मानते हैं।[54] मेहोजी की रामायण के लगभग 75 साल पश्चात् राजस्थानी के सुप्रसिद्ध रामकाव्य– रामरासौ का (अनुमानतः सम्वत् 1652 में) सृजन हुआ।[55] प्रतियां की प्रतिलिपि परम्परा के आधार पर भी रामायण का रचनाकाल 16वीं शताब्दी उत्तरार्द्ध अनुमानित होता है।[56]

गुरु जाम्भोजी की वाणी एवं हुजूरी संतकवियों की रचनाओं का अध्ययन करते हुए हमें एक ऐसा सूत्र अवश्य प्राप्त होता है जिससे भी रामायण के रचनाकाल का कुछ अनुमान लगाया जा सकता है। ऊदोजी नैण (सम्वत् 1505 से 1563–64)[57] विश्नोई पंथ के प्रामाणिक वक्ता, व्याख्याता और मान्य आचार्य माने जाते हैं। ऊदोजी की साखी 'जागो रे मोमिणा न सुवौ नींद न करौ पियार' में रामायण के छंद संख्या 211 की पंक्ति 'काज पराया सीवळा, जां दूखै तां पीड़' हू–ब–हू आई है। इनके

अलावा रामायण की विभिन्न अर्द्धपंक्तियों की पुनरावृत्ति तो अन्य हुजूरी संतकवियों द्वारा विरचित साखियों में भी मिलती है–

उतिपुति कहूं तुहारी काल्यंग, राय विसन सूं वाद किसा ?
जिणि च्यारि चक नव दीप नवाया, लख चवरासी जीव सिरया।।[58]
सोवनं नगरी लंक सरीखी, संमद सरीखी खाई।
जिण रै पाटि मंदोवरि रांणी, साथि न चाली साई।।[59]

उपर्युक्त दोनों छंदों में रामायण के दूसरे छंद की अर्द्ध पंक्ति 'लख चवसारी जीव सिरया' व 286वें छंद की अर्द्ध पंक्ति 'संमद सरीखी खाई' में भाव साम्य के अतिरिक्त शब्द साम्य भी देखा जा सकता है।

सुरजनदासजी पूनिया

मध्ययुग में भारतीय धर्म, साधना और भक्ति भावना को सर्वश्रेष्ठ माना जाता था। 'इस युग में भारत भूमि पर ऐसे कई संत और महात्मा हुए हैं जिन्होंने धर्म और भगवान को रोम–रोम में बसा कर दूसरों के सामने एक आदर्श के रूप में पेश किया है। मोक्ष और शान्ति की राह को भारतीय सन्तों ने सरल बना दिया है।'[60] अपनी सिद्धि साधना और साहित्य सेवा के माध्यम से आमजन को ईश्वर के और समीप पहुंचा दिया है। ऐसे ही संतो और महात्माओं में संतकवि सुरजनदासजी पूनिया का प्रमुख स्थान माना जाता है।

जीवनवृत्त

जाम्भाणी साहित्य के आधार स्तम्भ संतकवि वील्होजी (सम्वत् 1589–1673)[61] के 7 प्रमुख शिष्यों में सुरजनदासजी पूनिया का महत्त्व सर्वोपरि है। वील्होजी के सभी शिष्यों में सुरजनदासजी पूनिया सर्वाधिक शास्त्रीय ज्ञान–सम्पन्न महात्मा थे। विक्रम की 17वीं शताब्दी के उत्तरार्द्ध व 18वीं शताब्दी के प्रारम्भिक काल के संतकवि सुरजनदासजी पूनिया रचित भक्ति ग्रंथों एवं तद्युगीन साहित्य में उनके व्यक्तित्व की एक उज्ज्वल छवि प्रकट होती है, जिनके माध्यम से हम इन्हें आदर्श गुरु भक्ति, योगी, सिद्ध, बहुआयामी प्रतिभा के धनी, प्रतिभा सम्पन्न साधु आदि विविध रूपों में देख सकते हैं।

राजस्थानी साहित्य की प्रचलित रचना हीरानंद (अनुमानित विक्रम सम्वत् 1750–1800)[62] कृत 'हिण्डोलणो और अज्ञात कवि विरचित 'जाम्भैजी रै भक्तां री भक्तमाल' में संतकवि का नामोल्लेख मिलता है–

हुकम उदो दीन बोल्यो, वील्ह कियो उपदेश।
सुजा सुरजन आलम केशव, ज्ञान का उपदेश।।[63]
सूजो सुरजन हुवा सुजाण, ध्यायो विसन मिटाया मांण।
केसौ आलम किया बखाण, कथा कीरतन गाया जांण।। 24।।[64]

विश्नोई पंथ में 'सूतजी' की उपाधि से सम्मानित संतकवि 'सूजोजी' नाम से भी जाने जाते थे। 'गांव और समाज में आपका बहुत मान था, इस कारण सभी आपको 'सूजोजी' कहते थे।'[65] कवि साहबराम राहड़ (सम्वत् 1871–1948)[66] ने उन्हें अगम और निगम के भेद जानने वाले एक महान योगी, तत्त्ववेत्ता, कवि, शास्त्रज्ञ, ज्ञानी, भक्त, पण्डित, संगीत विद्या के ज्ञाता, निर्भीक वक्ता और प्रसिद्ध संत माना है।

महात्मा सुरजनदासजी पूनिया ने भी प्राचीन ऋषि मनीषियों की भाँति लोक–परलोक, आध्यात्मिक, धार्मिक, नैतिक, सामाजिक एवं मानवता से संबंधित बहुत साहित्य सृजन किया, परन्तु स्वयं के विषय में कुछ नहीं लिखा। ऐसी स्थिति में किसी भी महात्मा को जानने के लिए बाह्य साक्ष्यों पर निर्भर रहना पड़ता है। यही बात संतकवि सुरजनजी पर भी लागु होती है। सुरजनदासजी पूनिया के परवर्ती विश्नोई संतकवियों में हीरानंद, परमानंदजी बणियाल (सम्वत् 1750–1845)[67] साहबरामजी राहड़, अज्ञात संतकवि आदि ने विस्तारपूर्वक इनके विषय में जानकारी दी है। स्पष्ट है कि हमें इनके जीवनवृत्त के बारे में जानने हेतु उपर्युक्त साक्ष्यों की पूरी–पूरी सहायता लेनी पड़ेगी।

संतकवि सुरजनदासजी पूनिया का जन्म जोधपुर जिले की फलौदी तहसील के भीयांसर गाँव में हुआ। 'पूनिया का पैत्रिक गाँव भींयार ही है और उनके भाटों से भी इस बात की पुष्टि होती है।'[68] इनकी जन्मतिथि के सम्बन्ध में निश्चित रूप से कुछ नहीं कहा जा सकता। सम्वत् 1673 में वील्होजी ने अपने वैकुण्ठवास[69] से कुछ समय पहले इनको रामड़ावास का महन्त नियुक्त किया था। इस ऐतिहासिक कालक्रम के आधार पर डॉ. माहेश्वरी ने इनकी जन्मतिथि सम्वत् 1640 अनुमानित की है।[70]

डॉ. माहेश्वरी के इस मत को जाम्भाणी साहित्य के शोध समीक्षकों एवं अधिकारी विद्वानों द्वारा निर्विवाद स्वीकार किया गया है। इस प्रकार संतकवि की जन्मतिथि सम्वत् 1640 (सन् 1583 ई.) के आसपास ही युक्ति संगत प्रतीत होती है।

संतकवि का देवलोकगमन विक्रम सम्वत् 1748 (सन् 1691 ई.) में जाम्भोळाव (जम्भसरोवर) पर हुआ था।[71] वहाँ से उनके पंचभौतिक शरीर को उनके पैतृक गाँव 'भीयासर' में लाकर पूनियों के गुवाड़ में समाधिस्थ किया गया। समाधि स्थल पर लाल रंग के पत्थरों एक चबूतरा बनाया गया था, जिसका जीर्णोद्धार कर सम्वत् 2069 में भव्य मन्दिर बनाया गया जो संतकवि के दिव्य जीवन की गाथा कह रहा है। शैशव से ही उनकी प्रवृत्ति वैष्णव भक्ति की ओर थी। सुरजनदास के मन में वैराग्य का उदय

हुआ और वे छोटी उम्र में ही विष्णु अवतार गुरु जाम्भोजी की भक्ति में लीन हो गये। इन्होंने विश्नोई पंथ के आधार स्तम्भ प्रसिद्ध संत वील्होजी को अपना गुरु धारण कर लिया था।

वील्है शिस सूजो जी सुजांण। घोली पोशाखां रि वजांणा।[72]

जाम्भाणी साहित्य में उपलब्ध एवं प्राप्त[73] सामग्री के अनुसार संतकवि की गुरु–शिष्य परम्परा इस प्रकार निश्चित की जाती है–

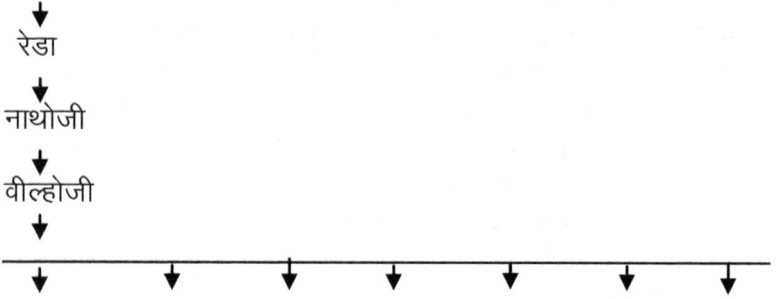

जाम्भोजी

↓

रेडा

↓

नाथोजी

↓

वील्होजी

↓

धनूजी , दसुधीदासजी, लालोजी, जसोजी, ऊधोदासजी, केसौजी, सूजोजी

ये वाह्य प्रदर्शन एवं आत्म प्रशंसा से दूर वीतरागी महात्मा थे। यही कारण था कि उन्होंने किसी को भी अपने शिष्य रूप में स्वीकार नहीं किया; फलतः इनकी शिष्य परम्परा नहीं चली।[74] जाम्भाणी साधु परम्परा इनके गुरु भाई धनूजी व उनके शिष्य नेतोजी से आगे बढ़ी।

वील्होजी के प्रमुख 7 शिष्यों में ये सर्वाधिक प्रतिभा सम्पन्न, सिद्ध साधु एवं वीतरागी महापुरुष माने जाते थे। ये योगी, कवि, पण्डित, बहुज्ञानी एवं स्वरज्ञान के परम ज्ञाता थे। सुरजनजी व केसौजी गुरु जाम्भोजी के प्रिय मानो मन रूप ही माने जाते थे–

सूजै जी सुरजन जी नाम। जोगी कवी पंडत सुर ज्ञांन।।
केशोजी सुरजन जी दोउ जन। जंभ गुरु के मांन हू ऐहि मंन।।[75]

डॉ. राज सक्सेना ने अपने शोध प्रबन्ध 'बिश्नोइ सम्प्रदाय' में अलेखराम जी को इनका शिष्य माना है। जो जाम्भाणी संत परम्परा एवं विश्नोई पंथ की मान्यतानुसार ठीक नहीं है।

'संतकवि महात्मा सुरजनदासजी संतों में सिद्ध संत थे। जाम्भोजी की महिमा गाने में सबसे आगे रहते थे।[76] शास्त्रों के ज्ञाता, आत्म प्रशंसा से सदैव दूर रहने वाले एवं वीतरागी साधु होने के बावजूद सामान्य जनजीवन की भावनाओं का तल–स्पर्शी ज्ञान रखते थे। लोकहित की कामना तथा धर्म नियम पालन में वे बहुत ही दृढ़ थे। योग साधना में

उनमुन होकर अगम घर में विचरण करने वाले संतकवि की इन्हीं प्रसिद्धियों के कारण ही सम्वत् 1673 में 'वील्होजी ने अपने दो परम शिष्य केशोजी एवं सुरजनजी को अपने पास बुलाकर उन्हें अन्तिम उपदेश देकर कृतार्थ किया। सुरजनजी को अपना उत्तराधिकारी घोषित किया।[77] ब्रह्मानन्द के अनुसार वील्होजी के देहान्त के समय इस पंथ के सुधार व प्रचार का कार्य अपने सब शिष्यों में से योग्य, विचारशील तथा तितिक्षु समझकर उन्हें ही सौंपा था।[78] अत्यन्त विनम्र भाव, सच्ची अनुभूति का भाव, अपने आराध्य के प्रति अटूट विश्वास उनके व्यक्तित्व के प्रधान तत्त्व माने जाते थे। उनके विषय में एक जाम्भाणी कहावत भी प्रसिद्ध है–

वाता वील्ह तेज कवि वाणी
सुरजन गीत धरम सुवांति।।

वील्होजी के शिष्यत्व ग्रहण करने के पश्चात् वे रामड़ावास में रहकर ही शास्त्राभ्यास करते थे। कवि की धर्म साधना एवं इनके दैनिक कार्यों का उल्लेख साहबराम राहड़ ने इस प्रकार किया है–

सवा पहर कै तड़के जागै। नहाय पाठ करणै कूं लागै।
जब पीलो बादल हुय पर हैं। संध्या ध्यान सकल जन कर हैं।
रवि दर्शन कर अग्न मंगावै। होम करे पूजा पधरावै।
साखी शब्द धुन बहु प्रकारा। मैजीरा लग है झूणकारा।
बारै बजे कथा नित करही। सकल लोक सुँनही सुख भरही।
च्यार बजे जब होत समापन। संध्या तृपण करत सकल जन।
फिर आरती गावन बैठी। विश्नुं मूरत हृदै पेठही।
साखी हरी जस कर तिन नेमां। सवा पहैर रजनी तक प्रेमां।
जोगध्यान सुरजन जी करही। उंन मुँन होय अगम घर चरही।[79]

महात्मा सुरजनदासजी के दर्शन करके धर्म से पतित लोग भी भवसागर से पार लंघ सकते थे, अर्थात् इनके दर्शन मोक्ष प्रदाता माने जाते थे–

सुरजन जी का दर्शन करि है। गौपद इव भवसागर तरि है।
+ + + + + + + + + +
सुरजन जी को दर्शन कर हीं। पतित जीव भवसागर तरहीं।[80]

सुरजनदासजी भींयासर गाँव के पूनिया गोत्र के विश्नोई थे।[81] इनके पूर्वज गुरु जाम्भोजी से पाहल ग्रहण करके विश्नोई बन गये थे। संतकवि की जाति के विषय में डॉ. मदन सैनी ने उन्हें पूनिया जाति के जाट (सिद्ध) माना है।[82] जो किसी भी दृष्टि से उचित नहीं है। इनके अतिरिक्त सभी विद्वान कवि की जाति के विषय में मतैक्य हैं। अनेक

प्रमाणों[83] से संतकवि पूनिया गौत्र के विश्नोई ही सिद्ध होते हैं। इनके कुटुम्ब के लोग आज भी भीयांसर गाँव में ही रहते हैं। इस प्रकार डॉ. सैनी का मत निष्कर्षतः निराधार एवं असंगत ही प्रतीत होता है।

कवि की शिक्षा के विषय में हमें पता नहीं चलता है। कृतित्व अध्ययन से स्पष्ट होता है कि संतकवि पूनिया अनेक विषयों के विद्वान थे। मुख्य रूप से संस्कृत भाषा के पण्डित और मरुभाषा के उच्चकोटि के मर्मज्ञ थे। इनकी काव्यकृतियों में तत्कालीन मरुदेशीय जनजीवन की भाषा, डिंगल, पिंगल, ब्रज, अवधी व हरियाणवी के ज्ञाता होने का प्रमाण मिलता है। इस प्रकार कवि का काव्य ही उनकी उच्च शिक्षा, विस्तृत अनुभव, लौकिक विषयों के गंभीर और सूक्ष्म ज्ञान तथा आध्यात्मिक चिन्तन का प्रत्यक्ष प्रमाण है।

विश्नोई पंथ के साहित्य में महात्मा सुरजनदासजी के जीवन से जुड़ी अनेक चमत्कारी कथाएँ भी प्रसिद्ध एंव प्रचलित है। जिनमें धर्म के विचलित होने पर जोधपुर जाना, दुर्गदास राठौड़ द्वारा मेह (वर्षा) का परचा मांगने पर 'गुडे बंब निसाण' स्तुति द्वारा वर्षा करवाकर मारवाड़ राज्य में दुष्काल दूर करना, कापरड़ा मेले में बैलों को भेजना, दुर्गदास बाहरठ से भेंट, उनका शंका समाधान तथा हाकिम को वास्तविकता का ज्ञान कराना, 'महाराजा जसवंतसिंह से मिलना[84], 'इन्द को' गीत से मारवाड़, फलौदी व जैसलमेर में वर्षा करवाना आदि प्रमुख हैं। इन घटनाओं से संबंधित अनेक गीत व कवित्त भी उपलब्ध होते हैं। 'सुरजनजी की कथनी और करनी में अन्तर नहीं था। कहा भी है – सत्य प्रतिष्ठाया क्रिया फल आश्रयत्वम्' जो मन वचन कर्म से सत्य में प्रतिष्ठित हो जाते हैं ऐसे योगी द्वारा की जाने वाली सम्पूर्ण क्रियाएँ फलवती होती हैं। जाम्भोजी के बताये हुए नियमों पर चलकर सुरजनजी सतगुरु की कृपा से सिद्धि को प्राप्त हुए थे। सुरजनजी ने जोधपुर नरेश से अपने राज्य में जीवरक्षा एवं वृक्षों की रक्षा करने का पट्टा लिखवाया था।'[85] अपने गुरु वील्होजी के बैकुण्ठवास पर कहे गये मरसियों में अपने गुरु के प्रति असीम श्रद्धा भावना तथा कवि की कारुणिकता और विद्वता की झलक मिलती है।

संतकवि सुरजनदासजी मूल रूप से सरल एवं शांत स्वभाव के महात्मा एवं एकांतप्रिय साधु थे। वे रामड़ावास गाँव में न रहकर उससे 4 किमी दक्षिण पूर्व में एक तालाब (नाडी) के किनारे छान (झौपड़ी) बनाकर रहते थे। वर्तमान में वह स्थान 'सुरजन नाडी' तथा 'सुरजन छान' के नाम से प्रसिद्ध है।[86] संतकवि के परिवार, माता–पिता आदि के विषय में यथेष्ट एवं प्रामाणिक नहीं मिलती है।

कृतित्व

यद्यपि जाम्भाणी साहित्य में काव्य रचना का सूत्रपात करने वाले संतकवियों में वील्होजी का महत्त्वपूर्ण योगदान माना जाता है तथापि साहित्य का अनुशीलन करने पर ज्ञात होता है कि जाम्भाणी साहित्य को सुन्दर एवं सजीव साहित्यिक स्वरूप प्रदान करने में संतकवि सुरजनदासजी पूनिया की काव्य माधुरी अनुपम एवं अद्वितीय है। हिन्दी काव्यधारा के व्यापक प्रवाह और जनता के नैतिक बल के विकास में संतकवि का योग अविस्मरणीय महत्त्व रखता है। जाम्भाणी साहित्य का सर्वाधिक विकसित एवं परिष्कृत रूप इन्हीं के काव्य में मिलता है। इनका कृतित्व संतकाव्य की एक अनुपम रत्न मंजूषा है। कवि ने समाज, धर्म, नीति, दर्शन, अध्यात्म, मर्यादा, लोकव्यवहार, लोक मंगल, साधना, आख्यान आदि को एक नयी दृष्टि देने का अपूर्व प्रयत्न किया है। संतकवि के साहित्य में वे सभी प्रवृत्तियाँ समाहित है जो किसी न किसी रूप में सम्पूर्ण संत साहित्य में पाई जाती है। कवि कृतित्व में आध्यात्मिक, धार्मिक, सांस्कृतिक, राजनीतिक, पौराणिक आदि प्रमुख तत्त्वों को स्थान दिया गया है, लेकिन सर्वाधिक महत्त्व आध्यात्मिकता पर दिखायी पड़ता है। इनके काव्य में विश्नोई–दर्शन, संस्कृति, सभ्यता, जाम्भाणी परम्परा, संतमत आदि के विषय में भी उदारता लक्षित होती है।

जाम्भाणी साहित्य का सर्वाधिक प्रसिद्ध और प्रमाणिक ग्रंथ 'परमानंद जी का पोथा' माना जाता है। जिसमें उन्होंने लिखा है कि–

बड़ पोथी गिण वील्ह की, दूजी सुरेजन दाख।
तीजै मुकनू मुझ गुरु, सुरतांण पिता मुझ आख।। 1।।[87]

मुझे उपलब्ध प्रतियों में सबसे बड़ी पोथी (हस्तलिखित ग्रंथ) वील्होजी की है तथा द्वितीय पोथी सुरजनदास की व तृतीय पोथी मुकनू जी द्वारा लिपिबद्ध की गई। इसी विषय में सम्वत् 1958 में लिखित 'श्री जम्भदेव चरित्र भानु' की भूमिका में स्वामी ब्रह्मानंद ने लिखा है कि यह लेख विक्रीमयाब्द सौलह सो बत्तीस से लेकर सतरह सो तीस तक में लिखे गये हैं। इन लेखों के रचियता तीन महात्मा ही हुए यतिवर्य्य स्वामी श्री वील्होजी और उनके दो शिष्य श्री सुरजनदासजी और श्री केशवदास जी है।[88] इससे यह स्पष्ट होता है कि दीर्घकाल से चली आ रही प्राचीन जाम्भाणी परम्परा के विकास में सुरजनदासजी का योग निःसन्देह अतुलनीय है। संतकवि ने सम्वत् 1730 तक जो साहित्य सृजन किया वह अधिकांश इन संग्रह ग्रंथों में संगृहीत है।

संतकवि के काव्य पर संत साहित्य की प्रचलित काव्य धारा का व्यापक प्रवाह दृष्टिगोचर होता है। कवि विरचित एवं उपलब्ध काव्य में

साखी, गीत, हरजस, दोहा, कवित्त, सवइए, अन्य छंद, मुक्तक, पौराणिक, आख्यान काव्य, चरित्र आख्यान एवं लौकिक ग्रंथ प्रधानता से मिलते हैं। उपलब्ध साहित्य कृतियों का विवेचन–विश्लेषण इस प्रकार है–

1. साखियाँ

'साखी' शब्द संस्कृत भाषा के 'साक्षी' का तद्भव रूप है। जिसका शाब्दिक अर्थ– गवाही, शहादत, साधू संतों के पद तथा मित्र और सहायक है।[89] लोक में व्यक्ति, वस्तु, स्थिति, घटना आदि को देखकर उसके विषय में साक्ष्य (प्रमाण, गवाही) प्रस्तुत करने वाले व्यक्ति को 'साखी' या 'साक्षी' माना जाता है।

हिन्दी की सामान्य निर्गुण भक्ति परम्परा में 'साक्षी' शब्द छंद विशेष से संबंधित है। कबीर आदि के काव्य में 'साखी' के अन्तर्गत दोहा छंद में की गई रचना ही मिलता है, इसी तरह अन्य पंथ–सम्प्रदायों में भी यही स्थिति है लेकिन जाम्भाणी साहित्य परम्परा में 'साखी' शब्द का सम्बन्ध किसी छंद विशेष से नहीं है।

'साखी' शब्द का अर्थ है साक्षी अर्थात् ये वाक्य मानों गुरु के उपदेशों का प्रत्यक्ष रूप है।'[90] 'संतों की साखियों में विशेषकर वे बातें ही पायी जाती है जिनका उनके रचयिताओं ने अपने दैनिक जीवन में भली–भाँति अनुभव कर लिया है।'[91] जाम्भाणी साहित्य में साखी शब्द भाव द्योतक है छंद द्योतक नहीं। 'गुरु को या साक्षी (या साखी) करके किसी बात को कहने की प्रथा बहुत पुरानी है।'[92] इनमें नीति और धर्म, श्रद्धा और भक्ति, अध्यात्म दर्शन, सामाजिक आलोचना, वैराग्य, अपने इष्ट का आदर्श, जीवन दर्शन, योग–दर्शन, सत्संग महिमा, गुरु जाम्भोजी की महानता, अवतार, तीर्थ माहात्म्य आदि का वर्णन किया जाता है।

असल में साखी (साक्षी) का मतलब पूर्वतर साधकों की बात पर स्वयं की गवाही (प्रमाण) देना होता है कि उक्त सत्य का मैं भी अनुभव कर चुका हूँ।

संतकवि विरचित कुल 9 साखियां उपलब्ध होती है जो 'जाम्भाणी साखी संग्रह'[93] एवं 'साखी भावार्थ प्रकाश'[94] संग्रह ग्रंथ में संगृहीत है। इन संग्रह ग्रंथों में ये साखियां क्रमबद्ध न होकर अलग–अलग क्रम पर उपलब्ध होती है।

उपलब्ध सभी साखियों की प्रथम पंक्ति इस प्रकार है–

1. अंतर जामी आतमां, गरभ वास पुजाये।
2. ओदर वास लीयो मेरा जीयो, ता दिन वार करारी।
3. झड़ कर बूठो भाव करै, भगतां के ताई।

4. देश पिछम कै गरज करै, घण ओल्हर आयो।
5. निस दिन श्वास घटे मेरा जीवो, छः सौ इक्कीस हजारा।
6. पंनदरासै अवतार लियो, गुरु आठम सोम अठोतरे।
7. रे गुरु भाई मानो विसनु सगाई, जीव स्वार्थ सोई।
8. विष्णु विष्णु बखाणा, बलि–बलि सारंग प्राणी।
9. सतजुग बाचा क्यों सरै, क्यों धरा हुई उमेद।

इनके अलावा एक अन्य साखी का उल्लेख भी अन्यत्र मिलता है जो इस प्रकार है–

बाबो मिलियो छै त्रभुंवणतार जोति विराजै निज थलां।[95]

गीत

संतकवि सुरजनदासजी के गीत मध्यकालीन गीत परम्परा में अपना विशेष स्थान रखते हैं। 'गीतों की परम्परा तो सभ्य असभ्य सब जातियों में अत्यन्त प्राचीनकाल से चली आ रही है। सभ्य जातियों में लिखित साहित्य के भीतर भी इनका समावेश किया है। ... किसी देश की काव्यधारा के मूल प्राकृतिक स्वरूप का परिचय हमें चिरकाल से चले आते हुए इन्हीं गीतों में मिल सकता है।'[96] भाषा के पदों का साहित्यिक रूप गीत कहलाता है जो संख्या में अधिक न होते हुए भी पद–परम्परा के विकास की प्रमुख कड़ी है। गीत (गान) शब्द धार्मिकता और गेयता दोनों से आंश्लिष्ट है।[97] विषय की दृष्टि से ये साखियों से भिन्न होते हैं, जो मानव जीवन की आंतरिक अनुभूति या आनंद की अभिव्यक्ति का बोध कराते हुए मन को आह्लादित करते हैं। इनके पदों में गेयता के साथ–साथ धार्मिक, नैतिक एवं आध्यात्म आदि का भाव भी संनिहित रहता है। संतकवि द्वारा गीत रचना करने का प्रमुख उद्देश्य अपनी अनुभूतियों को जनता के समक्ष प्रचलित और प्रसारित करना, जिससे जनता का मानसिक, आध्यात्मिक एवं नैतिक विकास सम्भव हो। डॉ. माहेश्वरी ने अपने शोध प्रबन्ध के कवि विरचित 17 गीतों का उल्लेख किया है जो अद्यावधि अन्यत्र अनुपलब्ध है। डॉ. माहेश्वरी के ग्रंथानुसार[98] उनका परिचय इस प्रकार है–

1. आंवणहार तको अवतरियौ, माता लखै न पिता मंन्य।
2. आदे पुरेख भजे नूमल आमी, कळि विरोध परहरि चित कांमी।
3. आपरी एक अहोनिस आदमी, सांम्य सूं सासि अरदासि सारी।
4. करतार तंणी परमोधे वड़ा कवि, जंण जंण तणां बवांणै जेम।
5. कळाहिणी फौज करै कप कोरंण, आवध धुरै दवादस ईंद।
6. काळ हंस ऊपरै ठाळ करतो कहर, सधार वौ पार अधार सांईं।
7. किसी मिढि सांमांन्य राजा न बीजा किसूं, व्रद केण्य छाज्यसी स्रद वाया।

8. गुडे बंब नीसाण नै झिल पड़े गिरवरां, आज रा पुंन पाळग आवो।
9. दुरेस कंहू मंन मानै दुतिया, दुंनियां कहत स नावै दाय।
10. मंन सुध सींवरी मं भूले मंन, घात चूके दाव घरि।
11. मांनियौ नाग पुर वीर सुर मंडली, संकिया भुवंण दस च्यारि सारी।
12. मितर न क्यौ घरे मिंदरे, भाइये भीर न का भलाई।
13. मूझि बल राजि अवसांण मेटो मरंण, असंख दल दैत बळि रुकंम आया।
14. मेदुंनी आपंणी ग्यांणि रे मांनवी, थावियां साथि नहीं अति थारी।
15. राज कुंवरी पेखे पटरांणी, गहि आतंम नांखियौ गरद।
16. व्रंभा इंद महेसर बैठा, सुर नर नाग करै तो सेव।
17. सुखपति दुखी ए जीव कर सरि, सिरजंणहारो एक सहि।

संतकवि के उपुर्यक्त गीतों में आत्मनिवेदन और स्वानुभूति, ईश्वरी की महिमा और शक्तिमत्ता, सांसारिक नश्वरता, श्रीकृष्ण से रुक्मिणी की अपने उद्धार के लिए प्रार्थना करना, लंका युद्ध में राम के पराक्रम और वीरता आदि की झलक दृष्टिगोचर होती है।

हरजस

हरजस जाम्भाणी साहित्य में साखी एवं गीत के समान गेय, धार्मिक एवं आचरण प्रधान काव्य है। हरजस में अपने इष्ट का गुणगान, आत्म–निवेदन और आत्मानुभूति की अभिव्यक्ति प्रधान है। इसमें रचनाकार के मुक्त ह्वदय के सहज और स्वाभाविक उद्‌गार लिपिबद्ध होते हैं। हरजसों में कवि का समर्पण भाव उच्च कोटि का होता है। इनमें कवि के समग्र व्यक्तित्व की आध्यात्मिक भावाभिव्यक्ति सहज रूप से उद्‌घाटित होती है। हरजसों में लौकिक एवं पारमार्थिक आचरण के निर्देशन के साथ–साथ साधारण जनजीवन की झांकी भी सामान्य रूप से मुखरित होती है।

संतकवि सुरजनदासजी के हरजसों की गणना गीतों एवं साखियों दोनों में ही की जाती है। कवि कृत कुल 48 हरजस[99] उपलब्ध होते हैं, जिनमें 8 डिंगल गीतों को भी सम्मिलित किया गया है। ये विलावल, मलार, आसा, सोरठ, मारू, धनासी, केदारो, भैरु, गवड़ी और खंभावची आदि देशी राग–रागिनियों में गेय हैं। इनमें छंदों की संख्या निश्चित नहीं होती हैं।

अखिल भारतीय बिश्नोई महासभा के बीकानेर संग्रहालय में उपलब्ध प्रतियों के अनुसार संतकवि विरचित हरजसों को अलग–अलग विद्वानों द्वारा लिपिबद्ध किया गया है। महात्मा सुरजनदास पूनिया के हरजसों का प्रथम प्रकाशन[100] सन् 1994 में समराथल प्रकाशन, अबूबशहर (हरियाणा) से और दूसरा प्रकाशन जाम्भाणी साहित्य अकादमी, बीकानेर द्वारा सन्

2013 में जाम्भाणी साहित्य संग्रह 'पोथो ग्रंथ ज्ञान'[101] में हुआ है।

उपलब्ध हरजसों[102] की प्रथम पंक्ति उल्लेखित है–

1. अवधू ऐसा गुरु हमारा, हिन्दू तुरक दहूं तै न्यारा।। 6 छंद।।
2. अवधू जोग अध्यातम जाणी। जीव सूं सीव सरर सु संगा। प्रगास्यौ सारगंप्राणी।। 7 छंद।।
3. अवधू देखि भरम की बाजी, तातै अलाह विसन वेराजी।। 6 छंद।।
4. अवधू नांव धरया नहीं जाई, मेरा गुर पिता न माई।। 5 छंद।।
5. अपणां सांई आपमां, कस्य देखौ काया। तीरथ वरत अचार है, सतगुरु की माया।
6. आरती जी भाई आदि कंवार की, कवर हरि री आरती।। 8 छंद।।
7. ऐसा ध्यांन धर गुरमुखी, जीवत मुकति हुवै जन सुखी।। 11पंक्ति।।
8. ऐसा व्रंभ गियान समझि, मन्य मेरा रे।। 7 छंद।।
9. ओ संसार विकार सभ तज्य, भज्य रज्य सारगंप्रांणी।। 6 छंद।।
10. क्या कुदरति अपराध की, समझ्यै कूं लागै।। 7 छंद।।
11. कह्या न होई भइया कीया होई, ऐसे भरम मत भूलो काई।। 5 पंक्ति।।
12. जां कारण्य जग ढूढिया, सोई गुरु पाया।। 5 छंद।।
13. जागो जागो सींवरो हरि, हरि सेवा साधु निसतरे।। 7 पंक्ति।।
14. तूं मेरा सांई मैं बंदा तेरा, सरणै राख्य सवारथ मेरा।। 6 पंक्ति।।
15. पाया है कुछि पाया है, प्रेम की गांठि बंधाया है। 7 छंद।।
16. प्राणी लाल डर है रे उस दिन का।
    जम की भीड़ पड़ै जब जीव कूं, धोखा सबही धन का।। 6 छंद।।
17. भज्य मन विसन हरि विसराम।। 6 छंद।।
18. मन की दया विण्य तन का कपट है, साबण लाख मजीठ लपट है।। 6 पंक्ति।।
19. मन मेरे मन ही उलटि विचारी, मेरा गुर पुरेष न नारी।। 6 पंक्ति।।
20. मन मेरे विसन नांव नही लिया, तातै कहा बोहत दिन जिया।। 6 छंद।।
21. मन मेरे पूरा वेद पिछाण्यां, अमर जड़ी तै जाण्यां।
22. मैं मन्य सोच नहीं कुछ न मेरा, त्रिभुवंण ताक्या सरणां तेरा।। 5पंक्ति।।
23. रे मन दरस परसिस्यौ ताही, भज्य ले पाप परळे जांहि।। 6 पंक्ति।।
24. विसन सींवरि मन विसन सहाई, विसन सींवरि तिहू लोक वडाई।। 4 पंक्ति।।
25. विसन सूं विणज करौ मेरा भाई, या तन कीजै पीठ वणाई।।4 पंक्ति।।

26. संतौ अणबोल्या क्यौ सरीयै, साच सबद तैं तरीयै।। 4 छंद।।
27. संतो अैसा सुकरत कीजै,
पल–पल, छिन–छिन घड़ी महूरति, विसनौ विसंन जपीजै।। 5 छंद।।
28. संतो गुण का अरथ गंभीरा, कोई जाणैगा संत सधीरा।। 5 छंद।।
29. संतो दोय–दोय नारी न करणी, ताथै मरीयै अपणी मरणी।।4 छंद।।
30. संतो पूत गहण मां जाया, जाकै लोही मास न काया।। 7 छंद।।
31. संतो भाई जोति विमल दळय जागी,
जामण मरण जुरा दुख भागा, अनहद ताळी लागी।। 6 छंद।।
32. संतो भाई सुदरि सूं मन मान्या, नही तरि'था वेगान्या।। 5 छंद।।
33. संतो मरणां है जुग मांही,
अवर जीव कूं ज्यांन न दीजे, लेखा लेगा सांई।। 6 छंद।।
34. संतो सांभळय अमर कहांणी।
गुर परताप्य अमर घर पाया, बजर कहर होय पांणी।। 4 छंद।।
35. समझि भई सतगुर पहचान्यां, मुगति गुरु मेरा मन मान्या।। 6 पंक्ति।।
36. सहज की धेन सुखम दुहि लीजै, पीवैगा पेट छळय जुग्य जुग्य जीवीजै।। 8पंक्ति ।।
37. सुजिया सोई जुग्य–जुग्य जीवै, विन्य ही कपड़े वागो सोवै।।8 पंक्ति।।
38. सोई कायम मांगीयै, सब ही को दाता।
मन्यसा वाचा क्रमनां, दुख हरण विधाता।। 5 छंद।।
39. हरि की भगति विण्य जगत अंधेरा, मत करि ढील नर चेति सवेरा।। 8 पंक्ति।।
40. हरे विसन हरे विसन हरे विसन हरे, विसन सिंवरि तिहूं लोकां तरे।। 7 पंक्ति।।

उपर्युक्त हरजसों में गुरु जाम्भोजी का विष्णु अवतार स्वरूप, उनकी सर्वव्यापकता, सर्वशक्तिमत्ता, महिमा, भक्तों का उद्धार, विष्णु नाम स्मरण की महत्ता, काम, क्रोध, मद, लोभ, मोह का परित्याग, जीव दया, ईश्वर के सगुण और निर्गुण दोनों स्वरूप, योग, मुक्ति हेतु आत्म–निवेदन, कथनी और करणी में एक–रूपता, तत्त्व प्राप्ति आदि विषयों से संबंधित कवि की स्वानुभूति और आध्यात्मिक वाणी मुखरित हुई है। इनमें संतकवि के भाव गाम्भीर्य, आत्म निवेदन और स्वानुभूति की गहन अभिव्यक्ति है। संतकवि परमानंद बणियाल ने हरजस, साखी, कवित्त आदि को तीनों लोकों की शोभा बताया है जो संतकवि के हरजसों की प्रसिद्धि का निसंदिग्ध प्रमाण है–

हरजस कथा साखी कहो, कवत्त छंद सिरलोक।
परमानंद हरि नांव की, शोभा तीन्यौ लोक।।[103]

डिंगल गीत

विश्नोई पंथ के साहित्य में 16वीं शताब्दी से राजस्थानी में अध्यात्मपरक डिंगल गीतों की एक अविच्छिन्न परम्परा प्रारम्भ होती है। इस परम्परा का शुभारम्भ तेजोजी से माना जाता है। इसी परम्परा के डिंगल गीतकारों में सुरजनदास पूनिया, केसौजी गोदारा आदि संतकवियों का भी महत्त्वपूर्ण स्थान माना जाता है। इन संतकवियों द्वारा विरचित डिंगल गीत विभिन्न देशी राग–रागिनियों में गेय हैं।

जाम्भाणी डिंगल कवि सुरजनदास ने अपने डिंगल गीतों में पौराणिक, धार्मिक, सामाजिक, नीतिपरक तथा सर्वधर्म समभाव जैसे उदात्त गुणों का विशद् विवचेन किया है। संतकवि कृत 8 डिंगल गीत प्रकाशित[104] उपलब्ध होते हैं, जिनकी प्रथम पंक्तियां इस प्रकार है[105]–

1. अब जो चंद मुराळय चात्रग, कौकिक कीर कुरंग लिपटाए।। 7 छंद।।
2. अवसर जाहि रे छक बळे न आवै, पांखड छोडि पिराणी।। 4 छंद।।
3. अवसर जाहि रे छक बळे न आवै, पांखड छोडि पिंराणी।। 4 छंद।।[106]
4. आखूँ वीनती हरि सो दिन आयौ, ग्रभ जको दिन गायौ।। 4 छंद।।
5. तापस एकलो सुण्य गयो रे तसकर, मो वरजंती मिंदरी।। 6 छंद।।
6. व्रसण छाडि अवसर छहवाया, किसन किसन कहि हरि किसन।। 4 छंद।।
7. सिव मछ कछ वाराह नार्यस्यंध, बावन परसराम बुध वणै।। 5 छंद।।
8. हुवै आरती मंगलाचार पूजै हरे, घरि–घरि चौक माणयक घेरा।। 5 छंद।।

साखी अंग चेतन

संतो के साखी संग्रह विविध अंगो में विभाजित पाये जाते हैं, जिनके नाम अधिकतर 'गुरुदेवको अंग', 'सुमिरनको अंग', 'परचाको अंग', 'विरहको अंग', 'सुरतानको अंग' आदि रूपों में दीख पड़ते हैं। 'अंग' शब्द का अर्थ साधारणतः शरीर अथवा उसका कोई न कोई भाग समझा जाता है। इस कारण, उक्त प्रत्येक अंग को हम साखी या साक्षी पुरुष की देह अथवा उसके अवयव–विशेष को बोधक साक्षी मान सकते हैं।'[107] अंग से अभिप्राय दोहा–चौपाइयों में लिखा गया अध्यात्मपरक और वर्णात्मक खण्डकाव्य है। जिसमें प्रकरण से संबंधित अनुभूत सिद्धान्तों को प्रकट किया जाता है। इनमें विषय की दृष्टि से उन भावों को अभिव्यक्त किया गया है जो कवि की स्वानुभूति के परिचायक हैं। इसमें कवि अपनी गहन अनुभूति के अनन्तर स्वयं के व्यक्तिगत उद्‌गारों को सहजरूप में प्रकट

करता है।

जाम्भाणी साहित्य संग्रह ग्रंथ 'पोथो ग्रंथ ज्ञान' में 'सुरजनजी द्वारा विरचित' साखी अंग चेतन' के 34 दोहे तथा 15 विविध फुटकल छंद मिलते हैं।[108] उपलब्ध प्राचीन हस्तलिखित प्रति[109] में भी कवि कृत 'साखी अंग चेतन' के 34 दोहे तथा 15 विविध फुटकल छंद प्राप्त होते हैं जबकि डॉ. हीरालाल माहेश्वरी ने अपने शोध प्रबन्ध[110] में इस रचना के कुल 176 फुटकर दोहों की ओर संकेत किया है जो अद्यावधि अनुपलब्ध है।

डॉ. मदन सैनी ने अपने शोध प्रबन्ध[111] में कवि द्वारा सृजित रचनाओं को परमानंदजी के पोथे एवं सबदवाणी में संगृहीत बताते हुए उक्त रचना के 176 दोहों का उल्लेख किया है। डॉ. सैनी द्वारा उल्लेखित 'परमानंद जी के पोथे'[112] में इतने छंद नहीं मिलते हैं तथा सबदवाणी[113] गुरु जाम्भोजी की वाणी है उसमें अन्य संतकवियों की वाणी या रचनाएँ संगृहीत नहीं है।

कवित्त

विश्नोई पंथ में कवित्त रचना करने वाले संतकवियों में सुरजनदास का नाम सर्वोपरि माना जाता है। संतकवि विरचित अनेक कवित्त हमें जाम्भाणी साहित्य में उपलब्ध होते हैं।

कवित्त शीर्षक के अन्तर्गत संतकवि विरचित कुल 303 कवित्त और 3 दोहे प्रमुख हैं।[114] जिनमें उनके सम्पूर्ण व्यक्तित्व का सार निहित है।

इसमें संसार में जीव का आवागमन, उससे मुक्ति पाने हेतु सर्वश्रेष्ठ कार्य करना, मृत्यु की सार्वकालीनता, सार्वभौमिकता एवं सभी के लिए अनिवार्यता, यौवन से ही बुढ़ापे का इन्तजार किये बिना हरिनाम स्मरण करना, बहुदेववाद का विरोध, सांसारिक दिखावे से मुक्त रहना, बाह्य आडम्बरों का परित्याग आदि अनेक नीति कथन है, जो व्यक्ति को मोक्ष प्राप्ति हेतु प्रेरित करते हैं। ये संतकवि की विद्वता, प्रौढ़ता, परिपक्वता, सांसारिक अनुभव एवं ज्ञान के द्योतक है। ये साधारण जनजीवन के लिए आज भी उतने ही उपयोगी है।

डॉ. माहेश्वरी ने अपने शोध प्रबन्ध[115] में इस रचना के कुल छंदों की संख्या 336 बतायी है, वह प्रति हमें उपलब्ध नहीं हुई है।

इस रचना को अनेक विद्वानों ने लिपिबद्ध करने का प्रयास किया था, जो अखिल भारतीय बिश्नोई महासभा के बीकानेर संग्रहालय में सुरक्षित है। उपलब्ध पूर्ण प्रति में[116] कुल छंदों की संख्या 306 है, जिसका प्रकाशन 'पोथो ग्रंथ ज्ञान, संग्रह ग्रंथ में हुआ है।

दस अवतारौ दुहा (दस अवतार दुहा)

इस काव्य कृति के कुल 17 छंदों[117] में 13 मोतीदाम, 3 दोहे और 1 कवित्त उपलब्ध होते हैं। डॉ. माहेश्वरी ने अपने शोध प्रबन्ध[118] में इस काव्य कृति के 3 कवित्त अधिक बताये हैं, जो हमें उपलब्ध नहीं हुए हैं।

संतकवि ने इस कृति में विष्णु के दस अवतार, माता–पिता, उनके क्षेत्र, गुरु और उनके प्रमुख कार्यों का उल्लेख मात्र किया है।

इस रचना की हस्तलिखित प्रति अखिल भारतीय बिश्नोई महासभा के बीकानेर संग्रहालय में उपलब्ध होती है, जिसका प्रकाशन 'पोथो ग्रंथ ज्ञान' नामक संग्रह ग्रंथ में हुआ है।

कवित्त बावनी

नागरी लिपि के अकरादि सोलह स्वरों तथा ककारादि छतीस व्यंजनों के प्रथम अक्षर से अक्षुरानुक्रम लिखने की परम्परा अत्यन्त प्राचीन है। इस प्रकार से लिखि गई रचना 'बावनी' नाम से जानी जाती है। इनके प्रमुख छंदों में कवित्त, छप्पय, दोहा, चौपई, सवइया, कुण्डलिया आदि मुख्य है। इस प्रकार की रचनाओं में रचयिता सदैव अपने प्रतिपाद्य विषय को अधिक महत्त्व प्रदान करते हैं। 'बावनी जैसे उपर्युक्त विविध ग्रंथो की रचना भी उन्होंने किसी साहित्यिक प्रयास के रूप में नहीं की है। उन्होंने सर्वत्र केवल इसी बात के लिए प्रयत्न किये हैं कि हमारे सिद्धान्त एवं साधनाओं का स्पष्टीकरण ठीक–ठीक हो जाय।[119]

संतकवि सुरजनदास ने भी अपने समय में प्रचलित या परिचित शैली को अपनाकर अपने उद्देश्यों की सिद्धि हेतु बावनी रचना की। जो वर्णमाला के ए, क, ख, ग, घ, ड.(न), च, छ, ज, झ, ट, ठ, ड, ढ, त, थ, द, ध, प, फ, ब, भ, म, र, ल, व, स और ह वर्णों से आरम्भ होकर 30 कवित्तों की काव्य कृति है। उपलब्ध काव्य कृति का प्रकाशन जाम्भाणी साहित्य अकादमी द्वारा 'पोथो ग्रंथ ज्ञान'[120] संग्रह ग्रंथ में किया गया है। प्रकाशित रचना की हस्तलिखित प्रति अखिल भारतीय बिश्नोई महासभा के बीकानेर संग्रहालय में उपलब्ध होती है।

कथा चित्रामणि

यह काव्य कृति 26 दोहा–चौपई[121] छंदों में उल्लेखित हैं, जो कथा चिंतावणी,[122] ग्रंथ चित्रामणी,[123] चंत्रामणी[124] आदि नामों से भिन्न–भिन्न लिपिकर्ताओं द्वारा लिपिबद्ध की गई है।

संतकवि ने इस काव्य रचना में गर्भवास, बचपन, युवावस्था आदि में अज्ञानता वंश किये गये कार्यों (दुःखों) का प्रभावशाली ढंग से उल्लेख करते हुए हरि भक्ति की ओर संकेत किया है। जिसका अनुसरण करते हुए अनेक भक्तों ने अपने जीवन का उद्धार किया है। यह रचना मनुष्य

को भगवदोन्मुख करने हेतु अत्यधिक महत्त्वपूर्ण है।

विभिन्न लिपिकर्ताओं द्वारा लिपिबद्ध हस्तलिखित प्रतियाँ अखिल भारतीय बिश्नोई महासभा के बीकानेर संग्रहालय में संरक्षित है। इस रचना का प्रकाशन 'पोथो ग्रंथ ज्ञान' संग्रह ग्रंथ में हुआ है।

चेतन कथा (कथा चेतन)

संतकवि विरचित यह एक चेतावनी परक काव्य रचना है जो 31 दोहा-चौपई[125] छंदों में वर्णित है।

महात्मा सुरजनदास ने इस काव्य कृति के माध्यम से मनुष्य को चेतावनी देते हुए बताया है कि हमें सदैव धर्मपूर्ण कर्म करना चाहिए। जो मनुष्य इन्द्रियों पर नियन्त्रण रखते हुए मन, वचन और कर्म से बुरा कर्म न करते हुए पवित्रता बनाये रखता है तथा गुरु की आज्ञा का पालन करते हुए सदैव सुकृत्य (अच्छे कर्म) करता है, वह व्यक्ति मोक्ष प्राप्त कर सकता है।

साधु भगवानदास एवं परमानंद द्वारा लिपिबद्ध अलग-अलग दो हस्तलिखित प्रतियाँ उपलब्ध होती है।[126] इनमें से परमानंद द्वारा लिपिबद्ध हस्तलिखित प्रति का प्रकाशन जाम्भाणी साहित्य संग्रह ग्रंथ 'पोथो ग्रंथ ज्ञान'[127] में हुआ है।

कथा धरमचरी

80 दोहा-चौपई[128] छंदों की रचना 'कथा धरमचरी' शीर्षक से उपलब्ध होती है।

धर्माचरण से संबंधित इस काव्य कृति में संतकवि ने मनुष्य को धर्म करके मोक्ष प्राप्ति का सन्देश दिया है। इस रचना के एक-एक दोहा में गुरु जाम्भोजी के उन हुजूरी भक्तों का नामोल्लेख किया है, जिन्होंने धर्म का अनुसरण करते हुए मोक्ष प्राप्त किया है।

इस काव्य कृति की विभिन्न विद्वानों[129] द्वारा लिपिबद्ध अलग-अलग प्राचीन हस्तलिखित प्रतियाँ अखिल भारतीय बिश्नोई महासभा के बीकानेर संग्रहालय में उपलब्ध होती है। परमानंद द्वारा लिपिबद्ध हस्तलिखित प्रति का प्रकाशन 'पोथो ग्रंथ ज्ञान'[130] जाम्भाणी संग्रह ग्रंथ में जाम्भाणी साहित्य अकादमी द्वारा किया गया है।

कथा गज मोख

यह 69 छंदों की रचना है, जिसमें 8 दोहा, 59 मोतीदाम और 01 कवित्त छंद है।[131]

रचना के आदि और अंत में संतकवि ने भगवान की स्तुति करते हुए लोकप्रसिद्ध पौराणिक कथा गज और ग्राह के युद्ध का वर्णन किया है।

भगवान विष्णु द्वारा गज के अहंकार को समाप्त करके युद्ध के अंत में दोनों को कर्म–बन्धन से मुक्ति दिलवाने की बात कही है।

यह रचना भी अखिल भारतीय बिश्नोई महासभा के बीकानेर संग्रहालय में प्राप्त हस्तलिखित संग्रह ग्रंथ में लिपिबद्ध उपलब्ध होती है। इसका प्रकाशन भी जाम्भाणी साहित्य अकादमी, बीकानेर द्वारा जाम्भाणी साहित्य संग्रह 'पोथो ग्रंथ ज्ञान' में हुआ है।

कथा हरिगुण

193 छंदों में उल्लेखित[132] इस काव्य कृति में 59 दोहा, 16 बेअखरी (वीयखरी), 116 मोतीदाम तथा 2 कवित्त हैं।[133]

इन विविध छंदों में संतकवि ने हरि (भगवान) की महिमा का भावभरा वर्णन किया है। हरिगुणों को समुद्र के समान विशाल और संजीवन मंत्र के समान जीवनदायक तथा सभी सुखों की खान बताया है। इनमें नाम स्मरण की महत्ता, भगवान के विविध अवतार तथा कवि स्वयं की लघुता और असमर्थता भगवान के समक्ष प्रकट करते हुए केवल उन्हीं के चरणों की शरण और मोक्ष प्राप्ति चाहता है।

इस रचना की हस्तलिखित प्रति अखिल भारतीय बिश्नोई महासभा के बीकानेर संग्रहालय में सुरक्षित है। परमाणंद द्वारा लिपिबद्ध प्रति का सम्पादन कृष्णानंद आचार्य ने 'पोथो ग्रंथ ज्ञान' प्रकाशित संग्रह ग्रंथ में किया है।

औतार कथा

औतार कथा 236 दोहा–चौपई[134] छंदों में वर्णित है, जो 'आसा' राग में गेय है। जैसा कि रचना के नाम से ही विदित होता है कि यह रचना गुरु जाम्भोजी के अवतार, अवतार के कारण और उनके सम्पूर्ण जीवन–चरित से संबंधित है। संतकवि ने इस काव्य कृति में गुरु जाम्भोजी के कृतित्व एवं व्यक्तित्त्व को विविध उल्लेखों के माध्यम से समझाने का प्रयास किया है जो विश्नोई पंथ में सर्वाधिक प्रसिद्ध और महत्त्वपूर्ण है।

इस काव्य रचना की हस्तलिखित प्रति अखिल भारतीय बिश्नोई महासभा के बीकानेर संग्रहालय में परमानंद द्वारा लिपिबद्ध उपलब्ध होती है। जिसका प्रकाशन जाम्भाणी सार संग्रह 'पोथो ग्रंथ ज्ञान'[135] में हुआ है।

ज्ञान महातम

यह 197 दोहा–चौपई[136] की संवादात्मक गेय काव्य रचना है। इस काव्य कृति में संतकवि ने कुमनोवृत्तियों पर सुमनोवृत्तियों की विजय और

मुक्ति की बात बतायी है। मानव देह में विवेक (बुद्धि) और मोह दोनों का निवास है। ज्ञान अमृत के समान और मोह विष के तुल्य है। मोह के प्रमुख अंग काम, क्रोध, लोभ और अभिमान तथा ज्ञान के शील, क्षमा, संतोष और निरहंकारिता के मध्य संवाद स्थापित करवाकर अंत में काया के भीतर ज्ञान की विजय बतायी है, जो मनुष्य को आत्मतत्त्व की प्राप्ति की ओर प्रेरित करती है। इसमें ज्ञान के पथ पर चलकर विजय प्राप्त करने वाले अनेक पौराणिक, लौकिक, सामाजिक और ऐतिहासिक उदाहरण भी उपलब्ध होते हैं।

ज्ञान महात्तम रचना को कई लिपिकर्ताओं ने लिपिबद्ध किया है, जिनकी प्रतियाँ अखिल भारतीय बिश्नोई महासभा के बीकानेर संग्रहालय में संगृहीत गुटकों में उपलब्ध है। सम्वत् 1819 के भादवा माह में परमाणंद द्वारा लिपिबद्ध प्रति पूर्ण एवं महत्त्वपूर्ण है, जिसका प्रकाशन भी 'पोथो ग्रंथ ज्ञान'[137] नामक जाम्भणी साहित्य संग्रह ग्रंथ में हुआ है।

ज्ञान तिलक

यह 105 दोहों[138] की रचना है, जो 'रामगिरी' राग में गेय है। इस काव्य कृति में संतकवि मनुष्य के मोक्ष–मार्ग में विघ्न डालने वाले चार प्रमुख काम, क्रोध, लोभ और गर्व पर विजय प्राप्त करने हेतु क्रमशः शील, क्षमा, संतोष और निरहंकारिता को भेजते हैं, उन पर विजय प्राप्त कर लेते हैं। जिससे व्यक्ति के मन में ज्ञान रूपी ज्योति उदय होती है, जो उसे भक्ति की ओर प्रेरित करती है। जिस पर चल कर व्यक्ति मोक्ष प्राप्त कर सकता है।

सम्वत् 1819 में परमानंद द्वारा लिपिबद्ध हस्तलिखित प्रति अखिल भारतीय बिश्नोई महासभा के बीकानेर संग्रहालय में उपलब्ध है। इस प्रति का प्रकाशन जाम्भाणी साहित्य अकादमी, द्वारा प्रकाशित संग्रह ग्रंथ 'पोथो ग्रंथ ज्ञान'[139] में हुआ है।

रामरासौ

यह काव्य कृति 'रामरास रा कवित्त', कवित्त रामरासै का, रामायण का कवित्त, राजस्थानी रामायण आदि नामों से लिपिबद्ध एवं प्रकाशित उपलब्ध होती है। राम–चरित संबंधी काव्यों को प्रायः रामायण कहे जाने की परम्परा का पालन करते हुए संतकवि ने स्वयं इसका नाम रामायण भी बताया है–

गावण पद सुर गेह गांवण, सति के कवि अनेक सहंत।
गुण निध्य पछ एम रामायण, कंठ सुलील बालकां कहति।।4।।[140]

मेहोजी गोदारा कृत रामायण के पश्चात् यह जाम्भाणी साहित्य की दूसरी प्रमुख रामाख्यान विषयक काव्य रचना है। 176 छंदों की इस रचना

विश्नोई संतकवियों द्वारा रचित राम–कृष्ण संबंधी आख्यान काव्य

में 94 कवित्त, 53 दवाला, 19 दूहा और लीला गीत के 10 द्वाले प्रमुख हैं।

इस आख्यान काव्य कृति में संतकवि ने श्रीराम को चरित नायक (आधार) बनाकर राम और रावण की युद्ध कला (युद्ध लीला) का वर्णन किया है। सम्पूर्ण काव्य विभिन्न घटना प्रसंगों के माध्यम से उल्लेखित हुआ है।

इस रचना में रामकथा का आरम्भ पंचवटी में शूर्पणखा के आगमन से होता है, जो लंका के विजयोपरान्त राम के अयोध्या आगमन के साथ पूर्ण होता है।

अखिल भारतीय बिश्नोई महासभा के संग्रहालय में उपलब्ध ग्रंथों में इस रचना की एक हस्तलिखित प्रति मिलती है। उपलब्ध रचना गुटके में प्राप्त होती है, जिस पर ग्रंथांक अंकित नहीं है। उपलब्ध प्रति लिपिकर्ता, लिपिस्थान आदि के विषय में मौन है। अंत में लिपिकाल सम्वत् 1819 उल्लेखित है। रचना का आदि एवं अंत इस प्रकार है–

आदि :

श्री विसन जी सति सही। लिखतु रामायण का कवित्त। दवाला ।
गोम्यदै गुण गाय निगुण नीध्य गावणां।।
लखण कुंवार करि लखण लंहत। देवा तण चीरत कहां लग दाखुं।
सरवर उढ पतंग सति।। 1 ।।

अंत :

खल हले पाप धरम झलहले, सत सीता जत न्रमली।
विले कुले वंदन चंवर ढुले, श्रीराम आया माता मीले।। 94 ।।
एति श्री राम रास सा कवित्त सुरेजनजी रा कह्या संपूरण
संमापेता संमत।। 1819 ।।

प्रकाशन

1. राजस्थानी रामायण (महात्मा सुरजनजी विरचित) का सम्पादन श्री कृष्णलाल बिश्नोई एवं प्रकाशन हिन्दी विश्वभारती अनुसंधान परिषद्, बीकानेर (राजस्थान) से सन् 1992 में हुआ। कृति के कुल 42 पृष्ठ हैं।
2. जाम्भाणी साहित्य अकादमी, बीकानेर द्वारा प्रकाशित जाम्भाणी सार संग्रह ग्रंथ 'पोथो ग्रंथ ज्ञान' में इस रचना के कुल 12 पृष्ठ है। इसका प्रकाशन वर्ष सन् 2013 ई. है।

कथा उषा पुराण

जाम्भाणी साहित्य में 'कथा उषा पुराण' एक पौराणिक और बहु–प्रचलित आख्यान काव्य रचना है। यह 200 दोहा, चौपई आदि छंदों की रचना है।[141] डॉ. माहेश्वरी ने अपने शोध प्रबन्ध[142] में प्रति संख्या 201 का संदर्भ प्रस्तुत करते हुए इस कृति के कुल 232 छंदों का उल्लेख

किया है, वह प्रति अद्यावधि अनुपलब्ध है।

इस काव्य रचना में संतकवि ने श्रीकृष्ण के पुत्र प्रद्युम्न के बेटे अनिरुद्ध को कामदेव का अवतार तथा अतंहपुर के बाणासुर की पुत्री उषा को रति का अवतार माना है। अनिरुद्ध के प्रति उषा का आकर्षण एवं विरह, अनिरुद्ध और बाणासुर की सेना के मध्य युद्ध, श्रीकृष्ण द्वारा बाणासुर की सहस्र भुजा काटना, असुरों की पराजय, उसके पश्चात् पूर्व में दिये गये वर के अनुसार शिव और श्रीकृष्ण के मध्य युद्ध, ब्रह्माजी की शक्ति से युद्ध का शान्त होना, श्रीकृष्ण और महादेव का प्रसन्नतापूर्वक मिलन तथा उषा और अनिरुद्ध का विवाह होना आदि प्रसंगों से परिपूर्ण यह एक सफल आख्यान काव्य कृति है। जो समग्र रूप में अनेक देशी–रागिनियों में गेय हैं।

'कथा उषा पुराण' की एक हस्तलिखित प्रति अखिल भारतीय बिश्नोई महासभा के बीकानेर संग्रहालय में उपलब्ध होती है। जो गुटके में संगृहीत है। गुटके पर ग्रंथांक अंकित नहीं हैं। यह रचना ज्येष्ठ वदी दशमी सम्वत् 1819 को परमाणंद द्वारा लिपिबद्ध की गई है।

इस प्रति का हू–ब–हू प्रकाशन जाम्भाणी साहित्य अकादमी, बीकानेर द्वारा 'पोथो ग्रंथ ज्ञान' नामक संग्रह ग्रंथ में सन् 2013 में हुआ। इसके सम्पादक कृष्णानन्द आचार्य है। उपलब्ध हस्तलिखित प्रति एवं प्रकाशन संग्रह ग्रंथ के अनुसार रचना का आदि एवं अंत इस प्रकार है–

आदि :

''श्री विसनजी सति सही लिखतु कथा उषा पुराण।''दूहा।
सध विण्य काय न सम, ए दोयवमेक अथाह।
रुति रूप होय अवतरी, कांमदेव नर नाह।।[143]

अंत :

नीहचै कीयति राखण को नांही किसन संमान्य।
जन सुरजन की वीनती दीजै मुगति गति दान।।7।220।[144]
''एति उषा पुराण संपूरण संमापेता लिखतु परमाणंद
संमत 1819 जेठ वद 10।।''

अन्य रचनाएँ

डॉ. हीरालाल माहेश्वरी ने अपने शोध प्रबन्ध[145] में संतकवि सुरजनदास विरचित कुछ अन्य कृतियों का भी परिचय दिया है। जिसमें सवइए, कथा परसिध, भूगोल पुराण तथा असमेध जिग का दूहा आख्यान काव्य कृति सम्मिलित है। जिस हस्तलिखित प्रति के आधार पर ये रचनाएँ उल्लेखित हुई हैं वे 201 संख्या के हस्तलिखित ग्रंथ संग्रह में उन्हें प्राप्त हुई है। यह ग्रंथ संग्रह आज उपलब्ध नहीं है। अन्यत्र भी इन

विश्नोई संतकवियों द्वारा रचित राम-कृष्ण संबंधी आख्यान काव्य

रचनाओं की कोई अन्य हस्तलिखित प्रति हमें प्राप्त नहीं हुई है। इनके अलावा एकमात्र कृष्णलाल बिश्नोई ने 'महात्मा सुरजनजी के हरजस (मूल और टीका) प्रकाशित कृति में 'सुरजनजी का कृतित्व' के अन्तर्गत केवल इनका संक्षिप्त परिचय दिया है। डॉ. माहेश्वरी के अनुसार इन रचनाओं का परिचयात्मक विवरण इस प्रकार है–

सवइये

संतकवि सुरजनदास पूनिया ने भी भक्तिकालीन सिद्धहस्त संत कवियों के समान साखी, गीत, हरजस, कवित्त, गाथा, कथा, रासौ आदि काव्यों के साथ-साथ बहुत से सवइये (सवैए) भी रचे हैं। इनकी कुल संख्या 30 कही जाती है।

इन सवइयों में अहंकार, इन्द्रिय विषयक त्याग, मन पर नियंत्रण, हरि-महिमा, जीवन की नश्वरता, मृत्यु की निश्चितता, पंथ प्रवर्तक गुरु जाम्भोजी के गुण-कार्य संबंधी अनेक प्रसंग मिलते हैं।

कथा परासिध

इस रचना में कुल 195 छंद है, जिसमें दोहा, गाथा, भुजंगी, त्रिभंगी, रोमकन्द और छप्पय आदि है। संतकवि ने इस काव्य कृति में विविध प्रसिद्ध कथाओं के माध्यम से गुरु जाम्भोजी के सम्पूर्ण जीवन चरित को उल्लेखित किया है।

यह कथा 'कथा औतार की' से मिलती जुलती है। इस कृति में गुरु जाम्भोजी का सम्पूर्ण जीवन, उनके कार्य, उपदेश, परचे, देश-विदेश भ्रमण, पंथ की स्थापना, इतिहास प्रसिद्ध व्यक्तियों से मुलाकात, सम्वत् 1593 में वैकुण्ठवास आदि से संबंधित बहुपयोगी सूचनाएँ मिलती हैं। इस रचना में संतकवि की बहुमुखी एवं प्रखर प्रतिभा का परिचय भी परिलक्षित होता है।

भोगळ पुराण (भूगोल पुराण)

303 छंदों की इस काव्य रचना में 297 दोहा-चौपई, 5 मोतीदाम तथा 01 कवित्त छंद है। इसमें अलेख ब्रह्म से निर्मित ब्रह्माण्ड विषयक अनेक बातों का उल्लेख मिलता है। यह कृति कुल चार अध्यायों में विभक्त है। प्रथम अध्याय में ब्रह्माण्ड से संबंधित सृष्टि उत्पत्ति, पृथ्वी, आठ सर्ग, सप्तद्वीप, नवखण्ड, शेषनाग, आठ पर्वत, चार पुरी, चौदह यम, सूर्य की गति और पृथ्वी से दूरी, चौदह लोक, विष्णु लोक का विशेष वर्णन आदि प्रसंग प्रमुख है। द्वितीय अध्याय का आरम्भ आदि त्रिया सोमवती माय से होता है, इसके पश्चात् कश्यप ऋषि की सम्पूर्ण वंशावली, उनकी तेरह राणियाँ और उनसे उत्पन्न सृष्टि का वर्णन किया गया है। तृतीय अध्याय शक्ति-शिव प्रश्नोत्तर रूप में मिलता है जिसमें

काया, आदम जाति की उत्पत्ति, गर्भवास में जीव की स्थिति और उनकी रचना, नाड़ियाँ, मन, इड़ा, पिंगला, सुषुम्ना, भंवर गुफा, निरंजण–ज्योति, फलभोग, चौदह चक्र, उनकी विशेषता तथा छह चक्रों की मर्यादा इत्यादि प्रसंग हैं। चतुर्थ अध्याय में दशावतार, उनके माता–पिता, गुरु अवतार का कारण, उनके कार्य आदि का विस्तारपूर्वक उल्लेख किया गया है। काव्यत्व की दृष्टि से सम्पूर्ण कृति का यह अध्याय (चतुर्थ अध्याय) सर्वश्रेष्ठ है।

असमेध जिग का दूहा

यह महाभारत के आश्वमेधिक पर्व पर आधारित आख्यान काव्य कृति है। इसमें छंदों की संख्या 45 दोहे हैं।

डॉ. माहेश्वरी के अनुसार संतकवि ने इस काव्य कृति में हस्तिनापुर के राजा युधिष्ठिर द्वारा आयोजित अश्वमेघ यज्ञ, अश्वअनुगामी पाण्डव यौद्धाओं पर आने वाली कठिनाइयाँ तथा इस यज्ञ के आयोजन की सफलता का वर्णन किया है।

फुटकल छंद

संतकवि सुरजनदास पूनिया विरचित कुछ फुटकल छंद भी मिलते हैं जिसमें गाथा शीर्षक के अन्तर्गत कवित्त, दोहा आदि छंद तथा स्रोत शीर्षक रचना गीतक छंद में हुई है। इसके अलावा डॉ. माहेश्वरी ने संतकवि के कृतित्व में 'सुरजनजी के छंद' के अन्तर्गत कुछ और छंद भी बताये हैं, जो हमें उपलब्ध नहीं हुए हैं।

इन फुटकल छंदों में लोक नीति, लोक मर्यादा, कुल आचरण, परिवार धर्माचरण, हरि भक्ति, विष्णु का लोहट घर अवतार, उनकी महिमा, गुण ज्ञान, भक्ति भावना आदि विषयों को सम्मिलित किया गया है।

केसौदास गोदारा

भारतीय संस्कृति की आध्यात्मिक चिन्तन परम्परा जो वैदिक काल से निरन्तर प्रवाहमान थी, उसे युगानुरुप परिपुष्ट करने में संतकवियों का महत्त्वपूर्ण योगदान माना जाता है। अपनी पूर्ववर्ती साधना–पद्धति को परिष्कृत करके भक्ति आन्दोलन को साधारण जनता की व्यथा–कथा का आन्दोलन बनाकर जनता के समक्ष प्रकट करने वाले संतकवियों में केसौदास गोदारा का प्रमुख स्थान माना जाता है।

जीवनवृत्त

सामान्यतः संतकवियों, महात्माओं एवं साहित्यकारों का कोई व्यवस्थित जीवनवृत्त उपलब्ध नहीं होता है। जिसका कारण शायद इस राष्ट्र एवं समाज में जीवनवृत्त लिखने की परम्परा नहीं रही होगी। दूसरे

शब्दों में भारतीय साहित्य परम्परा में रचनाकार को उनकी रचना के माध्यम से ही जाना जाता है न कि उनके व्यक्तिगत जीवन से। ये कारण संतकवि केसौदास गोदारा पर भी लागू होता है। संतकवि ने अपनी कृतियों में अपने जीवन के विषय में स्पष्टतः कुछ भी नहीं लिखा। अंतः व बाह्य साक्ष्य और किंवदंतियों के आधार पर संतकवि के जीवनवृत्त पर प्रकाश डाला जा रहा है।

संतकवि केसौदास गोदारा बाल्यावस्था से ही अत्यन्त साधु प्रवृत्ति के थे। उनके हृदय में भक्ति का अंकुर था और वील्होजी को गुरु बनाकर कुमारावस्था में ही साधु बन गये। वील्होजी के सात शिष्यों में ये तथा सुरजनदास पूनिया सर्वाधिक ख्याति प्राप्त संतकवि थे, जिन्होंने 'अपने गुरु के ही सिद्धान्त को आगे बढ़ाया।[146] विश्नोई पंथ तथा समाज को अभिनव संस्कार संहिता प्रदान करने वाले तथा दिग्भ्रमित मानवता को एक नई दिशा दिखाने में कवि का प्रमुख योगदान माना जाता है।

केसौदास गोदारा गौत्र के विश्नोई, सिद्ध संत तथा महान कवि थे। इनका संबंध बीकानेर जिले की नोखा तहसील के मांढिया गाँव से माना जाता है।[147] जाम्भाणी साहित्य शोध समीक्षक डॉ. माहेश्वरी इनका जन्म सम्वत् 1630 अनुमानित[148] मानते हैं, जबकि डॉ. सुरेन्द्र कुमार अपने शोध प्रबन्ध (हिन्दी संत परम्परा और संत केसो) में डॉ. माहेश्वरी के इस मत से सहमत नहीं है।

संतकवि कृत कई काव्यकृतियों के अंत में रचनाकाल का उल्लेख मिलता है। 'अब तक प्राप्त रचनाओं में 'कथा बाललीला' ही इनकी प्रथम रचना प्रमाणित होती है।'[149] उपलब्ध कृति के अंत में रचनाकाल सम्वत् 1684 लिखा हुआ है।[150] जिन रचनाओं का रचनाकाल नहीं दिया गया है वे भाव एवं काव्य सौष्ठव की दृष्टि से उनकी परवर्ती रचना ही प्रतीत होती है।151 जो संतकवि के जीवनवृत्त को निर्धारित करने में सहायक एवं प्रभावी है। जन्म सम्वत् 1630 निर्धारित करने पर संतकवि ने अपनी प्रथम रचना अपनी 54 वर्ष की अवस्था में लिखी, ऐसा उचित नहीं लगता है। डॉ. माहेश्वरी के अनुसार अवस्था में ये सुरजन जी से बड़े बताये जाते हैं।[152] जबकि सुरजनदास जी से छोटे भी हो सकते हैं चूँकि जाम्भाणी साहित्य एवं विश्नोई संत (साधु) परम्परा में इनका नामोल्लेख सुरजनदास जी के ठीक बाद में आता है–

सूजो सुरजन हुवा सुजांण। ध्यायौ विसन मिटाया मांण।
केसौ आलम किया बखाण। कथा कीरतन गाया जांण।।[153]
हुकम उदै दीन बोल्यौ वील्ह कियौ उपदेश।
सूजा सूरण आलम केसा ग्यान का परवेस।।[154]

जाम्भा पुराण एवं जम्भसार में भी कवि का उल्लेख सुरजनजी के ठीक बाद में आता है। इनके आधार पर लगता है कि ये सुरजनदास से छोटे हो सकते हैं क्योंकि 'वील्होजी ने अपने अन्तिम समय में सुरजनजी व इनको पास बुलाकर अंतिम उपदेश से कृतार्थ किया तथा सुरजनजी को अपना उत्तराधिकारी घोषित किया।[155] डॉ. राज सक्सेना ने 'बिश्नोई सम्प्रदाय' नामक शोध प्रबन्ध में केसौदास को सुरजनजी के शिष्य अलेखराम जी का शिष्य 'जम्भसार का संदर्भ' प्रस्तुत करते हुए बताया है। जम्भसार में यह इस प्रकार उल्लेखित हुआ है–

वील्है शिस सूजो जी सुजांण। धोली पोशाखां रि वजांण।
सुजैजी शिस सुरणजी साधू। सूर्णजीरा अलेख अगाथू।
अलेखरा केशोजी कहिये। केशैजी का चन्दण लहियै।।[156]

विश्नोई संत परम्परा एवं जाम्भाणी साहित्य में अन्यत्र ऐसा कहीं उल्लेख नहीं मिलता है। साहबराम राहड़ ने किस के लिए लिखा है तथा ऐसी स्थिति में डॉ. सक्सेना ने ऐसा क्यों लिखा यह कहना कठिन है। जाम्भाणी परम्परा में ये तथा सुरजनदास दोनों सिद्ध संत बताये जाते हैं तथा दोनों ने किसी को भी शिष्य के रूप में स्वीकार नहीं किया। 'डॉ. राजकुमारी सक्सेना का निष्कर्ष निराधार एवं असंगत है।'[157]

डॉ. सुरेन्द्र कुमार संतकवि केसौदास गोदारा का जन्मकाल सम्वत् 1645 के आसपास अनुमानित करते हैं।[158] जाम्भाणी साहित्य एवं विश्नोई संत परम्परा के अनुसार डॉ. सुरेन्द्र कुमार के मत को अधिक बल मिलता है।

डॉ. माहेश्वरी व डॉ. सुरेन्द्र कुमार दोनों के शोध ग्रंथों का अध्ययन करने तथा जाम्भाणी संत परम्परा विशेष रूप से वील्होजी की पीढ़ी (परम्परा) का अध्ययन करने पर स्पष्ट होता है कि संतकवि का जन्म सुरजनदास के बाद में ही हुआ होगा। उपलब्ध सामग्री का अध्ययन करने के पश्चात् संतकवि के जीवनवृत्त के विषय में यह अनुमान लगाया जा सकता है कि इनका जन्म विक्रम सम्वत् 1640 के पश्चात् तथा विक्रम सम्वत् 1684 के काफी पूर्व के किसी वर्ष में हुआ होगा। संतकवि का गोलोकवास सम्तव् 1736 में मांढिया गाँव में ही हुआ।[159] परमानंद बणियाळ ने इनके गोलोकवास के विषय में लिखा है– "संमत 1735 मांढिय गाँय केसौजी षड्या"[160] जबकि संतकवि ने अपनी अन्तिम कृति 'कथा म्रघलेखा की' सम्वत् 1736 चैत्र शुक्ल 14 को बीकानेर में पूर्ण की थी।[161]

परमानन्द ने इनका देहावसान बताया है जो तत्कालीन मारवाड़ में प्रचलित सावन वदि 1 से गिने जाने वाले सम्वत् के अनुसार दिया प्रतीत

होता है। पंचाग के अनुसार यह सम्वत् 1636 होगा।[162] राजस्थान में श्रावण, भाद्रपद, कार्तिक और पंचाग के अनुसार चैत्र में सम्वत् बदलते रहे हैं।[163] ऐसी स्थिति में सम्वत 1736 के चैत्र से लेकर श्रावण के मध्य ही कहीं उनकी मृत्यु निश्चित होती है।[164] इस प्रकार संतकवि की मृत्यु तिथि के विषय में कहीं कोई मतभेद नहीं है, सभी विद्वान मतैक्य है। कवि की गोलोकवास तिथि सम्वत् 1736 ही निर्धारित की जाती है।

संतकवि के माता–पिता, परिवार आदि के बारे में कोई विशेष जानकारी उपलब्ध नहीं होती है। संत केसौं जी छोटी अवस्था में ही साधु बन गए थे और आजीवन अविवाहित रहकर ही इस धर्म का पालन करते रहे।[165] संतकवि साहबराम राहड़ ने जम्भसार ग्रंथ में इनके रामड़ावास में आकर विवाह करने एवं दो पुत्र तथा तीन पुत्रियों के विषय में इस प्रकार लिखा है–

रामड़ावास फिर आन विराजे, ग्रह आश्रम हू करत नहीं लाजे।
तीन पुत्री दोय पुत्र जु भए हेता तन संग।[166]

विश्नोई बही भाटों एवं साधुओं में तथा पंथ में अन्यत्र इस विषय में कहीं कोई प्रमाण नहीं उपलब्ध होता है। 'साहबराम का इनको विवाहित कहना न केवल निराधार है बल्कि भ्रांतिपूर्ण भी है।'[167] उनके विवाह और संतति की बात सर्वथा गलत और निराधार है। वर्तमान में सर्वत्र उनका आजीवन ब्रह्मचारी और साधु रहना ही प्रसिद्ध है।[168]

समग्र रूप से संतकवि केसौदास गोदारा आजीवन ब्रह्मचारी संत थे, इन्होंने अविवाहित रहकर ही पंथ को दृढ़ आधार प्रदान किया। जाम्भाणी साहित्य परम्परा को बनाये रखने में कवि का अविस्मरणीय योगदान माना जाता है।

संतकवि केसौदास अपने गुरु वील्होजी के समय में ही पंथ में काफी लोकप्रिय एवं प्रसिद्ध हो चुके थे। कवि ने अपनी प्रतिभा और भगवत् निष्ठा के बल पर तत्कालीन समाज में व्याप्त कुप्रथा–बैरभाव, विरोध आदि को बहुत कम कर दिया था। ये संत होने के साथ–साथ एक कुशल सामाजिक संगठनकर्ता भी माने जाते थे। विश्नोई पंथ को संगठित करने में एवं समाज के सर्वांगिक विकास हेतु संतकवि ने कई महान् कार्य किये, जिससे इनकी कीर्ति चारों ओर फैल गई। पंथ की साथरियों[169] को सुव्यवस्थित करने तथा सामाजिक नियंत्रण हेतु पंचायतों का गठन करके सामाजिक एकता स्थापित करने का सफल प्रयास संतकवि द्वारा किये गये सबसे बड़े सामाजिक अवदान है।

संतकवि केसौदास एक भ्रमणशील साधु थे। वे एक स्थान पर जमकर अधिक समय तक ठहरना कम पसन्द करते थे। जाम्भाणी

साहित्यकारों ने इनका भ्रमण क्षेत्र अत्यन्त विस्तृत बताया है। साहबराम राहड़ के अनुसार–

मेवाड़ादि मालवै पधारे। सिसशाखा कर बहु जन तारे।
पूरब गंगा पारहु गऐ। देश–देश में रमते भऐ।
बीकाणै फलोध जोधाण। चेताये बड़ खान सूलतांण।। 125।।[170]

संतकवि अपने विस्तृत लोक अनुभव, गंभीर और सूक्ष्म ज्ञान तथा आध्यात्मिक चिंतन के माध्यम से लोगों को धर्म–नियमों का महत्त्व समझाया करते थे। कवि की सर्वत्तोन्मुखी प्रतिभा ने भाषा–साहित्य की प्रचलित समस्त पद्धतियों के बीच अपना चमत्कार दिखाया। वे ज्ञानी बहुश्रुत, अनुभवी, संगीत शास्त्र के ज्ञाता तथा कुशल गायक कलाकार भी थे –

गाय–गाय केई जन तरेऊ। जन्म मरण मिट कारज सरेऊ।
गान विद्या केशव बहुं करे। सुंन–सुंन जीव हजारां तरे।।[171]

इनको 'जाम्भै जी रे भक्तां री भक्तमाळ' में अज्ञात कवि ने आलम के साथ कथा–कीर्तन और गायन विद्या में निपुण कवि माना है।[172]

संतकवि साहबराम राहड़ ने केसौजी के व्यक्तित्व के विषय में इस प्रकार उल्लेखित किया है–

अब केशव की कथा बखानों। केशव को केशव सम जानों।
केशव भक्त भये प्रिय जंभा। जंभ मिले तेहि काहा अचम्भा।।[173]

संतकवि केसौदास की सिद्धि की पुष्टि जाम्भाणी कवि की पंक्तियों में इस प्रकार हुई है–

एकै समय रामड़ास सिधाए। मिलणै कूँ जसवन्त सिंघ आए।
दर्शन किये भये मन प्रसन्न। मांगहुं मेह लगे तब बरशन।
वठा करत घटा बहु आऐ। बरशेउ मेघ महा झर लाये।
सात दिवस लग इक लंग वर्सा। ठांवण कूं राजा जब तर्सा।।
हाथ जोड़ प्रकमा दीनां। संता की बहू करी आधीनां।
तब केसब कीन्ही अस्तूती। जै जै दर्शन अटल भिभूति।
++++++++++
आठवै दिवस बृखा भई शांती। काल पै माल कर्‌यो यहि भांती।
जसवंत संघ बोलते भऐऊ। बीघा पांच सै डोली दएऊ।
गुना सात माफ कर दीन्हा। नृपा जोधाण पयांणै कीन्हा।[174]

इस प्रकार समग्र रूप से हम कर सकते हैं कि केसौदास गोदारा उच्चकोटि के संतकवि थे तथा एक महान साधक पुरुष थे, जिनके जीवन का प्रमुख उद्देश्य आत्मोन्नति, आत्मकल्याण, सर्वभूतहित आदि में समन्वय स्थापित करना था। संगीत और काव्य के गुण कवि में जन्मजात थे तथा

प्रकृति ने उन्हें बुद्धि और विवेक पर्याप्त मात्रा में दिया था, जिसका सदुपयोग कवि ने समाज सुधार एवं पंथ के विकास के क्षेत्र में किया।

कृतित्व

धर्म साधना एवं साहित्य साधना दोनों के क्षेत्र में संतकवि का बराबर स्थान माना जाता है। साहित्य सृजन के क्षेत्र में विश्नोई संतकवियों में सुरजनदास पूनिया एवं केसौदास गोदारा का प्रमुख स्थान माना जाता है। इन दोनों में से केसौदास सर्वाधिक कवित्व शक्ति लेकर उत्पन्न हुए। संतकवि का कृतित्व काफी विशाल एवं समृद्ध है, जिनका परिचयात्मक विवरण इस प्रकार है–

साखियाँ

संतकवि केसौदास गोदारा ने जाम्भाणी साहित्य में सर्वाधिक साखियों की रचना की थी। इनके द्वारा रचित साखियाँ विश्नोई पंथ में सर्वाधिक प्रचलित, प्रसिद्ध और लोकप्रिय हैं।

केसौजी कृत कुल 24 साखियाँ उपलब्ध होती है। उपलब्ध साखियाँ 'साखी भावार्थ प्रकाश'[175] व 'जाम्भाणी साखी संग्रह'[176] नामक संग्रह ग्रंथों में संकलित एवं प्रकाशित है। इन संग्रह ग्रंथों में ये साखियाँ क्रमबद्ध न होकर अलग–अलग क्रम पर मिलती है।

इन संग्रह ग्रंथों के अनुसार उपलब्ध साखियों की प्रथम पंक्तियाँ इस प्रकार हैं–

- आवो मिलो जुमलै जुलो, सिंवरो सिरजणहार।
  सतगुरु सतपंथ चलाविया, खरतर खांडा धार।।
- ओ निज तीरथ तालवो, जोति सही जित श्याम की।
  देव बराबर कोई नही, महिमा घणी मुकाम की।।
- कलियुग कृष्ण पधारे संता कर्म सम्भालो।
  जिण बाडैसों बीछड़्या, तहां करणी प्रतिपालो।।
- जां दिन संत मिलै मेरा जीयो, बांजै स्वर्ग बधाई।
  कामणि कोड करै मेरा जीयो, अपछर मनो उछाई।।
- जीवड़ा जप जगदीश, जंभेश्वर जीवाँ धणी।
  धर्मे धरो ध्यान, नाश हुवे पापां तणी।।
- जीव के काजै जुमलै जाइये, कीजे गुरु फरमाइये।
  सुणिये ज्ञान कटै तन कषमल, ज्ञान सरोवर न्हाइये।।
- जुग जाग्यो जम्भेश्वर राजा, कलजुग कायम आइयो।
  थल ऊपर एकलवाई, भाग परापति पाइयो।।
- देव दया कर दाखवे, पापां करण प्रछेद।
  जन वाडे तां बीछड़या, तहां बतावे भेद।।
- बाबै आपि लायो अवतार, श्याम समराथल आवियो।

आवियो छै आप अलेख, भाग परापति पावियो।।

- बूचो बारा कोड़ि में, कियो बैकुंठे वास।
  इलमाही इण ऐचरे, जुगलियो जसवास।।
- मेलो कर मोटाधणी, गिण तेतीसों ज्ञान।
  दर्शन दीजे देवजी, विष्णु विछोहा भान।।
- रे मन मीठा लोभ पइठा, मनसा दिलसा काची।
  हृदय ज्ञान लिखवे मनवा, विष्णु महूरति बांची।।
- रे मन मेरा न कर मुकेरा, काया ढुलेली काची।
  निरत सुरण लिवलाय पियारा, सबद अनाहद राची।।
- साधो सिंवरो सिरजण हार, पारब्रह्म पहली नऊँ।
  जिण सिरज्यो संसार, हरि चरणां लागो रहूं।।
- सिवंरों सिरजण हार, कलिजुग अलख राजा आवीयो।
  परमेश्वर प्रगट संसार, भाग परापत पावीयो।।
- संतो सिंवरो सिरजणहार, जम्भेश्वर जीवांधणी।
  दुख मेटण दातार, भव भंजण जिभिया भणी।।
- सिले पछिम रे देश, हिंवर तुरी पलाण सी।
  सतगुरु होयसी साथ, खड़ लसकर गढ आवसी।।
- सेवंगा सतगुरु बूझियो तीर्थ कता कहावै।
  कवन तीर्थ जाय न्हाइये जासूं पाप दुरावै।।
- हटवारे हलचल हुवो, असुरे दोन्ही आण।
  रामइये कीवी रूड़ी, दुनी छुड़ायो दाण।।

उपर्युक्त साखियों के अतिरिक्त कुछ अन्य साखियों का भी उल्लेख मिलता है, जो इस प्रकार हैं–

- आवो मिलो साधो मोमणो, रलि मिलि जुमलै होय।
- जुगि जाग्यौ जांभेसर राजा, कलियुग कायम राजा आविया।
- रे मन रंगी करि सुकरत संगी, साच सुचील बतायौ।
- सति सतगुरुजी साहिब सिरजणहार।[177]
- सिंवरो–सिंवरो झांभेसर देव, कलिजुगि कायम राजा आवियौ।।[178]

स्तुति अवतार की

स्तुति अवतार की शीर्षक के अन्तर्गत संतकवि केसौदास कृत 13 सोरठे उपलब्ध होते हैं।[179] 13 छंदों की इस लघु काव्य कृति में संतकवि ने सृष्टि की उत्पत्ति, असुरों का संहार, भक्तों का उद्धार, विष्णु के नौ अवतार, गुरु जाम्भोजी का अवतार, गुण और महिमा का भक्ति भाव भरा वर्णन किया है।

अखिल भारतीय बिश्नोई महासभा के बीकानेर संग्रहालय में उपलब्ध

गुटकों में संतकवि कृत इस रचना के छंद दो हस्तलिखित प्रतियों में देखने को मिलते हैं। इसका प्रकाशन 'हिन्दी संत परम्परा और संत केसौ' नामक शोध प्रबन्ध में हुआ है।[180]

कथा बाललीला (कथा बाल चिरत–बाळलीला)

62 दोहा–चौपई[181] छंद परिमाप में वर्णित एक लघु काव्य कृति है जो 'हंसो' राग में गेय है। संतकवि ने इस काव्यकृति में गुरु जाम्भोजी की अद्‌भुत बाललीला एवं उनके बाल चरित्र का वर्णन किया है। 'इसकी रचना सम्वत् 1684 में संतकवि ने की थी।'[182]

इसकी रचना की 2 हस्तलिखित प्रतियाँ अखिल भारतीय बिश्नोई महासभा के बीकानेर संग्रहालय में प्राप्त होती है। जिनका प्रकाशन संग्रह ग्रंथ 'पोथो ग्रंथ ज्ञान' में हो चुका है।

हरजस

संतकवि केसौदास रचित फुटकल रचनाओं में 13 हरजस[183] प्राप्त होते हैं, जिनमें एक 'जांगड़ो गीत' भी सम्मिलित है। संतकवि कृत ये हरजस राग गवड़ी, भेरु, विलावल, मारू, केदारो, धनाश्री, मलार, सुबह, गवड़ी आदि देशी राग–रागिनियों में गेय हैं। कवि विरचित इन हरजसों में समग्र व्यक्तित्व के आध्यात्म से संबंधी भावों की अभिव्यक्ति सहज रूप से मुखरित होती है। इनका प्रकाशन भी पोथो ग्रंथ ज्ञान में हुआ है।

कवित्त

कवित्त शीर्षक के अन्तर्गत संतकवि विरचित विभिन्न फुटकल छंदों में रचित कुल 85 छंद प्राप्त होते हैं, इसके अन्तर्गत 44 कवित्त, 23 दुहा (दोहे), 4 चन्द्रायण, 2 इन्दव छंद, 5 कुण्डलिया, 7 सवईया प्रमुख हैं।[184] इनके अतिरिक्त छंद शीर्षक के अन्तर्गत 8 कवित्त भी उपलब्ध होते हैं।[185]

संतकवि ने इन फुटकल छंदों में संसार की असारता, काया की नश्वरता, हरि महिमा, सूम–संवाद, नशेड़ी स्त्री–पुरुष संवाद, उनकी स्थिति, गुणवान और गुणहीन स्त्रियों के लक्षण आदि विषयों को सम्मिलित किया है।

मंगलाष्टक

महात्मा केसौदासजी विरचित 'मंगलाष्टक' शीर्षक में कुल 41 छंद[186] प्राप्त होते हैं। जो दोहा–चौपई छंदों में वर्णित हैं।

इस कृति में विभिन्न देवी–देवताओं की स्तुति, महिमा वर्णन आदि किया गया है। इनके अंत में एक छप्पय है जिसमें धरती के तीस पर्यायवाची उद्‌धृत है। मंगलाष्टक का प्रकाशन 'पोथो ग्रंथ ज्ञान' संग्रह ग्रंथ में केसौजी के साहित्य में किया गया है।

विश्नोई संतकवियों द्वारा रचित राम-कृष्ण संबंधी आख्यान काव्य

सवैए

विभिन्न लिपिकर्ताओं द्वारा लिपिबद्ध हस्तलिखित प्रतियों में संतकवि विरचित कुल 27 फुटकल सवैए प्राप्त होते हैं। उपलब्ध प्रतियों में से कुछ प्रतियां पूर्ण और कुछ अपूर्ण हैं। उपलब्ध पूर्ण प्रतियों[187] में संतकवि विरचित 27 सवैयों में गुरु जाम्भोजी की बाललीला, अध्यात्म एवं लंका युद्ध से सम्बन्धित विषय उल्लेखित है।

कथा मेडतै की

कथा मेडतै की 172 दोहा-चौपई[188] छंदों में रचित काव्यकृति है, जो 'राग हंसो' में गेय है। इस काव्यकृति में संतकवि ने तत्कालीन ऐतिहासिक राजा राव दूदा, राव सांतिल, नेतसी सोलंकी, सूबेदार महलूखान, अन्य सरदारों तथा मंगोवल से संबंधित घटनाओं का वर्णन करते हुए, संबंधित घटना और कथा की पृष्ठभूमि में जाम्भोजी की महत्ता एवं तत्कालीन राजाओं पर गुरु जाम्भोजी के प्रभाव को भी उल्लेखित किया है। इस कृति का रचनाकाल सम्वत् 1706 बताया गया है।[189]

'कथा मेडतै की' की दो हस्तलिखित प्रतियाँ अखिल भारतीय बिश्नोई महासभा के बीकानेर संग्रहालय में प्राप्त होती है। एक हस्तलिखित प्रति विश्नोई मन्दिर ऋषिकेश में उपलब्ध होती है, जिसका प्रकाशन संग्रह ग्रंथ 'पोथो ग्रंथ ज्ञान' में हुआ है।

कथा इसकन्दर की

यह 210 दोहा-चौपई[190] छंदों में रचित काव्यकृति है, जो प्रचलित देशी राग-रागिनियों की सिरमौर राग 'सोरठ' में गेय है।

इस काव्य-कृति में संतकवि ने गुरु जाम्भोजी द्वारा दिल्ली के पठान बादशाह सिकन्दर लोदी को प्रतिबोध कराना, हासन-कासम को उनके बन्धनों से मुक्त कराना, सिकन्दर लोदी को ज्ञानोपदेश देना तथा उनके जाम्भोजी द्वारा बतलाये गये रास्ते पर चलने के संदर्भ में घटी घटनाओं का तथा उससे संबंधित प्रासंगिक कथाओं का वर्णन किया है।

अखिल भारतीय बिश्नोई महासभा, मुकाम (बीकानेर) के संग्रहालय में इस कृति की 2 हस्तलिखित प्रतियाँ प्राप्त होती है। प्रथम प्रति फरसरामजी द्वारा सम्वत् 1875 में लिपिबद्ध है तथा द्वितीय प्रति अज्ञात लिपिकर्ता द्वारा सम्वत् 1884 में लिपिबद्ध मिलती है। डॉ. माहेश्वरी[191] व डॉ. सुरेन्द्र कुमार[192] ने इस रचना के कुल 215 छंद बताये हैं लेकिन हमें उपलब्ध हस्तलिखित प्रति व प्रकाशित संग्रह ग्रंथ में इस रचना के कुल छंदों की संख्या 210 है।

कथा लोहापांगल

यह 143 दोहे–चौपइयों में वर्णित कथा काव्य है, जो हंसो, सोरठ, धनांसी, ललित आदि देशी राग–रागिनियों में गेय हैं।[193] डॉ. माहेश्वरी[194] व डॉ. सुरेन्द्र कुमार[195] ने इस रचना के कुल छंदों की संख्या 181 उल्लेखित की है, जबकि प्रकाशित संग्रह ग्रंथ एवं अखिल भारतीय बिश्नोई महासभा, मुकाम के बीकानेर संग्रहालय में उपलब्ध हस्तलिखित प्रति के अनुसार यह रचना 143 छंदों में ही वर्णित है। संतकवि ने कथा काव्य में नाथपंथी योगी लोहा पांगल के अपने शिष्यों सहित विश्नोई पंथ में दीक्षित होने की सम्पूर्ण घटना का वृत्तान्त वर्णित किया है।

इसकी रचना सम्वत् 1695 श्रावण सुदि तृतीया को हुई थी।[196] डॉ. माहेश्वरी ने इसका रचनाकाल सम्वत् 1730 के जेठ सुदि 5, शनिवार बताया है।[197] जो परमाणंद बणियाल द्वारा लिपिबद्ध हस्तलिखित ग्रंथ एवं प्रकाशित संग्रह ग्रंथ के अनुसार उचित प्रतीत नहीं होता है।

कथा सैंसे जोखाणी की

यह रचना 106 दोहा–चौपई[198] छंदों में रचित तथा केसौदास के काव्य की सर्वाधिक प्रचलित 'हंसो' राग में गेय है। इस कृति में कवि ने नाथुसर निवासी गुरु जाम्भोजी के हुजूरी शिष्य–भक्त सैंसे जोखाणी के दान की परीक्षा तथा संतसेवा भक्ति का भाव भरा वर्णन किया है। इस रचना के माध्यम से कवि ने दान की महिमा (महत्ता) बताते हुए अहंकार और प्रतिवाद को त्यागने की शिक्षा भी दी है।

संतकवि विरचित इस रचना की अनेक हस्तलिखित प्रतियाँ उपलब्ध होती है। इनमें से कुछ पूर्ण और कुछ अपूर्ण है। पूर्ण प्रतियों में छंद संख्या संबंधी अंतर देखने को मिलता है। इसका प्रकाशन 'पोथो ग्रंथ ज्ञान' में हुआ है, जिसमें छंद संख्या 106 है।[199]

कथा चित्तौड़ की

यह 168 दोहा–चौपई[200] छंदों में वर्णित संवाद प्रधान कथा काव्य है, जो 'रामगिरी' राग में गेय है। इस कथा काव्य का आधार लोकश्रुति माना जाता है।

आदू गाँव के परमार, ओधिया और उमराव गोत्र के बनिया विश्नोइयों का चित्तौड़ में जकात (कर) मांगे जाने पर मरने का निश्चय, जाम्भोजी के हुजूरी शिष्य भींयों का शंका समाधान, प्रमुख पांच शिष्यों को स्वर्ग दिखाना, वहाँ (स्वर्ग) ये रानी झाली के लिए भेंट स्वरूप पांच वस्तुएं लाना और उन्हें भेंट करना। गुरु जाम्भोजी के सबद एवं भेंट सामग्री से चित्तौड़ के राजा राणा सांगा व झाली रानी को प्रतिबोध होना आदि वर्णन

मार्मिक एवं प्रभावशाली है।

इस रचना की विश्नोई पंथ के कई संतकवियों द्वारा लिपिबद्ध हस्तलिखित प्रतियाँ उपलब्ध होती हैं। जिनमें हमें एक प्रति बिश्नोई मन्दिर हिसार व तीन प्रतियाँ अखिल भारतीय बिश्नोई महासभा, मुकाम (बीकानेर) के संग्रहालय में उपलब्ध होती है। उपलब्ध सभी प्रतियों में छंदों की संख्या भिन्न-भिन्न है।

प्रकाशित संग्रह ग्रंथ 'पोथो ज्ञान ग्रंथ' में 'कथा चीतौड़ की' केसौजी द्वारा विरचित[201] शीर्षक रूप में मिलती है। जिसमें छंदों की संख्या 132 है।[202] इस रचना का रचनाकाल सम्वत् 1706 बताया जाता है।[203]

कथा ऊदै अतली की

यह रचना 77 दोहा-चौपई[204] छंद में रचित एक लघु काव्यकृति है जो 'हंसो' राग में गेय है। इस काव्यकृति में संतकवि ने गृहस्थ पति-पत्नी ऊदै और अतली के माध्यम से अतिथि सत्कार और सेवा भाव का महत्त्व प्रतिपादित करते हुए स्पष्ट किया है कि व्यक्ति के जिस प्रकार के भाव व कर्म होंगे तथा भगवान के प्रति जैसी श्रद्धा होगी उसी के अनुरूप ही उसे सुख-समृद्धि की प्राप्ति होगी। कर्म और सेवा भाव के साथ-साथ यह भी उल्लेखित हुआ है कि अतिथि सत्कार एवं सेवा से मोक्ष प्राप्ति भी संभव है। रचना के अंत में कवि ने इसका रचनाकाल सम्वत् 1706, भादवा वदि 10, मंगलवार उल्लेखित किया है।[205]

इस काव्यकृति की अलग-अलग लिपिकर्ताओं द्वारा लिपिबद्ध चार हस्तलिखित प्रतियाँ उपलब्ध होती हैं जिनमें से कुछ पूर्ण और कुछ अपूर्ण है। इनमें दो हस्तलिखित प्रतियाँ ऐसी हैं जिनमें लिपिकर्ता, लिपिस्थान एवं लिपिकाल आदि का उल्लेख नहीं है उनमें इसके रचयिता सुरजनदास को बताया हुआ है। डॉ. माहेश्वरी[206] व डॉ. सुरेन्द्र कुमार[207] ने अपने-अपने शोध प्रबन्ध में इसे लिपिकर्ता की भूल बताया है।

जाम्भाणी साहित्य के प्रामाणिक संग्रह ग्रंथ 'परमानंद बणियाल' द्वारा लिपिबद्ध एवं संगृहीत गुटके में तथा जाम्भाणी साहित्य अकादमी द्वारा प्रकाशित संग्रह ग्रंथ 'पोथो ग्रंथ ज्ञान' में यह रचना केसौजी द्वारा रचित शीर्षक से सम्पादित एवं प्रकाशित है।

कथा जती तलाब की

सोरठ राग में गेय दोहा-चौपई छंदों में वर्णित इस काव्य कृति में संतकवि ने भिन्न-भिन्न कथा प्रसंगों के माध्यम से विश्नोई पंथ के शिरोमणि तीर्थस्थल जाम्भोलाव (जोधपुर) के माहात्म्य एवं इतिहास पर प्रकाश डाला है। विश्नोई पंथ में यह रचना अत्यधिक प्रसिद्ध एवं महत्त्वपूर्ण है।

इस कृति की 5 हस्तलिखित प्रतियाँ अखिल भारतीय बिश्नोई महासभा, मुकाम (बीकानेर) के संग्रहालय में अलग–अलग लिपिकारों द्वारा लिपिबद्ध उपलब्ध होती है। उपलब्ध सभी प्रतियों में छंदों की संख्या एवं लिपिकाल भी भिन्न–भिन्न उल्लेखित है। प्रकाशित संग्रह ग्रंथ[208] एवं परमाणंद बणियाल द्वारा लिपिबद्ध हस्तलिखित प्रति में इस रचना का रचनाकाल सम्वत् 1750 बताया हुआ है, जबकि डॉ. माहेश्वरी[209] एवं डॉ. सुरेन्द्र कुमार[210] ने इस रचना के कुल छंदों की संख्या 80 व रचनाकाल सम्वत् 1711 बताया है। इस रचना का रचनाकाल सम्वत् 1850 मानने पर यह रचना संतकवि के जीवनवृत्त से मेल नहीं खाती है। अतः इसका रचनाकाल सम्वत् 1711 ही हो सकता है जो संतकवि के जीवन से ठीक–ठीक मेल खाता है।

कथा विगतावली

कथा विगतावली विष्णु की कथा है, जो हंसो राग में गेय 378 दोहे–चौपइयों की रचना है।[211] इस कृति में कवि ने सृष्टि की रचना, विष्णु की सर्वव्यापकता, उनके विभिन्न अवतार, गुरु जाम्भोजी का अवतार, विश्नोई पंथ की स्थापना, पंथ की मूल मान्यता एवं सिद्धान्त, भविष्य में कल्कि अवतार आदि प्रसंगों का उल्लेख किया है, जो पौराणिक मान्यताओं एवं चरित्रों के अवसरानुरूप प्रभावी एवं लोकप्रिय हैं।

इस रचना की हस्तलिखित प्रति अखिल भारतीय बिश्नोई महासभा के बीकानेर संग्रहालय में सुरक्षित है जिसका प्रकाशन जाम्भाणी साहित्य अकादमी द्वारा संग्रह ग्रंथ 'पोथो ग्रंथ ज्ञान'[212] में हुआ है। उपलब्ध हस्तलिखित प्रति एवं प्रकाशित रचना में रचनाकाल सम्वत् 1715, मार्गशीर्ष सुदि 6, शनिवार है।[213]

प्रहलाद चिरत (प्रहलाद चरित्र)

यह एक पौराणिक आख्यान काव्यकृति है जो दोहा, चौपई, मोतीदाम, वेलिया, निसाणी, छप्पय, कवित्त, धवला आदि छंदों में वर्णित है। इस रचना में कुल छंदों की संख्या 592[214] है जो राग मारू, धनाश्री, उडारथा, केदारो और सोरठ में गेय है।

पौराणिक पात्र प्रहलाद को आधार बनाकर विश्नोई पंथ के कई संतकवियों ने प्रहलाद चरित्र नामक आख्यान काव्य की रचना की है, जिनमें केसौदास, ऊदोजी अड़ींग, साहबराम राहड़ आदि प्रमुख हैं, इनमें से केसौदास कृत प्रहलाद चिरत सर्वाधिक प्रसिद्ध एवं प्रचलित है। यह मौखिक परम्परा के कारण आज भी अपने लौकिक स्वरूप को बनाये हुए हैं। इस काव्य कृति में संतकवि ने विष्णु भक्त प्रहलाद के सम्पूर्ण जीवन चरित्र एवं उनके उद्धार की लोक प्रसिद्ध कथा का वर्णन किया है।

अखिल भारतीय बिश्नोई महासभा, मुकाम के बीकानेर संग्रहालय, विवेकानंद पुस्तकालय, आदमपुर, विश्नोई मन्दिर, ऋषिकेश, बिश्नोइ मन्दिर, हिसार, गुरु जम्भेश्वर साथरी, रुड़कली (जोधपुर) आदि स्थानों पर अनेक हस्तलिखित प्रतियाँ अलग–अलग लिपिकर्ताओं द्वारा प्रतिलिपित उपलब्ध होती हैं। सभी प्रतियों में छंदों की संख्या भिन्न–भिन्न है जो लिपिदोष के कारण भी हो सकती है। संतकवि केसौदास कृत प्रहलाद चिरत का प्रकाशन कृष्णानंद आचार्य, विश्नोइ मन्दिर, ऋषिकेश व जाम्भाणी साहित्य अकादमी द्वारा प्रकाशित संग्रह ग्रंथ 'पोथो ग्रंथ ज्ञान' में भी हो चुका है।

कथा म्रघलेखा की (कथा म्रिघलेखा की)

यह 138 दोहे–चौपइयों[215] की काव्य रचना है, जो हंसो, धंनासी और सोरठ राग में गेय है। 'कथा म्रघलेखा की' संतकवि विरचित एक लोक–प्रसिद्ध काल्पनिक कथात्मक काव्यकृति है। इसमें संतकवि ने यह स्पष्ट किया है कि 'हमें बिना किसी कारण दूसरों को सताना नहीं चाहिए, अगर हम ऐसा करते हैं तो उसके बदलें हमें उससे कई गुणा अधिक कष्ट सहन करना पड़ेगा।

इस काव्य कृति की रचना संतकवि ने सम्वत् 1736, चैत्र वदी 14 को बीकानेर में की थी–

सतरा सत सौ छतीसौ, जुग मां सुणि साध जगीसौ।। 127।।
असलेखा नखत विचारी, गढ़ बीकानेरी वेचारी।।
++++++++++
चत चांदिण पखा चवीज, तिथ चवदसि ग्यान गीणीज।। 129।।
गीणी गुर परसादि गाई, केसव कथा सुणाई।। 130।।[216]

इस रचना की हस्तलिखित प्रति के अलावा इसका प्रकाशन 'पोथो ग्रंथ ज्ञान' संग्रह ग्रंथ में भी हो चुका है।

कथा बहसोंवनी

'कथा बहसोंवनी' मूल रूप से पुराणों और महाभारत पर आधारित प्रबन्धात्मक आख्यान काव्य है। जो संवाद प्रधान शैली में लिखा गया है। कवि ने इसकी रचना भक्तिपरक दृष्टि से श्रीकृष्ण को केन्द्रीभूत करके की थी। महाभारत की लौकिक घटनाओं का इस काव्य कृति पर सर्वाधिक प्रभाव दृष्टिगोचर होता है।

इस काव्य कृति में हस्तिनापुर के राजा पाण्डवों के नरकवास और उससे मुक्ति पाने के लिए पाण्डवों द्वारा स्वर्ण यज्ञ किये जाने की कथा वर्णित है। भागवतों के देवता श्रीकृष्ण को विष्णु अवतार मानते हुए सम्पूर्ण भक्ति भावना श्रीकृष्ण में केन्द्रीभूत करके कवि ने उत्तरोत्तर कथा को

रोचक एवं प्रभावी बनाया है। कवि ने कथा में नीति, धर्म, आस्था, संस्कार, लोकरीति–परम्परा, मनोरंजन आदि का नियोजन करके तथा पौराणिक पात्र हनुमान, श्रवण, प्रह्लाद और भगीरथ का नामोल्लेख करते हुए कथा को रुचिपूर्ण और प्रसंगोचित बनाया है। लोक प्रचलित प्रसंगों और पौराणिक रचनाओं से भी अनेक बातों का समावेश इस कृति में देखने को मिलता है।

कथा बहसोंवनी मुख्य रूप से दोहा–चौपाई छंदों में वर्णित काव्य कृति है, अन्य छंदों में कवित्त, धवल आदि है। यह कथा गवड़ी, मारु, सोरठ और सिंधु चार लोक प्रचलित रागों में गेय है। इस रचना के छंदों की संख्या 520[217] और 550[218] मिलती है। संतकवि कृत 'कथा बहसोंवनी' की प्राचीनतम हस्तलिखित प्रति सम्वत् 1796 से 1810 के बीच श्री परमानंद बणियाळ द्वारा लिपिबद्ध कही जाती है।[219] जो अद्यावधि प्राप्त नहीं होती है। हमें शोध–कार्य के दौरान जो हस्तलिखित प्रति उपलब्ध हुई है, जो सम्वत् 1821 के दामैजी के शिष्य हरजी द्वारा लिपिबद्ध है।

हस्तलिखित प्रति

अखिल भारतीय बिश्नोई महासभा के बीकानेर संग्रहालय में उपलब्ध प्रतियों में इस रचना की एक प्रति मिलती है। उपलब्ध रचना गुटके में संगृहीत है, जिस पर ग्रंथांक अंकित नहीं है। उपलब्ध प्रति का परिचय इस प्रकार है–

कथा के आरम्भ में शीर्षक 'कथा बहसोनै की' के रूप में लिखा मिलता है। यह प्रति में कुल 520 छन्दों में वर्णित है। यह प्रति सम्वत् 1821 चैत्र वदि दशम वार थावर को दामैजी के शिष्य हरजी द्वारा जाम्भोलाव (फलौदी) में लिपिबद्ध की गई। रचना का आदि एवं अंत इस प्रकार है–

आदि :

आदि विसन साभालि अर्ज, नवषंड नांव नरेस।
सुणीया वैणा सुणायस्यौ, आप दीयो उपदेस।।1।।

अंत :

जगमां जिग व्रणेयो जाणि, जन केसौ विधि कही बखणि।
केसौ कथा कही कर जोड़ि, आवा ग्वाणि मिटावौ षौड़ि।। 520।।

प्रकाशन स्थिति

जाम्भाणी साहित्य अकादमी, बीकानेर द्वारा सन् 2013 ई. में 'जाम्भाणी सार संग्रह 'पोथो ग्रंथ ज्ञान' में इस रचना का प्रकाशन किया गया है। जिसका सम्पादन कृष्णानंद आचार्य द्वारा किया गया। इस संग्रह ग्रंथ के कुल 21 पत्रों में यह रचना 'कथा बहसोंवनी' केसौजी द्वारा रचित

शीर्षक से सम्पादित एवं प्रकाशित है। इस रचना में अन्तिम छंद संख्या 520 है।

कथा सुरगारोहणी

कथा सुरगारोहणी' द्वापर युग के धर्मराज युधिष्ठिर और श्रीकृष्ण को केन्द्रीभूत करके लिखा गया आख्यान काव्य है जो महाभारत के स्वर्गारोहण पर्व पर आधारित है। संतकवि विरचित यह एक पौराणिक आख्यान काव्य कृति है। इसमें कवि ने पौराणिक कथा को अपने काल्पनिक ढंग से प्रस्तुत किया है।

धर्मराज युधिष्ठिर के राज में कलियुग का आगमन, धर्म त्याग की अपेक्षा देश त्याग स्वीकार करना, श्रीकृष्ण द्वारा बन्धु हत्या के दोष से अवगत कराते हुए कुरुक्षेत्र में स्नान करके, महादेव के दर्शन करना तथा हिमालय में शरीर त्यागने को कहना। श्रीकृष्ण द्वारा बतलाये गये रास्ते पर चलते हुए पाण्डवों के स्वर्गारोहण की कथा। जिसमें स्वर्ग प्राप्ति का उल्लेख मिलता है। इस कथा में पाण्डव सपरिवार श्रीकृष्ण द्वारा बतलाये गये मार्ग पर चलकर ही स्वर्ग प्राप्त करते हैं।

धर्म, रीति, नीति, त्याग, वियोग, शोक, करुणा, क्रोध आदि मानवीय संवेगों को एक साथ निरुपित करके कवि ने काव्य सूझबूझ और कल्पना को एक नया रूप प्रदान किया है।

यह आख्यान काव्य कृति 217 छंदों में वर्णित है, जो 'हंसो' राग में गेय है। 216 दोहे–चौपई तथा रचना के अंत में दो दवालों वाला एक डिंगल गीत है जिसमें तथा सार सुनने कथा धर्म के द्वारा ही मोक्ष प्राप्ति सम्भव है, का भावभरा निवेदन किया गया है।

हस्तलिखित प्रति

अखिल भारतीय बिश्नोई महासभा के बीकानेर संग्रहालय में इस रचना की एक हस्तलिखित प्रति प्राप्त होती है। जो गुटके में उपलब्ध है। गुटके पर ग्रंथांक नहीं लिखा गया है। उपलब्ध प्रति इस प्रकार है –

उपलब्ध प्रति में शीर्षक 'कथा सुरगारोहणी' लिखा गया है। प्रति में कुल 23 पत्र हैं। इन पत्रों में कथा सुरगारोहणी के कुल 217 छंद लिपिबद्ध हुए हैं। इसका आरम्भ एवं अंत क्रमशः इस प्रकार हैं–

आरम्भ :

लिषंत कथा सुरगारोहणी।। राग हंसौ।। दुहा।।
सिवरूं स्यरजणहार नै।। षालिक मेटो षोड़ि।।
सुरगारोहणि संभलौ।। कथा कहौ कर जोड़ि।।

अंतः

सुरग सुष लहै।। हरष करे प्रांणीयां हेत कीजै।।

अरज केसौ करे।। उति सौं उधरै।।
प्रेम गुर गाय प्रीति कीजै।।
कथा संपुरण समापता।। लिषतु हरजी।। दामैजी का चैला।।
वाचनारथी सरूपौ।। समत 1820।। व्रषे म्यती।। असाढ दुतीयै सुदि।।
8, वार सोमवार, गांव।। लिषत गांव गुढा मधे। पहराज सीहाग रै घरे।।

यह प्रति सम्वत् 1820 के द्वितीय आसाढ़ मास के कृष्ण पक्ष की अष्टमी, वार सोमवार को दामैजी के शिष्य हरजी द्वारा गुढ़ा (जोधपुर) में पहराज सिहाग के घर लिपिबद्ध की गई।

प्रकाशन स्थिति

इस रचना का सम्पादन कृष्णानंद आचार्य द्वारा एवं प्रकाशन जाम्भाणी साहित्य अकादमी, बीकानेर द्वारा सन् 2013 ई. में जाम्भाणी सार संग्रह 'पोथो ग्रंथ ज्ञान' के 9 पत्रों में केसौजी कृत 'कथा सुरगारोहणी' शीर्षक से किया गया है।

प्रकाशित रचना के छंदों की संख्या 218 उल्लेखित हुई है, जिनमें 215 छंद तथा अंतिम द्वाले के तीन दोहे बना दिये गये हैं जो मूल प्रति में उल्लेखित नहीं होता है। मूल प्रति के अंत में छंद संख्या 216 के पश्चात् दूहा शीर्षक और बाद में 6 पंक्तियों के अंत में 1 लिखा हुआ मिलता है। यह सम्पादक द्वारा किया गया है। इस प्रकार प्रकाशित प्रति में 215 दोहे–चौपई छंद तथा एक डिंगल गीत उपलब्ध होता है।

कथा भीवं दुसासणी

केसौदास रचित इस कृति का उल्लेख एवं परिचय डॉ. हीरालाल माहेश्वरी ने अपने शोध प्रबन्ध[220] में श्री परमानंद बणियाल द्वारा लिपिबद्ध हस्तलिखित प्रति का संदर्भ प्रस्तुत करते हुए दिया है लेकिन यह प्रति अब उपलब्ध नहीं है। डॉ. माहेश्वरी के अनुसार यह दोहा–चौपई छंदों में रचित 66 छंदों की रचना है। परमानंद बणियाल द्वारा लिपिबद्ध अन्य हस्तलिखित प्रति व प्रकाशित संग्रह ग्रंथ 'पोथो ग्रंथ ज्ञान' में केसौदास के नाम से यह रचना संकलित हुई है लेकिन यहाँ इसमें केवल 9 छंद ही प्राप्त होते हैं।[221] स्पष्ट है कि यह रचना अपूर्ण है। इसके अतिरिक्त इस रचना की कोई अन्य हस्तलिखित प्रति अभी तक नहीं मिली है।

यह आख्यान काव्य कृति महाभारत के भीष्म पर्व पर आधारित है। डॉ. माहेश्वरी के अनुसार इसमें संतकवि ने पाण्डवों का वनवास, द्रौपदी का स्वयंवर, श्रीकृष्ण का संकेत पाकर अर्जुन द्वारा शर्त पूरी करना, दुःशासन द्वारा द्रौपदी का अपमान तथा भीम द्वारा दुःशासन को मारे जाने की कथा है।

विश्नोई संतकवियों द्वारा रचित राम-कृष्ण संबंधी आख्यान काव्य

अन्य रचनाएँ

संतकवि कृत प्रकाशित एवं हस्तलिखित प्राचीन प्रतियों का अध्ययन करने पर हमें उपर्युक्त रचनाएँ उपलब्ध हुई है। इनके अलावा डॉ. हीरालाल माहेश्वरी ने अपने शोध प्रबन्ध[222] में केसौदास के कृतित्व के अन्तर्गत श्री परमानंद बणियाल द्वारा लिपिबद्ध हस्तलिखित प्रति का संदर्भ देते हुए कुछ और साहित्यिक कृतियों का परिचय दिया है जो हमें अपने शोध कार्य के दौरान नहीं मिली है। डॉ. माहेश्वरी के अनुसार अन्य कृतियों का परिचय इस प्रकार है–

1. चन्द्रायण[223]

चन्द्रायण शीर्षक के अन्तर्गत 85 चन्द्रायण और 4 दोहे मिलते हैं। संतकवि ने इन छंदों के माध्यम से मनुष्य को मोक्ष प्राप्ति की ओर अग्रसर करने का प्रयास किया है।

2. दूहा[224]

संतकवि कृत यह रचना 116 छंदों में वर्णित है जो वर्ण्य विषय की दृष्टि से तीन शीर्षकों में उल्लेखित है।

(क) दूहा– इसके अन्तर्गत खंभावची राग में गेय 41 सोरठे हैं। इनमें गुरु जाम्भोजी के अवतार, समय, उनकी शारीरिक-चारित्रिक विशेषताएं, गुण, अवतार का प्रयोजन एवं विभिन्न प्रकार के कार्यों का भक्तिभाव भरा वर्णन है।

(ख) साखी– साखी शीर्षक के अन्तर्गत 45 दोहे हैं जो गुरु महिमा, सूम, साधु, दुष्ट सत्संगति, कर्म फलयोग, संसार की असारता, नश्वरता, भ्रम त्याग, तथा नीति संबंधी आदि अनेक विषयों से सम्बन्धित हैं।

(ग) नाटारंभश्च– इस रचना के 30 दोहा छंद मिलते हैं। पुरुष और स्त्री में से महान कौन है? इस विषय को लेकर पति-पत्नी के बीच झगड़ा होता है। संतकवि अंत में इसका निर्णय करते हैं। इसमें संवाद की नाटकीयता का विशेष आकर्षक होने के कारण इसका नाम 'नाटारंभश्च' रखा गया है।

3. दस अवतार का छंद[225]

11 छंदों की इस लघु काव्य कृति में संतकवि ने मच्छ, कच्छ, वराह, नृसिंह, वामन, परशुराम, राम-लक्ष्मण, कृष्ण, बुधर और कल्कि इन इस अवतारों का वर्णन 10 इन्दव छंद और 01 कवित्त के रूप में किया है।

रामलला

भक्तिकालीन संत साहित्य की प्रेरणा देने तथा तत्कालीन भारतीय समाज को प्रभावित करने वाले धार्मिक विचारक रामलला का विश्नोई पंथ

के साहित्य में प्रमुख स्थान माना जाता है। ये परमानन्द बणियाळ (सम्वत् 1750–1845) के समय के एक प्रसिद्ध भक्त, संगीत कलाकोविद तथा सतसंग प्रेमी गृहस्थ विश्नोई संतकवि माने जाते थे। 'इनका नाम रामलाल था किन्तु कविता रामलला नाम से लिखते थे।[226] विश्नोई साधुओं में प्रचलित साधु (संत) परम्परा के अनुसार ये विश्नोई संतकवि माने जाते हैं। विश्नोई पंथ के लोगों के पास रुक्मिणी मंगल की प्रतियों की बहुलता तथा कवि कृत हरजसो से भी कवि के विश्नोई संतकवि होने की पुष्टि होती है। कवि विरचित रुक्मिणी मंगल को विश्नोई पंथ में वही आदर है जो पदम भगत कृत रुक्मिणी मंगल को प्राप्त है।

रामलला का जन्म सम्वत् प्रामाणिक रूप से ज्ञात नहीं होता है। पर इतना निश्चित है कि ये परमानन्द बणियाळ के समकालीन नगीना (उत्तर प्रदेश) के रहने वाले थे। कवि के जीवनकाल के सम्बन्ध में अन्तःसाक्ष्यों द्वारा प्रामाणिक रूप से इससे अधिक ज्ञात नहीं होता है। बाह्य साक्ष्यों के माध्यम से कुछ महत्त्वपूर्ण तथ्य उपलब्ध होते हैं, जिनमें विश्नोई पंथ के साहित्य के वरिष्ठ शोध समीक्षक डॉ. हीरालाल माहेश्वरी के अनुसार कवि का जीवनकाल अनुमानतः सम्वत् 1775–1850 है।[227] डॉ. सुरेन्द्र कुमार 'हिन्दी संत परम्परा और संत केसो' में डॉ. माहेश्वरी के शोध प्रबन्ध का संदर्भ प्रस्तुत करते हुए इनका जीवन काल सम्वत् 1770–1850[228] निर्धारित करते हैं, जो शायद मुद्रण में त्रुटिवश हुआ होगा। हिन्दी साहित्य के कालानुक्रम–पद्धति से लिखित इतिहास 'मिश्रबन्धु विनोद' के खण्ड 3–4 में कवि संख्या 2353 पर रुक्मिणी मंगल के रचयिता रामलाल का नामोल्लेख है। इस ग्रन्थ में रामलाल का रचनाकाल सम्वत् 1906 अर्थात् सन् 1849 के पूर्व बताया गया है।[229] 'संतकवि विरचित 'रुक्मिणी मंगल' की एक हस्तलिखित प्रति का लिपिकाल सन् 1805 यानि सम्वत् 1862 है।[230] डॉ. सुधा चतुर्वेदी कवि के ग्रंथ 'रुक्मिणी मंगल' का रचनाकाल सन् 1800 (सम्वत् 1857) के लगभग होना स्वीकार करती है।'[231]

इस प्रकार संतकवि के जीवनवृत्त के विषय में निश्चित रूप से कुछ कहना तो असंभव है लेकिन समग्र रूप से हम यह कह सकते हैं कि संतकवि का जन्म विक्रम की 18वीं शताब्दी के उतरार्द्ध में तथा मृत्यु 19वीं शताब्दी के उतरार्द्ध में हुई होगी।

कृतित्व

जिस प्रकार आध्यात्मिक क्षेत्र में वेद, पुराण, उपनिषद् महाभारत एवं गीता आदि शास्त्र आत्मोन्नति के साधन रहे हैं, उसी प्रकार समय–समय पर अवतीर्ण होने वाले संतकवियों के अनुभव, वाणी या काव्य कृतियां भी

मानव जीवन को सदैव आध्यात्मिक उन्नति का मार्ग प्रशस्त करती रही हैं। संतकवि रामलला ने भी आध्यात्मिक उन्नति की राह प्रशस्त करने वाली काव्य कृतियों की रचना करके संत साहित्य को समृद्ध बनाया है। ये अपने समय के प्रसिद्ध एवं लोकप्रिय संतकवि माने जाते थे। रामलला कृत उपलब्ध रचनाएँ इस प्रकार हैं–

1. रुक्मिणी मंगल (रुक्मणी मंगल)
2. हरसज
   (क) समझ मन मूरख मोरा रे।[232]
   (ख) सांवरे सूं प्रीति लागी री हिवड़ा के बीचि।[233]
   (ग) अब तो मान न हठीलो मेरी बतियां।[234]
   (घ) मेरी श्यामसुन्दर सों लागी अँखिया वो।[235]

रुक्मिणी मंगल

यह कृष्ण–रुक्मिणी विवाह से सम्बन्धित आख्यान काव्य है। इस रचना का मूल आधार श्रीमद्भागवत है। लोक में 'रुक्मिणी मंगल' बड़े चाव से गाया और सुना जाता है। इसकी रचना गेय रूप में और पूर्णतः धार्मिक दृष्टि से की गई है। कवि ने अपनी रुचि और धार्मिक मान्यतानुसार लोक प्रचलित आख्यान काव्य को गेय रूप प्रदान किया है। इसमें रीति–रिवाज, व्यवहार, विचार–धारा, वेशभूषा, खानपान आदि प्रचलित सामाजिक परम्पराओं का विस्तृत निरुपण हुआ है। इस आख्यान काव्य में मुख्यतः वीरता, शृंगार, और भक्ति का समन्वय परिलक्षित होता है। संतकवि की प्रसिद्धि का आधार स्तम्भ 'रुक्मिणी मंगल' आख्यान काव्य है जो 16वीं शताब्दी के प्रसिद्ध विश्नोई संतकवि 'पदम भगत कृत हरजी रो ब्यावलो' से अनुप्रेरित होकर लिखा गया कहा जाता है।[236] 'रुक्मिणी मंगल' विषयक आख्यान काव्यों में विष्णोई साहित्य की ही नहीं, एक प्रकार से राजस्थानी साहित्य की भी यह अंतिम रचना कही जा सकती है।'[237] यह 270 छंदों का आख्यान काव्य है जो देवगिरी, विलावल, गौड़ी, वसन्तकानड़ो, सोरठ, काफी, विहाग, केदारो, परज, खंभावची, उवटन, जैजैवंती और भैरूं आदि प्रचलित राग–रागिनियों में गेय है।[238]

उपलब्ध हस्तलिखित प्रतियाँ

रामलला कृत रुक्मिणी मंगल की एक हस्तलिखित प्रति राजस्थान प्राच्य विद्या प्रतिष्ठान, जोधपुर में ग्रंथांक 25542 पर प्राप्त है। 28 पत्रों में लिखित पूर्ण रचना है। लिपिकाल 1853 तथा लिपि स्थान एवं लिपिकर्ता का नामोल्लेख नहीं है। पत्र संख्या 3, 5, 8, 12, 15, 17, 19, 21, 23, 24, व 26, पर 24 चित्र विशेष ज्ञातव्य है। अखिल भारतीय बिश्नोई

महासभा, मुकाम के संग्रहालय में इस रचना की कुल दो प्रतियां मिलती है। उपलब्ध प्रतियों का परिचय इस प्रकार है–

प्रथम प्रति

यह रचना गुटकों में प्राप्त होती है। संग्रहालय में उपलब्ध गुटकों पर ग्रंथांक नहीं लिखे गये हैं। गुटके में इस काव्य कृति में 08 पत्र उपलब्ध हुए हैं। कृति का नाम 'रुखमंणी मंगल रामलला कृत' रूप में मिलता है। यह प्रति अपूर्ण एवं खण्डित है। लिपिकाल, लिपिकर्ता एवं लिपि स्थान आदि के विषय में कोई उल्लेख नहीं मिलता है। इस रचना का आदि एवं अंत इस प्रकार है–

आदि :

श्री विष्णजी सत छ जी लिखंते हरी रस श्री विष्णु प्रमातमाऐं नमः
लिखंते रुखमणी मंगल राग देवगरी।
निगम जाकौ नित्य गावै, ध्यानं शिंव उर आंन ही।
आदि अनादि परिब्रह्म, जु कै भक्त नीकै जांन ही।

अंत :

जुक्त सौ पत्री जु लिष करि विप्र के हाथन दई।
माथै छुवाय जु लई दिज नै................................।।

द्वितीय प्रति

यह प्रति भी गुटके में संगृहीत है जिस पर ग्रंथांक अंकित नहीं किया गया है। यह भी अपूर्ण एवं खण्डित प्रति है। इस कृति के 34 पत्र उपलब्ध होते हैं। उपलब्ध प्रति के अंत में शीर्षक 'रामलाल कृत रुक्मणी मंगल' रूप में लिखा हुआ है। यह प्रति बिहारीदास द्वारा सम्वत् 1930 पौष मास के शुक्ल पक्ष की 6 तिथि को लिपिबद्ध की गई। लिपिस्थान के विषय में कृति मौन है।

रचना के आरम्भ व अंत में इस प्रकार लिखा हुआ मिलता है–

आदि :

श्री कीसन जी को बावलो, रुषमंणी मंगल लीषतः ग्रंथ।
सीध नीगम जांकू नीत गाव धयान सीव उर अंनही।
आद अंत श्री ब्रह्मा, जाकूं भगत गुण जानही।।

अंत :

दोय लाष चोकीदार, हवा संग दोय लाष असवारही।
ऐती संमा कुंवर, रुखमणी अंबका पूजन कूं चली।।

बिहार राष्ट्रभाषा परिषद् में भी इसकी एक हस्तलिखित प्रति है। रचना और लिपिकाल नहीं दिया है।[239] 'रामलला कृत रुक्मिणी मंगल की

हस्तलिखित प्रति सेन्ट्रल पब्लिक लाइब्रेरी, पटियाला में पोथी संख्या 511 पर प्राप्त है। लिपिकार का नाम वासदेव है। कृति में 299 तक दोहे हैं। तदुपरान्त राग परज, राग रामकली में कृति की समाप्ति की गई है। कृति आरम्भ से अंत तक अनेक राग–रागिनियों में आबद्ध है।

ऊदोजी अड़ींग

ईश्वरोन्मुख सजग पुरुष ऊदोजी अड़ींग का विश्नोई पंथ के साहित्य में महत्त्वपूर्ण स्थान माना जाता है। ये जाम्भाणी साहित्य के उच्च कोटि के विद्वान संतकवि थे। ऊदोजी जोधपुर जिला मुख्यालय से लगभग 20 कि.मी. दक्षिण दिशा में स्थित रुड़कली गाँव के रहने वाले गृहस्थ विश्नोई संतकवि थे। इनके पिता का नाम केसौजी अड़ींग था। कवि का विवाह बीसलपुर ग्राम की साहबी बणियाळ के साथ हुआ।[240] ये अत्यन्त सम्पन्न किसान एवं बचपन से ही धार्मिक प्रवृत्ति के थे। इनके पास लगभग 200 बीघा जमीन तथा एक कुँआ था। जिससे सिंचाई करके फसल उत्पादन करने का कार्य कवि ने कई वर्षों तक किया। वह कुँआ वर्तमान में ''पिरछियो बेरो'' नाम से जाना जाता है, उस कुएँ का पानी सिंचाई करने व पीने योग्य नहीं है।[241] रुड़कली गाँव में ऊदोजी के घर की जगह आज की भी उन्ही के नाम से जानी जाती है।

ऊदोजी अड़ींग का जन्म सम्वत् 1818 के आसपास अनुमानित किया जाता है।[242] यह काल विद्वानों एवं साहित्यकारों ने किवदंतियों और अंतःसाक्ष्यों के आधार पर निर्धारित किया है।

संतकवि ने अपने जीवन काल के विषय में स्पष्टतः और एकान्ततः कुछ नहीं कहा है। संतकवि ऊदोजी अड़ींग के हाथ से लिखी हुई, उपलब्ध प्रतियों की पुष्पिकाओं से कवि के विषय में कुछ जानकारी उपलब्ध होती है।

संतकवि के वैराग्य धारण करने तथा विरक्त होने की घटना बहुत ही प्रसिद्ध और रोचक है–एक दिन सर्दी के मौसम में ये कुएँ से पानी निकाल रहे थे, हवा बहुत तेज चल रही थी और ठण्ड भी कड़ाके की पड़ रही थी। पानी निकालते समय संसार की निस्सारता और जीवन की क्षणभंगुरता की अनुभूति हुई और कवि के ज्ञान चक्षु खुल गए। कवि के जीवन में दबी हुई विष्णु भक्ति की ज्वाला सुलग उठी। कुएँ से पानी निकालने वाले समस्त उपकरणों को वहीं छोड़कर, अपने इष्ट की खोज में मालवा (मध्यप्रदेश) की ओर निकल पड़े। इस घटना को नीचे उद्धृत अंश से भी समझा जा सकता है–

आव जाव उठ बैठ, ठंडी बाजै बूक रै।
भजियो नहीं भगवान, ऊदा चाकरी में चूक रे।[243]

कई क्षेत्रों में दूसरी पंक्ति के स्थान पर '**भजन न कियौ ऊदा, तेरी करणी में पड़गी चूक रे**' भी बोला जाता है।

यह घटना लोक में विद्वानों एवं महापुरुषों के काव्य में इस प्रकार भी प्रसिद्ध है–

एक हाथ में लाव, एक हाथ में रास, ऊठा बेवौ बूक रै।
भजियो नहीं भगवान ऊदा तेरी चाकरी मैं चूक रे। ठंडी लहरका भूख रे।[244]

मालवा के प्रसिद्ध वेद, शास्त्र व इतिहास के मर्मज्ञ विद्वान संत सुन्दरोजी को गुरु धारण किया और साधु (संत) बन गये। यह घटना सम्वत् 1867 के आसपास की बताई जाती है।[245] उस समय कवि की आयु लगभग 50 वर्ष के आसपास बताई गई और इसी को आधार मानकर कवि का जन्म सम्वत् भी निर्धारित किया गया है।

संतकवि के परिवार में इनके पिता तथा इनकी पत्नी के अतिरिक्त कोई विशेष जानकारी नहीं मिलती है। इनके कोई संतान भी नहीं बताई जाती है। साधु बनने के लगभग 4–5 वर्ष बाद कवि अपने पैतृक गांव रुड़कली आये थे। अपने पति के साधु बनने के कारण उनकी पत्नी भी संन्यास लेकर उनके साथ मालवा चली गई और वह भी साध्वी बन गई। संतकवि के वैराग्य धारण कर साधु बनने की इस घटना को सभी विद्वानों ने निर्विवाद रूप से स्वीकार किया है।

साधु बनने के बाद कवि ने अपने गुरु के सान्निध्य में जम्भवाणी, शास्त्र, पुराण तथा अन्य आख्यान काव्य इत्यादि का अध्ययन किया होगा। मालवा को केन्द्र बनाकर कई वर्षों तक भारत भ्रमण किया और अपनी आँखों से संत–महात्माओं के भक्ति क्षेत्र को देखा तथा समाज की व्यापक स्थिति का परिचय भी प्राप्त किया। तत्कालीन समाज के चित्र हृदय में उतार कर, साहित्य में उनकी झांकी भी प्रस्तुत की। भ्रमण के दौरान कई संत–महात्माओं के सम्पर्क में आये थे। कई लोगों से प्रभावित हुए तथा कई लोगों को प्रभावित किया। विद्वान तथा उदार हृदय व्यक्ति होने के नाते विपरीत विचारधारा के लोगों से भी कवि का मेल मिलाप तथा ज्ञान चर्चा होती थी। सभी लोगों को वे अत्यन्त आदर एवं सम्मान के साथ देखते थे।

संतकवि ने विरक्त होने के बाद अपनी सम्पूर्ण सम्पत्ति, जमीन जायदाद आदि फिटकासनी निवासी अपने दूर के रिश्ते की बेटी पारो और उनके पति सिमरथाराम बाबल को दान में दे दी थी। सिमरथाराम के पुत्र मुकनाराम के पुत्रों का परिवार आज भी रुड़कली गांव में वहां पर निवास करते हैं।[246]

संतकवि के जीवन का उतरार्द्ध मालवा व मारवाड़ में संयुक्त रूप से

व्यतीत हुआ। मारवाड़ क्षेत्र में रुड़कली गांव में ''जाम्भो तालाब'' के किनारे बैठकर कवि द्वारा लोगों को दिये गये धर्मोपदेश व ज्ञान चर्चा भी काफी प्रसिद्ध है।

राजस्थान के 19वीं शताब्दी के सिद्ध कवियों में ऊदोजी का महत्त्वपूर्ण स्थान माना जाता है। ऊदोजी अनुभवी, ज्ञानी, निष्ठावान, विष्णु के परम भक्त एवं उच्चकोटि के साहित्यकार थे। संतकवि साहबराम राहड ने विश्नोइ पंथ के महापुराण जम्भसार ग्रंथ में कवि के कृतित्व एवं व्यक्तित्व को इस प्रकार उल्लेखित किया है–

उद्धवजी अणभै अधिकारी। नाना शास्त्र किये संवारी।
जंभ गुरु के द्रस्न भऐउ। पहलाद चिरत विश्नु चिरत कहेउ।
कवत बंदना नाना विध वांणी। ऊधव जी बहु भांत बखाणीं।
बहुत काल लग जग में रहे। फेरूं सुध संप्रधा गऐ।।[247]

कृतित्व

संतकवि ऊदोजी अड़ींग ने अपने जीवन में लोक और शास्त्र से व्यापक अनुभव ग्रहण किये तथा अपने युग में प्रचलित साहित्य और साधना की नब्ज को पहचान कर काव्य सृजन में भी महत्त्वपूर्ण सफलता प्राप्त की। डॉ. हीरालाल माहेश्वरी ने 'जाम्भोजी, विष्णोई सम्प्रदाय और साहित्य' में निम्नलिखित रचनाओं का उल्लेख किया है–

1. प्रहलाद चरित–छंद संख्या 348 अनुमानतः
2. विष्णु चरित–110 दोहे, चौपई
3. कक्का–छत्तीसी– 37 कुंडलियाँ।
4. 'लूर' तथा
5. फुटकर छंद– 30

इसमें 'सनेहलीला' का कोई निर्देश डॉ. माहेश्वरी ने नहीं किया। यह अवश्य लिखा है कि उन्होंने और भी अनेक रचनाएँ की होंगी।

उपलब्ध हस्तलिखित प्रतियों और प्रकाशित संग्रह–ग्रंथ पोथो ग्रंथ ज्ञान के आधार पर संतकवि कृत रचनाएँ इस प्रकार हैं–

1. प्रहलाद चरित
2. विष्णु चरित
3. कुंडलिया कक्का सैंतीसी
4. लूर
5. सवइयां प्रभु वन्दना
6. सनेह लीला
7. फुटकल छंद

इन ग्रंथों का संक्षिप्त परिचय इस प्रकार है–

1. प्रहलाद चरित

यह रचना प्राचीन हस्तलिखित प्रतियों में 'प्रहलाद चिरत' नाम से भी लिपिबद्ध है। 348[248] छंदों में वर्णित कथा प्रधान संवादात्मक आख्यान काव्य है। दोहा, चौपई, पद्धड़ी, सोरठा, मोतीदाम, चंपक, कवित्त, कुंडलिया आदि छंदों में लिपिबद्ध है। संतकवि कृत प्रहलाद चरित एक संवाद प्रधान आख्यान काव्य है, जो कथात्मक शैली में लिखा गया है। इस कृति में भक्त प्रहलाद की सुप्रसिद्ध पौराणिक कथा का वर्णन किया है।

हरि का पुष्प गेंद से वसन्त खेलना, सनकादिक शाप, कश्यप ऋषि की पत्नी अदिति के गर्भ में हिरण्यकशिपु का जन्म, वराह अवतार और हरिण्याक्ष का वध, गुरु शुक्राचार्य व हिरण्यकशिपु का संवाद, ब्रह्माजी से वरदान मांगना, नारद ऋषि का इन्द्र से उसकी पत्नी को छुड़वाना, गर्भस्थ प्रहलाद को विष्णुपदेश, प्रहलाद जन्म, विद्या अध्ययन के लिए विद्यालय जाना, राजनीति न पढ़कर विष्णु भक्ति करना, प्रहलाद को मारने के अनेक उपाय, खम्भ से बांधकर मारते वक्त नृसिंहावतार, हिरण्यकशिपु–वध, प्रहलाद का अपने 33 करोड़ अनुयायियों के मोक्ष का वरदान मांगना, तीनों युगों में 5, 7 और 9 करोड़ जीवों का उद्धार, शेष 12 करोड़ जीवों के उद्धार के लिए कलयुग में विष्णु का गुरु जाम्भोजी के रूप में अवतार और विश्नोई पंथ की स्थापना आदि घटनाओं को सविस्तार उल्लेखित किया है।

यह रचना अखिल भारतीय बिश्नोई महासभा, बीकानेर के संग्रहालय में उपलब्ध हस्तलिखित प्रतियों में एवं जाम्भाणी साहित्य अकादमी, बीकानेर द्वारा प्रकाशित संग्रह ग्रंथ पोथो ग्रंथ ज्ञान में प्रकाशित भी है। इनके अलावा कई अन्य स्थानों से भी प्रकाशित है जिसमें सम्पादकों ने अपने–अपने विचारों के अनुसार भाषा को परिवर्तित, परिष्कृत एवं परिमार्जित किया है तथा अपने बनाये हुए कई छंद भी समाविष्ट कर दिये गये हैं। 'पोथो ग्रंथ ज्ञान' में हस्तलिखित प्रति में से हू–ब–हू प्रकाशित किया गया है। जिसमें रचना के अंत में स्वयं कवि ने लिखा है–

मम बानी सुध करण कुं , कीयो जस विसतार।
घट बध अक्षर होय जो, लीजौ सबै सुधार।।347।।
संमत अठारा अड़सटा, माघ सुकल पख जांन।
तिथि तीजै सूंपरण भयौ, प्रहलाद चरित आख्यान।।348।।[249]

इस प्रकार संतकवि ऊदोजी द्वारा प्रहलाद चरित आख्यान विक्रम सम्वत् 1868 माघ माह के शुक्ल पक्ष की तृतीया को सम्पूर्ण किया गया।

2. विष्णु चरित (विस्नु चरित)

यह रचना कुल 111 छंदों में वर्णित है। इसमें भगवान विष्णु की महिमा, उनके विभिन्न अवतार, विष्णु नाम स्मरण का माहात्म्य आदि का विस्तारपूर्वक उल्लेख मिलता है। विष्णु की सर्वव्यापकता, सृष्टि की उत्पत्ति करना तथा कपिल मुनि, प्रहलाद,[250] राम,[251] कृष्ण,[252] हनुमान[253] आदि पौराणिक पात्रों का उल्लेख भी किया गया है।

कलयुग में विष्णु ''संत सरुप'' जाम्भोजी के रूप में आए थे और कई करोड़ जीवों का उद्धार किया। कवि स्वयं को उनका दास मानते हुए लिखते हैं कि उन्हीं की कृपा से मैंने विष्णु चरित की रचना की है–

कलि में विस्नु संत सरुपा, जम्भ गुरु माहा जोग अनुपा।
विस्नु भगत पर जो करै, अनंत कोट सतसंग तरै।। 105।।
ता दास दास के उधव दासा, विस्नु चिरत कहयौ अतीहासा।
गुर बुध दीनी तहि उरमाना, विस्नु चिरत कहयौ बखाना।। 106।।[254]

कवि के विचारों की एकरूपता और उनका व्यक्तित्व इस रचना में प्रस्फुटित हुआ है।

सम्वत् 1878 में लिपिबद्ध इनकी एक प्रति उपलब्ध होती है उसके आधार पर इस रचना का रचनाकाल सम्वत् 1869 से 1878 के बीच किसी वर्ष हो सकता है। परमानन्द बणियाल द्वारा लिपिबद्ध संग्रह ग्रंथ 'पोथो ग्रंथ ज्ञान' में इस रचना के अंत में इस प्रकार लिखा हुआ है– ''इति श्री विस्नु चिरत उधोदास विरचंते संपूरण समाप्त 1883 मीती चेत 8 मंगलवार''।[255] इस प्रकार इस रचना को परमानंद बणियाल ने सम्वत् 1883 चैत्र मास की अष्टमी[256], वार मंगलवार को लिपिबद्ध किया गया।

'विष्णु चरित' का प्रकाशन 'पोथो ग्रंथ ज्ञान' संग्रह ग्रंथ में, जाम्भाणी साहित्य अकादमी, बीकानेर द्वारा सन् 2013 ई. में किया। इससे पूर्व भी इस रचना का प्रकाशन कई स्थानों से हुआ है, जिसमें 'सम्पादकों ने अपनी–अपनी रूचि के अनुसार भाषा को 'शुद्ध–हिन्दी' बनाने को प्रयास किया है। कई रचनाओं में तो सम्पादकों ने अपने बनाये हुए अनेक छंद भी बीच–बीच में जोड़ दिये हैं।'[257]

3. कुंडलियां कक्का सैंतीसी

यह कुल 37 कुंडलियों की रचना है। इस रचना को 'कक्का छत्तीसी' के नाम से भी जाना जाता है। हिन्दी वर्णमाला के 'क' से लेकर 'त्र' वर्ण तक कुल 35 अक्षर तथा क्ष–पर 1 अतिरिक्त और अंत में रचना–काल से सम्बन्धित द्रष्टव्य है। इस रचना में अध्यात्म, नीति, धर्म, सुकृत्य और लोकाचार आदि का वर्णन कवि का सरल, सटीक और प्रभावोत्पादक है। 'भाषा–सौकर्य, भाव–गाम्भीर्य और विचार–प्रौढ़ता की

दृष्टि से ऊदोजी की श्रेष्ठ कृति है।'[258]

समत अठारै चौरासियो, श्रावण कृष्ण पख तीज।
मैं अलप बुध जांणू कहा, सतगुर हंडी रीझ।
सतगुर हंडी रीझ, बुध जब भई प्रकासा।
मिट्यौ आन उर भरम, गही तमारी आसा।
अखर पैंतीसा उपरै, कवित्त छैतीस विचार।
उधव बरस चौरासिया, कहिये संमत अठार।।[259]

यह छंद इस प्रकार भी उल्लेखित हुआ है–

इति श्री बारखडी संवत 1884, सावण कृष्ण पक्ष तीज।
अखर पैंतीसां उपर, कवित्त सैंतीस विचार।
उधव बरस चौरासीयो, कहीय संवत अठार।। 37।।[260]

इस प्रकार इसकी रचना सम्वत् 1884 के श्रावण बदि तृतीया को हुई थी।

4. लूर

यह रचना एक बहु–प्रचलित लोकगीत के रूप में आज भी मारवाड़ के कई क्षेत्रों में गायी जाती है। इस रचना में ब्रज की गोपियों का श्रीकृष्ण से मिलने की उत्कंठा का वर्णन किया गया है। इस रचना के निर्माण के संबंध में कहा गया है कि– ऊदोजी साधु बनने के बाद एक बार होली के त्योहार पर रुड़कली गाँव के लोगों को प्रहलाद चरित्र की कथा सुना रहे थे। तभी उन्होंने दूसरी तरफ से स्त्रियों को 'अश्लील लूर' (फाग) गाते हुए सुना। वे उन स्त्रियों के पास पहुंचे और उन्हें अश्लील लूर गाने से रोका। तभी स्त्रियों ने कहा–फागण के महिने में हमें और क्या गाना चाहिए? प्रत्युत्तर में ऊदोजी ने कहा कि– हम तो प्रहलाद पंथी विश्नोई हैं, हमें विष्णु के जीवन चरित से सम्बन्धी गीत गाने चाहिए। ऐसा कहते हुए ऊदोजी ने उसी 'दाळ' में विष्णु अवतार श्रीकृष्ण और ब्रज की गोपियों से संबंधी लूर उन स्त्रियों के बीच बैठकर गाई (रची गई)। उसके बाद से विश्नोई पंथ में 'लूर' गाने की परम्परा प्रारम्भ हो गई। जो होली के त्योहार पर व अन्य दिनों में 'रात्रि जागरणों' में भी गाई जाती है।

यह 'लूर' विश्नोई पंथ के अतिरिक्त भी मारवाड़ के अन्य पंथ, सम्प्रदायों व विभिन्न जातियों के लोगों द्वारा, धार्मिक उत्सवों के आयोजन पर गायी भी जाती है। पदम भगत विरचित रुक्मिणी मंगल के बाद यह 'कृष्ण' से सम्बन्धित सर्वाधिक प्रसिद्ध रचना है। यह लूर आज भी अनेक लोगों की कंठाहार बनी हुई है।

द्रष्टव्य एक पद :

गिरधर गोकल आय, गोपी सनेसो मोकल।
मोह दरसण को चाव, प्रेम पियारा कानजी।। टेर ।।[261]

5. सवईया प्रभु वंदना

यह रचना 'करण को अंग' नाम से भी जानी जाती है। 35 छंद—सवईया इकतीसा, मनहर छंद, सवईया तेईसा, इंदव छंद, कवित्त, छप्पय, सोरठा, दोहा और कुंडली में, भगवद् महिमा, आत्म निवेदन, हर्ष और करुणा की भावना को कवि ने व्यक्त किया है। यह कवि के अंतर्जगत का काव्य है। इसमें कवि भगवद् महिमा के साथ—साथ अत्यन्त दीन व करुण भाव से भगवान से अपने उद्धार के लिए विनय करता है। कवि अपना सर्वस्व त्याग कर प्रभु की शरण में आया है। कवि की भगवान में असीम श्रद्धा है, वह इनके अलावा और किसी को भी नहीं जानता है। अनेक प्रकार से हरिनाम—स्मरण के अनेक प्रसंगो की याद दिलाते हुए अपने उद्धार की प्रार्थना करता है। इसमें अपने इष्ट के प्रति भक्त के व्यक्तिगत सम्बन्ध का भाव निहित है। वह अपने इष्ट को, स्वामी, जगदीश, इष्टदेव, विष्णु, हरि, प्रभु, भगवान राम, कृष्ण आदि तथा विष्णु के विविध अवतारों को चित्रित करके आत्मनिवेदन व्यक्त करता है। आत्मनिवेदन से सम्बन्धी पद द्रष्टव्य—

जगपत जगदीसा, सुनो एह अरज हमारी।
निराधार आधार प्रभु, हम सरण तुहारी।
सरण पड़या की लाज, सोइ तम राखो स्यामी।
तमा हो दीन दयाल, प्रभु मेरे अंतर जांमी।
बार—बार ऐ बिनती, बोहत प्रंससा सांम सुं।
अपराध छम्मा प्रभु कीजिये, ऊधो दास गुलाम सु।। 21।।[262]

यह रचना जनता में मौखिक परम्परानुसार प्रचलित रही है, फलस्वरूप इसमें परिवर्तन भी होते रहे हैं।

6. सनेहलीला

यह एक संवाद प्रधान आख्यान काव्य है। इस रचना में छंदों की कुल संख्या 122[263] है। इस काव्य रचना में विरह की सुन्दरतम अभिव्यंजन हुई है, जो सूरदास के 'भ्रमरगीत' से मिलती—जुलती है।

श्रीकृष्ण जब मथुरा चले जाते हैं तब ब्रज भूमि का समस्त वातावरण शोक सागर में डूब जाता है। श्रीकृष्ण को भी मथुरा में पहुंचने के बाद ब्रजवासियों की याद आती है। माता—पिता व वहाँ के लोगों से पूर्व में किये गये वचनानुसार वे अपने सखा उद्धव को अपने माता—पिता तथा ब्रजवासियों की विरहाग्नि को शान्त करने के लिए भेजते हैं। ज्ञानी उद्धव उनके माता—पिता को श्रीकृष्ण की कुशलता सुनाते हैं। श्रीकृष्ण के बालरूप को याद करते हुए माता यशोदा का विलाप, उद्धव का ब्रजवास की गोपियों को श्रीकृष्ण की कुशलता से अवगत कराना, ब्रज की समस्त

गोपियों का श्रीकृष्ण के विरह में विह्वल होकर गोपियाँ उद्धव को उलाहना देती हैं तथा श्रीकृष्ण द्वारा ब्रज में की गई लीलाओं का यशोगान भी करती है। इन सभी से मिलने के बाद उद्धव का श्रीकृष्ण के पास मथुरा जाना और सभी परिस्थितियों से श्रीकृष्ण को अवगत कराना आदि प्रसंगों को इस काव्य कृति में कवि ने संजोया है।

उपलब्ध हस्तलितखत प्रतियाँ

राम–कृष्ण सम्बन्धी आख्यान काव्य ग्रंथों की खोज करने पर 'सनेह लीला' की एक हस्तलिखित प्रति कृष्णानंद आचार्य, विश्नोई मन्दिर, ऋषिकेश के संग्रहालय में उपलब्ध हुई।

उपलब्ध प्रति में कृति का शीर्षक 'सनेह लीला ऊदोजी अड़ींग द्वारा रचित' रूप में लिखा मिलता है। संतकवि स्वयं द्वारा लिपिबद्ध यह पूर्ण कृति है। प्रति का लिपिकाल सम्वत् 1884 है। लिपिस्थान के विषय में कृति में कोई उल्लेख नहीं मिलता है। उपलब्ध प्रति का आरम्भ एवं अंत इस प्रकार है–

आरम्भ :

मैं आलप बुध जानुं कांहा, सत गुह दी रीझ।
बुध जब भई प्रकासा, मिटे सब भ्रम गही तमोर।
एक समै व्रजिवास की, सुरति भई हरि राय।
निज जन अपनौ जानिकै, श्री उद्धव लीये बुलाय।।

अंत :

मकरंध मध पर पुजि है, संत भक्त अनुराग।
जसोधा प्रेम प्रवाह में, लग्यो रहत बड भाग।। 123 ।।

''इति श्री सनेह लीला संपूरण संमत 1884 का मिति भादवा वदी 4''

प्रकाशन

संतकवि ऊदोजी अड़ींग कृत 'सनेह लीला', जाम्भाणी साहित्य अकादमी, बीकानेर से जाम्भाणी सार संग्रह पोथो ग्रंथ ज्ञान में सन् 2013 में प्रकाशित हुआ। हस्तलिखित प्रति का हू–ब–हू प्रकाशन किया गया है। सार संग्रह ग्रंथ के 4 पृष्ठों में 122 छंदों में प्राप्य है।

7. फुटकल छंद

विविध हस्तलिखित प्रतियों में लिपिबद्ध व अन्य प्रकाशित ग्रंथों में कवि विरचित कुछ फुटकल छंद भी मिलते हैं। जो गुरु वंदना, मंगलाष्टक, गुर महमा, कुसंग को अंग आदि शीर्षकों से मिलते हैं। धर्म नीति एवं व्यावहारिक से संबंधित छंद है।

विश्नोई संतकवियों द्वारा रचित राम-कृष्ण संबंधी आख्यान काव्य

संदर्भ सूची :

1. साहबराम राहड़ कृत— जम्भसागर : (भाग—1), पृष्ठ संख्या : 360
2. जाम्भोजी, विष्णोई सम्प्रदाय और साहित्य : डॉ. हीरालाल माहेश्वरी (दूसरा भाग), पृष्ठ संख्या : 486
3. हिन्दी संत परम्परा और संत केसो : डॉ. सुरेन्द्र कुमार, पृष्ठ संख्या : 73
4. जाम्भोजी, विष्णोई सम्प्रदाय और साहित्य : डॉ. हीरालाल माहेश्वरी (दूसरा भाग), पृष्ठ संख्या : 486
5. वही, पृष्ठ संख्या : 486
6. पोथो ग्रंथ ज्ञान : (सम्पादक) कृष्णानन्द आचार्य, पृष्ठ संख्या : 475
7. जाम्भोजी, विष्णोई सम्प्रदाय और साहित्य : डॉ. हीरालाल माहेश्वरी (दूसरा भाग), पृष्ठ संख्या : 511
8. पोथो ग्रंथ ज्ञान : (सम्पादक) कृष्णानन्द आचार्य, पृष्ठ संख्या : 475
9. (क) जाम्भोजी, विष्णोई सम्प्रदाय और साहित्य : डॉ. हीरालाल माहेश्वरी (दूसरा भाग), पृष्ठ संख्या : 487
   (ख) बिश्नोई पंथ और साहित्य : डॉ. बनवारी लाल सहू, पृष्ठ संख्या : 77
10. बिश्नोई पंथ और साहित्य : डॉ. बनवारी लाल सहू, पृष्ठ संख्या : 77
11. जाम्भोजी, विष्णोई सम्प्रदाय और साहित्य : डॉ. हीरालाल माहेश्वरी (दूसरा भाग), पृष्ठ संख्या : 487
12. पोथो ग्रंथ ज्ञान : (सम्पादक) कृष्णानन्द आचार्य, पृष्ठ संख्या : 476
13. वही, पृष्ठ संख्या : 498
14. जाम्भोजी, विष्णोई सम्प्रदाय और साहित्य : डॉ. हीरालाल माहेश्वरी (दूसरा भाग), पृष्ठ संख्या : 513
15. राजस्थानी रुकमणी—मंगल : (सम्पादक) डॉ. सत्यनारायण स्वामी, पृष्ठ संख्या : 250
16. जाम्भोजी, विष्णोई सम्प्रदाय और साहित्य : डॉ. हीरालाल माहेश्वरी (दूसरा भाग), पृष्ठ संख्या : 513
17. रुक्मिणी मंगल : (सम्पादक) कृष्णानंद आचार्य, पृष्ठ संख्या : 3,
18. जाम्भोजी, विष्णोई सम्प्रदाय और साहित्य : डॉ. हीरालाल माहेश्वरी (दूसरा भाग), पृष्ठ संख्या : 513
19. जाम्भा पुराण : कृष्णानन्द आचार्य, पृष्ठ संख्या : 203
20. साहबराम राहड कृत—जम्भसागर : (भाग—1), पृष्ठ संख्या : 126
21. पोथो ग्रंथ ज्ञान : (सम्पादक) कृष्णानन्द आचार्य, पृष्ठ संख्या : 126
22. वही, पृष्ठ संख्या : 500

23. श्री जम्भ–गीता : भाष्याकार स्वामी सच्चिदानन्द योगीराज, पृष्ठ संख्या : 108
24. जाम्भोजी, विष्णोई सम्प्रदाय और साहित्य : डॉ. हीरालाल माहेश्वरी (दूसरा भाग), पृष्ठ संख्या : 512
25. जाम्भोजी, विष्णोई सम्प्रदाय और साहित्य : डॉ. हीरालाल माहेश्वरी (दूसरा भाग), पृष्ठ संख्या : 513
26. प्राचीन काव्यों की रूप परम्परा : अगरचंद नाहटा, पृष्ठ संख्या : 46
27. (क) जाम्भोजी, विष्णोई सम्प्रदाय और साहित्य : डॉ. हीरालाल माहेश्वरी (दूसरा भाग), पृष्ठ संख्या : 515
    (ख) रुक्मिणी मंगल : (सम्पादक) कृष्णानन्द आचार्य) , भूमिका, पृष्ठ संख्या : 04
28. (क) लोक साहित्य की भूमिका : पृष्ठ संख्या : 39
    (ख श्रीकृष्ण–रुक्मिणी विवाह सम्बन्धी राजस्थानी काव्य : पृष्ठ संख्या : 326
29. जाम्भोजी, विष्णोई सम्प्रदाय और साहित्य : डॉ. हीरालाल माहेश्वरी (दूसरा भाग), पृष्ठ संख्या : 518, पाद टिप्पणी
30. हिन्दी के मध्यकालीन खण्ड काव्य : डॉ. सियाराम तिवारी, पृष्ठ संख्या : 124
31. जाम्भोजी, विष्णोई सम्प्रदाय और साहित्य : डॉ. हीरालाल माहेश्वरी (दूसरा भाग), पृष्ठ संख्या : 518
32. साहबराम राहड़ कृत– जम्भसार : (भाग : 1, प्रकरण : 9) पृष्ठ संख्या : 180
33. जाम्भोजी, विष्णोई सम्प्रदाय और साहित्य : डॉ. हीरालाल माहेश्वरी (दूसरा भाग), पृष्ठ संख्या : 619
34. मेहोजी कृत रामायण : (सम्पादक) हीरालाल माहेश्वरी, पृष्ठ संख्या : 18
35. मेहो गोदारा : श्याम महर्षि, साहित्य अकादेमी, नई दिल्ली : पृष्ठ संख्या : 8
36. बिश्नोई पंथ और साहित्य : डॉ. बनवारी लाल सहू, पृष्ठ संख्या : 86
37. राजस्थानी काव्य में रामकथा : डॉ. मदन सैनी, पृष्ठ संख्या : 162
38. (क) "सेखोजी रै थापन रै समै मेहा री उमर दो ढाई बरस री ही। इंणसु अंदाज लागै कै थापण रै समै मेहा टाबर ई हा। इंण सूं ई बात री ताहद हुवै कै उण रो जलम विक्रम संवत 1539–40 रै आसै पासै होयो। (मेहा गोदारा, पृष्ठ संख्या : 08)
    (ख) मेहोजी कृत रामायण : (सम्पादक) डॉ. हीरालाल माहेश्वरी, पृष्ठ संख्या : 18

39. जाम्भोजी, विष्णोई सम्प्रदाय और साहित्य : डॉ. हीरालाल माहेश्वरी (दूसरा भाग), पृष्ठ संख्या : 619
40. मेहोजी कृत रामायण : (सम्पादक) हीरालाल माहेश्वरी, पृष्ठ संख्या : 18
41. साहबराम राहड़ कृत– जम्भसार : भाग–2, पृष्ठ संख्या : 203
42. (क) मेहोजी कृत रामायण : (सम्पादक) डॉ. हीरालाल माहेश्वरी, पृष्ठ संख्या : 18
(ख) मेहो गोदारा : श्याम महर्षि, पृष्ठ संख्या : 09 (जांगळू गांव मांय धनराज भाटी मेहा रो घणो मान सनमान करयो।)
43. लेखक ने स्वयं जाकर देखा है।
44. मेहो गोदारा : श्याम महर्षि, पृष्ठ संख्या : 09
45. मेहोजी कृत रामायण : (सम्पादक) हीरालाल माहेश्वरी, पृष्ठ संख्या : 17
46. राजस्थानी काव्य में रामकथा : डॉ. मदन सैनी, पृष्ठ संख्या : 116 से उद्धृत
47. पोथो ग्रंथ ज्ञान : (रामायण मेहोजी द्वारा रचित) : पृष्ठ संख्या : 474, हस्तलिखित प्रति से उद्धृत।
48. अलग–अलग प्रतियों में – (क) लीखतुं रांमायंण, (ख) लीखतु ग्रंथ रांमायंण
(ग) लिखतुं रामायण मेहोजी द्वारा रचित, (जाम्भोजी, विष्णोई सम्प्रदाय और साहित्य : डॉ. हीरालाल माहेश्वरी : दूसरा भाग, पृष्ठ संख्या : 621, पाद टिप्पणी से उद्धृत)
49. मेहो गोदारा : श्याम महर्षि, पृष्ठ संख्या 08 से उद्धृत। (विक्रम संवत् 1575 रै अडैमेड़ै मेहा इण ग्रंथ री रचना करी)
50. कल्याण श्री रामांड्.क वर्ष 46 : अंक 01 : पृष्ठ संख्या : 76
51. (क) मेहोजी कृत रामायण : (सम्पादक) हीरालाल माहेश्वरी, पृष्ठ संख्या : 17
(ख) गुरु जाम्भोजी की सबदवाणी एवं सनातन धर्म ग्रंथ : डॉ. कृष्णलाल बिश्नोई, पृष्ठ संख्या : 152
52. राजस्थानी काव्य में रामकथा : डॉ. मदन सैनी, पृष्ठ संख्या : 163
53. बिश्नोई पंथ और साहित्य : डॉ. बनवारीलाल सहू, पृष्ठ संख्या : 86
54. रांम रासौ : (सम्पादक) शुभकरण देवल, पृष्ठ संख्या : 7
55. जाम्भोजी, विष्णोई सम्प्रदाय और साहित्य : हीरालाल माहेश्वरी (दूसरा भाग), पृष्ठ संख्या : 621, पाद टिप्पणी
56. मेहोजी कृत रामायण :(सम्पादक) डॉ. हीरालाल माहेश्वरी, पृष्ठ संख्या : 15

57. जाम्भोजी, विष्णोई सम्प्रदाय और साहित्य : डॉ. हीरालाल माहेश्वरी (दूसरा भाग), पृष्ठ संख्या : 552
58. जाम्भोजी, विष्णोई सम्प्रदाय और साहित्य : डॉ. हीरालाल माहेश्वरी (दूसरा भाग), पृष्ठ संख्या : 549
59. जाम्भाणी साखी संग्रह : (सम्पादक) स्वामी भागीरथदास शास्त्री, पृष्ठ संख्या : 73
60. डॉ. ब्रजकिशोर झा, मीरायन त्रैमासिक शोध पत्रिका, वर्ष–7, अंक–4, दिसम्बर 2013–फरवरी 2014, पृष्ठ संख्या : 10
61. जाम्भोजी, विष्णोई सम्प्रदाय और साहित्य : डॉ. हीरालाल माहेश्वरी (पहला भाग), पृष्ठ संख्या : 53
62. जाम्भोजी, विष्णोई सम्प्रदाय और साहित्य : डॉ. हीरालाल माहेश्वरी (दूसरा भाग), पृष्ठ संख्या : 851
63. जाम्भा पुराण : कृष्णानन्द आचार्य , पृष्ठ संख्या : 501
64. पोथो ग्रंथ ज्ञान : (सम्पादक) कृष्णानन्द आचार्य, पृष्ठ संख्या : 433
65. महात्मा सुरजनदासजी के हरजस : (सम्पादक) कृष्णलाल बिश्नोई, पृष्ठ संख्या : 01
66. जाम्भोजी, विष्णोई सम्प्रदाय और साहित्य : डॉ. हीरालाल माहेश्वरी (दूसरा भाग), पृष्ठ संख्या : 932
67. पोथो ग्रंथ ज्ञान : (सम्पादक) कृष्णानन्द आचार्य, भूमिका, पृष्ठ संख्या : 04
68. महात्मा सुरजनदासजी के हरजस : (सम्पादक) कृष्णलाल बिश्नोई, पृष्ठ संख्या : 01
69. वांधिया शील पोथी कही सुपहपंथ संभाल वील्ह वैकुण्ठ सिधारिया।। सोलह सौ तिहतरे शुक्लपक्ष कायाकसी, सुरजन संवत गुण कह चैत्र सुदी एकादशी।(जम्भदेव चरित्र भानु : ब्रह्मनंद, संवत 1958)
70. जाम्भोजी, विष्णोई सम्प्रदाय और साहित्य : डॉ. हीरालाल माहेश्वरी (दूसरा भाग), पृष्ठ संख्या : 764
71. "संवत 1748 जांभोलाव सुरेजनजी चलांणौ किया" "साका" प्रति संख्या 201(546–547) (उद्धृत–जाम्भोजी, विष्णोई सम्प्रदाय और साहित्य, दूसरा भाग, पृष्ठ संख्या : 764)
72. साहबराम राहड़ कृत – जम्भसार : भाग–2 पृष्ठ संख्या : 207
73. (क) पोथो ग्रंथ ज्ञान : (सम्पादक) कृष्णानन्द आचार्य, पृष्ठ संख्या : 577
(ख) साधु परम्परा–स्वामी भागीरथदासजी आचार्य।
(ग) हिन्दी संत परम्परा और संत केसो : डॉ. सुरेन्द्र कुमार, पृष्ठ

संख्या : 81
74. जाम्भोजी, विष्णोई सम्प्रदाय और साहित्य : डॉ. हीरालाल माहेश्वरी (दूसरा भाग), पृष्ठ संख्या : 764
75. साहबराम राहड़ कृत–जम्भसार : (भाग–2), पृष्ठ संख्या : 227–228
76. जाम्भाणी सार संग्रह : स्वामी भागीरथदास शास्त्री, पृष्ठ संख्या : 154
77. जाम्भा पुराण : स्वामी कृष्णानन्द आचार्य, पृष्ठ संख्या : 494
78. वील्होजी का जीवन चरित्र : पृष्ठ संख्या : 8–9 तथा 14
79. साहबराम राहड़ कृत–जम्भसार : (भाग–2), पृष्ठ संख्या : 232–233
80. वही, पृष्ठ संख्या : 232
81. जाम्भा पुराण : स्वामी कृष्णानन्द आचार्य, पृष्ठ संख्या : 495
82. राजस्थानी काव्य में रामकथा : डॉ. मदन सैनी, पृष्ठ संख्या 197
83. (क) जाम्भोजी, विष्णोई सम्प्रदाय और साहित्य : डॉ. हीरालाल माहेश्वरी (दूसरा भाग), पृष्ठ संख्या : 764
(ख) बिश्नोई पंथ और साहित्य : डॉ. बनवारीलाल सहू, पृष्ठ संख्या : 90
(ग) हिन्दी संत परम्परा और संत केसो : डॉ. सुरेन्द्र कुमार, पृष्ठ संख्या : 79
84. जाम्भोजी, विष्णोई सम्प्रदाय और साहित्य : डॉ. हीरालाल माहेश्वरी (दूसरा भाग), पृष्ठ संख्या : 765
85. जाम्भा पुराण : स्वामी कृष्णानन्द आचार्य, पृष्ठ संख्या : 497
86. लेखक ने स्वयं जाकर देखा है।
87. पोथो ग्रंथ ज्ञान : (सम्पादक) कृष्णानन्द आचार्य, भूमिका (ट)
88. श्री जम्भदेव चरित्र भानु : ब्रह्मानन्द, भूमिका (11)
89. हिन्दी शब्दकोश : डॉ. हरदेव बाहरी, पृष्ठ संख्या : 819
90. हिन्दी साहित्य उद्भव और विकास : हजारीप्रसाद द्विवेदी, पृष्ठ संख्या : 78
91. संत काव्य : आचार्य परशुराम चतुर्वेदी , पृष्ठ संख्या : 17
92. कबीर : आचार्य हजारीप्रसाद द्विवेदी , पृष्ठ संख्या : 27
93. जाम्भाणी साखी संग्रह : (संकलनकर्त्ता) ताराचंद खीचड़
94. साखी भावार्थ प्रकाश : (टीकाकार) स्वामी कृष्णानन्द जी आचार्य
95. जाम्भोजी, विष्णोई सम्प्रदाय और साहित्य : डॉ. हीरालाल माहेश्वरी (दूसरा भाग), पृष्ठ संख्या : 767
96. सूरदास : आचार्य रामचन्द्र शुक्ल, पृष्ठ संख्या : 81
97. कबीर, व्यक्तित्व, कृतित्व एवं सिद्धान्त : डॉ. सरनामसिंह शर्मा, पृष्ठ संख्या : 590

विश्नोई संतकवियों द्वारा रचित राम–कृष्ण संबंधी आख्यान काव्य

98. जाम्भोजी, विष्णोई सम्प्रदाय और साहित्य : डॉ. हीरालाल माहेश्वरी (दूसरा भाग), पृष्ठ संख्या : 768–769 से उद्धृत।
99. (क) महात्मा सुरजनदासजी के हरजस : (सम्पादक एवं टीकाकार) कृष्णलाल बिश्नोई
(ख) पोथो ग्रंथ ज्ञान में इनकी कुल संख्या 47 उपलब्ध होती है।
100. महात्मा सुरजनदासजी के हरजस : (सम्पादक एवं टीकाकार) कृष्णलाल बिश्नोई
101. पोथो ग्रंथ ज्ञान : (सम्पादक) कृष्णानन्द आचार्य, पृष्ठ संख्या : 256–264 (सम्वत् 1819 में परमानंद द्वारा लिपिबद्ध हस्तलिखित प्रति का प्रकाशन)
102. महात्मा सुरजनदासजी के हरजस : (सम्पादक एवं टीकाकार) कृष्णलाल बिश्नोई से उद्धृत
103 महात्मा सुरजनदासजी के हरजस : (सम्पादक एवं टीकाकार) कृष्णलाल बिश्नोई सम्पादकीय (vi) से उद्धृत।
104. (क) महात्मा सुरजनदासजी के हरजस : (सम्पादक एवं टीकाकार) कृष्णलाल बिश्नोई
(ख) जाम्भाणी साहित्य संग्रह पोथो ग्रंथ ज्ञान में 7 डिंगल गीत ही प्रकाशित है।
105. महात्मा सुरजनदासजी के हरजस (मूल एवं टीका) से उद्धृत।
106. छंद की प्रारम्भिक दो पंक्तियां गीत दो से हू–ब–हू है, लेकिन शेष तीन छंद भिन्न है।
107. संतकाव्य : आचार्य परशुराम चतुर्वेदी, पृष्ठ संख्या : 18
108. पोथो ग्रंथ ज्ञान : (सम्पादक) कृष्णानन्द आचार्य, पृष्ठ संख्या : 297–299
109. द्रष्टव्य अखिल भारतीय बिश्नोई महासभा के बीकानेर संग्रहालय में उपलब्ध विभिन्न हस्तलिखित प्रतियाँ।
110. जाम्भोजी, विष्णोई सम्प्रदाय और साहित्य : डॉ. हीरालाल माहेश्वरी (दूसरा भाग), पृष्ठ संख्या : 774
111. राजस्थानी काव्य में रामकथा : डॉ. मदन सैनी, पृष्ठ संख्या : 198
112. परमानंदजी का पोथा ही 'पोथो ग्रंथ ज्ञान' प्रकाशित संग्रह ग्रंथ है।
113. (क) गुरु जाम्भोजी की वाणी, सबदवाणी, जम्भवाणी आदि नामों से जानी जाती है।
(ख) गुरु जम्भेश्वर के सबदों (पदों) का सामुहिक नाम जम्भवाणी अपरनाम 'सबदवाणी' और इसे 'वेदवाणी' भी कहते हैं। (गुरु जम्भेश्वर जीवन और साधना : डॉ. किशनाराम बिश्नोई, लेखकीय से उद्धृत)

114. पोथो ग्रंथ ज्ञान : (सम्पादक) कृष्णानन्द आचार्य, पृष्ठ संख्या : 269–294
115. जाम्भोजी, विष्णोई सम्प्रदाय और साहित्य : डॉ. हीरालाल माहेश्वरी (दूसरा भाग), पृष्ठ संख्या : 777
116. परमानंद बणियाल द्वारा लिपिबद्ध प्राचीन हस्तलिखित प्रति।
117. पोथो ग्रंथ ज्ञान : (सम्पादक) कृष्णानन्द आचार्य, पृष्ठ संख्या : 205
118. जाम्भोजी, विष्णोई सम्प्रदाय और साहित्य : डॉ. हीरालाल माहेश्वरी (दूसरा भाग), पृष्ठ संख्या : 776
119. संतकाव्य : आचार्य परशुराम चतुर्वेदी, पृष्ठ संख्या : 23 (भूमिका से उद्‌धृत)
120. पोथो ग्रंथ ज्ञान : (सम्पादक) कृष्णानन्द आचार्य, पृष्ठ संख्या : 300–302
121. पोथो ग्रंथ ज्ञान : (सम्पादक) कृष्णानन्द आचार्य, पृष्ठ संख्या : 234
122. जाम्भोजी, विष्णोई सम्प्रदाय और साहित्य : डॉ. हीरालाल माहेश्वरी (दूसरा भाग), पृष्ठ संख्या : 791
123. सम्वत् 1854 में ताजैजी के शिष्य गंगाराम द्वारा लिपिबद्ध हस्तलिखित प्रति में रचना का शीर्षक।
124. सम्वत् 1936 में रावलदास द्वारा लिपिबद्ध हस्तलिखित प्रति में रचना का शीर्षक।
125. (क) पोथो ग्रंथ ज्ञान : (सम्पादक) कृष्णानन्द आचार्य, पृष्ठ संख्या : 219–220
    (ख) छंद संख्या 25 की एक पंक्ति लुप्त है।
126. अखिल भारतीय बिश्नोई महासभा, मुकाम के बीकानेर संग्रहालय में सुरक्षित।
127. जाम्भाणी साहित्य अकादमी, बीकानेर द्वारा सन् 2013 में प्रकाशित संग्रह ग्रंथ।
128. अन्तिम छंद संख्या 82 है लेकिन बीच में चार छंदों की एक–एक पंक्ति त्रुटित है।
129. परसरामजी : हरजी बणियाल, अज्ञात संतकवि आदि प्रमुख हैं।
130. पोथो ग्रंथ ज्ञान : (सम्पादक) कृष्णानन्द आचार्य, पृष्ठ संख्या : 215–218
131. पोथो ग्रंथ ज्ञान : (सम्पादक) कृष्णानन्द आचार्य, पृष्ठ संख्या : 231–233
132. प्रकाशित रचना में अंतिम छंद संख्या 197 है, छंद संख्या 191 के बाद में 2 कवित्त होने पर कुल छंद 193 ही होते हैं।
133. पोथो ग्रंथ ज्ञान : (सम्पादक) कृष्णानन्द आचार्य, पृष्ठ संख्या : 208–214

134. छंद संख्या : 13, 79, 102, 140, 162 और 198 की एक–एक पंक्ति लुप्त है तथा छंद संख्या 42 के पश्चात 01 पंक्ति अतिरिक्त है।
135. पोथो ग्रंथ ज्ञान : (सम्पादक) कृष्णानन्द आचार्य, पृष्ठ संख्या : 198–204
136. अंतिम छंद संख्या 202 लिपिबद्ध है तथा छंद संख्या 21, 48, 138, 154 और 155 लुप्त है।
137. पोथो ग्रंथ ज्ञान : (सम्पादक) कृष्णानन्द आचार्य, पृष्ठ संख्या : 221–230
138. अन्तिम छंद संख्या 104 है तथा छंद संख्या 50 के पश्चात् एक छंद अतिरिक्त है जिस पर क्रम संख्या अंकित नहीं है।
139. पोथो ग्रंथ ज्ञान : (सम्पादक) कृष्णानन्द आचार्य, पृष्ठ संख्या 265–268
140. पोथो ग्रंथ ज्ञान : (सम्पादक) कृष्णानन्द आचार्य, पृष्ठ संख्या : 244
141. छंद संख्या 24, 39, 77, 110, 153, 164, 187 कुल 8 छंदों की एक–एक पंक्ति लुप्त है तथा छंद क्रम संख्या 134 के बाद एक पंक्ति अधिक है। छंद संख्या 113 व 190 के बाद एक–एक छंद अतिरिक्त है जिस पर क्रमांक अंकित नहीं है।
142. जाम्भोजी, विष्णोई सम्प्रदाय और साहित्य : डॉ. हीरालाल माहेश्वरी (दूसरा भाग), पृष्ठ संख्या 797
143. पोथो ग्रंथ ज्ञान : (सम्पादक) कृष्णानन्द आचार्य, पृष्ठ संख्या : 235
144. पोथो ग्रंथ ज्ञान : (सम्पादक) कृष्णानन्द आचार्य, पृष्ठ संख्या : 243
145. जाम्भोजी, विष्णोई सम्प्रदाय और साहित्य : डॉ. हीरालाल माहेश्वरी (दूसरा भाग), संत सुरजनदास पूनिया का कृतिव के अनुसार
146. जाम्भा पुराण : कृष्णानन्द आचार्य, पृष्ठ संख्या : 498
147. 'करि पोह केसौदास, वास माडियौ अगौतरि' महात्मा सुरजनदास पूनिया कृत कवित्त (पोथो ग्रंथ ज्ञान : पृष्ठ संख्या : 292)
148. जाम्भोजी, विष्णोई सम्प्रदाय और साहित्य : डॉ. हीरालाल माहेश्वरी (दूसरा भाग), पृष्ठ संख्या : 701
149. हिन्दी संत परम्परा और संत केसो : डॉ. सुरेन्द्र कुमार, पृष्ठ संख्या : 79
150. (क) हस्तलिखित प्रति (परमानन्द बणियाल द्वारा लिपिबद्ध) अखिल भारतीय बिश्नोई महासभा, बीकानेर संग्रहालय में उपलब्ध 'कथा बाललीला' के अंत में लिखा है ''सा केसा 1684 लिखतु''
(ख) पोथो ग्रंथ ज्ञान : (सम्पादक) कृष्णानन्द आचार्य, पृष्ठ संख्या : 70

151. हिन्दी संत परम्परा और संत केसो : डॉ. सुरेन्द्र कुमार, पृष्ठ संख्या : 79
152. जाम्भोजी, विष्णोई सम्प्रदाय और साहित्य : डॉ. हीरालाल माहेश्वरी (दूसरा भाग), पृष्ठ संख्या : 702
153. जाम्भै जी रे भक्तां री भक्तमाल (पोथो ग्रंथ ज्ञान : पृष्ठ संख्या : 433)
154. जाम्भोजी, विष्णोई सम्प्रदाय और साहित्य : डॉ. हीरालाल माहेश्वरी (दूसरा भाग), पृष्ठ संख्या : 702
155. जाम्भा पुराण : (सम्पादक) कृष्णानन्द आचार्य, पृष्ठ संख्या : 494
156. साहबराम राहड़ कृत–जम्भसार, भाग–2, पृष्ठ संख्या : 207, 223
157. हिन्दी संत परम्परा और संत केसो : डॉ. सुरेन्द्र कुमार, पृष्ठ संख्या : 81
158. वही , पृष्ठ संख्या : 80
159. (क) जाम्भोजी, विष्णोई सम्प्रदाय और साहित्य : डॉ. हीरालाल माहेश्वरी (दूसरा भाग), पृष्ठ संख्या : 701
     (ख) बिश्नोई पंथ और साहित्य : डॉ. बनवारीलाल सहू , पृष्ठ संख्या : 91
160. साका– प्रति संख्या 201, फोलिया 546–47, (जाम्भोजी, विष्णोई सम्प्रदाय और साहित्य दूसरा भाग, पृष्ठ संख्या : 701, पाद टिप्पणी से उद्धृत)
161. (क) सतरा सत सौ छतीसो, जुग मां सुणि साध जगीसौ।। 27।।
     असलेखा नखत विचारी, गढ़ बीकानेर वेचारी।।
     + +++++
     चत चांदिण पख चवीज, तिथ चवदसि ग्यान गीणीज।। 29 ।।
     गीणी गुर परसादि गाई, केसव कथा सुणाई।
     (कथा धम्रचरी–पोथो ग्रंथ ज्ञान, पृष्ठ संख्या : 193)
     (ख) हस्तलिखित प्रति अखिल भारतीय बिश्नोई महासभा, बीकानेर संग्रहालय।
162. जाम्भोजी, विष्णोई सम्प्रदाय और साहित्य : डॉ. हीरालाल माहेश्वरी (दूसरा भाग), पृष्ठ संख्या : 701
163. वही, (पहला भाग), पृष्ठ संख्या : 240
164. हिन्दी संत परम्परा और संत केसो : डॉ. सुरेन्द्र कुमार, पृष्ठ संख्या : 82
165. वही, पृष्ठ संख्या : 87
166. जम्भसार : (सम्पादक) श्रीरामदास, (त्रयोविशंति प्रकरण), पृष्ठ संख्या : 45

167. हिन्दी संत परम्परा और संत केसो : डॉ. सुरेन्द्र कुमार, पृष्ठ संख्या : 87
168. जाम्भोजी, विष्णोई सम्प्रदाय और साहित्य : डॉ. हीरालाल माहेश्वरी (दूसरा भाग), पृष्ठ संख्या : 702
169. गुरु जाम्भोजी ने भ्रमण करते वक्त अपने हुजूरी भक्त–संतकवियों सहित जिस विशेष स्थान पर कई दिवस तक रुके तथा ज्ञानोपदेश के माध्यम से उस भूमि को पवित्र बनाया था, वे स्थान 'साथरी' कहलाते हैं।
170. साहबराम राहड़ कृत– जम्भसार : (भाग–2), पृष्ठ संख्या : 235
171. वही, पृष्ठ संख्या : 235
172. 'केसो आलम किया बखाण, कथा कीरतन गाया जांण' (पोथो ग्रंथ ज्ञान : पृष्ठ संख्या : 433)
173. साहबराम राहड़ कृत– जम्भसार : (भाग–2), पृष्ठ संख्या : 235
174. वही, पृष्ठ संख्या : 235
175. साखी भावार्थ प्रकाश : (टीकाकार) स्वामी कृष्णानंद जी महाराज
176. (क) जाम्भाणी साखी संग्रह : (संकलनकर्ता) ताराचंद खीचड़
(ख) जाम्भाणी साखी संग्रह : (सम्पादक) स्वामी भागीरथदास शास्त्री
177. जाम्भोजी, विष्णोई सम्प्रदाय और साहित्य : डॉ. हीरालाल माहेश्वरी (दूसरा भाग), पृष्ठ संख्या : 703
178. हिन्दी संत परम्परा और संत केसो : डॉ. सुरेन्द्र कुमार, पृष्ठ संख्या : 92–93
179. सम्वत् 1889 में फरसराम द्वारा लिपिबद्ध हस्तलिखित प्रति में गोकल जी के छंदों के मध्य केसोजी कृत 'स्तुति अवतार की'
180. हिंदी संत परम्परा और संत केसो : डॉ. सुरेन्द्र कुमार,पृष्ठ संख्या : 98–99
181. (क) पोथो ग्रंथ ज्ञान : (सम्पादक) कृष्णानन्द आचार्य, पृष्ठ संख्या : 68–70
(ख) सम्वत् 1877 में पीतांबरदास द्वारा लिपिबद्ध हस्तलिखित प्रति में रचना 'कथा बालचरित'
182. सा केसो 1684 लिखतु (पोथो ग्रंथ ज्ञान, पृष्ठ संख्या : 70)
183. पोथो ग्रंथ ज्ञान : (सम्पादक) कृष्णानन्द आचार्य, पृष्ठ संख्या : 127–129
184. जाम्भाणी साहित्य अकादमी, बीकानेर द्वारा प्रकाशित संग्रह ग्रंथ, पोथो ग्रंथ ज्ञान, पृष्ठ संख्या : 130–135
185. पोथो ग्रंथ ज्ञान : (सम्पादक) कृष्णानन्द आचार्य, पृष्ठ संख्या : 129–130
186. वही, पृष्ठ संख्या : 41

187. (क) सम्वत् 1820 में प्रेमदास द्वारा लिपिबद्ध विभिन्न कवियों की रचना के मध्य 'केसौजी के सवैया'
(ख) सम्वत् 1925 में नृसिंह द्वारा लिपिबद्ध हस्तलिखित प्रति में विभिन्न कवियों की रचनाओं के मध्य 'केसौजी कृत सवैया'
188. (क) पोथो ग्रंथ ज्ञान : (सम्पादक) कृष्णानन्द आचार्य, पृष्ठ संख्या : 71–77
(ख) 9 छंदों की एक–एक पंक्ति त्रुटित है।
189. **सतरा सै रै छहोतर, तीथ नुंय मंगलवार।**
जन केसौ की वीनती, सतगुरु पारि उतारि।। 172।।
190. पोथो ग्रंथ ज्ञान : (सम्पादक) कृष्णानन्द आचार्य, पृष्ठ संख्या : 78–85 (छंद संख्या : 25, 33, 34, 35, 110 व 210 की एक–एक पंक्तियां त्रुटित है।
191. जाम्भोजी, विष्णोई सम्प्रदाय और साहित्य : डॉ. हीरालाल माहेश्वरी (दूसरा भाग), पृष्ठ संख्या : 722
192. हिन्दी संत परम्परा और संत केसो : डॉ. सुरेन्द्र कुमार, पृष्ठ संख्या : 121
193. पोथो ग्रंथ ज्ञान : (सम्पादक) कृष्णानन्द आचार्य, पृष्ठ संख्या : 86–91
194. जाम्भोजी, विष्णोई सम्प्रदाय और साहित्य : डॉ. हीरालाल माहेश्वरी (दूसरा भाग), पृष्ठ संख्या : 728
195. हिन्दी संत परम्परा और संत केसो : डॉ. सुरेन्द्र कुमार, पृष्ठ संख्या : 107
196. सोलासै पचांवण, सुदि सांवण तीथ्य तीज।
मत्य सारू कैस कही, सुण्य सतगुरु की रीझ।।143। (पोथो ग्रंथ ज्ञान : पृष्ठ संख्या : 91)
197. जाम्भोजी, विष्णोई सम्प्रदाय और साहित्य : डॉ. हीरालाल माहेश्वरी (दूसरा भाग), पृष्ठ संख्या : 728
198. पोथो ग्रंथ ज्ञान : (सम्पादक) कृष्णानन्द आचार्य, पृष्ठ संख्या : 92–95
199. छंद संख्या, 6, 21, 31 व 45 की एक–एक पंक्ति लुप्त है तथा छंद संख्या 45 के बाद पुनः छंद संख्या 41 लिखा हुआ है जो लिपिकर्ता द्वारा भूलवश लिखा हुआ हो सकता है।
200. परमानंद वणियाळ द्वारा लिपिबद्ध हस्तलिखित प्रति, प्राप्ति स्थान : बिश्नोई मन्दिर, हिसार
201. पोथो ग्रंथ ज्ञान : (सम्पादक) कृष्णानन्द आचार्य, पृष्ठ संख्या : 96–101

विश्नोई संतकवियों द्वारा रचित राम–कृष्ण संबंधी आख्यान काव्य

202. छंद संख्या 103 और 108 की एक–एक पंक्तियां लुप्त है।
203. सुध्य सबद सतगुरु का कह, कारण कीरीया गुरु मुखि वह।
छहोत्र सत्रा सै सही, कथा विचारय केसे कही।। 132 ।।
(पोथो ग्रंथ ज्ञान, पृष्ठ संख्या : 101 से उद्धृत)
204. पोथो ग्रंथ ज्ञान : (सम्पादक) कृष्णानन्द आचार्य, पृष्ठ संख्या : 102–104
205. **सतरासै र छैडोतरा, वदि भादवा बखाण्य।**
उदे र अतली तंणी, कथा चड़ी प्रवाण्य।। 76।।
तिथि दसुंय पुरबा नखत, मंगलवार विचारय।
जन केसौ की वीनती आवा गुवण्य निवारि।।
206. जाम्भोजी, विष्णोई सम्प्रदाय और साहित्य : डॉ. हीरालाल माहेश्वरी (दूसरा भाग), पृष्ठ संख्या : 716
207. हिंदी संत परम्परा और संत केसो : डॉ. सुरेन्द्र कुमार, पृष्ठ संख्या : 110
208. पोथो ग्रंथ ज्ञान : (सम्पादक) कृष्णानन्द आचार्य, पृष्ठ संख्या : 111
209. जाम्भोजी, विष्णोई सम्प्रदाय और साहित्य : डॉ. हीरालाल माहेश्वरी (दूसरा भाग), पृष्ठ संख्या : 725
210. हिंदी संत परम्परा और संत केसो : डॉ. सुरेन्द्र कुमार, पृष्ठ संख्या : 124–126
211. चार छंदों की एक–एक पंक्ति लुप्त है तथा छंद संख्या 199 व 272 नहीं है।
212. पोथो ग्रंथ ज्ञान : (सम्पादक) कृष्णानन्द आचार्य, पृष्ठ संख्या : 112–126
213. 'सतरा सै पनरोतर, तिथ छठि थावर वार।
सुदि मगसरि केस कही, विगतावली विचारय।। 378।।
(पोथो ग्रंथ ज्ञान, पृष्ठ संख्या : 126)
214. (क) पोथो ग्रंथ ज्ञान : (सम्पादक) कृष्णानन्द आचार्य, पृष्ठ संख्या : 137–157
(ख) प्रहलाद चरित्र (सम्पादक एवं टीकाकार)– कृष्णानंद आचार्य
215. (क) पोथो ग्रंथ ज्ञान : (सम्पादक) कृष्णानन्द आचार्य, पृष्ठ संख्या : 188–193
(ख) थापन वसता द्वारा लिपिबद्ध हस्तलिखित प्रति (अखिल भारतीय बिश्नोई महासभा के बीकानेर संग्रहालय में उपलब्ध प्रति)
(ग) इस काव्य कृति में कुल 9 छंद एक–एक पंक्ति के है।
216. पोथो ग्रंथ ज्ञान : (सम्पादक) कृष्णानन्द आचार्य, पृष्ठ संख्या : 193
217. (क) पोथो ग्रंथ ज्ञान : (सम्पादक) कृष्णानन्द आचार्य, पृष्ठ संख्या : 158–178

(ख) दामैजी के शिष्य हरजी द्वारा लिपिबद्ध हस्तलिखित प्रति।

218. (क) जाम्भोजी, विष्णोई सम्प्रदाय और साहित्य : डॉ. हीरालाल माहेश्वरी (दूसरा भाग), पृष्ठ संख्या : 740
(ख) हिंदी संत परम्परा और संत केसो : डॉ. सुरेन्द्र कुमार, पृष्ठ संख्या : 135
219. जाम्भोजी, विष्णोई सम्प्रदाय और साहित्य : डॉ. हीरालाल माहेश्वरी (पहला भाग), पृष्ठ संख्या : 77
220. जाम्भोजी, विष्णोई सम्प्रदाय और साहित्य : डॉ. हीरालाल माहेश्वरी (दूसरा भाग), पृष्ठ संख्या : 735–736
221. पोथो ग्रंथ ज्ञान : (सम्पादक) कृष्णानन्द आचार्य, पृष्ठ संख्या : 194
222. जाम्भोजी, विष्णोई सम्प्रदाय और साहित्य : डॉ. हीरालाल माहेश्वरी (दूसरा भाग), पृष्ठ संख्या : 701–764
223. वही, पृष्ठ संख्या : 712
224. वही, पृष्ठ संख्या : 713–714
225. जाम्भोजी, विष्णोई सम्प्रदाय और साहित्य : डॉ. हीरालाल माहेश्वरी (दूसरा भाग), पृष्ठ संख्या : 715
226. नागरी प्रचारिणी सभा, काशी से प्रकाशित, संवत 2021, हस्तलिखित हिन्दी पुस्तकों का संक्षिप्त विवरण, (सन् 1900–1955 ई. तक) द्वितीय खण्ड, पृष्ठ संख्या 301। (जाम्भोजी, विष्णोई सम्प्रदाय और साहित्य : डॉ. हीरालाल माहेश्वरी (दूसरा भाग), पृष्ठ संख्या : 890 पाद टिप्पणी से उद्धृत)
227. जाम्भोजी, विष्णोई सम्प्रदाय और साहित्य : डॉ. हीरालाल माहेश्वरी (दूसरा भाग), पृष्ठ संख्या : 890
228. हिन्दी संत परम्परा और संत केसो : डॉ. सुरेन्द्र कुमार, पृष्ठ संख्या : 64
229. मिश्रबन्धु विनोद खण्ड 3–4 : पृष्ठ संख्या : 86
230. खोज विवरण : सभा 1938–40 : द्वितीय परिशिष्ट संख्या : 120 (हिन्दी कृष्ण काव्य– डॉ. सुधा चतुर्वेदी, पृष्ठ संख्या : 32, पाद टिप्पणी से उद्धृत)
231. हिन्दी कृष्ण काव्य : डॉ. सुधा चतुर्वेदी, पृष्ठ संख्या : 32
232. पोथो ग्रंथ ज्ञान : (सम्पादक) कृष्णानन्द आचार्य, पृष्ठ संख्या : 422
233. जाम्भोजी, विष्णोई सम्प्रदाय और साहित्य : डॉ. हीरालाल माहेश्वरी (दूसरा भाग), पृष्ठ संख्या : 890
234. वही, पृष्ठ संख्या : 890
235. वही, पृष्ठ संख्या : 890
236. वही, पृष्ठ संख्या : 890

237. जाम्भोजी, विष्णोई सम्प्रदाय और साहित्य : डॉ. हीरालाल माहेश्वरी (दूसरा भाग), पृष्ठ संख्या : 895
238. (क) हिन्दी के मध्यकालीन खण्ड काव्य : डॉ. सीयाराम तिवारी, पृष्ठ संख्या : 128
(ख) रुक्मिणी विवाह सम्बन्धी मध्ययुगीन हिन्दी मंगल काव्य : लोक सांस्कृतिक अध्ययन, डॉ. सुनिता शर्मा, पृष्ठ संख्या : 60
239. जाम्भोजी, विष्णोई सम्प्रदाय और साहित्य : डॉ. हीरालाल माहेश्वरी (दूसरा भाग), पृष्ठ संख्या : 890, पाद टिप्पणी से उद्धृत
240. (क) जाम्भोजी, विष्णोई सम्प्रदाय और साहित्य : डॉ. हीरालाल माहेश्वरी (दूसरा भाग), पृष्ठ संख्या : 910
(ख) बिश्नोई पंथ और साहित्य : डॉ. बनवारीलाल सहू, पृष्ठ संख्या : 94
241. लेखक ने स्वयं जाकर देखा है।
242. (क) जाम्भोजी, विष्णोई सम्प्रदाय और साहित्य : डॉ. हीरालाल माहेश्वरी (दूसरा भाग), पृष्ठ संख्या : 912
(ख) बिश्नोई पंथ और साहित्य : डॉ. बनवारीलाल सहू, पृष्ठ संख्या : 94
243. पोथो ग्रंथ ज्ञान : (सम्पादक) कृष्णानन्द आचार्य, पृष्ठ संख्या : 385
244. जाम्भोजी, विष्णोई सम्प्रदाय और साहित्य : डॉ. हीरालाल माहेश्वरी, (दूसरा भाग) पृष्ठ संख्या : 910 (पाट टिप्पणी से उद्घृत)
245. (क) बिश्नोई पंथ और साहित्य : डॉ. बनवारीलाल सहू, पृष्ठ संख्या : 94
(ख) जाम्भोजी, विष्णोई सम्प्रदाय और साहित्य : डॉ. हीरालाल माहेश्वरी (दूसरा भाग), पृष्ठ संख्या : 910
246. लेखक ने स्वयं वहां जाकर–मिलकर जानकारी प्राप्त की है।
247. साहबराम राहड़ कृत–जम्भसार : (भाग –2), पृष्ठ संख्या : 263
248. छंद संख्या 47, 89, 95, 176, 217, 271 प्रत्येक की एक–एक पंक्तियाँ है उसके बाद संख्या लिखी गई है। छंद संख्या 53, 117, 131, 133, 157, 161, 192, 206, 212, 219, 222, 239, 265, 282 व 306 छंदों के बाद एक–एक पंक्ति अतिरिक्त भी है। इस प्रकार कवि छंद संख्या लगाने में किंचित् असावधान जान पड़ते हैं। कई स्थानों पर कतिपय पंक्तियाँ अधिक लिख दी तो कई स्थलों पर लिखना ही भूल गये।
249. पोथो ग्रंथ ज्ञान : (सम्पादक) कृष्णानन्द आचार्य, पृष्ठ संख्या : 375
250. प्रहलाद गही विस्नु की टेका, हिरणकस्यब व कीयौ बहू धेखा।
सब प्रहलाद खंब के बांधा, अस्वर खड़ग सीस पर साधा।। 25 ।।

(पोथो ग्रंथ ज्ञान, पृष्ठ संख्या : 382)
251. **म्हा विस्नु दसरथ सुत रामा, सुरनर मुनीजन लीन पूरण कामा।**
     कोसल्या कु ज्ञान सिखायो, अपनौ तेज प्रताप दिखायो।। 31।।
     (पोथो ग्रंथ ज्ञान, पृष्ठ संख्या : 383)
252. म्हा विस्नु कृष्ण अवतारा, ब्रिज में कीयो चिरत अपारा।
     वसुदेव देवकी कै जनमै जाई, नंद महर घर बंटी बधाई।। 42 ।।
     (पोथो ग्रंथ ज्ञान, पृष्ठ संख्या : 383)
253. **हनुमान हरि के निज दासा, मुख हरि नाम चरन की आसा।**
     रुघनाथ रजा सीस पर धारै, अज्ञा पाय सब काम सुधारै।। 36।।
     (पोथो ग्रंथ ज्ञान, पृष्ठ संख्या : 383)
254. पोथो ग्रंथ ज्ञान : (सम्पादक) कृष्णानन्द आचार्य, पृष्ठ संख्या : 385
255. पोथो ग्रंथ ज्ञान : (सम्पादक) कृष्णानन्द आचार्य, पृष्ठ संख्या : 385
256. चैत्र मास की अष्टमी, कृष्ण पक्ष या शुक्ल पक्ष का उल्लेख नहीं मिलता है।
257. जाम्भोजी, विश्नोई सम्प्रदाय और साहित्य : डॉ. हीरालाल माहेश्वरी (दूसरा भाग), पृष्ठ संख्या : 913 की पाद टिप्पणी से उद्घृत।
258. जाम्भोजी, विश्नोई सम्प्रदाय और साहित्य : डॉ. हीरालाल माहेश्वरी (दूसरा भाग), पृष्ठ संख्या : 914
259. हस्तलिखित प्रति (अखिल भारतीय बिश्नोई महासभा, बीकानेर के संग्रहालय में उपलब्ध)
260. पोथो ग्रंथ ज्ञान : (सम्पादक) कृष्णानन्द आचार्य, पृष्ठ संख्या : 378
261. पोथो ग्रंथ ज्ञान : (सम्पादक) कृष्णानन्द आचार्य, पृष्ठ संख्या : 385
262. पोथो ग्रंथ ज्ञान : (सम्पादक) कृष्णानन्द आचार्य, पृष्ठ संख्या : 380
263. संतकवि ने भूलवश छंद संख्या 112 नहीं लिखा है तथा अन्तिम छंद 123 है।

3. राम–कृष्ण सम्बन्धी आख्यान काव्यों का परिचयात्मक विवेचन

राम–कृष्ण सम्बन्धी आख्यान काव्य

भारतीय साहित्य परम्परा में आख्यान एक लोकप्रिय परम्परा रही है, जो अपने विविध अंगों के साथ अति प्राचीनकाल से ही समृद्ध हो चुकी है। हिन्दी साहित्य में भी इनकी लोकप्रियता बरकरार रही है। आख्यान काव्यों का आरम्भ वैदिक साहित्य, रामायण, महाभारत, पुराणों, संस्कृत के कथाओं, प्राकृत और अपभ्रंश के जैन चरित–काव्यों, जैन पुराणों, बौद्ध जातक कथाओं आदि से माना जाता है। इन काव्य ग्रंथों को आधार बनाकर राष्ट्र में प्रचलित विविध पंथ–सम्प्रदायों के असंख्य साहित्यकारों ने साहित्य सृजन किया है। उनके द्वारा रचित काव्य–ग्रंथों में जो आख्यान संगृहीत हैं, वह युगों तक जन सामान्य की मौखिक सम्पत्ति रहा है। जिस पर लोक कथाओं और लोक परम्पराओं का सर्वाधिक प्रभाव होता है। इस विपुल आख्यान साहित्य परम्परा में कई अवतारों की कल्पना मिलती है, किन्तु उनमें मुख्य अवतार दो ही हैं– राम और कृष्ण। इन दोनों अवतारों की कल्पना अति प्राचीन एवं व्यापक है।

हिन्दी पूर्व संस्कृत, पालि, प्राकृत, अपभ्रंश, हिन्दी और हिन्दीत्तर प्रान्तीय भाषाओं का साहित्य अपनी विरासत, धरोहर, सभ्यता और संस्कृति के प्राचीनतम रूप को सँजोए हुए है। साहित्य की इस सृजनात्मकता को जिन चरित्रों ने क्रियाशील बनाया है, उनमें राम और कृष्ण की भूमिका महत्त्वपूर्ण है। इनके चरित्र एवं कार्य दोनों ही महान, आदर्श और अनुकरणीय है। इन अवतारों को आधार बनाकर भारतीय वाङ्मय में जितनी काव्य सर्जना हुई है, उतनी किसी अन्य अवतार अथवा मनुष्य से संबंधित नहीं। प्रस्तुत प्रबन्ध में हमने राम और कृष्ण संबंधित आख्यान काव्यों को अपने अध्ययन का विषय बनाया है, जिनका विवेचन–विश्लेषण इस प्रकार है –

राम सम्बन्धी आख्यान काव्य

हिन्दी साहित्य के भक्तिकाल में आधिकारिक रूप से जिस राम–भक्ति काव्यधारा का प्रादुर्भाव हुआ है, उसमें राष्ट्र में प्रचलित सभी प्रमुख पंथ–सम्प्रदायों के संत–कवियों का योगदान माना जाता है। राष्ट्र में प्रचलित विश्नोई पंथ के संत–कवियों ने भी अपने साहित्य में पौराणिक कथानकों को आधार बनाकर, उनमें इतिहास और कल्पना का मिला–जुला रूप प्रस्तुत करने का प्रयास किया है, जिनमें 'मेहोजी कृत रामायण' और 'सुरजनदास पूनिया कृत रामरासौ' प्रमुख हैं।

विश्नोई संतकवियों द्वारा रचित राम-कृष्ण संबंधी आख्यान काव्य

विक्रम की सोलहवीं शताब्दी के उत्तरार्द्ध में विश्नोई संतकवि मेहोजी गोदारा विरचित रामाख्यान विषयक काव्य 'रामायण' को राजस्थानी का प्रथम रामाख्यान काव्य होने का गौरव प्राप्त है। 'रासौ' ग्रंथों से हिन्दी में जो आख्यान काव्य परम्परा प्राप्त हुई है, उसमें सुरजनदास पूनिया कृत 'रामरासौ' मूलरूप से रामायण के लंकाकाण्ड पर आधारित है।

मेहोजी गोदारा कृत रामायण
कथावस्तु

संतकवि ने सर्वप्रथम मंगलाचरण में सहस्रनामी परमेश्वर और सृष्टि के सृजनहार का स्मरण करने के पश्चात् कथा का आरम्भ किया है।

असुरों को संहारने, बंदी देवताओं को बन्धन से मुक्त कराने और अपने वचनों को सत्य स्थापित (साबित) करने हेतु परमेश्वर ने राम-लक्ष्मण के रूप में अवतार धारण किया। राजा दशरथ के घर में कौशल्या से राम, सुमित्रा से लक्ष्मण और कैकयी से भरत, शत्रुघ्न का जन्म हुआ। राजा दशरथ के बीमार होने पर, कैकयी द्वारा उपचार किये जाने पर राजा ने प्रसन्न होकर कैकयी को वर मांगने को कहा। कैकयी ने राजा को वचनों से छलते हुए भरत-शत्रुघ्न के लिए राज्य और राम-लक्ष्मण के लिए वनवास मांगा। राम-लक्ष्मण राजा के वचनों का पालन करते हुए, अयोध्या के सम्पूर्ण राज-सुखों का परित्याग करके वनवास गमन करते हैं। अयोध्या की छत्तीस पवन जातियों के लोगों ने उन्हें विदा किया। इससे भरत अत्यधिक दुःखी हुए। राजा दशरथ पुत्रों की राह देखते हुए श्रवण कुमार द्वारा दिये गये शाप का स्मरण करते हुए अत्यन्त व्याकुल हो जाते हैं। कुछ समय पश्चात् पुत्र वियोग में राजा देवलोक गमन हो गये। सीता के स्वयंवर के लिए चारों दिशाओं के राजा एकत्रत हुए, किन्तु शिव धनुष उठाने में कोई भी सफल नहीं हुआ। राम ने धनुष उठाकर प्रत्यंचा खींच दी। सीता का राम से कुलरीति परम्परानुसार विवाह सम्पन्न हुआ और राम सीता को लेकर अपने आश्रम में लौट आये। रावण ने लंका में जाकर अपने यौद्धा भोज को सीता से विवाह करके ले जाने वाले युवकों के बारे में पता लगाने को कहा। भोज तपस्वी का वेश बनाकर राम की कुटिया के पास आया। सीता से मुलाकात करने के पश्चात् स्वयं को पथिक और व्याधि ग्रस्त बताते हुए उनसे रात्रि विश्राम के लिए निवेदन करने लगा। सीता ने उनके निवेदन को स्वीकार करते हुए उन्हें रात्रि विश्राम करवाया। उसी दिन से उपद्रव का सूत्रपात होने लगता है। सीता के सम्पूर्ण सौन्दर्य का अवलोकन करने के पश्चात् वह (भोज) सुबह जल्दी लंका के लिए रवाना हो जाता है। वहां जाकर वह सीता के सम्पूर्ण सौन्दर्य का अनेक प्रकार से बखान करता है। राजमहल में रावण की पाटवी रानी मंदोदरी को सीता के

विश्नोई संतकवियों द्वारा रचित राम-कृष्ण संबंधी आख्यान काव्य

सामने पनिहारिन मात्र बताते हुए यहां तक कि उसने यह भी कह दिया कि सीता के समान स्त्री दुनिया में है ही नहीं, कोई स्वर्ग में हो तो हो। इतना सुनते ही रावण ने सीता हरण का दृढ़ निश्चय कर लिया। ज्योतिषियों से उसके परिणाम के विषय में पूछकर उचित मुहूर्त साधा और नगर से निकलकर प्रतोली द्वार पर आ गया। रास्ते में अनेक अपशकुन होने पर वह अपने यौद्धा भोज से इस छद्म अभ्यास की सफलता-असफलता के विषय में पूछता है। सौदागर व्यापार में लाभ प्राप्ति ही करता है, वह शास्त्र और शकुन पर कभी भी विचार नहीं करता है, कहते हुए भोज ने यह भी कर दिया कि तुम्हें मारने वाला कोई नहीं है यदि कोई मरेगा तो, तुम ही किसी को मारोगे। राम रामसर तालाब खुदवाते हैं, लक्ष्मण उसकी पाळ बांध रहे हैं तथा सीता सिर पर दो स्वर्णिम कलश रखे हुए पानी लाती है। सीता वहीं रास्ते में स्वर्ण मृग को विचरण करते हुए देखती हैं, मृग देखते ही सीता के मन में उस मृग के चर्म की कंचुकी पहनने की इच्छा जागृत होती है तथा वह लक्ष्मण से मृग मारने का निवेदन करती है। लक्ष्मण उसे समझाते हैं कि स्वर्ण मृग नहीं है, हमें ठगने के लिए कोई दानव ताक लगा रहा है। सीता इसके लिए राम से आग्रह करती है तथा उनके समक्ष एक स्त्री के रूप में स्वयं की विवशता भी प्रकट करती है। लक्ष्मण उसे अन्य वस्तु मांगने के लिए कहते हैं, किन्तु स्त्री हठ के कारण राम मृग मारने के लिए वन में जाते हैं। मृग के बाण लगते ही, उसने (मृग ने) कहा- हे लक्ष्मण! राम मारा गया। इतना सुनते ही सीता लक्ष्मण को उनकी (राम की) सहायतार्थ वन में भेज देती है।

लक्ष्मण रक्षा रेखा खींचकर, उसका उल्लघंन न करने की सीता को हिदायत देते हुए, वन में राम के पीछे जाते हैं। लक्ष्मण के जाते ही तपस्वी वेशधारी रावण ने आकर सीता से भिक्षा मांगी। रक्षा रेखा पर पाट रखकर सीता जैसे ही रावण को भिक्षा डालने लगती है वैसे ही रावण उचककर सीता का हरण कर लेता है। रास्ते में गरुड़ के द्वारा रावण का रास्ता रोकने पर सीता रावण से निवेदन करते हुए कहती है- यदि तुम मुझे छोड़ दो, तो मैं अपनी स्वामी के गरुड़ को कह दूँगी ताकि तुम सकुशल लंका जा सको। रावण हँसते हुए गरुड़ को पंख विहीन कर, सीता को लंका ले गया। राम कुटिया में लौटने पर सीता को वहां पर न पाकर अत्यन्त विलाप करने लगते हैं। लक्ष्मण व हनुमान उन्हें अनेक प्रकार से धैर्य बंधाते हैं, परन्तु राम का विलाप रुकता नहीं है। उपस्थित राम हितैषी राम को सांत्वना देते हुए कहते हैं- हे राम! क्यों इतने दुःखी होते हो ? मैं तुरन्त वानरों को बुलाकर सीता को खोजने की आज्ञा देता हूँ। धरती के ऊपर और आसमान के नीचे जहाँ भी सीता होगी, वे उन्हें ढूंढ लेंगे। दक्षिण दिशा में सीता की खबर लाने का सबसे दुष्कर कार्य

था, यह जिम्मेदारी नम्रतापूर्वक अंगद ने स्वीकार की। राम–लक्ष्मण बारह चुने हुए शूरों व सामन्तों सहित अंगद को विदा करते हैं। सीता की खोज में अनेक कष्ट सहते हुए एक पक्ष बीत जाने के बाद, प्यास से अत्यन्त व्याकुल अंगद की सेना खार समुद्र के तट पर पक्षियों को उड़ते हुए देखकर वहां जल होने का अनुमान लगती है। प्यास शांत करने के लिए भू–गर्भ में प्रविष्ट होकर, स्वर्ण–कुण्ड से जल पीकर चम्पागिरी की चढ़ाई करती है। आगे अथघ–अथाह सागर दिखायी देने पर अंगद ने इसे पार करने वाले यौद्धा को पुकारने पर सर्वप्रथम हनुमान ने स्वीकृति प्रदान की, तुरन्त समुद्र में कूद गये और जलनिधि सागर व लंका दोनों को पीछे छोड़कर आगे चले गये। एक वृद्धा ने उन्हें पुनः समुद्र में कूदकर लंका जाने की सलाह दी। तब वे तुरन्त आकाश मार्ग से उड़कर आए हुए पक्षी की भांति जाकर लंका में बैठ जाते हैं। वहां हनुमान पनिहारियों के मुख से सुनतें हैं कि– राजा राम की प्रिया सीता लंका में लाई गई है और लंका का शीघ्र ही नाश होने वाला है। इतना सुनते ही हनुमान अशोक वन में प्रवेश करके सीता को वहां राक्षसों से घिरी हुई देखते हैं। राम द्वारा दी गई मुद्रिका सीता की गोद में गिराते हैं। श्रीराम की मुद्रिका देखकर सीता विलाप करने लगती है। हनुमान सीता को अपना परिचय बताकर राम की सेना का विस्तार पूर्वक वर्णन करते हुए उन्हें आश्वस्त करके भूख शांत करने के लिए बाड़ी के फल खाने की आज्ञा मांगते हैं। सीता रावण के बल का उल्लेख करते हुए पके हुए फल खाने और बाग में पांव न रखने की आज्ञा देती है। हनुमान अपने पराक्रम को प्रदर्शित करते हुए अशोक वाटिका और उसके आस–पास के क्षेत्र का विध्वंस करते हुए अनेक असुरों का संहार करके अंत में पकड़े गये। स्वयं की मृत्यु का उपाय पूँछ में सूत लपेटकर आग लगाना बताया। लंका वासियों ने ऐसा ही किया और हनुमान ने आग से लंका जला दी। उसके बाद हनुमान की रावण से मुलाकात होने पर रावण कहता है– हे बन्दर ! मैं तुम्हारा सिर काट दूंगा, लंका में सब ठीक–ठाक था, जो तुमने नष्ट कर डाला। रावण ने हनुमान की प्रत्यक्षतः पहचान करने के पश्चात् यह भी कहा कि– ये इतना साहसिक कार्य तुमने श्रीराम के बल पर किये हैं ? रावण से वार्ता से बाद हनुमान सीता से समाचार लेकर समुद्र के उस पार आकर लक्ष्मण को सम्पूर्ण समाचार सुनाते हैं। लंका में मंदोदरी सीता के पास अशोक वाटिका में जाती है और उसे कहती है कि रावण तुझे अपनी पत्नी बनायेगा। इस प्रकार की बातों को व्यर्थ बताकर सीता रावण को पिता तुल्य मानकर बात टाल देती है।

बात टालने पर मंदोदरी सीता को ताना कसती हुई कहती हैं कि अगर इतनी ही तुम पतिव्रता थी तो, अपने पति राम को क्यों छोड़ा ? सीता इसका कारण बताती हुई कहती है कि– लंका का विनाश करवाने,

रावण को मरवाकर तुम्हें विधवा बनाने और बंदी बनाये हुए तैंतीस करोड़ देवताओं को मुक्त कराने के लिए। अशोक वाटिका से मंदोदरी रावण के पास जाती है और उनके द्वारा किये गये कार्य की भर्त्सना करते हुए राम–लक्ष्मण की अपार शक्ति का उल्लेख करते हुए लंका के भावी विनाश की ओर संकेत भी करती हैं। रावण अपने धन–वैभव और कुम्भकरण सहित अनेक यौद्धाओं का उल्लेख करते हुए मंदोदरी को डाँट–फटकार कर देश निकाला तक की धमकी भी दे देता है। इसके बाद मंदोदरी अपने सपने का उल्लेख करती हुई रावण से कहती है कि मैंने स्वप्न में देखा था कि– समुद्र पर सेतु बनाकर लक्ष्मण लंका में आये और लंका को उन्होंने जीत लिया। रावण स्वयं को छतीस युगों का ज्ञाता और एक सौ आठ कुलों की बात जानने वाला बतलाते हुए यह भी कहता है कि यहां तक की तैंतीस करोड़ देवता तो मेरे पैरों में पड़े हैं। लक्ष्मण ने हनुमान और समस्त वानर सेना को लंका जीतने और सीता को मुक्त कराने की आज्ञा दी। राम ने सागर पर सेतु का निर्माण करवाया। सौ योजन समुद्र लांघकर सेना ने लंका में प्रवेश किया। विभीषण राम की शरण में आया। लक्ष्मण ने लंका जीतने से पहले ही उसे सौंप दी। विभीषण ने भी रावण को सीता सौंपने के विषय में समझाया, परन्तु वह नहीं माना, तो विभीषण ने रावण के दल–बल व छल–कपट के बारे में पूरी जानकारी राम को दे दी।

रावण की बहिन वाराही एक पथिक से अपने पीहर के समाचार पूछती है तो वह लंका के चारों घाटो को अवरुद्ध बताते हुए आगे कहता है कि सीता के लिए लक्ष्मण–रावण युद्ध हो रहा है, रावण ने सीता हरण करके ऐसी भूल की है यहां तक कि लंका खो दी, ऐसा मानो आप। लंका में लक्ष्मण के आहत होते ही रामदल में कोलाहल मच जाता है। राम वैद्य को बुलाते हैं। वैद्य जड़ी–बूटी को इसका उपचार बताते हुए कहता है कि – ऐसा व्यक्ति बुलावो जो पवन वेग से चले, भूत–प्रेतों से जिसे भय नहीं लगता हो तथा पौ फटने से पूर्व वापस आ सके। यह जिम्मेदारी हनुमान को सौंपी गई। राम पत्नी के लिए भाई खो देने पर अत्यन्त विलाप करते हैं। हनुमान सुमेरू पर्वत पर पहुंचे और जड़ी को न पहचानने पर पूरा पर्वत ही उठाकर ले आते हैं। जड़ी घिसकर लगाने पर मूर्छागत कुंवर लक्ष्मण जाग्रत हो जाते हैं। रावण की सेना ने अपनी तरफ से युद्ध का बीड़ा महिरावण को सौंपा। वह ठग विद्या खेलते हुए ठग–मूली द्वारा राम–लक्ष्मण को पाताल ले जाता है। सेना में राम–लक्ष्मण दोनों भाइयों को न पाकर हनुमान अत्यन्त चिंतित होते हैं। हनुमान ने समुद्र मंथन करके पातालपुरी का रास्ता खोजा और द्वारपाल से राम–लक्ष्मण का पता पूछकर माला देवी में मन्दिर में जाकर महिरावण

का वध करके उन्हें वापस लाते हैं। लंका के मण्डलाकार दुर्ग के शिखर को तोड़कर राम के यौद्धा 'झीटे' ने उस दुर्ग में प्रवेश द्वार बना दिया। लंका में बन्दर ही बन्दर छा गये। दोनों सेनाओं के बीच घमासान होने लगा। राम अपने बाण से कुंभकरण को मारते हैं। लक्ष्मण के कोदण्ड धारण करते ही नवखण्ड स्वतः कांप उठते हैं।

यह देख मंदोदरी ने रावण से अनुरोध किया कि– अब आपकी बारी है। रावण अपने द्रुतगति वाले दूत को लक्ष्मण के पास दया की भीख मांगने भेजता है, परन्तु सेनानायक लक्ष्मण ने प्रीतिपूर्वक पंखों वाला बाण धनुष पर चढ़ाया और रावण को मार गिराया। एक श्रेष्ठ वीर द्वारा एक श्रेष्ठ वीर की मृत्यु पर राम ने निश्वास छोड़ा। रावण के मरते ही समस्त लंकावासी राम के दर्शन करने आते हैं। बंदी बनाये गये देवगण मुक्त होते हैं। राम अपनी सेना के मृत जवानों को पुनः जीवित करके अपनी अठारह पद्म सेना पूरी करते हैं। विभीषण को लंका के सिंहासन पर बैठाकर, राम के सीता सहित अयोध्या आने पर सर्वत्र प्रसन्नता छा जाती है। अंत में संतकवि इस रामाख्यान का माहात्म्य बताते हुए कहते हैं कि – अड़सठ तीर्थों में स्नान करने पर जो पुण्य मिलता है, वह पुण्य इस रामायण को ध्यानपूर्वक सुनने से मिल सकता है तथा धर्म में ध्यान से ही वास्तविक तृप्ति संभव है।

सुरजनदास पूनिया विरचित रामरासौ

संतकवि विरचित रामरासौ आख्यान एक खण्डकाव्य है, जो मूल रूप से रामायण के लंकाकाण्ड पर आधारित है। इसमें वर्णित कथा का आधार वाल्मीकी रामायाण ही है। इस काव्य कृति में कवि ने राम को आधार बनाकर राम और रावण की युद्ध कला (युद्ध लीला) का वर्णन किया है।

रामरासौ में कथा का आरम्भ पंचवटी में शूर्पणखा के आगमन से होता है, जो लंका विजयोपरान्त राम के अयोध्या आगमन के साथ पूर्ण होता है। इसमें राम–रावण युद्ध का मूल कारण शूर्पणखा को माना गया है।

कवि ने सर्वप्रथम मंगलाचरण के रूप में गोविन्द का स्मरण करते हुए लक्ष्मण को गोविन्द के रूप में याद किया है तथा देवताओं के चरित का यशोगान किया है। रामरासौ में लोक मंगल, भक्तों की रक्षा, दुष्टों का संहार करने तथा धरातल पर धर्म नीति के आदर्श की स्थापना करने हेतु भगवान विष्णु के पृथ्वी पर अवतरित होने का प्रसंग एवं पौराणिक नामोल्लेख कृति के प्रबन्ध कौशल को पुष्ट करता है।

कथा वस्तु

संतकवि ने रामरासौ के आरम्भ में अवतारवाद तथा रामावतार का

कारण बताते हुए कहा है कि देवताओं की सभा में कश्यप ऋषि का अपमान होने पर वे क्रुद्ध होकर शाप देते हैं कि एक–एक देवता को तीन–तीन शरीर धारण कर धरती पर अवतार लेना होगा। फलस्वरूप देवगण अवतार लेते हैं। इन्द्र, चन्द्र, सूर्य, विष्णु आदि के अंगों से प्रकट सिद्ध–साध, रींछ–वानर आदि रूपों में देवगण वैकुण्ठ छोड़कर धरती पर अवतरित होते हैं। धरती पर अवतरित इन सभी देवताओं के कार्य पूर्ण करने हेतु श्रीराम, लक्ष्मण व सीता सहित वन में जाते हैं। वनवास में शूर्पणखा राम से विवाह प्रस्ताव व सीता त्याग का निवेदन करती है। राम द्वारा मना किये जाने पर विकराल रूप धारण कर लेती है। राम का संकेत पाकर लक्ष्मण शूर्पणखा के चोटी व नाक काटकर उसे बदसूरत कर देते हैं, साथ ही राम द्वारा खर, दूषण, त्रिसरा आदि दैत्यों का वध भी किया जाता हैं। इस घटना की पुकार शूर्पणखा अपने भाई रावण से करती है। रावण मारीच को स्वर्णमृग बनाकर वन में भेजता है। स्वर्णमृग को देखते ही सीता राम से मृग मारने का आग्रह करती है। राम मृग मारने के लिए वन में जाते हैं। मरते वक्त स्वर्णमृग रूपी मारीच लक्ष्मण को पुकारता है, जिसे सुनकर लक्ष्मण राम के सहायतार्थ वन में जाते हैं। उनके जाते ही तपस्वी वेशधारी रावण सीता का हरण कर लेता है।

राम–लक्ष्मण आश्रम (कुटिया) में लौटने पर सीता को वहां नहीं पाकर अपने इस कृत्य पर पश्चाताप करने लगते हैं। राम अत्यन्त विलाप करने लगते हैं, राम के दुःखी होने पर लक्ष्मण धैर्य बंधाते हैं। साथ ही घड़े के जल से राम का मुंह धुलवाते हुए घरवास के लिए सीता के स्थान पर एक करोड़ राजकुमारियां ला देने की सांत्वना देते हैं। दोनों भाई साहस जुटाकर सेना एकत्र करने के लिए निकलते हैं। सुग्रीव वानर सेना को सीता खोज के लिए चारों दिशाओं में भेजते हैं दक्षिण दिशा में सीता खोज की जिम्मेदारी अंगद, हनुमान, जामवंत सहित बारह वीरों को सौंपी जाती है। सभी दल अपनी–अपनी जिम्मेदारी स्वीकार करके वहां से प्रस्थान करते हैं। सीता खोज में दक्षिण दिशा के दल में गये अंगद, हनुमान, जामवंत आदि अनेक कष्ट सहते–सहते, पर्वतों की चढ़ाई करते–करते प्यास लगने पर विश्वकर्मा की गुफा में प्रवेश करते हैं। विश्वकर्मा की पत्नी उन्हें पानी पिलाती है और रामावतार की कथा सुनाती है। इसे सुनकर संपाती तुरन्त सीता की खोज करके उन सबको सीता के बारे में बताता है। समुद्र पार करने की जिम्मेदारी अंगद द्वारा वीर हनुमान को सौंपी जाती है। जिसे हनुमान सहर्ष स्वीकार करके समुद्र पार जाते हैं। रास्ते में मनसा देवी उनकी परीक्षा लेती है। स्वर्णगिरी विश्राम के लिए निवेदन करता है जबकि हनुमान उसे अस्वीकार कर देते हैं। लंका के द्वार पर कामिनी नामक राक्षसी द्वारा हनुमान का रास्ता

रोका जाता है, लेकिन पवनपुत्र उनकी नाभि चीर कर लंका में प्रवेश कर जाते हैं।

लंका में सीता खोज हेतु हनुमान मार्जार वेश धारण कर लेते हैं। मार्जार रूप में हनुमान घर–घर जाकर सीता की खोज करते हैं। संपाती के संकेतानुसार वन में एक वृक्ष के नीचे हनुमान सीता को देखते हैं और उनके पास पहुंचकर राम भक्त के रूप में अपना परिचय देकर, सीता को श्रीराम की सहदानी (सैनाणी) देते हैं। उसके बाद हनुमान विराट रूप धारण कर लेते हैं। राम दल का सम्पूर्ण ससैन्य वृत्तान्त सीता को सुनाने के बाद, सीता से आज्ञा लेकर भूख शांत करने के लिए बाग के वनफल खाते हैं। बाग को विध्वंस करता देखकर दैत्य दल उनका विरोध करते हैं, हनुमान व राक्षसों के मध्य युद्ध होता है, जिसमें राक्षस मारे जाते हैं। अंत में हनुमान कुम्भकरण के हाथों पकड़े जाते हैं। रावण की सभा में हनुमान आग से अपनी मृत्यु का उपाय स्वयं बताते हैं। पूँछ में आग लगाने पर हनुमान लंका–दहन करके, समुद्र में कूदकर पूँछ की आग बुझाने के बाद वापस सीता माता के पास जाते हैं और सीता को अपने साथ चलने का प्रस्ताव रखते हैं, परन्तु सीता विभीषण को राज्य प्राप्ति, बंदी बनाये गये देवताओं की मुक्ति तथा जग–हंसाई आदि कारणों से स्वीकार नहीं करती है। वहां से आज्ञा लेकर हनुमान चम्पागिरी पहुंचकर अपने दल के साथ मिल जाते हैं। दल सहित राम के पास जाकर उन्हें सीता के समाचार सुनाते हैं। समाचार सुनते ही राम सेना सहित लंका पर चढ़ाई करते हैं। समुद्र पार लंका में सर्वत्र वानर सेना छा जाती है। राम–सेना का लंका में आगमन जानकर मंदोदरी सीता के पास जाती है और उसे रावण को पति के रूप में स्वीकार करने की बात कहती है। सीता के अस्वीकार करने पर उनके पतिव्रता पर प्रश्नचिह्न लगाते हुए लंका में आने का कारण पूछती है, जिसका उत्तर सीता देती है कि – रावण को मारने, तुम्हे विधवा बनाने तथा बंदी बनाये गये देवताओं को मुक्त कराने के लिए आई हूँ। यह सुनकर मंदोदरी अपने पति रावण को विविध प्रकार से समझाती है। रावण अहंकार वश अपनी सेना–दल–बल आदि का उल्लेख करके उसे ठुकरा देता है। राम सेना ने लंका में प्रवेश करने के पश्चात् सर्वप्रथम महिरावण का वध किया। इसका बदला लेने के लिए वाराही देवी पाताल लोक से एक सांप भेजती है, जो लक्ष्मण के पैर में डंक (दंश) मारता है, जिससे लक्ष्मण मूर्च्छित हो जाते हैं। राम विलाप करने लगते हैं। मूर्च्छा दूर करने के लिए हनुमान पक्षी की तरह उड़ते हुए अर्द्ध रात्रि में कैलास पर्वत अमरजड़ी लाने के लिए जाते हैं, जहां वाराही देवी ईश भजती हुई मिलती है और पर्वत पर वृक्षों के पत्ते–पत्ते पर दीपक जल रहे हैं, हनुमान पूरा पर्वत ही उठाकर ले आते

हैं। अमरजड़ी घिसकर दंश पर लगाने से लक्ष्मण संजीवित हो उठते हैं। मंदोदरी दूसरी बार फिर रावण के पास जाकर उसे समझाती है, लेकिन इस बार भी वह समझाने में सफल नहीं हो पाती है। लक्ष्मण के जाग्रत होने के पश्चात् अंगद रावण के दरबार में पैर रोपकर उनके द्वारा किये गये सात दोषों से अवगत कराने के बाद रावण–दरबार को लज्जित करके वापस राम–दल के साथ आ जाता है। दोनों सेनाओं के मध्य घमासान होने लगता है।

राम और लक्ष्मण के द्वारा कुम्भकरण सहित रावण की सेना के असंख्य असुरों का संहार किया जाता है। राम रावण के वध के विषय में विचार करते हुए लक्ष्मण को सर्वगुण सम्पन्न एवं रावण वध हेतु उपयुक्त समझते हैं कि लक्ष्मण ही रावण का वध कर सकता है। इस कार्य हेतु राम अपनी सेना के प्रधान यौद्धाओं का नाम पुकारते हुए युद्ध का बीड़ा सेना में घुमाते हैं, लेकिन सभी नजरें झुका लेते हैं। उसे स्वीकार करने के लिए कोई भी यौद्धा उद्यत नहीं होता है। तीन लोकों को तोलने वाले शूरवीर महिपति लक्ष्मण उत्साहपूर्वक बीड़ा उठाकर रावण को मारने का संकल्प करते हैं। इसके लिए राम लक्ष्मण की प्रशंसा करते हैं। लक्ष्मण के बाण धारण करते समय मंदोदरी तीसरी बार रावण के पास जाती है और राम–लक्ष्मण की सेना के सामने आत्म–समर्पण का निवेदन करती है। लक्ष्मण के बाण धारण करते ही लक्ष्मण–रावण के मध्य युद्ध आरम्भ हो जाता है। लक्ष्मण के बाणों से रावण का वध हो जाता है, लेकिन वध होने से पूर्व रावण द्वारा छोड़े गये बाण से लक्ष्मण दूसरी बार मूर्च्छित भी हो जाते हैं, जिसे देखकर राम अत्यन्त विलाप करते हुए व्याकुल हो जाते हैं। सीता द्वारा सरजीत मंत्र से लक्ष्मण की मूर्च्छा दूर की जाती है। रावण के मरते ही बंदी बनाये गये देवगण मुक्त हो जाते हैं।

लंका में सर्वत्र राम सेना की जय–जयकार होने लगती है। वहां पर उचित न्याय करके राम विभीषण को लंका के राजसिंहासन पर आरुढ़ करते हैं, फिर राम, लक्ष्मण व सीता वहां से अयोध्या के लिए प्रस्थान करते हैं। उनके अयोध्या आगमन पर सर्वत्र प्रसन्नता छा जाती है।

पात्र

इस प्रबन्ध काव्य में पुरुष पात्रों में राम के अतिरिक्त लक्ष्मण, हनुमान, संपाती, अगंद, सुग्रीव, जामवंत आदि प्रमुख हैं। राक्षस पात्रों में रावण, कुम्भकरण, मारिच, महिरावण (अहिरावण), मेघनाद, विभीषण आदि कहे जा सकते हैं। स्त्री पात्रों में सीता, मंदोदरी, शूर्पणखा, वाराही, कामिनी, मनसा देवी आदि की भूमिका उल्लेखनीय है।

काव्य कृति में कवि ने हनुमान एवं लक्ष्मण चरित्र को विशेष महत्त्व प्रदान किया है। हनुमान की स्वामी भक्ति व लक्ष्मण का कुशल वीर योद्धा

(रावण वध के लिए बीड़ा धारण करना) विशेष है।

विष्णु अवतार राम–भक्ति की महत्ता इस काव्य का प्रमुख उद्देश्य है। साथ ही अधर्म पर धर्म तथा असत्य पर सत्य की विजय का शाश्वत् संदेश भी द्रष्टव्य है। पापों का क्षय और धर्म की वृद्धि का संकेत काव्यकृति की फल श्रुति को ध्वनित करता है।

कृष्ण सम्बन्धी आख्यान काव्य

हिन्दी साहित्य के भक्तिकाल में आधिकारिक रूप से राम–भक्ति काव्यधारा के साथ–साथ कृष्ण–भक्ति काव्यधारा का भी प्रादुर्भाव माना गया। इसमें कृष्ण का व्यक्तित्व इतना महान, आकर्षक एवं अद्भुत है कि ये लोक के समक्ष अपने विविध रूपों में उपस्थित हुए। कृष्ण को आधार बनाकर विश्नोई पंथ के साहित्य में कृष्ण कथा विषयक आख्यान काव्यों की एक सुदीर्घ परम्परा मिलती है। जो विक्रम की सोलहवीं शताब्दी से आरम्भ होकर उनीसवीं शताब्दी के उत्तरार्द्ध तक निर्बाध रूप से चलती है। कृष्ण–कथा विषयक आख्यान काव्य भारतीय लोक जीवन के सामाजिक एवं सांस्कृतिक निर्माण एवं विकास की दृष्टि से महत्त्वपूर्ण है।

विश्नोई संतकवियों द्वारा रचित कृष्ण की केन्द्रीय भूमिका से युक्त आख्यान काव्यों में रुक्मिणी मंगल, कथा अहदावणी, कथा उषापुराण, कथा सुरगारोहणी, कथा भींव दुसासणी, कथा बहसोंवनी और सनेह लीला आदि प्रमुख है।

पदम भगत कृत रुक्मिणी मंगल

जाम्भाणी संतकवि पदम भगत ने रुक्मिणी मंगल का आरम्भ गणपति वन्दना से करते हुए रचना का कारण– रुक्मिणी ने कवि को मंगल लिखकर प्रकट करने की आज्ञा देना बताया है। इसके पश्चात् पुनः गणपति वन्दना, सरस्वती वन्दना, गुरु वन्दना आदि करते हुए तैतीस कोटि देवी–देवताओं का स्मरण करके ब्रह्मा, विष्णु और महेश की वन्दना के साथ ही पथ प्रवर्त्तक गुरु जाम्भोजी की वन्दना तथा सभी देवताओं से रुक्मिणी मंगल रचना में सहयोग की याचना की है।

संतकवि ने कथा के आरम्भ में कुन्दनपुर नगर का वर्णन, राजा भीष्मक तथा उनकी संतानों का उल्लेख करते हुए आख्यान को गति प्रदान की है।

एक बार नारद मुनि विदर्भ के महान् सम्राट राजा भीष्मक के घर कुन्दनपुर आए। राजा ने उनका उचित स्वागत–सत्कार किया। रानी द्वारा रुक्मिणी से नारद जी की चरण–वन्दना करवाने पर नारदजी ने नन्दनन्दन कृष्ण को वर के रूप में पाने का आशीर्वाद दिया। राजा भीष्मक ने नारदजी से रुक्मिणी के लिए योग्य वर के विषय में पूछा तो

विश्नोई संतकवियों द्वारा रचित राम-कृष्ण संबंधी आख्यान काव्य

नारद कृष्ण को रुक्मिणी के लिए योग्य वर बताते हैं, जबकि राजा भीष्मक की रानी ने नारद से रुक्मिणी के लिए योग्य वर की जिज्ञासा प्रकट की तब नारद ने चंदेरी के राजा शिशुपाल का नाम सुझाकर रानी की जिज्ञासा शांत की। राजा भीष्मक अपने परिवारजनों के साथ रुक्मिणी के विवाह के लिए कृष्ण का नाम प्रस्तावित करते हैं तब रुक्म (रुक्मैया) कृष्ण को अहीर बताकर, शिशुपाल की प्रशंसा करते हुए उसे रुक्मिणी के योग्य वर बताते हैं। रुक्मैया अपनी माता की सहमति से छद्म रूप से एक ब्राह्मण को लग्न-पत्रिका (टीका) देकर शिशुपाल के वहां भेजता है।

रुक्मिणी अपनी सखियों सहित सरोवर में स्नान करने जाती है। अचानक जल में डूबती हुई रुक्मिणी को कृष्ण बचाते हैं तथा स्वयं उनके साथ विवाह करने का वचन भी देते हैं। रुक्मिणी महल में लौटनें पर अपनी माँ को इस प्रसंग से परिचित करवाती है। इसे सुनकर माँ उसे राजा की पुत्री होकर अहीर से बात करना उचित नहीं समझती है। रुक्मिणी जब शिशुपाल को लग्न-पत्रिका (टीका) भेजने का समाचार सुनती है तो वह अत्यन्त दुःख प्रकट करने लगती है।

रास्ते में अनेक प्रकार के अपशकुनों का सामना करते हुए ब्राह्मण-भाट रुक्मिणी के विवाह की लग्न-पत्रिका लेकर शिशुपाल के दरबार चन्देरी पहुंचते हैं। शिशुपाल प्रसन्नतापूर्वक लग्न-पत्रिका स्वीकार कर लेता है। चंदेरी का पीपा नामक जोशी उन्हें इस लग्न-पत्रिका को स्वीकार करने से मना करता है तथा रुक्मिणी का विवाह कृष्ण से होना भी बताता है। इसके मना करने पर शिशुपाल दूसरे गरजू नामक जोशी को महल में बुलाकर उससे पूछते हैं। वह दान-दक्षिणादि के लालच में विवाह लग्न-पत्रिका स्वीकार करने की सहमति प्रदान कर देता है। शिशुपाल जब इस लग्न-पत्रिका की सूचना अपनी भाभी को देता है तो वह उसे समझाती है कि- रुक्मिणी साक्षात् लक्ष्मी का अवतार है, उनका विवाह कृष्ण से होगा, तुम इस लग्न-पत्रिका को स्वीकार मत करो। शिशुपाल भाभी की बात नहीं मानता है और जरासंध से इस विषय में बात करता है। जरासंध इस लग्न-पत्रिका को स्वीकार करने के साथ ही बरात के लिए मित्र राजाओं को ससैन्य निमंत्रण भेजने तक की सलाह भी देता है।

शिशुपाल का निमंत्रण पाकर कंकण, बंगाला (बंगाल), कछभुज, मरहठा, मारू, मेवाड़, मालव, सिन्ध, तारातम्बोल, लाठ, काबुल, बुखारा, उज्जबक, दिल्ली, काशी, नखल, हस्तिनापुर, कर्नाटक, द्रोणपुर, अम्बाला, मण्डोवर, सिंहलद्वीप, मरांवर सागर, मलार, कंधार आदि प्रदेशों के राजा सेना सहित चंदेरी में एकत्र हो जाते हैं। शिशुपाल बरात की तैयारी करने लगता है, उस समय पुनः उनकी भाभी और अन्य रानियाँ रुक्मिणी के

लिए उसे मना करती है, लेकिन वह नहीं मानता है। बरात प्रस्थान के समय रास्ते में अनेकों अपशकुन होते हैं, परन्तु शिशुपाल उनकी कोई परवाह नहीं करता है। बरात कुन्दनपुर पहुंचकर नगर के बाहर डेरा करती है। रुक्मैया बरात का उचित स्वागत एवं आदर सत्कार करता है। शिशुपाल की बरात पहुंचने के पश्चात् रुक्मिणी को अपनी माता से उनका विवाह शिशुपाल के साथ होने का पता चलता है तो वह अत्यन्त क्रुद्ध हो उठती है और कृष्ण को पत्र लिखने का विचार करती है। माता के द्वारा बहुत समझाये जाने पर भी वह उसे स्वीकार करने को उद्यत नहीं होती है। वह कृष्ण के अलावा और किसी को भी नहीं जानती है। रुक्मैया शिशुपाल के साथ विवाह बंधन (फैरों) की तैयारी करता है।

रुक्मिणी विचार करके एक विप्र को बुलाकर उसे पत्र देकर द्वारका रवाना करती है। रास्ते में जाते हुए विप्र थक जाने के कारण एक स्फटिक शिला पर सो जाता है तथा आँख खुलने पर स्वयं को द्वारका में पाता है। कृष्ण उसे महल तक अन्दर ले जाते हैं।

विप्र महल में पहुंचकर कृष्ण के हाथ में पत्र देता है, कृष्ण रुक्मिणी के विषय में उनसे पूछते हैं। वहां पर विप्र का उचित स्वागत–सत्कार किया जाता है। कृष्ण पत्र पढ़कर कुन्दनपुर जाने की तैयारियां करने लगते हैं। स्त्रियां मंगल गीत, कृष्ण का श्रृंगार, तेल–पीठी आदि करती है, ढोल, नगाड़े, नौबत आदि बजने के पश्चात् कृष्ण की आरती की जाती है। अस्सी कोटि यादव सहित कृष्ण की बरात सजने लगती है। कृष्ण की बरात में सभी यादव तथा गणेशजी के अतिरिक्त ब्रह्मा, इन्द्र, शिव आदि सभी देवी–देवता अपने–अपने गणों सहित उपस्थित होते हैं। गणेशजी को उपस्थित नहीं पाकर नारद उन्हें बुलाकर लाते हैं, कृष्ण उन्हें गढ़ का रखवाला नियुक्त करते हैं। नारद पुनः गणेशजी को भड़काकर उन्हें नाराज कर देते हैं, जिन्हें कृष्ण का भाई बलराम मनाकर बरात में लाते हैं। गणेशजी इस शर्त पर बरात में सम्मिलित होते हैं कि पहले उनकी (गणेशजी की) तथा उसके बाद कृष्ण की शादी होगी। गणेशजी की बरात सजाकर ऋद्धि–सिद्धि से उनकी शादी करने के पश्चात् कृष्ण की बरात कुन्दनपुर पहुंचती हैं। कुन्दनपुर में कृष्ण के रूप में दूसरी बरात देखकर सर्वत्र प्रसन्नता छा जाती है। विप्र कृष्ण के रथ से उतरकर सीधा महल में जाकर रुक्मिणी को सारे समाचार सुनाता है।

रुक्मिणी की माँ कुल परम्परा अनुसार अपनी पुत्री को गौरी पूजन के लिए भेजती है। शिशुपाल और जरासंध रुक्मिणी की रक्षा के लिए अपनी सेना को साथ भेजते हैं। रथ में बैठते ही रुक्मिणी मन ही मन कृष्ण को याद करती है कि प्रभु आकर मुझे इस संकट से उबारो। धनुषधारी श्रीकृष्ण रथ में बैठकर आये और विशाल पहरे में से रुक्मिणी

का हाथ पकड़कर उसे अपने रथ में बैठा लेते हैं। यह सूचना जब शिशुपाल और जरासंध को मिलती है तो वे सेना सहित कृष्ण का पीछा करते हैं, इतने में बलराम भी सेना सहित बरात में शामिल हो जाते हैं। कृष्ण–बलराम उन दोनों के साथ युद्ध करते हैं। पराक्रम देखकर शिशुपाल तथा जरासंध युद्ध के मैदान से अपने प्राण बचाकर भाग जाते हैं। रुक्मैया कृष्ण–बलराम से युद्ध करता है लेकिन वे उसे भी पराजित कर देते हैं तथा कृष्ण रुक्मैया को पकड़कर उसकी मूछें तथा मस्तक मूंडकर, उसे छोड़ देते हैं। उधर शिशुपाल जब खाली हाथ चंदेरी पहुंचा तो उसकी भाभी उसका मजाक उड़ाती है। कृष्ण–रुक्मिणी सहित द्वारका के लिए रवाना होने लगते हैं तो राजा भीष्मक अपने अन्य पुत्रों को भेजकर बरात की अगवानी कराते हैं। नगर में तोरण बांधे जाते हैं तथा स्त्रियां मंगलाचार के गीत गाती है। कुन्दनपुर में कृष्ण–रुक्मिणी के विवाह की सम्पूर्ण रीतियां सम्पन्न की जाती है। उसके पश्चात् बरात द्वारका के लिए प्रस्थान करने लगती है। रुक्मिणी अपने माता–पिता, भाई–भाभी, भतीजा, मौसी, मामा एवं सहेलियाँ आदि से मिलने के पश्चात् डोले में जा बैठती है तथा बरात कृष्ण–रुक्मिणी सहित द्वारका पहुंचती है। वहां पहुंचने पर देवकी, सुभद्रा, वसुदेव सभी वर–वधू का स्वागत करते हैं। आसमान से पुष्प वर्षा होने लगती है, इस प्रकार वर–वधू (कृष्ण–रुक्मिणी) की जोड़ी बहुत ही शोभायमान लग रही है।

रामलला कृत रुक्मिणी मंगल

रचना का आरम्भ ईश–वन्दना से करते हुए संतकवि ने बताया है कि– एक दिन नारद राजा भीष्मक के घर जाते हैं, समुचित अतिथि सत्कार के पश्चात् राजा भीष्मक की पत्नी अपनी पुत्री रुक्मिणी को उनके चरण–स्पर्श करने को कहती है तथा नारद से रुक्मिणी को मन–भावन वर देने का निवेदन करती है। नारद कृष्ण को वर के रूप में पाने का आशीर्वाद देते हैं साथ ही कृष्ण के मथुरा मे जन्म से लेकर, गोकुल में पालन–पोषण, गोप–गोपियों के साथ बाल्यकाल, पूतना, शकटासुर नामक दैत्यों का संहार, कालिया नाग का नाथन, कंस का वध आदि लीलाओं का वर्णन करते हैं। रुक्मिणी इस प्रकार कृष्ण की लीलाएँ एवं उनके शौर्य को सुनकर उसी दिन से कृष्ण को अपने पति के रूप में स्वीकार कर लेती है। साथ ही वह श्याम वर्ण एवं काले रंग की वस्तुओं से भी प्रेम करने लगती है। रुक्मिणी के बड़े होने पर राजा भीष्मक अपने पुत्र रुक्मैया से रुक्मिणी विवाह के विषय में विचार–विमर्श करते हैं तब रुक्मैया कृष्ण के ब्रह्मत्त्व के संबंध में तर्क–वितर्क करते हुए रुक्मिणी के लिए चंदेरी के राजा शिशुपाल को योग्य वर बतलाता है। शिशुपाल के लिए कार्तिक मास शुक्ल पक्ष की एकादशी (देवोत्थान एकादशी) को

विवाह तय करके, विवाह लग्न–ब्राह्मण के साथ चंदेरी भेजता है। कुन्दनपुर में रुक्मिणी के विवाह की तैयारियाँ आरम्भ हो जाती है। शिशुपाल जरासंध सहित बत्तीस अक्षौहिणी सेना लेकर बरात सजाकर कुन्दनपुर पहुंचता है। रुक्मिणी की माता जब विवाह की रीतियां सम्पन्न करने आती है तो रुक्मिणी मन ही मन अधीर होने लगती है। माता जब उसे लोक–लाज, कुल की मर्यादा आदि का भय बताते हुए भाई के द्वारा तय किया गया रिश्ता स्वीकार करने हेतु समझाती है तभी रुक्मिणी कहती है – मेरे तो प्रियतम वसुदेव नंदन कृष्ण है, जिन्होंने विष्णु अवतार राम–रूप धारण करके रावण के दस मस्तक और बीस भुजा उखाड़ी थी। मैं उन्हीं की दुल्हन हूँ और सदैव उन्ही का स्मरण करती हूँ। इस प्रकार कहते हुए रुक्मिणी कृष्ण से आत्म निवेदन करती है तथा मन ही मन कृष्ण का निरन्तर स्मरण करने लगती है। इतने में महल में एक ब्राह्मण आता है, जिसे रुक्मिणी डरते हुए अपने पास बुलाती है। उसे धनादि का लालच देकर द्वारका कृष्ण के पास एक विनय भरा पत्र देकर भेजती है। पत्र में तीन दिन में दर्शन देने और कुल देवी अम्बिका–पूजन के समय हरण का संकेत करती है। वृद्ध होने के कारण ब्राह्मण रास्ते में सो जाता है, पर नारायण कृपा से आँख खुलने पर स्वयं को द्वारका में पाता है। कृष्ण के महल में जाकर उन्हें (कृष्ण को) रुक्मिणी के द्वारा भेजा गया पत्र देता है। कृष्ण–रुक्मिणी की प्रार्थना–स्वीकार करके ब्राह्मण का आदर सत्कार करते हैं। पत्र में लिखा समाचार पढ़कर कृष्ण सवा पहर रात्रि रहते ही, ब्राह्मण के साथ रथ से कुन्दनपुर आ जाते हैं।

सुबह होने पर कृष्ण को महल में न पाकर और रात्रि में ब्राह्मण के आगमन की बात जानकर दूसरे दिन हलधर बरात सजाकर सेना सहित कुन्दनपुर आकर कृष्ण के साथ मिल जाते हैं। ब्राह्मण उचित स्थान पर बरात को ठहराकर रुक्मिणी को सुखद् समाचार देकर मुँह मांगी दक्षिणा प्राप्त करता है। रानी की सलाह पर राजा भीष्मक अपार हर्ष के साथ बरात की अगवानी करते हैं। तिलक लगाकर उचित स्वागत–सत्कार किया जाता है।

राजा भीष्मक के महल बिना निमंत्रण कृष्ण के आने पर समानार्थ विचार–विमर्श होने लगता है, रुक्मैया अत्यधिक क्रोधित होकर अपने पिताजी से उनके विषय में बुरा–भला कहता है तथा रुक्मिणी की सुरक्षा के लिए नगर के चारों ओर चौकी (पहरेदारों को) बिठा देता है। रुक्मिणी चार लाख सखियों एवं इतने ही (चार लाख) पहरेदारों के साथ कड़ी सुरक्षा के बीच कुल–देवी अम्बिका पूजन जाती है। कृष्ण उनसे पूर्व ही देवी–मन्दिर पहुंच जाते हैं। रुक्मिणी कुल–देवी की पूजा, आरती, प्रार्थना आदि कर विष्णु अवतार, लोक रक्षक कृष्ण को पति रूप में पाने का

वरदान प्राप्त करके मन्दिर से बाहर आती है। अपने चारों ओर पहरा देखकर रुक्मिणी बाहर आने पर अपना घूंघट उठाकर थोड़ा–सा मुँह दिखाती है जिससे सभी नृपति मूर्च्छित हो जाते हैं। इतने में कृष्ण रथ लेकर सामने आते हैं। कृष्ण का मनोहारी रूप सौन्दर्य देखकर सभी सहेलियाँ उन पर मोहित हो जाती है। कृष्ण रुक्मिणी की बाँह पकड़कर उसे रथ पर बैठाते हैं और वहाँ से रवाना हो जाते हैं।

रुक्मिणी हरण का समाचार सुनकर शिशुपाल, जरासंध और रुक्मैया अत्यधिक क्रोधित होकर कृष्ण पर आक्रमण करते हैं। दोनों ओर की सेनाओं के मध्य भयंकर युद्ध होने लगता है। शिशुपाल, जरासंध और रुक्मैया, कृष्ण–बलराम के हाथों बुरी तरह पराजित हो जाते हैं। शिशुपाल, जरासंध जान बचाकर भाग जाते हैं, रुक्मैया को कृष्ण सिर मुण्डकर (बाल काटकर) अपने रथ के पीछे बांध लेते हैं। रुक्मिणी कृष्ण से अपने भाई को छोड़ देने की प्रार्थना करती है। रुक्मिणी व हलधर के निवेदन पर कृष्ण रुक्मैया को मुक्त कर देते हैं। इसके पश्चात् यादवों एवं देवताओं के पावन सानिध्य में माधोपुर नगर में रुक्मिणी–कृष्ण का विधिवत् परिणय–संस्कार सम्पन्न होता है।

डेल्हजी रचित कथा अहदांवणी (कथा अहमंनी)

श्रीकृष्ण जो जगत् की उत्त्पति, स्थिति और विनाश के कारण है, जिन्होंने अनेक असुरों को मारा, उनमें से एक मथुरा का 'अहलोचन' नामक दैत्य भी था। उसकी गर्भवती स्त्री ने घर से भागकर कहीं दूर जंगल में छिपकर अपनी जान बचाई। वहां पर उसके गर्भ से पुत्र का जन्म हुआ, जिसका नाम उसने 'अहदांवण' रखा। अहदांवण ने बड़ा होने पर अपनी माता से अपने परिवार, पिता, गौत्र तथा वन में रहने का कारण पूछा। अहदांवण के बारह वर्ष की आयु होने पर उसकी माता ने बताया– तीनों लोकों के राव द्वारकावासी श्रीकृष्ण ने तुम्हारे वंश का मूलोच्छेदन किया, जो अत्यन्त बलशाली है तथा पाँचजन्य शंख बजाया करता है। इतना सुनते ही वह अत्यन्त क्रोधित होकर कृष्ण को पकड़कर लाने के लिए विश्वकर्मा के पास गया और वहां पर बारह वर्ष तपस्या की। जब विश्वकर्मा ने उसके कष्ट के बारे में पूछा तो उसने अपनी वेदना प्रकट करते हुए नारायण को पकड़ने के लिए जंतर की मांग की। विश्वकर्मा ने जंतर बनाकर 'जो इसमें पहले प्रविष्ट होगा, वही मरेगा' ऐसा लिखकर उसे सौंप दिया। वह उक्त जंतर उठाकर तुरन्त द्वारका की ओर निकला। रास्ते में नारायण ने बूढ़े ब्राह्मण का वेशधारण कर उनसे कहा– मुझे आप मथुरा के अहिलोचन के समान ही दिखाई देते हो, अतः आप मेरे जजमान हो। प्रसन्न होकर उसने ब्राह्मण के निवास के बारे में पूछा। ब्राह्मण का निवास द्वारका सुनकर उसने ब्राह्मण से नारायण के विषय में पूछा। पूछने

पर ब्राह्मण ने कहा– वह न तो तुम से छोटा है और न ही बड़ा, वह तुम्हारे जैसा ही है यदि तुम इसमें (जंतर में) समा सकते हो तो हरि भी समा सकते हैं इससे अधिक मुझे कुछ मालूम नहीं है। अहदांवन दैत्य जंतर की चाबी ब्राह्मण को सौंपकर उसमें प्रविष्ट होने लगा। जैसे–जैसे वह जंतर के अन्दर घुसता गया, वैसे–वैसे ब्राह्मण वेशधारी कृष्ण जंतर के ताले बंद करता गया और अंत में पाँचजन्य बजाया। अन्दर जब उसका दम घुटने लगा तो वह बोला– तुम तो हमारे ही कुल के ब्राह्मण हो, मुझसे हँसी मत करो। श्रीकृष्ण ने सम्पूर्ण रहस्य उसके सामने प्रकट करते हुए पाँचजन्य बजाया, जिससे उसकी काया गलकर नष्ट हो गई और वह भंवरा भ्रमर बनकर जंतर के अन्दर गुंजार करने लगा। कृष्ण ने उस जंतर को लेजाकर घर रख दिया।

कृष्ण की रानियां नारदजी से श्रृंगार सामग्री के बारे में पूछती है तभी नारदजी कहते हैं– जब अठारह अक्षौहिणी सेना जुड़ेगी और सर्वत्र पाण्डवों की जय–जयकार होगी, तभी आप श्रृंगार करना। सोलह हजार रानियां अपनी–अपनी मन पसंद श्रृंगार सामग्री के लिए सुभद्रा से निवेदन करने लगी। सुभद्रा ने चाबी लेकर जंतर के ताले खोल डाले। जंतर खुलते ही भंवरा बाहर निकलकर मुखद्वार से सुभद्रा के पेट में प्रवेश कर गया। आठ माह बीत जाने के पश्चात् नवें माह में वह (भंवरा) गर्भ में बालक के रूप में हिलने डुलने लगा। उसने छतीस भुजाएं करके सातों समुद्रों को पीस डालने की इच्छा व्यक्त की। कृष्ण ने पाँचजन्य बजाया, जिससे उसकी मात्र दो भुजा ही शेष बची। कृष्ण ने उसको चक्रव्यूह की बातें बताते हुए सातों द्वारों पर क्रमशः गुरु द्रोणाचार्य, शल्य, कर्ण, विसासेण, कालीपंचाल, लाखन और दुर्योधन होने की बात कही। सुनकर दैत्य ने अपनी सहमति प्रकट की।

श्रीकृष्ण ने सुभद्रा का विवाह अर्जुन से करवा दिया और वह दानव सुभद्रा की कूख से अभिमन्यु के रूप में उत्पन्न हुआ। भगवान कृष्ण ने उसको भानजे के रूप में स्वीकार किया। समग्र पाण्डव कुल में हर्ष की लहर दौड़ गई। जैसे–जैसे बालक बड़ा होने लगा वैसे–वैसे कृष्ण उनसे शंकित होने लगे। कृष्ण ने भानजे की विभिन्न प्रकार से परीक्षा लेने पर उसे अत्यन्त बलशाली होना पाया। जब बालक अभिमन्यु आठ वर्ष का हुआ तभी भीम ने भी उसके बल की परीक्षा की तो वह उससे भी अत्यन्त बलशाली यौद्धा साबित हुआ।

अभिमन्यु का रिश्ता विराट नगर के वील्ह राजा की राजकुमारी उत्तरा के साथ तय हुआ। उसी समय अग्निकोण में 'कांगण'(मादा कौआ) बोली, उसे सुनकर चारों युगों की बात जानने वाली राजा की दासी ने कहा– यदि इस शकुन पर कन्या का विवाह तय किया जाता है तो वह

विश्नोई संतकवियों द्वारा रचित राम-कृष्ण संबंधी आख्यान काव्य

शीघ्र ही अपने पति को गंवा देगी। दासी के मुख से इस प्रकार की भविष्यवाणी सुनकर राजकुमारी ने उनके दासी होने का कारण पूछा। उन्होंने पूर्व जन्म में जुए में अपने पति को हारने के कारण (मैं) उनकी हत्यारिन हुई, जिस वजह से मुझे दासी बनना पड़ा कारण बताया। हस्तिनापुर में विवाह का समाचार सुनकर सर्वत्र खुशी की लहर छा गई और शीघ्र ही विवाह की तैयारियां होने लगी।

सुभद्रा ने ज्योतिषी को बुलाकर-विनायक स्थापना तथा विवाहोचार के बारे में पूछा तो ज्योतिषी ने विनायक स्थापना अष्टमी वार मंगलवार बताते हुए विवाह में विघ्न का उल्लेख करके सावे को सपूज बताकर अग्निबाणों का उछाल तथा अचिंत्य युद्ध की ओर संकेत किया।

ज्योतिषी के मुख से ऐसा सुनकर सुभद्रा और अर्जुन बहुत दुःखी हुए तथा अर्जुन ज्योतिषी से शुभ मुहूर्त में सावा देखने हेतु निवेदन करने लगे। यह सब सुनकर कुन्ती कहने लगी – 'अनहोनी तो होगी नहीं और होनी टलेगी नहीं' जैसा भगवान विष्णु करेंगे, वैसा ही होगा, उनका स्मरण करो, सभी काम वही सफल करेंगे। बरात की तैयारियाँ होने लगी, ढोल-नगाड़े बजने लगे।

साढे आठ अक्षौहिणी सेना सहित बरात रथ, घोड़े, हाथी और साढ़ों (ऊँटनियाँ) पर सवार होकर विराट नगर के लिए रवाना हुई। बरात ज्यों ही तोरण पर आई त्यों ही दासी की भविष्यवाणी ठीक साबित हुई, लेकिन सभी सहेलियों ने हरि पर सब कुछ कुशल-मंगल होने का भरोसा जताया। उत्तरा बरात देखने के लिए महल पर चढ़ी तथा अपनी सहेलियों को श्रीकृष्ण तथा पाँचों पाण्डवों के बारे में विस्तारपूर्वक बताकर विराटनगर में उनके आगमन को अपने पूर्व कर्मों का फल बताया। वील्ह नरेश के वहां उत्तरा और अभिमन्यु का विवाह धूमधाम से सम्पन्न हुआ। ब्राह्मण-भाट आदि ने यशोगान करके खूब दान-दक्षिणा पाई। विवाह के बाद सभी रीतियां विधिवत् सम्पन्न की गई, उसके बाद सम्पूर्ण बरात ससम्मान हस्तिनापुर आ गई।

उधर नारायण का संकेत पाकर तालू नामक दैत्य ने इन्द्र पर चढ़ाई कर दी। इन्द्र की सहायता के लिए अर्जुन इन्द्रलोक गये। अर्जुन की अनुपस्थिति में नारायण कौरवों के पास जाते और उन्हें घात के लिए उकसाते हैं। कौरव युद्ध की तैयारी करते हैं, द्रौणाचार्य चक्रव्यूह-युद्ध का बीड़ा युधिष्ठिर के पास भेजता है।

पाण्डव बहुत चिंतित होते हैं। भीम, सहदेव, नकुल, घटोत्कच सभी ने राजा से युद्ध में जाने की आज्ञा मांगी, किन्तु चक्रव्यूह का भेदन नहीं जानने के कारण राजा ने किसी को भी आज्ञा नहीं दी। वीर बालक अभिमन्यु ने युद्ध का बीड़ा स्वीकार करके पाण्डव कुल की लाज रखी।

सुभद्रा को जब इस घटना का पता चला तो वह विलाप करने लगी और वीर बालक अभिमन्यु को युद्ध में जाने से मना करने लगी। अभिमन्यु पिता की अनुपस्थिति में स्वयं युद्ध का बीड़ा स्वीकार करते हुए अपनी माता को राजकुल की मर्यादा के विषय में बताता है। कुन्ती ने भी यादव वंश और कृष्ण की महिमा का बखान करते हुए नाना प्रकार से सुभद्रा को सांत्वना दी, लेकिन सुभद्रा के समक्ष ये सभी बौने साबित हुए। कुन्ती के द्वारा अनेक प्रकार से समझाने पर भी वह पाण्डवों को कोसती हुई अत्यन्त विलाप करती है, तथा मन ही मन कहती है कि मेरा तो भाई भी अपने भानजे का शत्रु हो गया, उन्होंने ही यह संहार रचा है, यदि कुल वधू इस समय घर में आ जाती है तो कितना अच्छा होता।

राजा युधिष्ठिर ने महणों, मोखो, राघो व रतनू नामक चार रैबारियों को बुलाकर कुछ ही घण्टों में योजनों दूर जाने वाली सांढ़ों (ऊँटनियों) की जानकारी मांगी। रैबारियों ने विराट नगर जाने के लिए हजारों सांढ़ों में से 16 सांढ़ एवं एक ऊँट सजावट करके तैयार किया। उत्तरा उससे पूर्व की रात्रि के चारों प्रहरों में चार बुरे स्वप्न देखती है जिसका उल्लेख वह अपनी सहेलियों से करती है। रैबारी वहां से अपने दल सहित विराट नगर के लिए रवाना होते हैं और वहां जाकर अर्द्धरात्रि में ही पोलियों (पहरेदारों) से द्वार खुलवाते हैं।

रैबारी वील्ह नरेश को अपना परिचय देते हुए कहते हैं कि हम पाण्डवों के प्रतिनिधि के रूप में आये हैं और उत्तरा कुंवरी के पाहुने हैं। कुंवर नरेश ने युद्ध का बीड़ा ले लिया है वह शीघ्र ही रणक्षेत्र में जाने वाला है, अतः हमें यहाँ देर न लगाकर रात्रि में वापिस हस्तिनापुर लौटना है। इतना सुनते ही वील्हराव ने पाण्डवों को भला–बुरा कहना आरम्भ कर दिया। सारंग भाट ने घटोत्कच व अभिमन्यु की वीरता और नीति–कुशलता का बखान करते हुए राजा को व्यर्थ की निंदा करने से रोका। इस घटना का पता जब उत्तरा की माता को चला तो वह मूर्छित होकर गिर पड़ी। होश आने पर वह भी पाण्डव कुल को अनेक प्रकार से कोसते हुए कहती हैं कि हम तो जुवारी की भांति हार चुके हैं, हमारा हाथ शिला (पत्थर) के नीचे दब चुका है। उत्तरा माता के विलाप को शांत कराते हुए कहती है – आप जीभ की मर्यादा नष्ट मत करो, पाण्डव प्रत्यक्ष देव हैं और यह सभी मेरे पूर्व जन्मों के पाप का फल है जिसे में भोगने जा रही हूँ। अगर आप मेरा ही भला चाहते हो तो मुझे तुरन्त हस्तिनापुर के लिए रवाना कर दो। राजा का प्रधान मेहता की दुकान से वस्त्रादि लेकर आया, उत्तरा ने श्रृंगार करके अंतःपुर में सभी से आशीर्वाद लिया, उसके बाद राजकुल की परम्परानुसार उत्तरा को विदा किया जाता है। कुंवरी को लेकर सांढ़ों का दल ऐसे चला मानों कोई शक्ति विमान

जा रहा हो। चार देशों की सीमा लांघने के पश्चात् उत्तरा को याद आया कि उसका तीन लाख का काजल का कूंपला तो वह घर पर ही भूल गई। एक रैबारी वापस जाकर कुंवरी का कूंपला लाता है। इस प्रकार सांढ़ों का दल कुंवरी को लेकर सूर्योदय से पूर्व ही हस्तिनापुर लौट आता है।

उत्तरा अभिमन्यु के दर्शन करके कहती है– आपके सभी विघ्न दूर हों, नेत्र तो दर्शन लाभ से संतृप्त हो गये, मगर मेरे मन में जो चिन्ता है वह तन मिलाप होने पर ही दूर होगी, ये सभी हरि चाहेगा तभी सम्भव है। घर पर अभिमन्यु के युद्ध में जाने की तैयारियां होने लगती है। माता सुभद्रा व राजकुमारी दोनों अत्यन्त विलाप करने लगती है। सुभद्रा आर्त्त होकर कृष्ण से अभिमन्यु को वापस घर भेजने के लिए कहती है। अभिमन्यु माता से कहता है– सती, शूर, ज्ञानी और हाथी वापस कभी नहीं लौटते हैं, तुम व्यर्थ में क्यों बकवास करते हो ? लेकिन माता का हृदय द्रवित हो जाता है और वह प्रार्थना करती है कि – हे! हरि या तो छः मास की रात्रि बना दो, अन्यथा अभिमन्यु को अजेयता का वर दो, प्रभु मुझे कांचली बख्शो। सुभद्रा को धैर्य बंधाती हुई कुन्ती कहती है – जो तुम कह रही हो यह कदापि संभव नहीं है, आँखों में व्यर्थ ही क्यों आँसू बहा रही हो ? कृष्ण का वादा किया हुआ है अभिमन्यु वापस आयेगा।

सुबह होते ही घर आंगन में बहू का आगमन हुआ। मोतियों से थाल भरकर कुन्ती आंगन में खड़ी होकर आरती और कुलाचार करने लगती है। अभिमन्यु को रण क्षेत्र में विदा करने के लिए नर–नारियों के लाट जुड़ जाते हैं। यह सब देखकर सुभद्रा पुनः विलाप करती हुई कुन्ती से कहती है– यह बालक बड़े–बड़े राजाओं को कैसे जीत पायेगा, क्या कोई घड़ा सागर को सुखा सकता है ? इस प्रकार कहती हुई वह आँसू बहाते हुए बाहर खड़ी होकर अर्जुन के आने की राह देखती है।

ये सभी देखकर कृष्ण अभिमन्यु से कहते हैं– दुर्योधन युद्ध का आकांक्षी है। यदि तुम उससे युद्ध नहीं करोगे तो कौरव अपमान करेंगे। स्त्री मोह को त्याग दो, श्रीराम भी स्त्री मोह के कारण जंगल–जंगल भटके थे। मामा की इतनी बात सुनते ही अभिमन्यु ने सर्वप्रथम घोड़े जुते हुए अपने रथ की पूजा की, इनते में रथ की लगाम पकड़ते हुए उत्तरा बोली– यदि आप नहीं रुक सकते हो तो मुझे किसी को सुपुर्द करके प्रस्थान करो। अभिमन्यु अपनी माता सुभद्रा को उसे सुपुर्द करके युद्ध क्षेत्र की ओर चल पड़ा।

रण–वाद्य बजने लगे। अभिमन्यु युद्ध करते हुए चक्रव्यूह के समस्त महारथियों को परास्त करके अंत में वह स्वयं चक्रव्यूह में फंस जाता है, क्योंकि वह उससे वापस निकलने का रहस्य नहीं जानता है। केवल

विश्नोई संतकवियों द्वारा रचित राम-कृष्ण संबंधी आख्यान काव्य

प्रविष्ट होने का ही रहस्य जानता है। कौरवों द्वारा घात करके कुंवर को ढहा दिया जाता है। भूमि पर गिरने के पश्चात् जयद्रथ उस पर घाव करता है। मरते वक्त अभिमन्यु को नारायण से अपने पूर्व वैर की याद आती है। रण का मांझी रणक्षेत्र में ही रह गया, उसे किसी मानव ने नहीं, कृष्ण ने ही मारा। उसकी मृत्यु की खबर लगते ही उत्तरा व्याकुल हो जाती है इन्द्रलोक से अर्जुन वापस घर आते हैं और पुत्र की मृत्यु का समाचार सुनकर बहुत दुःखी होते हैं। सुभद्रा कृष्ण की समस्त करतूतों से अर्जुन को परिचित कराती है। अर्जुन अत्यन्त दुःखी होकर अन्न त्याग का संकल्प लेकर कृष्ण के पास जाकर बोले- अभिमन्यु को मुझे दिखाओ, जो प्रीति आप उससे पहले पालते थे वह अब भी पालो।

अर्जुन की बात सुनकर कृष्ण अभिमन्यु से मिलाने को राजी हुए और दोनों कुरुक्षेत्र के लिए रवाना होते हैं। वहां रास्ते में वे एक हल चलाते हुए ब्राह्मण को देखते हैं जिसका पुत्र घर बीज लाने के लिए जा रहा था और रास्ते में सांप के काटने से उसकी मृत्यु हो गई थी। ब्राह्मण को इस घटना का पता नहीं था और वह पुकार रहा था। अर्जुन ने उस किसान से कहा - तुम्हारे पुत्र की सांप काटने से मृत्यु हो गई है, तुम उसके पास जंगल में जाओ और उसे संभालो। अर्जुन के मुख से इस प्रकार की खबर सुनकर किसान अर्जुन से कहने लगा- अगर वह मर गया है तो मैं वहां जाकर क्या करुंगा ? उसके शरीर को तुम ही घसीट कर रास्ते से दूर कर देना। दुनिया में बेटा-बेटी कोई नहीं है यह तो केवल बात की बात है। ब्राह्मण के इस प्रकार कहने पर अर्जुन के मन में कुछ शांति हुई। जब ब्राह्मणी को इस घटना का पता चला तो वह भी ज्यादा शोक संतृप्त नहीं हुई। अर्जुन ने ब्राह्मणी से इसका कारण पूछा तो ब्राह्मणी कहती है कि पुत्र तो वृक्ष पर बैठने वाले उन पक्षियों के समान होते हैं जो रात्रि में पेड़ों पर विश्राम करते हैं और सुबह होते ही उनसे (पेड़ से) बिछुड़ जाते हैं। जो कभी वापस नहीं मिलते हैं। इसलिए पुत्र से ज्यादा मोह ठीक नहीं है। जब उस किसान ब्राह्मण के पुत्र की पत्नी को इस घटना का पता चला तो उसने भी पति के शोक में आँसू नहीं बहाये। अर्जुन ने कहा यह तो बिल्कुल मूर्ख स्त्री है प्रत्युत्तर में पलटकर वह कहती है- जो मरने पर रोते हैं वे ही मूर्ख होते हैं।

अर्जुन जब उससे आगे बढ़ते हैं तो अपने पुत्र अभिमन्यु को पासा खेलते हुए देखकर उनकी आँखों से खुशी के आँसू टपकने लगते हैं। अभिमन्यु जब कृष्ण से आँसू बहाने वाले के बारे में पूछता तभी कृष्ण उन्हें कहते हैं- यह तुम्हारे पूर्व पिता अर्जुन है, तुम उठो और इनसे मिलो। अभिमन्यु कहता है मेरे पिता तो पवन हैं मुझे उत्पन्न करने वाला कौन है? यदि अर्जुन जयद्रथ का वध करे तो मैं उठकर उनसे मिल सकता हूँ।

मेरी मृत्यु तो स्वयं हरि के द्वारा हुई लेकिन उस मूर्ख ने मरने पर मेरे शरीर पर घाव किया था। अर्जुन ने दृढ़ संकल्प लिया कि जयद्रथ जहां भी मुझे मिलेगा, मैं उसे ढूंढकर मारुंगा। यदि मैं उसे नहीं मार सका तो मुझे दुनिया का बड़े से बड़ा पाप लगे, अब तुम मुझसे मिलो। तभी अभिमन्यु उठकर अर्जुन से मिलता है और अर्जुन ने जयद्रथ का वध करके अपना संकल्प पूरा किया। रचना के अंत में कवि ने कहा है कि जो व्यक्ति व्यर्थ के वाद-विवाद छोड़कर गीता की कथा अभिमन्यु का श्रवण व मनन करता है उसे सुखपूर्वक विष्णु लोक की प्राप्ति होती है।

सुरजनदास पुनिया कृत उषा पुराण

कृष्ण के पौत्र और प्रद्युम्न के पुत्र अनिरुद्ध एवं अंतहपुरी के सम्राट बाणासुर की पुत्री उषा को आधार मानकर संतकवि ने महाभारत के इस कृष्ण विषयक आख्यान काव्य की रचना की है जो इस प्रकार है –

अनिरुद्ध कृष्ण के पौत्र और प्रद्युम्न के पुत्र है तथा उषा अंतहपुरी के सम्राट दैत्य बाणासुर की पुत्री है। अनिरुद्ध कामदेव के अवतार के रूप में माना और उषा अपनी अत्यधिक सुन्दरता के कारण रति रूप में अवतरित हुई। उषा का विवाह किसी यादव वंशी सम्राट के साथ होना जानने के पश्चात्, यादवों से अपनी शत्रुता होने के कारण बाणासुर ने कन्या को कुंवारी (अविवाहित) रखने का विचार किया। रानी ने राजा के विचारों का घोर प्रतिरोध किया और कुंवारी कन्या द्वारा गौरी पूजन का प्रस्ताव रखा, जिसे राजा ने स्वीकृति प्रदान कर दी। बाणासुर की पुत्री उषा अच्छे वर प्राप्ति के लिए पार्वती (गौरी) की आराधना करने लगी। प्रसन्न होकर गौरी ने वर दिया कि– तुम्हारा पति कामदेव होगा, उस पुरुष को तू स्वप्न में अपने पास देखेगी और वह दैत्य कुल का दुश्मन होगा। बाणासुर ने गौरी के वरदान को टालने के लिए भगवान शंकर की तपस्या प्रारम्भ की। शंकर ने प्रसन्न होकर वर दिया कि– तुम्हारा सिर और भुजाएँ अत्यन्त बलवान होंगी तथा तुम सर्वत्र अजेय होंगे। बाणासुर ने अपने नगर की सुरक्षा हेतु नगरी में चोरों के प्रवेश न करने का वर भी मांगा। शंकर ने अग्निबाण दिया और उसको नगरी में स्थापित करने को कहा, जिससे नगर में चोर प्रवेश नहीं करेगा। उसने नगर के ध्वजा पर अग्निबाण स्थापित कर दिया। पार्वती के कहे अनुसार घटित होता है। उषा प्रातःकाल जागने पर, उसके विरह में अत्यन्त व्याकुल हो जाती है। उषा की एक अतिमानवीय शक्ति सम्पन्न सखी थी चित्रलेखा। चित्रलेखा ने दुनिया-भर के सुन्दर क्षत्रियों के चित्र बनाये। जिन में से अनिरुद्ध का चित्र देखते ही उषा उनके पाँवों में गिर जाती है। चित्रलेखा ने उस राजकुमार का परिचय उषा को दिया। उसके बाद चित्रलेखा द्वारका पहुँची। वहां अनिरुद्ध से उषा के प्रेम की बात कहकर उसको उषा के

प्रति आकर्षित किया और वह अनिरुद्ध को अपने साथ आकाश मार्ग से उसके पास लाती है। उषा–अनिरुद्ध का मिलन हुआ। कुछ माह पश्चात् उषा के गर्भवती होने की सूचना बाणासुर को लगी। उसने नगर की ध्वजा का अवलोकन करने पर खण्डित पाकर नगर के प्रधान को बुलाकर चोर को मारने की आज्ञा दी। उषा ने अनिरुद्ध को युद्ध विधाएँ सिखाना प्रारम्भ किया, एक विधा शेष रही, तब तक दैत्य की सेना आ पहुंची। अनिरुद्ध से उसका युद्ध हुआ। बाणासुर ने क्रोधित होकर अनिरुद्ध को 'नागपाश' में बांध दिया। नारद ने कृष्ण तक समाचार पहुंचाया। कृष्ण के यादव सेना सहित बाणासुर के नगर के निकट आने पर वहां सर्वत्र शिव की कृपा से अग्नि जलती हुई देखकर रुके। अपने वाहन गरुड़ से समुद्र का जल मंगवाकर अग्नि को शांत किया। दोनों सेनाओं के मध्य भयंकर युद्ध हुआ। कृष्ण ने सुदर्शन चक्र से बाणासुर की सहस्त्र भुजाएँ काट दी। इस प्रकार इस युद्ध में असुरों को पराजय का सामना करना पड़ा।

बाणासुर ने शंकर भगवान से उनके द्वारा दिया हुआ वरदान झूठा साबित होने पर रक्षा की पुकार की। भक्त की पुकार सुनते ही महादेव अत्यन्त क्रुद्ध होकर यादवों के खिलाफ युद्ध करने चले। शंकर मन ही मन विचार करने लगे कि आज से पहले भी कृष्ण ने अलग–अलग रूप बनाकर अनेकों दैत्यों को मारा और अब निर्दोष बाणासुर के साथ युद्ध छेड़ दिया। कृष्ण का इतना अहंकार मैं कतई स्वीकार नहीं करुँगा। महादेव ने डमरू बजा–बजाकर अपनी सेना इकट्ठी की और स्वयं सेनापति बने। पार्वती ने देवता और दानवों को एक ही घर के बताते हुए, उन्हें खूब समझाया लेकिन उन्होंने अपनी प्रतिज्ञा भंग होने और योग–पंथ की मर्यादा बचाने का कारण बताते हुए नहीं माना। महादेव अपने वाहन पर सवार होकर यादवों के विरुद्ध युद्ध लड़ने मैदान में आ डटे। कृष्ण और शिव में खूब घमासान हुआ। दोनों के मध्य युद्ध देखकर सुरों, मनुष्यों और नागों ने सोचा कि इस प्रकार तो संसार ही नष्ट हो जाएगा। सभी ने मिलकर नारद को ब्रह्माजी के पास भेजा। नारद ब्रह्माजी को बुलाकर लाये। ब्रह्माजी ने अपनी ही लगाई हुई बाड़ी नष्ट होते हुए देखकर अत्यन्त चिन्ता व्यक्त की। सभी ने मिलकर निष्कलंक, निराकार, अलक्ष्य रूप ब्रह्माजी से युद्ध बन्द करवाने के लिए निवेदन किया। अलख ने दोनों दलों के मध्य वस्त्रहीन शक्ति (स्त्री) को खड़ा कर दिया और वह दोनों दलों से कहने लगी – मैं तुम्हारी माता हूँ , तुम सभी मेरी सन्तान हो। सावित्री, लक्ष्मी और शक्ति तीनों मेरे ही अंश है।

वस्त्रहीन शक्ति को देखकर दोनों दल बोले– तुम वस्त्र पहनों, जिससे जगत् में मर्यादा बनी रहे। आप जैसा कहेंगे, हम वैसा ही करेंगे। युद्ध रोककर कृष्ण और महादेव प्रसन्नतापूर्वक मिले। सेना के समस्त

मृतक सैनिक पुनः संजीवित हो उठे। उषा अपने परिवार से और अनिरुद्ध यादवों से मिले। इस प्रकार श्री कृष्ण ने अनिरुद्ध को नागपाश के बंधन से मुक्त कराया। सर्वत्र श्री कृष्ण की जय जयकार होने लगी। विप्र, भाट आदि ने यश गा–गाकर दान पाया। अनिरुद्ध और उषा का विवाह ही इस युद्ध का अंत और परिणाम हुआ। यादवों में सर्वत्र खुशी की लहर छाई और घर–घर में मंगलाचरण गाया गया।

रचना के अंत में संतकवि ने श्रीकृष्ण की आरती प्रचलित धनासी राग में उद्धृत की है, इसमें हरि की महिमा और स्वयं की मुक्ति की विनती की गई।

केसौदास गोदारा प्रणीत कथा सुरगारोहणी

इस आख्यान काव्य कृति में संतकवि ने सृष्टि के सृजनहार का स्मरण करते हुए ब्रह्माजी के पूर्व में दिये गये वचनानुसार द्वापरयुग बीत जाने पर कलियुग का आरम्भ होने लगता है। कलियुग का प्रभाव और कलि के आगमन पर पाण्डवों का अपना धर्म अटल रखने का भोग, उनके महाप्रस्थान की ओर संकेत इसमें प्रमुखता से हुआ है।

कलियुग में धर्म का ह्रास होगा, मर्यादा का लोप होगा, पुत्र–पिता की आज्ञा नहीं मानेगा, गरीब को उचित न्याय नहीं मिलेगा, घर में साले (पत्नी के भाई) का सम्मान होगा भाई का नहीं, सत्य का बोलबाला कम होगा, गुरु की आज्ञा का पालन नहीं होगा, गायों के स्तनों से दूध की धारा घटेगी, वर्षा कहीं पर अत्यधिक और कहीं पर बिल्कुल ही नहीं होगी, प्रजा राजा की आज्ञा का पालन नहीं करेगी, लोक में झूठ, कपट, लालच और अहंकार का साम्राज्य होगा। इस प्रकार कलियुग के लक्षण बताने के बाद रचना का विविपूर्वक आरम्भ होता है–

धर्मराज युधिष्ठिर रात्रि में सुखपूर्वक पलंग पर सो रहे होते हैं। तभी कलियुग का एक मनुष्य के रूप में आगमन हुआ। उसने आते ही राजा के पाँव का अंगूठा मरोड़ते हुए कहा– अब यहाँ से तुम्हारी आन मिटने वाली है क्योंकि कलियुग का आगमन हो चुका है। अतः आप देश छोड़कर कहीं अन्यत्र चले जाओ। दूसरी रात्रि में भी यही घटना हुई, लेकिन तीसरी रात्रि में कलियुग ने कहना नहीं मानने पर अन्य उपाय करने की धमकी दी। प्रातःकाल राज दरबार में सभी भाइयों ने राजा को उदास देखकर, उसका कारण पूछा। राजा ने पिछली तीनों रात्रियों की घटना सुनाई। चारों भाइयों ने राजा को निश्चित करते हुए रात्रि के प्रत्येक प्रहर में क्रमशः भीम, अर्जुन, नकुल व सहदेव ने पहरा दिया। कलि से सभी का सामना हुआ परन्तु उस पर विजय प्राप्त करने में एक भी सफल नहीं हो सका। यहां तक कि उल्टे अपने प्राणों की भीख मांगनी पड़ी। राजा ने धर्म खडग का प्रयोग किया लेकिन कलियुग पर वह भी

अपना प्रभाव छोड़ने में सफल नहीं हुआ। अंत में राजा द्वारा उससे देश से अन्यत्र जाने का कारण और यहां रहने की विधि पूछने पर कलि ने कहा– धर्म और पाप कभी भी एक साथ नहीं रह सकते हैं। यदि आप धर्म त्याग करके पाप को धारण कर सकते हो तो यहां रह सकते हो, अन्यथा देश छोड़कर जाना ही उचित है। धर्मराज युधिष्ठिर ने धर्मत्याग की अपेक्षा देशत्याग को महत्त्व दिया। सभी भाइयों ने मिलकर कलियुग को महाबली बताते हुए अपनी पराजय स्वीकार की और समस्या के समाधान हेतु भगवान श्री कृष्ण के पास गये। उन्होंने बंधु हत्या का दोष कारण बताया। इसके निवारण हेतु कुरुक्षेत्र में स्नान करके महादेवजी के दर्शन करना तथा उसके बाद हिमालय में जाकर शरीर त्यागना होगा। द्रौपदी और कुन्ती सहित पाँचों पाण्डव कुरुक्षेत्र जाते हैं। बारह वर्ष बीत जाने के पश्चात् भी सूर्यग्रहण का संयोग नहीं होने पर भीम अत्यधिक क्रोधित हुआ और कुरुक्षेत्र तीर्थ को मिट्टी से भरने के लिए उद्यत हो गया। राजा ने पुण्य नष्ट हो जाने का भय दिखाकर उसे रोका। सहदेव के अतिरिक्त उन सभी के वहां से प्रस्थान करने के बाद सूर्यग्रहण हुआ। सहदेव ने कुरुक्षेत्र तीर्थ में स्नान किया और जाकर अपने भाइयों के साथ मिल गया। सहदेव के मिलने पर अन्य पाण्डवों को स्नान से वंचित होने पर बहुत खेद प्रकट किया। राजा ने सहदेव से कहा– अब हमारे पाप महादेवजी के वहीं जाने पर ही उतरेंगे, तुम बताओ अब कहां है महादेव? सहदेव ने कहा– भगवान शिव भैंसे का रूप बनाये हुए केदार पर्वत की घाटी में भैंसों के साथ विचरण कर रहे हैं। उनके पैर सफेद और सिर पर सफेद टीका है। अब उनके सामने समस्या उत्पन्न हो गई कि– ऐसी पहचान वाले अनेक भैंसो में से महादेवजी को कैसे पहचाना जाये? इसका उपाय बताते हुए सहदेव ने कहा– भगवान शिव हमारे भगवान (गुरु) हैं। सामने वाली दो पहाड़ियों पर भीम टांग (पैर) फैलाकर बैठ जाये। अर्जुन सभी भैंसों को दोनों पहाड़ियों के बीच में से हांकते हुए निकाले। अन्य भैंसे तो आराम से निकल जायेंगे, परन्तु भगवान शंकर नहीं निकलेंगे। सभी ने मिलकर ऐसा ही किया। अन्य सभी भैंसे तो दोनों पहाड़ियों के बीच से निकल गये, पर एक भैंसा अर्जुन के कई प्रयास करने के बावजूद भी नहीं निकला।

पहचान होने पर भीम ने उसकी पूंछ पकड़ ली, परन्तु वे पूंछ छुड़ाकर भाग गये और आगे जाकर महादेवजी ने अपना मुँह पर्वत में छुपा लिया, क्योंकि वे बन्धु हत्या के दोषियों को अपना मुँह दिखाना नहीं चाहते थे। पाण्डवों के आगमन की सूचना देने के लिए उन्होंने गणेशजी को पर्वत पर बिठा दिया। जैसे ही सहदेव सहित पाण्डव महादेव के दर्शनार्थ देवालय की ओर आने लगे वैसे ही गणेशजी से संकेत पाकर महादेवजी वहां से अदृश्य हो गये। महादेवजी को वहां न पाकर भीम

अत्यधिक क्राधित होकर गणेशजी का सिर काट देते हैं। यह घटना देखकर सभी अत्यधिक दुःखी हुए। माता कुन्ती के निवेदन पर भीम ने कहीं से हाथी का सिर लाकर गणेशजी की देह पर लगाया, जिससे गणेश संजीवित हो जाते हैं। गणेशजी पाण्डवों को मंदिर मे ही पूजा अर्चना करके वापिस आने के लिए कहते हैं परन्तु वे आगे बढ़ते गये, फिर भी महादेव के दर्शन नहीं होते हैं। जैसे–जैसे पाण्डव हिमालय की तरफ आगे बढ़ते गये, वैसे–वैसे सभी घाट जल से अवरुद्ध होने लगते हैं। भीम गदा से पर्वत काटकर रास्ता बनाते हैं। आगे चलने पर प्रथम पर्वत ने रास्ते के बदले द्रौपदी की मांग की, लेकिन इसे नकारते हुए पाण्डव दल आगे बढ़ता है, थोड़ा आगे चलने पर द्वितीय पर्वत द्वारा दण्ड मांगे जाने पर वे द्रौपदी को पर्वत को सौंपकर आगे बढ़े। द्रौपदी को साथ न पाकर पाण्डव राजा युधिष्ठिर ने अन्न ग्रहण नहीं किया और अत्यन्त खेद प्रकट किया। राजा को इस प्रकार दुःखी देकर भीम वापस जाकर पर्वत को परास्त कर द्रौपदी को लाता है। आगे चलने पर तृतीय और चतुर्थ पर्वत की यही मांग थी, इन दोनों से भीम युद्ध करते हुए आगे बढ़े, इस प्रकार पाण्डव हिमालय पंहुचते हैं और वहां जाते ही अपना मन सांसारिकता से विमुख कर लेते हैं।

हिमालय पहुंचने पर सर्वप्रथम कुन्ती ने शरीर त्यागने की स्वीकृति प्रदान की, क्योंकि वह पुत्र वियोग सहन नहीं कर सकती। माता को हेमाजल में गलते हुए देखकर भीम अत्यधिक दुःखी होते हैं, परन्तु राजा युधिष्ठिर उनके द्वारा पुत्रों के प्रति किया गया भेदभाव कारण बताकर उनका दुःख दूर करते हैं। कुन्ती के पश्चात् द्रौपदी, अर्जुन, सहदेव व नकुल क्रमशः अपना शरीर हेमाजल में गलाते हैं। सम्पूर्ण कुटुम्ब को इस प्रकार गलता हुआ देखकर भीम बहुत दुःखी होते हैं परन्तु राजा द्रौपदी का अर्जुन से अधिक प्रेम करना, नकुल का युद्ध के वक्त श्रृंगार करना, अर्जुन का अभिमन्यु के संकट के समय इन्द्रलोक चले जाना तथा सहदेव का भाइयों से सूर्यग्रहण का भेद छुपाकर रखने का दोष बताते हुए भीम को धैर्य धारण करवाते हैं। अंत में जब भीम हेमाजल में देह गलाते हैं तो उन्हें देखकर राजा स्वयं भी धैर्य खो देते हैं और अत्यधिक दुःखी होकर विलाप करने लगते हैं। इस प्रकार श्रीकृष्ण द्वारा बतलाये गये उपाय का पालन करते हुए पाण्डवों ने हिमालय जाकर शरीर त्यागा और राजा युधिष्ठिर ने वह रात अकेले ही जंगल में गुजारी। युधिष्ठिर के सत्य और कर्त्तव्यनिष्ठा को देखने के लिए धर्मराज एक श्वान के रूप में उनके पास आते हैं। भगवान युधिष्ठिर को स्वर्ग लाने के लिए उनके पास अपना विमान भेजते हैं, जिस पर युधिष्ठिर अकेला बैठने से मना कर देते हैं। विमान के पुनः धरती पर आने पर युधिष्ठिर श्वान सहित उसमें सवार होकर स्वर्ग जाते हैं, जहां उनका मिलन कुन्ती, द्रौपदी सहित चारों

भाइयों से होता है। इस प्रकार नाना प्रकार के कष्ट सहन करने के पश्चात् कुन्ती, द्रौपदी सहित पाँचों पाण्डवों को स्वर्ग की प्राप्ति हुई।

कथा भींव दुसासणी

यह संतकवि केसौदास गोदारा विरचित लघु प्रबन्ध काव्य है। इसमें पौराणिक आख्यान महाभारत महाकाव्य के पाण्डवों का सम्पूर्ण सम्पत्ति जुए में हारकर वन गमन, द्रौपदी स्वयंवर, दुःशासन द्वारा द्रौपदी का अपमान करने पर भीम द्वारा उनका वध प्रसंग को काव्य विषय बनाया गया है। साथ ही संतकवि की मौलिक उद्भावनाएँ एवं लोक वार्ता भी उद्घाटित की हुई है।

कथावस्तु[1]

कौरव और पाण्डव हस्तिनापुर में रहते थे। युधिष्ठिर अपनी समस्त सम्पत्ति जुए में हारकर भाइयों सहित वन में चले गए। दौपदी के स्वयंवर में अन्य राजाओं के साथ वे भी पहुंचे। कुएँ पर नहाती हुई द्रौपदी के हार को श्रीकृष्ण ने उठा लिया। उसने अपनी माँ से वही हार पहनने का हठ किया। कड़ाहे के तेल में देखकर हार वेध देने की शर्त थी। श्रीकृष्ण ने बाण छोड़कर कर्ण और दुःशासन को उसमें उलझा दिया। तभी अर्जुन ने बाण से हार वेध दिया जो नीचे भीम के हाथों में गिरा। अर्जुन के वरमाला डाली गई। कौरवों ने अपार सम्पत्ति के बदले द्रौपदी को मांगा। भीम ने कहा– विवाहित स्त्रियाँ ऐसे नहीं मिलती, प्रतौलि–द्वार पर ही मुण्ड दिखाई देंगे। दुःशासन ने द्रौपदी का हाथ पकड़ा जिस पर भीम ने लात मार कर उसको धरती पर पछाड़ दिया। पाण्डव हस्तिनापुर आ गये।

नकुल ने द्रौपदी पर व्यंग्य किया किन्तु कुन्ती ने डांटते हुए कहा– अवगुण किसमें नहीं ? तुम में भी है। द्रौपदी ने अपने अपमान के बदले भीम से दुःशासन को मरवाने के लिए कुन्ती को विवश किया। फलस्वरूप भीम ने उसको पटका, गले पर पैर रख दिया और बोला– दोनों दलों में कोई भी इसके छुड़वाए। अर्जुन इस हेतु उठा पर कृष्ण के कहने पर बैठ गया। उसके मरने पर द्रौपदी ने 'सिर गुंथवाया'।

रचना का उद्देश्य श्रीकृष्ण की भक्ति है, उन्हीं की इच्छानुसार ही सब कुछ होता है, वे ही सर्वस्व हैं। भगवान का सर्वस्व मानकर सबकुछ उन्हें समर्पित कर देना ही धर्म का लक्ष्य है। यह बात पाण्डवों में थी, इसलिए श्रीकृष्ण सदैव उनके साथ रहते थे।

कथा बहसोंवनी (सोंवन कथा)

इस काव्य कृति में संतकवि केसौदास गोदारा ने सृष्टि के आदि निर्माता भगवान विष्णु से प्रार्थना करके द्वापर में हस्तिनापुर के पाण्डु

राजा के नरकवास और उनसे मुक्ति चाहने हेतु पाण्डवों द्वारा अपने पिता के निमित्त स्वर्ग यज्ञ किये जाने की कथा कही है।

हस्तिनापुर के पाण्डु सम्राट के एक गर्भवती घोड़ी थी। राजा ने व्यासजी से घोड़ी के गर्भ का आगम विचार पूछा। व्यासजी ने बताया कि आपकी इस घोड़ी के एक बछेरा पैदा होगा, जिस पर तुम कभी मत चढ़ना, अगर चढ़ भी गये तो पूर्व दिशा में मत जाता, यदि चढ़कर पूर्व दिशा की ओर चले भी जाओ तो, कृष्णमृग को मत मारना, यदि भूल वश मार भी दो तो उसके प्राण त्यागते समय उसके पास मत जाना। यदि पास चले गये तो बाद में पश्चाताप होगा और जीवन की गति नहीं होगी। घोड़ी के बछेरा पैदा होने पर राजा ने उसे एक गुफा में छुपा कर रखवा दिया।

करणमाल नामक एक ब्राह्मण रात्रि के समय अपने नगर जा रहा था। रास्ते में बेमाता के दर्शन हुए। किशोर ब्राह्मण के पूछने पर बेमाता ने अपना परिचय दिया तथा लोक के भाग्य लेख लिखने का काम भी बताया। ब्राह्मण ने उत्कंठावश अपने वैवाहित संबंध के भाग्यलेख के विषय में पूछा। उन्होंने ब्राह्मण का विवाह एक धोबी की लड़की के साथ होना बताया। यह सुनकर ब्राह्मण को ग्लानि उत्पन्न हुई और वह मन ही मन बेमाता की बात को असत्य साबित करने का विचार करता हुआ नगर में आया। बेमाता ने धोबी की जिस कन्या के साथ उसके विवाह होने की बात कही, उस कन्या को अपने पिता के लिए भोजन लाते हुए ब्राह्मण ने देखा। एक दिन वह कन्या नदी के किनारे बैठकर नाव को निहार रही थी, उसी वक्त करणमाल ने अवसर पाकर उस कन्या पर कटारी फैंककर उसे नदी में बहा दिया। संयोगवश उसी समय एक अन्य ब्राह्मण नदी के किनारे खड़ा था, जिसने उस घायल कन्या को नदी से बाहर निकाला और उसे अपने घर लाकर उसका पुत्रीवत् पालन–पोषण किया। करणमाल इस पाप से भयभीत होकर दूसरे प्रदेश चला गया और वहां पर रहकर धर्म–व्रत करने लगा। कन्या जब विवाह योग्य हो गई तो वह ब्राह्मण उसके लिए वर की तलाश में घूमने लगा, वहां उनकी मुलाकात करणमाल ब्राह्मण से हुई। उसने करणमाल के समक्ष उस लड़की का हाथ थामने का प्रस्ताव रखा, जिसे करणमाल ने सहर्ष स्वीकार कर लिया। दोनों का विवाह शीघ्र ही सम्पन्न हुआ। विवाह के बाद फिर बेमाता के दर्शन होने पर करणमाल ने बेमाता को उनके वचन झूठे होने की बात कहते हुए अपने वैवाहिक लग्न की बात कही। सुनकर बेमाता ने उससे पूछा– तुमने जब धोबी की कन्या को कटारी मारी थी, उस समय के कोई चिह्न तुम्हे ज्ञात है? बेमाता की बात सुनकर जब वह अपनी पत्नी के शरीर पर घाव का निशान देखता है तो बेमाता की बात सत्य सिद्ध होती है।

अपनी पराजय और बेमाता की विजय से क्षुब्ध होकर वह उसी स्थान पर अपनी पत्नी को बिलखता हुआ छोड़कर, अपने पापों का निवारण करने के लिए, तपस्या का निश्चय करके उसने गंगा तट की ओर वन में जाकर समाधि लगा ली। समाधिस्थ करणमाल के कान में एक चिड़ा–चिड़ी (दम्पति) घोंसला बनाकर रहने लगे। एक दिन उस दम्पति ने घूमने के लिए दूर जाने का निश्चय किया और एक लम्बी उड़ान भरी। वापिस आते वक्त आंधी एवं वर्षा के कारण चिड़ी अपने नीड़ तक नहीं पहुँच सकी। उसने किसी वृक्ष के सहारे बैठकर रात्रि व्यतीत की और सुबह होते ही वह उड़कर अपने निवास पर आ पहुँची। घोंसले में चिड़ा उपस्थित था, उसने उसकी अनुमति के बिना रातभर नीड़ से बाहर रहने के कारण चिड़ी के चरित्र पर संदेह करते हुए, नीड़ के अन्दर आने के लिए मनाही कर दी। चिड़ी ने अनेक शपथ खाकर अपने पति को आश्वस्त करने का प्रयास किया, परन्तु चिड़े ने उसकी एक भी बात नहीं मानी। अंत में चिड़ी 'यदि मैंने कोई अवगुण किया है तो मुझे वही पाप लगे, जो राजा करणमाल को लगा' है ऐसे कहती हुई नीड़ में आ बैठी। अपना नाम सुनकर जिज्ञासावश करणमाल ने हाथों से कानों को ढककर उसे अन्दर रोका और अपने पाप के विषय में उससे पूछा। चिड़ी ने कहा – मैंने तो लाखों जीवों के द्वारा एक बहेलिए के प्रति ऐसा कहते हुए सुना है और आपके पूर्व पापों के विषय में तो दुर्वासा ऋषि ही बता सकते हैं।

करणमाल द्वारा पूछे जाने पर दुर्वासा ऋषि ने बताया कि – तुमने बिना किसी कारण अपनी पत्नी का परित्याग किया, उसने तुम्हारे वियोग में तड़प–तड़प कर अपने प्राण त्यागे। अब वह मानवी रूप छोड़कर एक हरिणी की योनि में आई है। उस स्त्री की मृत्यु का शाप तुम्हे लगा हुआ है, यदि तुम हरिण बनकर उनके साथ रह सको, तो तुम्हारे पापों का शमन हो सकता है। करणमाल ने तपस्या से अपनी काया परिवर्तित की और वह हरिण बनकर उसके (हरिणी के) साथ रहने लगा। हस्तिनापुर के जंगल में हरिण के रूप में पति–पत्नी अत्यन्त प्रसन्नता से विचरण करने लगे।

उधर राजा पाण्डु की घोड़ी का वह बछेरा अत्यन्त बलशाली पवन–वेग वाला हुआ। राजा व्यासजी के वचनों का उल्लंघन करते हुए उस बछेरे पर बैठकर पूर्व दिशा में शिकार करने गया और उक्त हरिण को अपने तीर का निशाना बना लिया। वह (हरिण) आहत होकर एक ऋषि के रूप में गिर पड़ा। हरिणी ऋषिणी के रूप में करुण विलाप करने लगी। हरिण के मरते ही राजा उसके पास गया तब उस ऋषिणी शरीरधारी मादा हरिणी ने शाप दिया कि त्रियाभोग के कारण तुम मरकर

विश्नोई संतकवियों द्वारा रचित राम-कृष्ण संबंधी आख्यान काव्य

नरक में जाओगे और धरती पर जब स्वर्णयज्ञ होगा तभी तुम मुक्ति प्राप्त कर पाओगे। ऐसा कहते हुए उसने अपने पति का अंतिम संस्कार किया।

इस घटना को टालने के लिए राजा ने वैराग्य धारण कर लिय। इन्द्र, पवन और धर्मराज की आराधना से कुन्ती को क्रमशः अर्जुन, भीम और युधिष्ठिर पुत्रों की प्राप्ति हुई।

राजा के शाप की खबर जब नारदजी को लगी तो वह सम्पूर्ण वृत्तान्त जानने के लिए कुन्ती के पास गये। राजा पाण्डु की द्वितीय पत्नी माद्री ने नारदजी के समक्ष कुन्ती के तीन पुत्रों की माँ बनने व स्वयं के पुत्रहीन होने का दुःख प्रकट किया। नारदजी से संकेत पाकर माद्री श्रृंगार करके राजा को भोजन कराने गई, उनके साथ संभोग करके राजा पूर्वशाप के कारण नरक चले गये। माद्री गर्भवती हो गई उनके गर्भ से नकुल और सहदेव दो पुत्र उत्पन्न हुए। नरक में राजा की मुलाकात नारदजी से होने पर राजा ने नारदजी से अपनी मुक्ति हेतु पाण्डवों से धरती पर स्वर्णयज्ञ करवाने हेतु निवेदन किया। नारद जी ने मृत्युलोक आकर पाण्डवों को स्वर्णयज्ञ करने के लिए प्रेरित किया। सभी भाइयों ने मिलकर यज्ञ सम्पन्न कराने की योजना बनाई। इस यज्ञ में – भगवान श्रीकृष्ण की उपस्थिति, लंका से स्वर्ण लाना, जरासंध की खोपड़ी लाना, पाताल से मण्डप और स्वर्ग से कामधेनु पाँच प्रमुख कार्य थे। पाँचों भाइयों ने मिलकर एक-एक प्रमुख कार्य की जिम्मेदारी स्वीकार की तथा उसे न कर सकने पर मृत्यु का संकल्प भी लिया।

सर्वप्रथम सहदेव भगवान श्रीकृष्ण को लाने हेतु द्वारिकापुर के लिए रवाना हुए। अपशकुन और अनेक प्रकार के संकटों का सामना करने के पश्चात् वे द्वारिकापुर पहुँचे। वहां पहुँचकर श्रीकृष्ण को प्रसन्न करके अपने साथ ले आये। भगवान श्रीकृष्ण के हस्तिनापुर आगमन पर सर्वत्र प्रसन्नता की लहर छा गई। इसके बाद श्रीकृष्ण को साथ लेकर अर्जुन लंका से स्वर्ण लाने के लिए रवाना हुए। रास्ते में विविध प्रकार की बाधाएँ होने पर वे आकाश मार्ग से लंका की ओर चले। आकाश मार्ग से जाते हुए उनके रथ को हनुमानजी ने खींचकर नीचे उतार दिया। अर्जुन ने हनुमानजी का अभिवादन किया, लेकिन उन्होंने न तो अभिवादन स्वीकार किया और न ही स्वागत किया। इससे अर्जुन बहुत क्रोधित हुए और दोनों के मध्य भयंकर युद्ध हुआ। ब्रह्माजी के कहने पर नारदजी ने हनुमानजी को समझाया जिससे युद्ध शांत हुआ। उसके बाद हनुमानजी भी उनके साथ चले। आगे चलकर अर्जुन के धनुर्धारी राम द्वारा पत्थरों से पुल बांधना झूठ बताने पर हनुमानजी अत्यधिक क्रोधित होकर विरोध प्रकट करने लगे। दोनों के मध्य शर्त यह रखी गई कि यदि अर्जुन तीरों से ऐसा पुल बांध दे तो हनुमानजी 12 वर्षों तक उनकी सेवा करेंगे। यदि

विश्नोई संतकवियों द्वारा रचित राम-कृष्ण संबंधी आख्यान काव्य

वह ऐसा नहीं कर सका तो अर्जुन को प्राण त्यागना होगा। अर्जुन ने तीरों से ऐसा ही पुल बांध दिया जो हनुमानजी द्वारा अथक प्रयास किये जाने पर भी नहीं टूटा। श्रीकृष्ण ने दोनों को कुशल वीर यौद्धा बताते हुए अपना रथ उस पुल के ठीक बीच में खड़ा किया, जिससे वह पुल पानी में बैठ गया। उसके बाद वे तीनों ही वहां से सीधे आकाश मार्ग से लंका पहुँचे। वहां पहुँचने पर विभीषण ने उनका स्वागत सत्कार किया और अपार स्वर्ण भेंट स्वरूप प्रदान किया जिसे लेकर वे वापस हस्तिनापुर आ गये। दोनों भाइयों के द्वारा अपना-अपना कार्य सम्पन्न किये जाने पर भीम को अपना कार्य जरासिंध (जरासंध) का सिर लाने के लिए रवाना होता देखकर युधिष्ठिर ने श्रीकृष्ण, अर्जुन और सहदेव को साथ ले जाने के लिए कहा, लेकिन भीम ने अपने काम का श्रेय उन्हीं को मिलने की आशंका प्रकट करते हुए मना कर दिया।

भीम अकेला ही जरासंध की सीमा में गया और गदा गाड़कर घने वृक्षों की छाया में सो गया। जरासंध की सेना ने अपनी सीमा में भीम को इस प्रकार सोता देखकर सैनिकों ने उसे गहरे कुएं में डाल दिया। ज्योतिषी सहदेव को इस घटना का पता चलने पर वे श्रीकृष्ण और अर्जुन सहित वहां गये और भीम को कुएं से बाहर निकाला। उसके बाद भीम ब्राह्मण का रूप धारण करके जरासंध के नगर में जा पहुंचा। वहां जरासंध के तीनों पुत्रों को मार गिराने के बाद अठारह दिवस भीम और जरासंध के मध्य भयंकर युद्ध चला। अंत में भीम श्रीकृष्ण के संकेतों से जरासंध को हराकर उसका सिर काटकर हस्तिनापुर लाने में सफल हुआ। भीम के बाद नकुल पाताल लोक से मण्डप लाने के लिए गये। वहां पहुंचने पर कणियासर नामक दैत्य से उनका भयंकर युद्ध हुआ। जिसमें वे आहत हो गये, किन्तु एक पद्मिनी द्वारा अमृत पान कराये जाने पर वे संजीवित हो उठे। संजीवित होते ही कणियासर दैत्य को मारकर वे भी मण्डप लाने में सफल हो गये। अंत में युधिष्ठिर ने अपने लक्ष्य के विषय में श्रीकृष्ण से विचार-विमर्श किया। श्रीकृष्ण ने युधिष्ठिर को धरती पर कामधेनु लाने के लिए तेल से भरे कड़ाह में प्राण त्यागने को कहा। युधिष्ठिर ने कौरवों, ब्राह्मणों तथा गुरुजनों को बुलाकर भरपूर दान दिया और उसके बाद कड़ाहे में अपनी देह त्यागी। इससे प्रसन्न होकर देवताओं से इन्द्र ने धरती पर कामधेनु भेजने की प्रार्थना की। कामधेनु के धरती पर पैर रखते ही युधिष्ठिर संजीवित हो उठे। इस प्रकार पाँचों भाई अपना-अपना संकल्प पूरा करने में सफल हुए। इस स्वर्ण यज्ञ में भगवान श्रीकृष्ण ने अपने हाथों से मण्डप बनाया। नवखण्डों के राजा और अनेक संत-मुनि इसमें उपस्थित हुए। उपस्थित ब्राह्मणों और संत-मुनियों को सोना, हीरे, मोती, सफेद-काली गायें दान के रूप में भेंट की गई। इस

प्रकार पाण्डवों ने अपने पिता राजा पाण्डु के उद्धार के लिए धरती पर स्वर्णयज्ञ सम्पादित कराया।

ऊदोजी अड़ींग कृत सनेहलीला

संतकवि ऊदोजी अड़ींग ने सर्वप्रथम हरिकृपा में अटल विश्वास रखकर प्रभु के चरणों में स्वयं को समर्पित करते हुए, खुद को अल्पज्ञ बताकर सच्चे गुरु की कृपा से बुद्धि का प्रकाश होने पर रचना का प्रयास किया।

एक समय भगवान श्रीकृष्ण ब्रज के विषय में सोचकर अपने प्रिय सखा उद्धव को अपने (स्वयं के) पास बुलाकर कहते हैं– हे उद्धव! तुम ब्रज में जाओ, जहां पर मेरे माता–पिता, यशोदा और नंद बाबा हैं; उनके पास जाकर उन्हें सुख प्रदान करो। ब्रजवासियों के जीवन का प्राणाधार हूँ मैं, उनका सर्वस्व मैं ही हूँ। मैंने शत्रु पर विजय प्राप्त करके शीघ्र ही वापस लौटने का वादा किया था। इस प्रकार समझाते हुए हरि ने अपना रथ सजाकर गुणवान सखा उद्धव को रथ पर सवार किया। उद्धव हरि के चरणों में प्रणाम करके ब्रज के लिए रवाना हो जाते हैं।

उद्धव सूर्यास्त के समय नंद बाबा के गांव में पहुँचते हैं, उस समय जंगल से गौएं लौट रही है, उनके चरणों के आघात से आसमान तक गौ–रज उड़ रही है। रथ के वहां पहुँचते ही ग्वालियों की समस्त मण्डली मिलकर गोविन्द का गुणगान करने लगती है। इस प्रकार उद्धव के ब्रजागमन से वहां की शोभा और बढ़ जाती है।

उद्धव का रथ जब नंद के द्वार पर पहुँचा तो उन्हें देखकर माता यशोदा और नंद बाबा बहुत ही प्रसन्न होकर, नंदजी उद्धव को गले लगाकर उनका वैसा सम्मान करते हैं मानों स्वयं श्रीकृष्ण आये हों। आदर–सत्कार के पश्चात् नंद और यशोदा सूरसेन के पुत्र की कुशलता पूछने लगते हैं। उद्धव कंस वध के बाद उनका वहां पर सकुशल रहने का उल्लेख करते हैं। वहां पर यशोदा, नंदजी और उद्धव के मध्य श्रीकृष्ण–बलराम का जीवन चरित्र, उनकी वेशभूषा, पराक्रम, अदम्य साहस आदि प्रसंग इस प्रकार चलते हैं कि उनकी एक–एक लीलाओं का स्मरण करते–करते वे विह्वल हो जाते हैं और उनसे मिलने की अत्यन्त उत्कंठा वश उनका गला रूंध जाता है।

श्रीकृष्ण के सखा उद्धव और यशोदा–नंदबाबा के मध्य इसी प्रकार आपस में बातें करते–करते रात बीत जाती है। कुछ रात शेष रहने पर गोपियां दही मथने लगती हैं, जिसकी ध्वनि मेघ की गर्जना–सी लगती है।

उद्धव प्रातः उठते ही यमुनाजी के तट पर जाकर स्नानादि से निवृत्त

होकर वापस आते हैं तब तक नंदजी के द्वार पर गोपाल का रथ खड़ा देखकर व्रजांगनाएँ नंद के द्वार पर आ जाती है। उद्धव को श्रीकृष्ण का सखा समझकर आदरपूर्वक सत्कार करके श्रीकृष्ण की कुशलता के बारे में पूछने लगती हैं।

गोपियां श्रीकृष्ण के वियोग में उद्धव पर अत्यधिक मोहित हो जाती हैं। श्रीकृष्ण ने बचपन से लेकर किशोरावस्थ तक जितनी भी लीलाएं की, उन सबको याद करके गोपियां उनका गान करने लगती है। वे उद्धव के समक्ष आत्मविस्मृत होकर भाव–विभोर हो जाती है। यहां पर वे मधुकर को संबोधित करके भी कहती हैं कि क्या श्रीकृष्ण को यशोदा, नंदबाबा, यहां के घर, ग्वालबाल आदि सभी कभी याद आते हैं ? क्या हमारे जीवन में कभी ऐसा सुअवसर आयेगा कि श्रीकृष्ण लौटकर आयेंगे? प्रेमदशा के भीतर अनेक मनोवृत्तियों की व्यंजना गोपियों के वचनों द्वारा होती है। इस प्रकार उद्धव से संवाद करती हुई व्रजांगनाएँ श्रीकृष्ण दर्शन के लिए अत्यन्त उत्सुक और लालायित हो रही हैं। उनकी बातें सुनकर उद्धव उनके प्रियतम श्रीकृष्ण का सन्देश सुनाकर उन्हें सांत्वना देने लगते हैं। उद्धव कहते हैं– व्रज की नारियों तुम धन्य हो, तुम पूजनीय हो, क्योंकि तुमने श्रीकृष्ण को अपना हृदय और अपना सर्वस्व समर्पित किया है। तुम्हारी इसी प्रेम भक्ति के कारण ही भगवान विष्णु श्रीकृष्ण रूप धारण करके व्रज भूमि पर आये।

इसी प्रकार उद्धव कृष्ण के माता–पिता की कुशलता जानने व गोपियों की विरह–व्यथा मिटाने के लिए छः माह तक ब्रज में रहने के पश्चात् नंद, यशोदा और गोपियों से आज्ञा प्राप्त करके मथुरा के लिए प्रस्थान करते हैं। वहां पहुँचकर श्रीकृष्ण को प्रणाम करने के बाद व्रज के बाल–ग्वाल, गोपियाँ तथा व्रज के अनंत जीवों की तरफ से कृष्ण को प्रणाम बोलते हैं। उसके बाद माता–पिता से लेकर समस्त ब्रज मण्डल की प्रेममयी भक्ति का उद्रेक जैसा देखा हू–ब–हू करते हैं।

इतना सुनते ही श्रीकृष्ण कहने लगे– उद्धव! मैंने ब्रज छोड़ा नहीं है; तथा न ही मैं उसे छोड़ना चाहता हूँ। भूमि पर भार उतारने के लिए मैंने अनेक रूप धारण किये। श्रीकृष्ण का श्रेष्ठ भक्त वही है, जिनके हृदय में उन गोपियों के सम्मान प्रेम भक्ति हो।

रचना के अंत में संतकवि कहते हैं कि उद्धव और गोपियों की संवाद कथा परम पवित्र है, उनकी भक्ति एवं भगवत् प्रेम तीनों लोकों और चौदह भुवनों में व्याप्त है। जो व्यक्ति इससे अनुराग करता है उनके सम्पूर्ण कष्टों का विनाश हो जाता है और उनके मन में चिर आनंद की प्राप्ति होती है यह सभी भाग्यशाली व्यक्ति को ही मिलता है।

विश्नोई संतकवियों द्वारा रचित राम-कृष्ण संबंधी आख्यान काव्य

संदर्भ सूची :
1. इस कथाकृति की कथावस्तु—जाम्भोजी, विष्णोई सम्प्रदाय और साहित्य (दूसरा भाग) : पृष्ठ संख्या : 735–736 पर आधारित है।

4. उपजीव्य ग्रंथों सहित आख्यान काव्यों का परस्पर तुलनात्मक अध्ययन

भारतीय आख्यान साहित्य के विकास क्रम में राम और कृष्ण सम्बन्धी आख्यान काव्यों में रामायण, महाभारत एवं पुराणों का महत्त्वपूर्ण स्थान है। रामायण और महाभारत के कथानक आख्यान काव्य परम्परा के विकास में महत्त्वपूर्ण योग प्रदान करते हैं और पुराणों में आख्यानों के अध्ययन हेतु पर्याप्त सामग्री उपलब्ध होती हैं। रामायण, महाभारत और पुराण ये सभी परवर्ती महाकाव्य के उद्गम और प्रेरणा स्रोत माने जाते हैं। ये भारतीय राष्ट्रीय एकता के आदर्श ग्रंथ हैं जिन्हें भारतीय ऐतिहासिक, धार्मिक एवं नैतिक सम्पदा के अमूल्य ग्रंथ रत्न माने गये हैं तथा इनके साथ–साथ उन्हें भारतीय लौकिक साहित्य के उपजीव्य ग्रंथ भी माने जाते हैं। ये ऐसे उत्कृष्ट उपजीव्य ग्रंथ है कि जिनसे संस्कृत भाषा के अतिरिक्त पालि, प्राकृत, अपभ्रंश, हिन्दी तथा अन्य प्रान्तीय भाषा के कवियों ने अपने–अपने विषय निर्देशन एवं काव्य शैली के विकास हेतु पर्याप्त सामग्री ग्रहण की है और वर्तमान में भी कर रहे हैं। रामायण, महाभारत तथा पुराण आदि आख्यानों का रूप–निर्माण युगों–युगों तक होता रहा, युग–युग तक इन काव्य ग्रंथों के अवयव, विषय और शैली का संगठन हुआ और अन्त में एकरूपता आई। इनके निर्माण में अनेक गाथाओं और तत्त्वों या लोकवार्ताओं का संघटन हुआ।

प्राचीन धार्मिक विश्वास, लोक प्रचलित दन्त कथाएँ, वंशानुक्रम परिचय, ऐतिहासिक एवं सामयिक घटनाएँ, प्राचीन ज्ञान और लोकवार्ताएँ आदि ये सभी इन उपजीव्य ग्रंथों में इस प्रकार संबद्ध हो गये कि इनसे अनेकता में एकता की स्थापना की गई। इसी कारण ये उपजीव्य ग्रंथ केवल काव्यग्रंथ ही नहीं है अपितु अपने विविध रूपों में लोक में समादृत हुए हैं। उत्तरकालीन अनेक साहित्यकारों ने इन उपजीव्य ग्रंथों को आधार बनाकर अनेक काव्य ग्रंथों की रचना की। 'विविध धार्मिक सम्प्रदायों के प्रभाव में आकर पौराणिक आख्यानों में संकीर्ण साम्प्रदायिक उद्देश्यों की सिद्धि के लिए परिवर्तन, परिवर्द्धन और संशोधन होते रहे।[1] विभिन्न धर्मावलम्बियों ने अपने पंथ–सम्प्रदाय की मान्यतानुसार इनके मूल स्वरूप में अपने देश–काल तथा व्यक्तिगत रूचि–संस्कार आदि के आधार पर काफी नवीन उद्भावनाएँ भी व्यक्त की।

रामाख्यान काव्य

हिन्दुओं के लिए रामकथा एक कथा–मात्र न होकर उनकी धार्मिक भावनाओं के साथ गहराई से जुड़ा हुआ एक आध्यात्मिक आख्यान भी

है।'[2] विश्नोई पंथ के लोग इस तथ्य से अवगत रहे और इस पंथ के साहित्य में रामकथा विषयक दो प्रबन्ध काव्य लिखे गये। जो कथा, भाषा, भाव शैली आदि की दृष्टि से पर्याप्त वैविध्यमयी मौलिकता के साथ लोक में प्रचलित एवं परिवर्धित हुए हैं। ये रचनाएँ वाल्मीकि रामायण से साम्य रखते हुए भी कुछ भिन्नता लिए हुए हैं क्योंकि विश्नोई पंथ में प्रचलित रामकाव्यों में काफी अंश पूर्व–परम्परा से पूरित है तथा कुछ अंश ऐसे भी है जो पूर्व परम्परा के लोकमान्य स्वरूप से भिन्नता लिए हुए लोक परम्परा एवं पंथ की मान्यताओं से संपोषित है।

विश्नोई संतकवियों द्वारा रचित रामकाव्यों के परस्पर तुलनात्मक अध्ययन के अन्तर्गत इन काव्यकृतियों की कथावस्तु में व्यवहृत कथ्य, भाव आदि के उपजीव्य ग्रंथों के साथ साम्य–वैषम्य को रेखांकित करने का प्रयास किया जाएगा; साथ ही समान विषय–वस्तु वाली दोनों रचनाओं का भी परस्पर तुलनात्मक अध्ययन प्रस्तुत किया जाएगा।

मेहोजी कृत रामायण

विश्नोई पंथ में रामकथा विषयक आख्यान काव्य परम्परा का शुभारम्भ संतकवि मेहोजी गोदारा कृत रामायण से होता है। उल्लेखनीय है कि राजस्थानी रामकाव्यों की शुरूआत भी इसी कृति से होती है, जिस पर विश्नोई पंथ की इस रचना का प्रभाव होना स्वाभाविक है। यह आख्यान काव्य धार्मिक एवं लोकानुरंजन की दृष्टि से अत्यधिक महत्त्वपूर्ण है। रामकथा विषयक पूर्व परम्परा से अनुस्यूत होने के साथ–साथ यह काव्य लोक संस्कृति का संवाहन एवं संरक्षक भी है। लोकाख्यान के रूप में प्रचलित होने के कारण इसमें कई प्रसंगों में नवीन उद्भावनाएं भी व्यक्त की गई हैं।

मेहोजी विरचित रामायण आख्यान का आधार एवं उपजीव्य ग्रंथ महर्षि वाल्मीकि कृत रामायण है। इसकी कथावस्तु का उपजीव्य ग्रंथ के साथ विवेचन–विश्लेषण इस प्रकार है–

1. इस रामायण में संतकवि ने राम आदि चारों भाइयों के जन्म सम्बन्धी प्रसंग में कुछ नयापन दिखाने का प्रयास किया है। इसमें भरत और शत्रुघ्न दोनों को कैकेयी–पुत्र बतलाया गया है, जबकि वाल्मीकि रामायण में भरत की माता कैकेयी और शत्रुघ्न की माता सुमित्रा बतलाई गई हैं।
2. मेहो रामायण में राम को वनवास देने सम्बन्धी प्रसंग में राजा दशरथ की अस्वस्थावस्था में कैकेयी द्वारा अपने पति की निरन्तर की गई सेवा के फलस्वरूप राजा उसे वर मांगने के लिए कहते हैं जबकि वाल्मीकि रामायण के एक दृष्टांत से स्पष्ट है कि दशरथ जब युद्ध में

दुश्मनों से घिर जाते हैं, तब कुछ लोग उन्हें अलग दूर ले जाकर इलाज करते हैं। इसके अलावा कैकेयी द्वारा अपने 'शत्रुपरिक्षत' पति को रणभूमि से हटाकर उसकी चिकित्सा करने का उल्लेख वाल्मीकि रामायण के उदीच्य पाठो में भी मिलता है।

3. वाल्मीकि रामायण में राम के वनवास प्रस्थानकाल में भरत अपने ननिहाल में होते हैं जबकि इस रामायण में राम वनवास के समय भरत अयोध्या में होते हैं तथा कुछ दूर तक उनके साथ भी चलते हैं। महानाटक के अनुसार भी निर्वासन के समय भरत अयोध्या में होते हैं।
4. वाल्मीकि रामायण में सीता–स्वयंवर राम के वनवास के पूर्व होना देखने को मिलता है, परन्तु इस कृति के प्रसंगानुसार सीता–स्वयंवर राजा दशरथ के दिवंगत होने के पश्चात् राम के वनवास काल में होता है।
5. इस आख्यान में सीता–हरण प्रसंग के अन्तर्गत भोज नामक पात्र का उल्लेख हुआ है, जो कि रावण का रजपूत (राजदूत) है। वह रावण की आज्ञानुसार एक रुग्ण पथिक का रूप धारण करके पंचवटी में सीता की शरण में रात्रि व्यतीत करते हुए सीता के सम्पूर्ण सौन्दर्य का अवलोकन करता है तथा रावण को सीता हरण के लिए प्रेरित करता है।

रावण के एक दूत के रूप में भोज का उल्लेख उपजीव्य ग्रंथ में उद्घाटित नहीं हुआ है। वाल्मीकि रामायण के मारीच का स्थान इसमें भोज नामक पात्र ने लिया है।

6. लंका में हनुमान अपनी मृत्यु का उपाय स्वयं बताते हुए कहते हैं कि– मेरी मृत्यु पूँछ पर सूत लपेटकर आग लगाने से होगी। मेहो रामायण के लंकादहन प्रसंग में हनुमान के इस प्रकार राय देने का उल्लेख मिलता है, जबकि वाल्मीकि रामायण के अनुसार हनुमान ने अपने को सुग्रीव द्वारा भेजा हुआ राम–दूत कहकर रावण से सीता को लौटाने का अनुरोध किया, जिस पर रावण ने क्रुद्ध होकर हनुमान का वध करना चाहा, किन्तु विभीषण की आपत्ति पर ध्यान देकर उसने दण्डस्वरूप हनुमान की पूँछ जलाने का आदेश दिया।
7. इस रामायण में हनुमान की उपस्थिति भी पूर्व प्रचलित रामकथा काव्य से भिन्न है। मृग मारकर लौटने पर राम कुटिया में सीता को न पाकर विलाप करने लगते हैं, तभी लक्ष्मण व हनुमान उन्हें सांत्वना देते हैं।

लंका से हनुमान सीता को अपने साथ लाना चाहते हैं, मगर सीता लोक–लाज तथा अन्य कई कारण बताते हुए मना कर देती है–

बंध्यौ न छूटै देवता, रहै न रावंण राज।
सीता हड़ी किम जांणियै, रांम रहै किम लाज।।[3]

जबकि वाल्मीकि रामायण की कथा के अनुसार–सीता ने हनुमान के साथ ले जाने के प्रस्ताव के विरोध में पांच तर्क प्रस्तुत किये–

(1) मुझे गिर जाने का भय है; (2) तुमको जाते देखकर राक्षस आक्रमण करेंगे; तुम उनके साथ युद्ध करते समय मेरी रक्षा न कर सकोगे; (3) यदि तुम ही राक्षसों को मारोगे तो राम का अपयश होगा; (4) राक्षस संभवतः मुझे पकड़कर किसी गुप्त स्थान में रखेंगे; (5) मैं राम को छोड़कर किसी दूसरे का शरीर नहीं स्पर्श करना चाहती हूँ।[4]

इस रामायण में कवि ने सीता के उपर्युक्त तर्कों में से राम की कीर्ति तथा अन्तिम तर्क (कुलवधू–मर्यादा) को ही सर्वाधिक मान्यता देते हुए रावण द्वारा बन्धक बनाये गये देवताओं को मुक्त कराने ही नवीन उद्भावना व्यक्त की है।

8. इस रामायण में हनुमान लंका में अपनी भूख शांत करने के लिए सीता से आज्ञा लेकर अशोक वाटिका के फल खाना चाहते हैं। सीता नीचे गिरे हुए फल खाने की आज्ञा देते हुए लंका में दुबारा भूलकर भी कदम नहीं रखते की चेतावनी देती है। वाल्मीकि रामायण में यह प्रसंग उल्लेखित नहीं हुआ है, जबकि प्राचीन ग्रंथ[5] अध्यात्म रामायण व आनन्दरामायण में हनुमान के लंका में भूख शांत करने के लिए वन फल खाने का उल्लेख अवश्य मिलता है।
9. मेहोजी कृत रामायण में लक्ष्मण के मूर्छित होने पर वैद्य राम से कहते हैं कि– संजीवनी बूटी सूर्योदय से पूर्व लाना होगा, जबकि अन्य रामकथा काव्यों में वैद्य और हनुमान का सीधा संवाद होता है– जिसमें वैद्य हनुमान को सूर्योदय से पूर्व लौटने को कहते हैं। वाल्मीकि रामायण के गौडीय तथा पश्चिमोत्तरीय पाठों में हनुमान से अनुरोध किया जाता है किवह सूर्योदय के पूर्व ही लौटें–**यावद्रात्रिर्न हीयते।**[6]
10. इस रचना के कथ्यानुसार महरावण ठग विद्या का खेल जानता है और वह इसी खेल में ठग–बाजी से राम–लक्ष्मण दोनों को पाताल ले जाता है तथा वहां ले जाकर उसे मालादेवी को बलि के रूप में समर्पित करना चाहता है। हनुमान राम–लक्ष्मण की खोज करते हुए पाताल लोक जाकर महरावण का वध करके उन्हें मुक्त कराते हैं, जबकि यह घटना वाल्मीकि कृत रामायण में वर्णित नहीं हुई है। आनन्द रामायण[7] में ऐरावत तथा मैरावण का राम–लक्ष्मण को पाताल ले जाना तथा हनुमान द्वारा मुक्ति का उल्लेख अवश्य मिलता है।
11. इस रामाख्यान में हनुमान सीता की खोज में लंका को पीछे छोड़कर सागर पार करके भूलवश आगे निकल जाते हैं। एक वृद्धा के बताने पर वे वापस लंका में प्रवेश करते हैं। लंका से अलग हटकर रात्रि–विश्राम करने का प्रसंग तो प्रचलित रामकथा काव्य में उल्लेखित हुआ हैं, लेकिन इस रूप में अन्यत्र उपलब्ध नहीं होता है।

12. वाल्मीकि रामायण में राम–लक्ष्मण द्वारा सेतु बनाकर लंका में प्रवेश करना तथा लंका–विजय का स्वप्न त्रिजटा को आता है, जबकि मेहा रामायण में त्रिजटा के स्थान पर यह स्वप्न रावण की पत्नी मंदोदरी को आता है तथा वह रावण से सीता त्याग के लिए निवेदन भी करती है।
13. सीता–हरण प्रसंग के सन्दर्भ में जटायु से पूर्व गरूड़ (गिद्ध) का रावण से युद्ध करने का उल्लेख इस कृति में मिलता है, जबकि उपजीव्य ग्रंथों में केवल जटायु का ही उल्लेख हुआ है।
14. इस रामायण के अनुसार लक्ष्मण रावण को मारने के लिए तैयार होते हैं तभी रावण अपने प्रधान को लक्ष्मण के पास प्राणों की भिक्षा मांगने के लिए भेजता हैं। यह प्रसंग वाल्मीकि रामायण के अलावा प्राचीन जैन काव्य[8] एवं कवि दामोदर मिश्र कृत 'महानाटक'[9] के श्रीराम विजय अंक में वर्णित है, जिसमें रावण राम से सन्धि का प्रस्ताव करता है तथा जामदग्न्य के परशु के लिए सीता को लौटाना चाहता है। राम इस प्रस्ताव को अस्वीकार करते हैं।[10]
15. मेहोजी कृत रामायण में रावण का वध राम नहीं करते है, बल्कि लक्ष्मण के हाथ से होता हैं। अन्तिम युद्ध के वर्णन में लक्ष्मण–रावण युद्ध का उल्लेख मिलता है, जबकि वाल्मीकि रामायण के अनुसार 'रावण के सिर पुनः पुनः उत्पन्न होते थे यहां तक कि राम ने रावण के सौ सिर काट दिए। अंत में मातलि के परामर्श के अनुसार राम ने अगस्त्य द्वारा प्रदत्त ब्रह्मास्त्र से रावण की छाती को विदीर्ण कर दिया जिससे रावण निष्प्राण होकर भूमि पर गिर पड़ा।[11]

रामरासौ

रामरासौ काव्य कृति रामायण के लंकाकाण्ड पर आधारित एक प्रबन्ध आख्यान हैं। जिसका मूल आधार वाल्मीकि रामायण है। यह रचना भी मूल रूप से वाल्मीकि रामायण पर आधारित होते हुए भी विश्नोई पंथ में प्रचलित पूर्व रामकथा काव्य परम्परा एवं पंथ की मान्यता (सिद्धान्त) आदि से प्रभावित है। कतिपय प्रसंगों के अन्तर्गत रामरासौ उपजीव्य ग्रंथ से भिन्नता लिए हुए हैं जिसका कारण लोक का प्रभाव तथा विश्नोई पंथ की रामकथा के प्रति मान्यताएँ है, जिनका उल्लेख इस प्रकार है–

1. रामरासौ के प्रारम्भ में अवतारवाद तथा रामवतार का कारण बताते हुए कहा गया है कि देवताओं की सभा में कश्यप ऋषि का अपमान होने पर वे क्रुद्ध होकर शाप देते हैं कि– एक–एक देवता को तीन–तीन शरीर धारण कर धरती पर अवतार लेना होगा। फलस्वरूप देवगण अवतार लेते हैं। धरती पर अवतरित इन सभी देवताओं के कार्यपूर्ण करने के लिए भगवान श्रीराम, लक्ष्मण व सीता सहित वन में जाते हैं।

2. वाल्मीकि रामायण के एक स्थल के अनुसार भृगु ने विष्णु को बहुत वर्षों तक पत्नी–वियोग सहने का शाप दिया था। इस शाप के फलस्वरूप रामावतार में सीता त्याग की घटना हुई।[12] मत्स्य पुराण के अनुसार भृगु की पत्नी का वध करने के कारण भृगु ने विष्णु को सात बार मनुष्यों में अवतार धारण करने का शाप दिया था।[13] इस प्रसंग की घटनाओं को उल्लेख इस प्रकार मिलता है।

वाल्मीकि रामायण, भगवद्गीता तथा पुराण आदि ग्रंथों में कश्यप ऋषि के शाप के फलस्वरूप देवगण अवतार धारण करने का अवतार कारण कहीं उल्लेखित नहीं हुआ है। विभिन्न उपजीव्य ग्रंथों के अनुसार कश्यप–अदिती के द्वारा तपस्या करने व वर–प्राप्ति का उल्लेख अवश्य मिलता हैं।

3. इस कृति में राम का संकेत पाकर लक्ष्मण शूर्पणखा की नाक और चोटी काट देते हैं, जबकि वाल्मीकि रामायण के अरण्यकाण्ड की कथावस्तु में शूर्पणखा विरूपीकरण प्रसंग के अन्तर्गत लक्ष्मण का उसके नाक और कान काटने का उल्लेख हुआ है।
4. वाल्मीकि रामायण में शूर्पणखा सीता तथा लक्ष्मण का भक्षण करके राम की पत्नी बनना चाहती थी, जबकि रामरासौ में वह सीता को कुलहीन कहकर त्यागने को कहती है।
5. रामरासौ में हनुमान मार्जार रूप धारण कर लंका में प्रवेश करते हैं, जबकि वाल्मीकि रामायण के अनुसार हनुमान ने विडाल के आकार के छोटे बन्दर का रूप धारण कर लंका में प्रवेश किया था।
6. मेहोजी रामायण के समान इस कृति में भी लंका में हनुमान अपनी मृत्यु का उपाय स्वयं ही बताते हैं।
7. सीता की खोज के लिए समुद्र पार लंका जाते समय रास्ते में मनसा देवी द्वारा हनुमान की परीक्षा ली जाती है। आगे जाने पर एक राक्षसी हनुमान का रास्ता रोकती है, हनुमान उसे पराजित करते हैं। वाल्मीकि रामायण के दाक्षिणात्य तथा पश्चिमोत्तरीय पाठों के अनुसार हनुमान समुद्रलंघन के समय क्रमशः मैनाक, सुरसा तथा सिंहिका से भेंट करते हैं। रामरासौ में उल्लेखित राक्षसी के स्थान पर वाल्मीकि रामायण में लंकादेवी राक्षसी के रूप में हनुमान को रोक लेती है। हनुमान से पराजित होकर वह कहती है कि – स्वयंभू ने उससे कहा था – तुम्हारी पराजय के बाद राक्षसों का नाश होगा।
8. रामरासौ में लंका–दहन के पश्चात् हनुमान सीता के समक्ष, अपने साथ राम के पास चलने का प्रस्ताव रखते हैं। विभीषण को राजपाट, राम का लंका में आगमन, देव–भक्तों की मुक्ति तथा लोक–लाज आदि कारण बताते हुए सीता उसे टाल देती हैं। वाल्मीकि रामायाण

के अनुसार जब हनुमान ने सीता को अपनी पीठ पर राम के पास ले जाने का प्रस्ताव किया। सीता ने पहले उनकी सामर्थ्य पर अविश्वास किया, इस पर हनुमान ने अपना शरीर बढ़ाकर अपनी शक्ति का प्रमाण दिया। तब सीता ने गिर जाने को भय, दैत्यों का आक्रमण, स्वयं की सुरक्षा, राम का अपयश तथा अन्य पुरुष का स्पर्श न करने का कारण बताते हुए मना कर दिया था।

9. रामरासौ आख्यान में लक्ष्मण दो बार मूर्छित होते हैं। पहली बार महिरावण की मृत्यु के बाद बदला लेने के लिए वाराही देवी द्वारा पाताल से भेजे गये सांप के पैर में काटने पर तथा दूसरी बार रावण के प्रहार से। पहली बार हनुमान द्वारा संजीवनी बूटी लाकर तथा दूसरी बार सीता के सरजीत मन्त्र से लक्ष्मण की मूर्च्छा दूर होती है। वाल्मीकि रामायण में लक्ष्मण के दो बार मूर्च्छित होने का उल्लेख नहीं हुआ। वाराही देवी द्वारा भेजे गये सांप से मूर्च्छा का उल्लेख उपजीव्य ग्रंथ में नहीं मिलता है। वाल्मीकि रामायण के अनुसार रावण ने अमोघा शक्ति से लक्ष्मण की छाती को छेदा, जिससे लक्ष्मण मूर्च्छित हुए तथा हनुमान द्वारा लाई गई औषधि पीसकर सूँघने पर लक्ष्मण स्वस्थ हो गये।

रामायण और रामरासौ

उपजीव्य ग्रंथों के साथ आलोच्य रचनाओं का तुलनात्मक अध्ययन करने के साथ–साथ इस अध्याय में हम समान विषय–वस्तु वाली रचनाओं का भी परस्पर साम्य–वैषम्य स्पष्ट करेंगे।

मेहा रामायण राजस्थानी भाषा का प्रथम रामाख्यान होने के साथ–साथ विश्नोई पंथ का भी रामकथा विषयक प्रथम आख्यान है। विश्नोई पंथ के साहित्यकारों का रामकथा विषयक दृष्टिकोण सदैव एक सा दिखाई देता है।

रामायण तथा रामरासौ का विस्तृत अध्ययन करने पर यह स्पष्ट होता है कि दोनों काव्य रचनाएँ लोक परम्परा, लोक मान्यता एवं लोक विश्वासों से सराबोर है। इन दोनों कृतियों में सर्वत्र लोक की सहजता और स्वाभाविकता ही दृष्टिगत होती है। दोनों रचनाएँ परस्पर कथाक्रम के साथ–साथ भाषा, भाव एवं सौन्दर्य सृष्टि के क्रम से भी जुडी हुई है। रामरासौ काव्य कृति पर रामाख्यान विषयक प्रथम कृति रामायण का अनुसरण दिखाई देता है।

दोनों रामकथा काव्यों में कई प्रसंगों के कथन जो साम्य रखते हैं वे इस प्रकार है–

1. सीता वियोग में विलाप करते हुए राम को लक्ष्मण द्वारा सांत्वना देना।

विश्नोई संतकवियों द्वारा रचित राम–कृष्ण संबंधी आख्यान काव्य

2. सीता हरण – प्रसंग
3. लंका में हनुमान और सीता संवाद। हनुमान का सीता को अपने साथ चलने के लिए कहना, सीता के कई कारण बताते हुए सहमति प्रदान नहीं करना।
4. रावण सभा में हनुमान द्वारा मृत्यु का उपाय बताना।
5. रावण वध प्रसंग के अन्तर्गत लक्ष्मण के द्वारा रावण का वध करना।
6. वाराही प्रसंग।

दोनों ही गेय काव्य है तथा दोनों में दोहा छंद ही समानता है। दोहा के अलावा रामायण में सोरठा, चौपाई व पवाड़ों छंद है लेकिन रामरासौ में कवित्त छंद को प्रधानता दी गई है तथा वीररस को भी दोनों कवियों ने प्रधानता दी है।

दोनों ही काव्य रचनाएँ संवादात्मक शैली में लिपिबद्ध है। दोनों में हनुमान–सीता संवाद, सीता–मंदोदरी संवाद, मंदोदरी–रावण संवाद विशेष रूप से उल्लेखनीय है। दोनों रामायणों में ही हनुमान और लक्ष्मण को विशेष गरिमा प्रदान की गई है।

इस प्रकार उपर्युक्त प्रसंगों के आधार पर कहा जा सकता है कि दोनों का मूल स्रोत एक ही रहा होगा। सुरजनदास के काव्य पर मेहो रामायण का प्रभाव तथा इनकी समन्वय भावना एवं पंथ–परम्परा की अनुग्रहण निश्चित रूप से अनुकरणीय है।

कृष्णाख्यान काव्य

पौराणिक साहित्य में श्रीराम के चरित के समान ही कृष्ण का चरित भी साहित्य और जनमानस में समादृत होता चला आया है। कृष्ण के जीवन चरित के विभिन्न रूपों को लेकर लिखे गये जो काव्य ग्रंथ उपलब्ध होते हैं, वे अत्यन्त रोचक एवं सरस है। विविध प्रकार की लीलाओं की दृष्टि से कृष्णचरित अतिव्यापक रहा हैं, इसे आधार बनाकर विविध काव्यग्रंथों की रचना हुई है और यह क्रम आज भी अनवरत गति से चलता जा रहा है। इसी क्रम में कृष्ण की केन्द्रीय भूमिका से युक्त आख्यान काव्य परम्परा के क्षेत्र में कथा अहमंनी, रुक्मिणी मंगल, उषापुराण, कथा स्वर्गारोहणी, कथा भींव दुसासणी, कथा बहसोंवनी एवं सनेहलीला आदि का महत्त्वपूर्ण स्थान माना जाता है। इन आख्यान काव्य–ग्रंथों में उल्लेखित कृष्ण चरित सम्पन्न एवं विपन्न जनता का आदर्श बनकर समूचे समाज का निर्देशन करता रहा है, जो आज भी प्रेरणा का स्रोत बना हुआ है।

विश्नोई संतकवियों द्वारा रचित कृष्ण सम्बन्धी उपर्युक्त आख्यान काव्यों का उपजीव्य ग्रंथों के साथ परस्पर तुलनात्मक अध्ययन इस प्रकार

है।

विश्नोई संतकवियों द्वारा रचित कृष्ण सम्बन्धी आख्यान काव्यों में रुक्मिणी–कृष्ण विवाह प्रसंग अति प्रसिद्ध है। इस प्रसंग को लेकर विश्नोई पंथ के दो संतकवियों[14] ने अपने हृदय के उद्‌गार प्रकट किये हैं। कृष्ण–रुक्मिणी विवाह की परम्परा साहित्य में प्राचीन काल से चली आ रही है। संस्कृत, अपभ्रंश एवं जैन साहित्य के पश्चात् हिन्दी साहित्य के मध्य युग से रुक्मिणी–मंगल काव्यों की दीर्घ परम्परा देखने को मिलती है। इसी साहित्य परम्परा में इन दोनों काव्यों कृतियों का भी महत्वपूर्ण स्थान माना जाता है। इन दोनों काव्यों रचनाओं का उपजीव्य ग्रंथों के साथ तुलनात्मक अध्ययन करने के साथ ही परस्पर भी तुलनात्मक अध्ययन प्रस्तुत किया गया है।

पदमभगत कृत रुक्मिणी मंगल

पदम भगत कृत रुक्मिणी मंगल पौराणिक आख्यान काव्य के उपजीव्य ग्रंथों के रूप में श्रीमद्‌भागवत[15], विष्णु पुराण[16], हरिवंश पुराण[17], ब्रह्मवैतर्त पुराण[18] एवं गर्ग संहिता[19] आदि प्रमुख है। इन सभी उपजीव्य ग्रंथों में कथा का रूप भिन्न–भिन्न है, लेकिन मुख्य वर्ण्य–विषय कृष्ण द्वारा रुक्मिणी का हरण करना तथा उसके बाद विधिपूर्वक परिणय सूत्र में बंध जाना है।

पदम भगत विरचित रुक्मिणी–मंगल एक स्वतंत्र प्रबन्ध आख्यान काव्य है, इस कथा काव्य के उपजीव्य ग्रंथ के रूप में उपर्युक्त सभी पुराण है। इसमें पौराणिक आख्यान–परम्परा का उचित निर्वहन देखने को मिलता है। इन उपजीव्य ग्रंथों में श्रीमद्‌भागवत, जो कि वैष्णव भक्तों एवं संतकवियों का प्रधान उपास्य ग्रंथ है और समस्त वैष्णव पंथ–सम्प्रदायों का आधार रूप भी है। वैष्णव पंथ–परम्परा के संतकवि पदम भगत ने भी अपनी इस काव्य कृति की मूलकथा श्रीमद्‌भागवत से ही ली है; किन्तु रचना में कवि की अपनी मौलिकता भी है क्योंकि राजस्थानी भाषा की प्राचीन लोकगाथा 'ढोला मारू रा दूहा' के पश्चात् दूसरी प्रसिद्ध लोक गाथा पदम भगत रचित रुक्मिणी मंगल है। लोकगाथा होने के कारण इसमें समय–समय पर परिवर्तन और परिवर्धन होता रहा। कवि की स्थानीय विश्वास, प्रथा एवं परम्पराओं के प्रति आत्मीय भावना के फलस्वरूप विभिन्न पंथ–सम्प्रदाय के लोगों ने इसे लिपिबद्ध करने का प्रयास किया, जिसके कारण इस कथा के कई प्रसंगों में नवीन उद्‌भावना भी व्यक्त की गई है।

इस काव्य कृति की कथा वस्तु उपजीव्य ग्रंथों के साथ तुलनात्मक अध्ययन इस प्रकार है–

विश्नोई संतकवियों द्वारा रचित राम-कृष्ण संबंधी आख्यान काव्य

1. पदम भगत कृत रुक्मिणी-मंगल में राजा भीष्मक के पूछने पर नारद रुक्मिणी के योग्य वर के रूप में कृष्ण का नाम बताते हैं तथा भीष्मक की रानी को शिशुपाल का नाम बताते हैं, जबकि श्रीमद्भागवत पुराण में रुक्मिणी अपने राज्य में अपने वाले अतिथियों के मुख से श्रीकृष्ण की प्रशंसा सुनती है तथा उनके हृदय में कृष्ण के प्रति प्रेम उत्पन्न हो जाता है। हरिवंश पुराण तथा गर्ग संहिता में नारद कृष्ण के रूप-सौन्दर्य एवं गुणों की प्रशंसा करके रुक्मिणी के हृदय में कृष्ण के प्रति प्रेम जाग्रत करने का कार्य करता है।

2. श्रीमद्भागवत के अनुसार राजा भीष्मक के घर के सभी लोग रुक्मिणी-कृष्ण विवाह के इच्छुक थे पर रुक्मैया (रुक्मी) इसके विरुद्ध था, जबकि इस कथा के अनुसार रुक्मैया अपनी माँ की सहमति से ब्राह्मण को शिशुपाल के वहां लग्न पत्रिका देकर भेजता है।

3. इस कथा के अनुसार विवाह से पूर्व रुक्मिणी अपनी सखियों सहित सरोवर में स्नान करने जाती है। अचानक जल में डूबती हुई रुक्मिणी को कृष्ण बचाते हैं तथा उसके साथ विवाह करने का वचन देते हैं किन्तु उपजीव्य ग्रंथ में ऐसा कोई संकेत नहीं मिलता है।

4. भागवत पुराण में रुक्मिणी का सन्देश पाकर कृष्ण उसी क्षण ब्राह्मण सहित कुन्दनपुर चल देते हैं पता चलने पर बलराम चतुरंगिनी सेना लेकर उनके पीछे जाते हैं जबकि पदम भगत कृत रुक्मिणी मंगल में कृष्ण परिजनों एवं देवताओं सहित बरात सजाकर विवाह करने आते हैं। विष्णु पुराण में कृष्ण बलराम सहित कुन्दनपुर विवाह उत्सव देखने आते हैं वहीं ब्रह्मवैवर्त पुराण में कृष्ण के परिजनों सहित बरात लेकर विवाह करने हेतु आने को उल्लेख हुआ है।

5. कृष्ण-रुक्मिणी विवाह संबंधी प्रसंग के अन्तर्गत इस रुक्मिणी-मंगल में कुलदेवी मन्दिर से कृष्ण, रुक्मिणी को रथ में बैठाकर द्वारका ले जाने लगते हैं तब राजा भीष्मक, रानी और अपने अन्य पुत्रों सहित बारात की अगवानी करते हैं और कृष्ण-रुक्मिणी के विवाह की सम्पूर्ण रीतियां कुन्दनपुर में ही सम्पन्न होती हैं। भीष्मक दान-दहेज के साथ रुक्मिणी को ससम्मान विदा करता है, उसके बाद बरात वर-वधू सहित द्वारका प्रस्थान करती है जबकि श्रीमद्भागवत पुराण में कृष्ण द्वारका लौटकर ही विधिपूर्वक पाणिग्रहण करते हैं। ब्रह्मवैवर्त पुराण एवं विष्णु पुराण की कथा के अनुसार कृष्ण-रुक्मिणी का विवाह कुन्दनपुर में सम्पन्न होता है, वहीं हरिवंश पुराण की कथा के अनुसार कृष्ण के रैवतक (गिरनार) पर्वत पर जाकर रुक्मिणी से विवाह करने का उल्लेख मिलता है।

6. श्रीमद्भागवत पुराण के अनुसार कृष्ण और रुक्मैया के मध्य भयंकर युद्ध होता है। जैसे ही कृष्ण उसका वध करने लगते हैं तो रुक्मिणी

भाई को क्षमा करने के लिए प्रार्थना करती है। कृष्ण वध का विचार त्याग कर रुक्मैया की दाढ़ी–मूंछ मुड़वाकर उसे अपमानित करते हैं जबकि पदम भगत के अनुसार कृष्ण ने उसे पराजित कर उसका मस्तक तथ मूंछे मूड़कर उसे छोड़ दिया।

7. गणेश जी के नाराज होने पर कृष्ण से पूर्व गणेश जी का त्रिदी–सिद्धी से विवाह, शिशुपाल की भाभी का रुक्मिणी को लक्ष्मी का अवतार बताना व उनका विवाह कृष्ण से ही होगा कहकर, शिशुपाल को सम्बन्ध स्वीकार करने से मना करना, शिशुपाल के खाली हाथ उदास मुँह चन्देरी पहुंचने पर भाभी द्वारा उसका मजाक उड़ाये जाने का उल्लेख आदि घटनाएं जो इस रुक्मिणी मंगल में वर्णित हुई हैं, इनके विषय में उपजीव्य ग्रंथों में ऐसा कोई संकेत नहीं मिलता है। इस कृति में इन प्रसंगों का समावेश लोक–विश्वास, परम्परा एवं लोक प्रथाओं के प्रति कवि की आत्मीयता की भावना के फलस्वरूप हुआ होगा क्योंकि यह रचना लोक में अत्यधिक प्रचलित एवं प्रसिद्ध है तथा लोक से अनुप्राणित होकर ही मौखिक परम्परा से साहित्य में आयी है।

रामलला कृत रुक्मिणी मंगल

रामलला कृत रुक्मिणी–मंगल–विश्नोई संतकवियों द्वारा रचित कृष्ण–रुक्मिणी विवाह विषयक द्वितीय आख्यान काव्य कृति है। यह रचना भी मूल रूप से श्रीमद्भावगत पुराण पर आधारित है साथ ही पदम भगत विरचित रुक्मिणी–मंगल से भी प्रभावित है। इस कृति का सृजन विक्रम की 19वीं शताब्दी में किया गया है, उस युग में आख्यान काव्य धारा शुष्क प्रायः हो गई थी। 'रुक्मिणी मंगल विषयक आख्यान काव्यों में विष्णोई साहित्य की ही नहीं, एक प्रकार से राजस्थानी साहित्य की भी यह अन्तिम रचना कही जा सकती है।'[20] अतः इसमें कृष्ण के प्रति विश्नोई पंथ का सामान्य दृष्टिकोण एवं पंथ में प्रचलित कृष्ण–रुक्मिणी विवाह विषयक मान्यताओं और अवधारणाओं का समावेश प्रतिबिम्बित हुआ है। उपजीव्य ग्रंथ के साथ परस्पर तुलनात्मक अध्ययन निम्न बिन्दुओं के रूप में द्रष्टव्य है–

1. इस रुक्मिणी मंगल में रुक्मिणी नारद से कृष्ण से शौर्य एवं उनकी लीलाओं को सुनकर कृष्ण के प्रति आसक्त हो जाती है और वह श्याम वर्ण से ही प्रेम करने लगती है जबकि भागवतपुराण के अनुसार रुक्मिणी अपने राज्य में अपने वाले अतिथियों से कृष्ण के रूप गुण की चर्चा सुनती है तथा उसके हृदय में कृष्ण के प्रति प्रेम उत्पन्न हो जाता है।
2. इसमें रुक्मिणी का शिशुपाल के साथ कार्तिक शुक्ल एकादशी (देवोत्थान एकादशी) को विवाह तय किये जाने का उल्लेख हुआ है,

जबकि श्रीमद्भागवत पुराण विवाह की तिथि के विषय में मौन है, वहीं हरिवंश पुराण में माघ शुक्लाष्टमी को रुक्मिणी कृष्ण के द्वारा अपना हरण चाहती है।

3. इस कृति में वैवाहिक लोकाचार करने के लिए माता के समझाने पर रुक्मिणी स्पष्ट कहती है कि– मेरे वर तो श्रीकृष्ण हैं और वह उनका स्मरण करने लगती है जबकि उपजीव्य ग्रंथ में रुक्मिणी के स्पष्ट रूप से माता को मना किये जाने का उल्लेख नहीं मिलता है। वह मन–ही–मन कृष्ण को पति रूप में वरण कर चुकी है तथा पत्र के हरण की ओर संकेत अवश्य द्रष्टव्य है।
4. श्रीमद्भागवत पुराण में कृष्ण रुक्मिणी के निवेदन पर रूक्मैया की दाढ़ी व मूंछ मुंडवाकर उसे पराजित कर छोड़ देते हैं जबकि इस कृति में कृष्ण ने रूक्मैया को हराकर, उसका सिर मुंडकर उसे अपने रथ के पीछे बांध लेते हैं, फिर रुक्मिणी व हलधर के निवेदन पर मुक्त करते हैं।
5. इस आख्यान में कृष्ण–रुक्मिणी का विधिपूर्वक विवाह माधोपुर नगर में सम्पन्न होता है[21] जबकि भागवत पुराण के अनुसार कृष्ण–रुक्मिणी सहित द्वारका जाकर विधिपूर्वक पाणिग्रहण करते हैं।

पदम भगत और रामलला कृत रुक्मिणी–मंगल

ये दोनों रचनाएँ विश्नोई संतकवियों द्वारा रचित कृष्ण सम्बन्धी समान विषय वस्तु वाली आख्यान काव्य रचनाएँ हैं। इन दोनों रचनाओं में कृष्ण–रुक्मिणी विवाह का प्रसंग समान होते हुए भी कथा के कुछ प्रसंगों में अन्तर देखने का मिलता है। जो इस प्रकार है–

1. पदम भगत के काव्य में नारद राजा को रुक्मिणी के लिए योग्य वर के रूप में कृष्ण का नाम बताता है तथा रानी के पूछने पर चंदेरी के नरेश शिशुपाल का नाम सुझाता है, जबकि रामलला के काव्य में नारद रुक्मिणी को कृष्ण को वर के रूप में पाने का आशीर्वाद देने के साथ कृष्ण के यश एवं शौर्य का बखान करके उसे (रुक्मिणी को) कृष्ण के प्रति आसक्त करते हैं।
2. रामलला के रुक्मिणी मंगल में रुक्मिणी का विवाह कार्तिक मास के शुक्ल पक्ष की एकादशी को तय होने पर कुन्दनपुर में शादी की तैयारियां होने लगती हैं, वहीं पदम भगत के काव्य में तिथि के विषय में कोई संकेत नहीं है।
3. पदम भगत का रुक्मैया अपनी माँ की सहमति से ब्राह्मण को शिशुपाल के वहां लग्न पत्रिका देकर भेजता है, जबकि रामलला का रुक्मैया माता–पिता की बिना सहमति शिशुपाल को श्रेष्ठ वर मानकर रुक्मिणी के विवाह का प्रस्ताव देकर एक भाट को चंदेरी भेजता है।

4. पदम भगत के कृष्ण बारात सजाकर परिजनों रुक्मिणी-विवाह के लिए कुन्दनपुर आते हैं जो रामलला के कृष्ण प्रहरभर रात्रि रहते हुए ही ब्राह्मण के साथ कुन्दनपुर आ जाते हैं, पीछे से हलधर बरात सजाकर आते हैं।
5. पदम भगत के काव्य में कृष्ण रुक्मैया को पराजित कर उसका मस्तक व मूछें मुंडकर उसे छोड़ देते हैं जबकि रामलला के काव्य में कृष्ण रुक्मैया को हराकर उसका सिर मुंडकर उसे रथ के पीछे बांध लेते हैं।
6. पदम भगत कृष्ण और रुक्मिणी का विवाह कुन्दनपुर में कराता है वहीं रामलला माधोपुर नगर में रुक्मिणी कृष्ण का विधिवत् विवाह सम्पन्न करवाता है।
7. विवाह से पूर्व रुक्मिणी का सरोवर में स्नान करने जाना, जल में डूबती हुई रुक्मिणी को कृष्ण द्वारा बाहर निकालना तथा स्वयं रुक्मिणी से विवाह करने का वचन देना, कृष्ण से पूर्व गणेशजी का ऋद्धि-सिद्धि से विवाह, शिशुपाल की भाभी का कृष्ण के विरुद्ध शिशुपाल को विवाह के लिए कुन्दनपुर जाने से मना करना पर शिशुपाल द्वारा उनकी अवहेलना कर बरात सहित कुन्दनपुर प्रस्थान करना आदि घटनाएँ केवल पदम भगत के रुक्मिणी मंगल में ही उल्लेखित है, रामलला के काव्य में नहीं।

कथा अहदांवणी

कथा अहदांवणी संस्कृत महाकाव्य महाभारत के 'अभिमन्यु की कथा' प्रसंग को आधार बनाकर लिखा गया जाम्भाणी साहित्य का प्रथम एवं एकमात्र आख्यान काव्य है। इसमें चक्रव्यूह भेदन की घटना महाभारत के द्रोण पर्व से, अभिमन्यु के साथ उत्तरा का विवाह विराट पर्व से, अर्जुन सुभद्रा विवाह आदिपर्व से एवं जयद्रथ वध की प्रतिज्ञा द्रोण पर्व (प्रतिज्ञा पर्व) पर आधारित है।

कथा अहदांवणी में अर्जुन-सुभद्रा विवाह, चक्रव्यूह भेदन, उत्तरा-विवाह एवं जयद्रथ वध की प्रतिज्ञा प्रसंग उपजीव्य ग्रंथ के शीर्षकानुरूप है जबकि घटना प्रसंगों में भिन्नता लिए हुए हैं। इस कथा के कुछ प्रसंग ऐसे भी हैं जो उपजीव्य ग्रंथ से साम्य रखते हैं। कथा अहदांवणी व महाभारत में साम्य रखने वाले प्रसंग जो दोनों में ही समान रूप में मिलते हैं, वे इस प्रकार हैं-

1. अभिमन्यु[22] की माता का नाम सुभद्रा एवं पिता का नाम अर्जुन।[23]
2. विराट नरेश वील्ह की पुत्री उत्तरा से अभिमन्यु का विवाह।[24]
3. अभिमन्यु चक्रव्यूह में प्रविष्ट होना ही जानता था, बाहर निकलना नहीं।[25]

विश्नोई संतकवियों द्वारा रचित राम-कृष्ण संबंधी आख्यान काव्य

4. अर्जुन की अनुपस्थिति में कौरवों द्वारा चक्रव्यूह रचाया जाना।[26]
5. युद्ध का बीड़ा अभिमन्यु द्वारा स्वीकार करना।[27]
6. दुःशासन द्वारा अभिमन्यु का वध करना।[28]
7. अर्जुन का विषाद और जयद्रथ को मारने की प्रतिज्ञा।[29]
8. सुभद्रा का विलाप और श्रीकृष्ण का आश्वासन।[30]

कथा अहदांवणी में वर्णित घटना-प्रसंग जिनका उपजीव्य ग्रंथ के साथ साम्य नहीं बैठता है, उनका विवेचन-विश्लेषण इस प्रकार है-

1. कृष्ण की केन्द्रीय भावना से युक्त इस कथा काव्य का मुख्य सूत्रधार अहदांवण (अहिदानव) है, जो मथुरा में कृष्ण द्वारा वध किये गये दानव अहलोचन का पुत्र है। कृष्ण से बैर भावना रखते हुए वह पिंजरा लिए घूमता है, कृष्ण ने छल से इसे उक्त पिंजरे में कैद करके पाँचजन्य बजाया जिससे उसकी काया गल कर भ्रमर रूप में परिवर्तित हो जाती है। अवसर पाकर वह दैत्य भ्रमर रूप में कृष्ण की बहिन सुभद्रा के मुख द्वार से गर्भ में प्रवेश कर जाता है। उसका जन्म सुभद्रा से अर्जुन पुत्र के रूप में होता है, तब उसका नाम अहमंन (अभिमन्यु) रखा जाता है। कथा अहदांवणी में अभिमन्यु के पूर्व जन्म की कथा इस रूप में मिलती है, जबकि महाभारत में अभिमन्यु के पूर्व जन्म-कर्म आदि के विषय में कहीं कोई संकेत देखने को नहीं मिलता है। इस घटना प्रसंग का आधार लोक-संकेत देखने को नहीं मिलता है। इस घटना प्रसंग का आधार लोक-प्रचलित कथा प्रसंग रहा है, यह कथा प्रसंग लोक प्रचलित आख्यानों में इससे कुछ मिलता जुलता पाया जाता है।[31] लोक महाभारत में सकलित कथा प्रसंग के अनुसार, 'अभिमन्यु सुभद्रा की कोख से उत्पन्न, पाण्डव अर्जुन का पुत्र था। पूर्वभव में यह दानव राधा का पुत्र बालूड़ा नामक दानव था, जो अपने पिता के हत्यारे भगवान श्रीकृष्ण को जीवित कैद करने के लिए वज्र पिंजरा लटकाए घूमता था। भगवान् श्रीकृष्ण ने छल से इसे उक्त पिंजरे में कैद करके सूर्य की किरण की सहायता से भून दिया था, परन्तु दानव मक्खी के रूप में पिंजरे की शलाका से चिपककर बैठ गया और अवसर पाकर श्रीकृष्ण की बहिन सुभद्रा की कोख में जा बैठा। भगवान श्रीकृष्ण को इसे भानजे के रूप में स्वीकार करना पड़ा।[32]

2. महाभारत की कथा के अनुसार अर्जुन बारह वर्ष की तीर्थाटन पर निकलते हैं और प्रभास क्षेत्र जा पहुंचते हैं। वहीं उनका श्रीकृष्ण से मिलन होता है। कुछ दिनों बाद रैवतक पर्वत पर वृष्णि और अन्धक वंश के लोगों का एक उत्सव होता है, जिसमें कृष्ण, अर्जुन को भी ले जाते हैं। यहीं अर्जुन सुभद्रा को देखते हैं और उसके प्रति आकृष्ट हो जाते हैं। श्रीकृष्ण अर्जुन की मनोदशा को भाँप लेते हैं और सुभद्रा को हरण द्वारा

प्राप्त करने की सम्मति भी दे देते हैं। देवताओं की पूजा करके ब्राह्मणों से स्वास्तिवाचन कराकर, परिक्रमा पूरी करके द्वारका की ओर लौटती हुई सुभद्रा को अर्जुन बलपूर्वक पकड़कर रथ में बैठकर चले जाते हैं। अपहरण की सूचना पाकर अपमान का बदला लेने का निश्चय करते हैं। बलराम अत्यधिक कुपित होते हैं, परन्तु श्रीकृष्ण शान्तिपूर्वक बलराम को समझाते हैं। श्रीकृष्ण इसे अपमान नहीं अपने वंश का सम्मान बताते हुए उसे क्षत्रियधर्म के अनुरूप बताते हैं और अर्जुन को पुनः द्वारिकापुरी बुलाकर सुभद्रा के साथ उनका विधिपूर्वक विवाह संस्कार सम्पन्न करवाते हैं।[33] जबकि इस कथा के अनुसार अहदानव नामक दैत्य भ्रमर के रूप में मुख द्वार से सुभद्रा के गर्भ में प्रवेश कर जाता है जिससे वह गर्भवती हो जाती है। आठ माह बीतने पर वह गर्भ में छत्तीस भुजाएं करके, सातों समुद्रों को पीसने की इच्छा व्यक्त करने लगता है। श्रीकृष्ण, सुभद्रा के अत्यन्त दुःखी होने पर पांचजन्य बजाते हैं, जिससे उसकी दो भुजाएँ शेष रहती है बाकी सारी भुजाएँ नष्ट हो जाती है। कृष्ण के बहुत अनुनय–विनय करने के पश्चात् भी वह गर्भ से बाहर नहीं आता है, तभी कृष्ण अपनी बहिन का विवाह अर्जुन के साथ सम्पन्न कराते हैं।[34] यह घटना राजस्थानी लोक–प्रचलित आख्यान[35] में इससे मिलती–जुलती उपलब्ध होती है। लोक प्रचलित कथा–प्रसंग के अनुसार सुभद्रा भगवान कृष्ण की बहिन थी। सावण की तीज के समय बाग में जाते समय वह एक दानव के सम्पर्क में भूल से आ गई थी। दानव के पिता को भगवान श्री कृष्ण ने मारा था और उसको भी सूर्य की किरण से जलाकर राख बना दिया था, परन्तु दानव मक्खी के रूप में वज्र पिंजरे की एक शलाका से चिपककर बैठ गया। वह यादवों से प्रतिशोध लेने के लिए अवसर की ताक में था। सुभद्रा ने जब उक्त पिंजरे के निकट खड़ी होकर जम्हुआई ली तो दानव को मौका मिल गया और जम्हुआई के साथ वह सुभद्रा के पेट में चला गया। भगवान श्री कृष्ण को जब इस बात का पता चला तो उन्होंने उक्त दानव के समक्ष सुभद्रा का पिंड छोड़कर बाहर आने के लिए अनुनय–विनय की, परन्तु दानव भय के मारे बाहर नहीं आया। अंततोगत्वा भगवान श्री कृष्ण ने पाण्डव अर्जुन को बुलाकर अपनी बहिन का पाणिग्रहण संस्कार उसके साथ कर दिया।

3. कथा अहदांवणी के अनुसार चक्रव्यूह के समय अर्जुन इन्द्र की सहायतार्थ पाताल लोक गए हुए होते हैं। अर्जुन को अनुपस्थित करके कृष्ण कौरवों के दीवान बनकर उनके पास जाते हैं और उन्हें अर्जुन के बाहर होने की सूचना देते हैं। श्री कृष्ण के निर्देशानुसार ही कौरवों द्वारा चक्रव्यूह रचाया जाता है क्योंकि कृष्ण इसके द्वारा अहमंन (अभिमन्यु) का वध करवाना चाहते हैं। जबकि महाभारत के द्रोणपर्व द्रोणाचार्य के

विश्नोई संतकवियों द्वारा रचित राम–कृष्ण संबंधी आख्यान काव्य

निर्देशानुसार संशप्तकों द्वारा अर्जुन को युद्ध के लिए प्रेरित करके उन्हें दक्षिण दिशा की ओर ले जाने का उल्लेख मिलता है। चक्रव्यूह भेदन का कार्य दुर्योधन के कहने पर आचार्य द्रोण के द्वारा किया जाता है।[36]

4. कथा अहदांवणी के अनुसार चक्रव्यूह में प्रविष्ट होने की विधि अभिमन्यु अपनी माता के गर्भ में कृष्ण से सुनकर सीखता है[37] जबकि महाभारत के अनुसार युद्धभूमि में युधिष्ठिर के मन्त्रणा गृह में चक्रव्यूह भेदन का विचार–विमर्श हो रहा है। सभी योद्धाओं के व्यूह भेदन से अनभिज्ञ होने के कारण युधिष्ठिर अति चिन्तामग्न होते हैं और चक्रव्यूह भेदन के विषय में अभिमन्यु से मंत्रणा करते हैं कि यह कार्य तुम, अर्जुन, श्री कृष्ण अथवा प्रद्युम्न ही कर सकते हैं। अतः तुम्हें द्रोण के इस व्यूह को तोड़ना होगा।

तभी अभिमन्यु आश्वस्त करता है कि मैं अपने पितृ वर्ग की विजय के लिए इस व्यूह में प्रवेश करता हूँ। चक्रव्यूह में प्रविष्ट होने की विद्या मैंने अपनी माता के गर्भ में पिता (अर्जुन) से सीख रखी है लेकिन बाहर निकलना नहीं सीखा है।[38]

इस कथा के अनुसार, अभिमन्यु जो कि इस कथा का मुख्य नायक है, वह अहिदानव के रूप में कृष्ण से अपने पिता के वध का बदला लेना चाहता था, परन्तु ले नहीं पाया। अहमन (अभिमन्यु) के रूप में उत्पन्न होने पर उसे अपना पूर्व जन्म याद नहीं रहा, केवल मरते वक्त ही याद आता है[39] जबकि श्री कृष्ण सम्पूर्ण घटनाओं से पूर्णतः परिचित होते हैं। वे अभिमन्यु का वध अपनी योजना अनुसार कौरवों के द्वारा करवाते हैं क्योंकि उन्हें पता है कि यह अहिदानव नामक दैत्य है और इसका जन्म सुभद्रा के गर्भ से हुआ है। अभिमन्यु को सुभद्रा के गर्भ में चक्रव्यूह में प्रविष्ट होने की विधा श्री कृष्ण ने ही सिखाई थी, बाहर निकलने की नहीं। महाभारत में इस प्रकार का बैर भाव एवं कृष्ण द्वारा अभिमन्यु को मरवाये जाने का उल्लेख कहीं नहीं मिलता है।

उषा पुराण

भारतीय मनीषा और तत्त्व ज्ञान को आख्यान तथा मिथक द्वारा अभिव्यक्त करने का प्रयास पुराणों के माध्यम से सर्वाधिक हुआ। आख्यानों की विपुलता में पुराणों का क्षेत्र विस्तृत और विशाल है। पुराणों में देवी–देवताओं की दिव्य लीलाओं के साथ–साथ मानवीय चरित्रों को आधार बनाकर भी साहित्यकारों ने विपुल साहित्य सृजन किया है। संतकवि सुरजनदास पूनिया रचित 'उषा–पुराण' भी एक सफल पौराणिक आख्यान काव्य है, इसमें संतकवि ने कृष्ण के पौत्र अनिरुद्ध और अन्तःपुरी के दैत्यराज बलि के औरस पुत्र बाणासुर की पुत्री उषा के विवाह को वर्णित किया है, जो कि पुराणों का एक महत्त्वपूर्ण प्रसंग है।

उषा–अनिरुद्ध विवाह विषयक आख्यान विभिन्न पौराणिक उपाख्यानों में भिन्न–भिन्न रूप में मिलता है, जिनके साथ इस रचना का परस्पर तुलनात्मक विवेचन यहाँ प्रस्तुत किया जा रहा है।

प्राचीन पौराणिक उपजीव्य ग्रंथों में उषा–अनिरुद्ध के विवाह की कथा भागवत पुराण,[40] विष्णु पुराण,[41] हरिवंश पुराण,[42] शिव पुराण,[43] ब्रह्मवैवर्त्त पुराण[44] तथा महाभारत[45] आदि ग्रंथों में अलग–अलग रूपों में मिलती है।

उपर्युक्त सभी ग्रंथों में यह कथा पर्याप्त विस्तार से वर्णित है। सुरजनदास जी की यह रचना भागवतपुराण एवं विष्णु पुराण में वर्णित कथानकों से अधिक साम्य रखती है। इस कृति में संतकवि ने किसी एक ही पुराण को आधार नहीं बनाया, वे सामूहिक रूप से उपर्युक्त सभी ग्रंथों से प्रभावित हुए हैं। इस काव्य रचना पर उपजीव्य ग्रंथों के प्रभाव के साथ–साथ तत्कालीन समाज एवं लोक संस्कृति का भी प्रभाव दृष्टिगोचर होता है। कवि ने पौराणिक आख्यान एवं लोक संस्कृति को भी प्रभाव दृष्टिगोचर होता है। कवि ने पौराणिक आख्यान एवं लोक साहित्य में वर्णित उषा–अनिरुद्ध के विवाह की कथा को समग्रता से प्रस्तुत किया है। कथा के मूल प्रसंग उपजीव्य ग्रंथों में उल्लेखित घटनाओं के समान होते हुए भी कुछ घटना प्रसंग ऐसे हैं जो उपजीव्य ग्रंथों से भिन्न है।

उषा द्वारा अनिरुद्ध को स्वप्न में देखकर उसके विरह में व्याकुल होना, चित्रलेखा के द्वारा चित्र बनाकर परिचय करवाना, अनिरुद्ध को उषा प्रति आकर्षित करना तथा उसे उषा के पास लाना, बाणासुर द्वारा शंकर की तपस्या करना एवं नगर की रक्षा का वचन प्राप्त करना, नगर का ध्वज खण्डित होना, उषा–अनिरुद्ध का समागम होना, बाणासुर द्वारा अनिरुद्ध को नागपाश में बांधना, नारद के द्वारा कृष्ण को सूचना प्राप्त होना, यादवों की बाणासुर पर चढ़ाई, कृष्ण द्वारा सुदर्शन चक्र से बाणासुर की सहस्र भुजाएँ काटना, बाणासुर को परास्त कर अनिरुद्ध को नागपाश से मुक्त कराना तथा अनिरुद्ध उषा का विवाह आदि प्रसंगों का उल्लेख उपर्युक्त सभी पुराणों में आया है।

इस कथा में उपजीव्य ग्रंथों में वर्णित कथा की अपेक्षा कुछ प्रसंग अन्य प्रकार से वर्णित हुए हैं, जिनका उल्लेख इस प्रकार है–

कथा उषा–पुराण में अनिरुद्ध को कामदेव और उषा को रति का अवतार बताया गया है, जबकि ब्रह्मवैतर्त्त पुराण[46] में अनिरुद्ध को कृष्ण के पौत्र एवं कामदेव के अवतार प्रद्युम्न के पुत्र तथा ब्रह्म के अंशावतार के रूप में चित्रित किया गया है। ब्रह्मा का अंशावतार कहा गया है और उनके पिता प्रद्युम्न को कामदेव का अवतार माना गया है।

विश्नोई संतकवियों द्वारा रचित राम–कृष्ण संबंधी आख्यान काव्य

बाणासुर एवं उसकी पत्नी ने जन्मकुण्डली के आधार पर अपनी पुत्री का विवाह यादव वंश के साथ होना जानकर इसे टालने के लिए अपनी पुत्री से गौरी पूजन करने को कहा। गौरी (पार्वती) ने प्रसन्न होकर उषा को कहा– तुम्हारा पति कामदेव है, वह स्वप्न में आकर तुम्हारे साथ रमण करेगा और दैत्य कुल का नाशक होगा। बाणासुर ने गौरी के उस वरदान को अन्यथा करने के लिए शंकर की तपस्या की। महाभारत[47] के अनुसार अनिरुद्ध प्रच्छन्न रूप में उषा के पास पहुँच गये और उसके साथ रसकेलि करने लगे। हरिवंश पुराण[48] में जल–क्रीड़ा के लिए गंगा तट पर जाने पर उषा शिव–पार्वती का विहार देखकर मन ही मन पति की कामना करती है, तब पार्वती उषा को प्रिय–मिलन का वर देती है। श्रीमद्भागवत पुराण[49] के अनुसार पार्वती और शंकर की कामक्रीड़ा देखकर उषा के मन में पति संगम की कामना नहीं जाग्रत होती, अपितु स्वप्न में देखती है कि परम सुन्दर अनिरुद्ध के साथ मेरा समागम हो रहा है।

गौरी के वरदान को अन्यथा करने के लिए बाणासुर द्वारा शंकर की तपस्या किय जाने का उल्लेख उपजीव्य ग्रंथों में नहीं मिलता है। श्रीमद्भागवत पुराण[1] के अनुसार–बाणासुर की हजार भुजाएँ थी। एक दिन शंकर ताण्डव नृत्य कर रहे थे, तब उसने अपने हजार हाथों से अनेक प्रकार के वाद्य यंत्र बजाकर उन्हें प्रसन्न कर लिया और शंकर से अपने नगर की रक्षा करते हुए यहीं रहा करें, का वर मांगा। अग्नि पुराण[50] की कथा में तपस्या के बल से बाणासुर शिव के लिए पुत्रवत् हो गया और शिव उसे भी यह कहते हैं कि– जब तुम्हारा मयूरध्वज गिर जाएगा, तब किसी से तुम्हारा युद्ध होगा।

इस कथा के अनुसार–बाणासुर नगर के चारों ओर शिव की कृपा से अग्नि प्रज्वलित हो रही थी, कृष्ण गरुड़ से जल मंगवाकर उसे बुझाते हैं। इस प्रकार का उल्लेख संस्कृत ग्रंथों में नहीं मिलता है, महाभारत[51] में शंकर, कार्तिकेय, भद्रकाली देवी और अग्नि आदि देवताओं द्वारा पुरी की रक्षा किये जाने का उल्लेख अवश्य मिलता है।

उषा पुराण कथा के अनुसार पहले बाणासुर तथा कृष्ण के मध्य भयंकर युद्ध होता है, कृष्ण सुदर्शन चक्र से बाणासुर की सहस्र भुजाएं काट देते हैं और इस युद्ध में असुरों को पराजय का सामना करना पड़ता है। युद्ध में हारने के पश्चात् बाणासुर शंकर के सामने वरदान व्यर्थ होने की व्यथा प्रकट करता है। इस पर शंकर अत्यधिक क्रोधित होकर सेना एकत्र करके स्वयं सेनापति बनकर, पार्वती के मना करने के पश्चात् भी स्वयं की प्रतिज्ञा भंग नहीं करने का वचन देते हुए, कृष्ण के अहंकार को नष्ट करने के लिए युद्ध करते हैं। पहले दोनों के वाहनों के मध्य तथा

उसके बाद शंकर और कृष्ण के मध्य घमासान होता है। उपजीव्य ग्रंथों में वर्णित कथा के अनुसार शंकर और कृष्ण के मध्य युद्ध पहले होता है तथा उसके बाद कृष्ण बाणासुर से युद्ध लड़ते हैं और उसकी सहस्र भुजाएं काट कर उसे पराजित कर देते हैं।[52]

कृष्ण और शिव के मध्य हो रहे भयानक घमासान को देखकर देवता, मनुष्य और नाग आदि सभी बहुत चिंतित होकर नारद को भेजकर ब्रह्माजी को बुलाते हैं और उनसे युद्ध समाप्ति के लिए निवेदन करते हैं। यह सभी देखकर अलख ने शक्ति को आज्ञा दी। शक्ति (नारी) दोनों दलों के मध्य वस्त्रहीन होकर खड़ी हो जाती है और कहती है कि मैं तुम्हारी माता हूँ, तुम मेरी ही सन्तान हो, सावित्री, लक्ष्मी और शक्ति तीनों मेरे ही अंश हैं। दोनों दलों ने माता की आज्ञा का पालन करते हुए माता से वस्त्र पहनने का निवेदन किया। इस प्रकार युद्ध समाप्त होता है, कृष्ण और शंकर प्रसन्नतापूर्वक मिलते हैं तथा युद्ध में मारे गये सभी जीवित हो जाते हैं। उपर्युक्त किसी भी उपजीव्य ग्रंथ में इस प्रकार युद्ध की समाप्ति नहीं बताई गई है।

कथा उषा पुराण में वर्णित उपर्युक्त घटनाओं का उपजीव्य ग्रंथों के साथ साम्य-वैषम्य से स्पष्ट है कि मूल प्रसंग एवं कुछ घटनाएँ पुराणों आदि के समान होते हुए भी कुछ प्रसंग एवं घटनाएँ ऐसी हैं जिनका मूल प्रसंगों से साम्य नहीं है।

कथा सुरगारोहणी

कथा सुरगारोहणी महाभारत से संबंधित आख्यान काव्य है। अपने नाम के अनुरूप 18 पर्वों में विभक्त महाभारत में कौरव-पाण्डवों के वंश के वर्णन से लेकर उनके युद्ध तथा पाण्डवों के स्वर्गारोहण तक की कथा का उल्लेख है। संतकवि केसौदास कृत 'कथा सुरगारोहणी' की रचना भी महाभारत के महाप्रास्थानिक एवं स्वर्गारोहण पर्व को आधार बनाकर की गई। इसमें पाण्डवों के हिमालय जाकर गलने एवं स्वर्ग जाने की कथा कही गई है।[53]

संतकवि ने इस ग्रंथ में महाभारत की आत्मा को सुरक्षित रखते हुए लोक से प्राप्त कथारूप को भी ग्रहण किया है। इस रचना का उपजीव्य ग्रंथ के साथ तुलनात्मक अध्ययन इस प्रकार है—

साम्य

इस आख्यान काव्य में संतकवि ने पौराणिक आख्यान के लोक जीवन के गाथा चक्र को मद्देनजर रखते हुए मूल तत्त्वों को यथा सम्भव उपजीव्य ग्रंथ के अनुसार ही ग्रहण किया है तथा अन्य रूप में कुछ सामान्य परिवर्तन भी किया है। कथा सुरगारोहणी के वे प्रसंग इस प्रकार

विश्नोई संतकवियों द्वारा रचित राम-कृष्ण संबंधी आख्यान काव्य

है जो उपजीव्य ग्रंथ एवं विवेच्य कृति में समान रूप से देखने को मिलते हैं–

1. कथा सुरगारोहणी व उपजीव्य ग्रंथ महाभारत[54] दोनों ही काव्य ग्रंथों में पाण्डवों के हिमालय के दर्शन करके स्वर्ग जाने की कथा वर्णित हुई है।
2. दोनों काव्य ग्रंथों में काल के बन्धन को स्वीकार करके, परस्पर मन्त्रणा करने के पश्चात् महाप्रस्थान का निर्णय किया जाता है।
3. स्वर्ग की प्राप्ति द्रौपदी सहित पांचों भाइयों को होने का उल्लेख दोनों काव्यों में समान रूप से देखने को मिलता है।
4. देवराज इन्द्र रथ लेकर युधिष्ठिर के पास उन्हें स्वर्ग ले जाने के लिए आते हैं, लेकिन वे कुत्ते को छोड़कर अकेले स्वर्ग जाने से मना कर देते हैं, पुनः इन्द्रराज के रथ लेकर आने पर वे कुत्ते सहित स्वर्ग जाते हैं। यह घटना प्रसंग उपजीव्य ग्रंथ के साथ-साथ कथा सुरगारोहणी में भी वर्णित हुआ है।

वैषम्य

यह रचना कथारूप में मूल रचना के समान होते हुए भी कथा-प्रवाह के कुछ घटना प्रसंगों में उपजीव्य ग्रंथ से असमानता लिए हुए भी है। जिनका विवेचन-विश्लेषण इस प्रकार है–

1. इस कृति में कलियुग एक स्त्री के रूप में रात्रि में राजा युधिष्ठिर के पास आता है तथा वह राजा को कलियुग के अवगुण बताते हुए धर्म त्याग करने या देश त्याग को स्वीकार करने की चुनौती देता है। समस्त पाण्डव अपनी हार स्वीकार करके कलिकाल को महाबली बताते हुए धर्म त्याग के स्थान पर देश त्याग का निश्चय करते हैं। महाभारत[55] के कथानुसार श्रीकृष्ण के परमधाम गमन के पश्चात् पाण्डव वृष्णि और अंधकवंश के वीरों के मध्य मूसल युद्ध होने का समाचार सुनकर काल के बन्धन को स्वीकार करते हुए महाप्रस्थान का निश्चय करते हैं।
2. कथा सुरगारोहणी में पाण्डव देश त्याग का विचार करके, कृष्ण के पास विदाई मांगने जाते हैं, तब कृष्ण उन्हें बन्धु हत्या का दोषी बताते हुए कुरुक्षेत्र में स्नान करके, महादेव के दर्शन करने के उपरान्त हिमालय में शरीर त्यागने की सलाह देते हैं, जबकि महाभारत की कथा के अनुसार कृष्ण के परमधाम गमन के पश्चात् पाण्डव राज-पाट त्याग कर, समस्त प्रजा को बुलाकर, वत्कल वस्त्र धारण कर पूर्व दिशा की ओर प्रस्थान करते हैं।[56]
3. महाभारत की कथा[57] के अनुसार पाण्डवों के महाप्रस्थान में स्वर्गारोहण के लिए समस्त पाण्डव, द्रौपदी व एक कुत्ता ये सभी साथ-साथ

चलते हैं, माता-कुन्ती साथ नहीं चलती हैं जबकि संतकवि केसौदास के काव्य में माता कुन्ती, द्रौपदी एवं समस्त पाण्डव प्रस्थान करते हैं कुत्ते का नगर से उनके साथ होने का उल्लेख नहीं मिलता है।

4. कथा सुरगारोहणी[58] के अनुसार पाण्डव हिमालय पहुँचकर क्रमशः कुंती द्रौपदी, अर्जुन, सहदेव, नकुल और भीम हेमाजल में अपना शरीर त्यागते हैं जबकि महाभारत[59] की कथा के अनुसार पाण्डवों के हिमालय पहुँचने के बाद मार्ग में गिरने का क्रम द्रौपदी, सहदेव, नकुल, अर्जुन और भीम के रूप उल्लेखित है।

5. कथा सुरगारोहणी में पाण्डवों के गलने (शरीर त्यागने) के विषय में भीम द्वारा युधिष्ठिर से कारण पूछे जाने पर युधिष्ठिर अर्जुन के गिरने का कारण अभिमन्यु के संकट के समय इन्द्र की सहायतार्थ इन्द्रलोक चले जाना बताते हैं, जबकि महाभारत की कथा में अर्जुन के गिरने के कारण-शूरता का अभिमान बताया गया है। इस कथा में सहदेव के गिरने का कारण भाइयों से सूर्य ग्रहण का भेद छुपाना बताया गया है जबकि महाभारत में विद्वता का घमण्ड।

6. महाभारत[60] के अनुसार द्रौपदी व सभी भाइयों के गिर जाने के बाद युधिष्ठिर के साथ केवल एक कुत्ता, जो घर से ही उनके साथ चला आ रहा था, वही उनका अनुसरण करता रहा, जबकि कथा सुरगारोहणी में वर्णित कथा के अनुसार कुन्ती, द्रौपदी, अर्जुन, सहदेव, नकुल और भीम के हेमाजल में गल जाने के बाद युधिष्ठिर उस भंयकर स्थान पर अकेले ही रात्रि व्यतीत करते हैं तभी धर्मराज कुत्ते का रूप धारण कर युधिष्ठिर के पास आते हैं और राजा उसे दुःख का साथी समझकर गले-से लगा लेते हैं।

कथा सुरगारोहणी में उल्लेखित युधिष्ठिर और कलि का संवाद, 12 वर्षों तक सूर्य ग्रहण नहीं लगने के कारण सहदेव के अलावा सभी पाण्डवों का कुरुक्षेत्र में बिना स्नान किये आगे निकलना, भीम द्वारा गणेश जी का सिर काटना, माता के कहने पर हाथी का सिर लगाकर पुनः जीवित करना, महादेव जी के केदार पर्वत की घाटियों में एक भैंसे के रूप में दर्शन करना, स्वर्गारोहण के समय कुंती का साथ होना, भीम द्वारा गदा से पर्वत तोड़कर रास्ता बनाना, पर्वतों द्वारा दांण (कर) के रूप में द्रौपदी को मांगना, चारों पर्वतों के साथ भीम का युद्ध होना आदि घटनाएं उपजीव्य ग्रंथ से साम्य नहीं रखती हैं।

केदार पर्वत पर महादेव जी का एक भैंसे के रूप में विचरण करने का उल्लेख उपजीव्य ग्रंथ में तो नहीं मिलता है, लेकिन लोक प्रचलित महाभारत[61] में यह घटना प्रसंग इससे कुछ मिलते-जुलते रूप में उपलब्ध होता है। लोक महाभारत के अनुसार- भगवान श्रीकृष्ण के नाराज होने

पर पाण्डवों ने देश निकाला स्वीकार किया, तब उनकी दशा किंकर्त्तव्यविमूढ़ सी हो गई। इस स्थिति में त्राण पाने के लिए माता कुंती ने अपने गुरुदेव कैलासवासी शंकर का स्मरण दिलाया। माता कुंती की बात अंगीकार करके पाण्डव कैलास की ओर चल पड़े। नारद ने पाण्डवों से पहले कैलास पहुंचकर भगवान शिव को भड़काकर पाण्डवों से विमुख कर दिया। परिणामस्वरूप पाण्डवों के पहुंचने से पूर्व वे भैंसे का रूप धारण करके वन में विचरने लगे। पाण्डव जब कैलास पहुंचे तो उन्हें भगवान शिव का आसन खाली मिला, परन्तु आसन पर बिखरी हुई सामग्री से यह पता सहज ही चल गया कि भगवान शिव अभी-अभी यहां से गये हैं। पाण्डवों ने आसन पर बैठे-बैठे काफी देर तक प्रतीक्षा की, परन्तु वे वापस नहीं लौटे तो सहदेव ने पत्रा देखकर बताया कि भगवान महाराज भैंसे का रूप बनाये हुए दक्षिण की ओर विचर रहे हैं।

पाण्डव सहदेव के कहे अनुसार दक्षिण की ओर भगवान शिव को खोजने के लिए निकले। थोड़ी दूरी पर ही उन्हें अनेक भैंसे चरते हुए दिखाई दिये। अब पाण्डवों के समक्ष उन्हें पहचानने की समस्या उत्पन्न हुई। सहदेव ने सुझाया कि— भगवान शिव हमारे गुरु हैं, अतः वे अपने शिष्य की टांग तले से निकलना कदापि स्वीकार नहीं करेंगे। भीम को दो पहाड़ियों पर टांग पसारकर बैठा दिया और अर्जुन दोनों पहाड़ियों के बीच से सभी भैंसो को निकालने लगे। अन्य सभी भैंसे निकल गये परन्तु एक भैंसा प्रयत्न करने पर भी नहीं निकला। इस प्रकार वे अपने गुरु भगवान शिव के भैंसे के रूप में दर्शन करते हैं।[62]

कथा सुरगारोहणी में वर्णित वे घटना प्रसंग जो उपजीव्य ग्रंथों में उल्लेखित नहीं हुए हैं वे तत्कालीन समाज में लोक आख्यान के रूप में अवश्य रहे होंगे। जिस प्रकार राजस्थानी लोक काव्य संग्रह में महादेवजी के भैंसे का रूप बनाकर विचरण करने की घटना मिलती है उसी प्रकार घटना प्रसंग भी लोक में अवश्य प्रचलित रहे होंगे। ऐसा माना जा सकता है।

कथा भींव दुसासणी

संतकवि केसौदास गोदारा विरचित 'कथा भींव दुसासणी' में दुःशासन द्वारा द्रौपदी का अपमान किये जाने पर भीम द्वारा उसका वध किये जाने की घटना वर्णित है। कथा का नामकरण प्रतिपादित विषय-वस्तु के आधार पर किया गया है।

महाभारत[63] से संबंधित होते हुए भी संतकवि ने कथा भींव दुसासणी का सृजन पूर्व प्रचलित कथा को आधार बनाकर किया है। कथा प्रसंगों में उल्लेखित घटना एवं घटना क्रम का महाभारत के साथ पूर्ण साम्य नहीं देखने को मिलता है क्योंकि यह घटना लम्बे समय तक लोक-श्रुति

परम्परा के रूप में रहने के कारण अपने मूल रूप से परिष्कृत एवं परिवर्धित होते–होते महाभारत में वर्णित घटना से काफी परिवर्तित हो चुकी है।

विवेच्य काव्य रचना का महाभारत के साथ परस्पर तुलनात्मक अध्ययन के अन्तर्गत इसमें वर्णित उन घटनाओं का उल्लेख करते हैं जो मूल ग्रंथ से समानता एवं भिन्नता लिए हुए हैं।

साम्य

1. कौरव एवं पाण्डव दोनों हस्तिनापुर में रहते हैं, युधिष्ठिर अपनी सम्पूर्ण सम्पत्ति जुए में हार जाने के पश्चात् वन गमन करते हैं।
2. द्रौपदी स्वयंवर में लक्ष्यभेदन के लिए कौरव व पाण्डव दोनों जाते हैं।
3. अर्जुन बाण उठाकर लक्ष्यभेदन करके द्रौपदी को पत्नी के रूप में ले जाते हैं, इसमें कौरवों को निराशा मिलती है।
4. दुःशासन द्वारा द्रौपदी का हाथ खींचना एवं भीम द्वारा दुःशासन का वध किये जाने का उल्लेख इस कथा में वर्णित आदि घटनाएं महाभारत के आदिपर्व एवं कर्ण पर्व में उल्लेखित घटनाओं से प्रसंगानुकूल साम्य रखती है, घटनाओं में प्रस्तुतीकरण तथा कथा क्रम का रूप सामान्यतः परिष्कृत है।

वैषम्य

1. कथा भींव दुसासणी के अनुसार 'युधिष्ठिर अपनी समस्त सम्पत्ति जुए में हार कर भाइयों सहित वन में चले गए। द्रौपदी के स्वयंवर में अन्य राजाओं के साथ वे भी पहुँचे।[64] जबकि महाभारत[65] की घटना के अनुसार 'राजा घृतराष्ट्र द्वारा एक वर्ष के लिए पाण्डवनंदन युधिष्ठिर को युवराज पद पर अभिसिक्त किये जाने पर उनके गुण, प्रभाव आदि की वृद्धि से घृतराष्ट्र को चिन्ता होने लगी तथा कणिक की कूटनीति से उन्होंने पाण्डवों को वारणावत जाने की आज्ञा दी। वे आज्ञा स्वीकार करके वरणावत चले जाते हैं वहां अनेक प्रकार के संकटों का सामना करते हुए, द्रौपदी स्वयंवर में अन्य राजाओं के साथ वे भी पहुंचते हैं और अर्जुन लक्ष्यभेद कर द्रौपदी को पत्नी के रूप में ले आते हैं तथा द्रुपद की राजधानी में रहने लगते हैं। फिर वहां से विदुर उन्हें हस्तिनापुर ले आते है।[66] धृतराष्ट्र उन्हें खाण्डवप्रस्थ में रहने की आज्ञा देते हैं। वे वहां पर इन्द्रप्रस्थ में अपने राज्य की स्थापना करके, दिग्विजय के बाद राजसूय–यज्ञ करते हैं। उनकी उन्नति देखकर कौरव राजा धृतराष्ट्र युधिष्ठिर को हस्तिनापुर बुलाकर उनके साथ कपट–धूत से उन्हें हरा देते हैं, जिसमें युधिष्ठिर अपनी सम्पूर्ण सम्पत्ति हार जाते हैं, यहां तक कि अंत में वे भाइयों सहित स्वयं को और

महारानी द्रौपदी को भी दावं पर रख देते हैं।[67] जिसके फलस्वरूप उन्हें 12 वर्ष का वनवास एवं एक वर्ष का अज्ञातवास मिलता है।[68]

2. इस कथा के अनुसार द्रौपदी स्वयंवर में कड़ाहे के तेल में देखकर हार बेधने की शर्त थी, अर्जुन ने बाण से हार बेध दिया, जो नीचे भीम के हाथों में गिरा, जबकि महाभारत की कथा के अनुसार द्रौपदी स्वयंवर में घूमते हुए यंत्र के छिद्र में से मीन लक्ष्यभेद था। अर्जुन ने बाण उठाकर लक्ष्य पर चलाया और वह यंत्र के छिद्र में से होकर जमीन पर गिर पड़ा।[69]
3. इस रचना में वर्णित घटना के अनुसार कौरवों ने अपार सम्पत्ति के बदले द्रौपदी को मांगा, भीम के द्वारा मना किये जाने पर दुःशासन द्रौपदी का हाथ खींचता है तब भीम उसे लात मार कर पछाड़ देते हैं। महाभारत के अनुसार द्रौपदी स्वयंवर में पाण्डवों ने ब्राह्मण वेश धारण कर भाग लिया तथा लक्ष्यभेद कर द्रौपदी को प्राप्त किया, तभी कौरवों ने इस बात को लेकर विरोध किया कि–यह स्वयंवर क्षत्रियों के लिए है न कि ब्राह्मणों के लिए। ऐसा कहते हुए कौरव राजा द्रुपद को मार डालने का निश्चय करते हैं, तब द्रुपद ब्राह्मणों की शरण में आ जाते हैं और अर्जुन व भीम युद्ध करके क्रमशः कर्ण और शल्य को पराजित कर देते हैं।[70]
4. इस कथा के अनुसार पाण्डव वनवास पूरा करके हस्तिनापुर आ जाते हैं, उसके बाद द्रौपदी अपने अपमान का बदला लेने के लिए भीम से दुःशासन को मरवाने के लिए कुन्ती को विवश करती है, फलस्वरूप भीम दुःशासन को गिराकर, उसके गले पर पैर रखकर दोनों दलों को ललकारते हैं कि कोई इसे छुड़वाना चाहता है, अर्जुन इसके लिए तैयार होते हैं लेकिन कृष्ण के मना किये जाने पर रूक जाते हैं, उसके मरने के बाद द्रौपदी अपने खुले बालों को बांधती (गुंथवाती) है।[71] यह घटना प्रसंग शीर्षकानुरूप महाभारत के घटना–प्रसंग से मेल अवश्य खाता है, लेकिन इससे यह स्पष्ट नहीं हो रहा है कि–दुःशासन द्वारा द्रौपदी को जो अपमान किया गया, वह स्वयंवर के समय हाथ पकड़कर किया गया अपमान है या पाण्डवों के द्वारा जुए में हारी गई द्रौपदी का दुःशासन द्वारा बाल एवं चीर खींचकर किये जाने वाला अपमान है। उल्लेखनीय है कि कथा भींव दुसासणी के अनुसार स्वयंवर के समय दुःशासन द्वारा द्रौपदी का हाथ खींचकर अपमान किये जाने पर भीम उसे वहीं गिराकर अपमान का बदला पूरा कर लेते हैं।[72] जबकि महाभारत की कथा के अनुसार जब युधिष्ठिर जुए में भाइयों सहित स्वयं को व द्रौपदी को भी दांव पर लगा देते हैं तब दुःशासन द्रौपदी के बाल एवं चीर खींचकर अपमान करते हैं

जिसमें कृष्ण उनकी लज्जा की रक्षा करते हैं। यह सब देखकर भीम ने अपमान का बदला लेने की दृढ़ प्रतिज्ञा की थी।[73] जो महाभारत के पन्द्रहवें दिन भीम अत्यधिक क्रोधित होकर दुःशासन का वध करके पूरी करते हैं। इस कथा में भीम अपमान का बदला द्रौपदी के दृढ़ निश्चय एवं माता कुन्ती की आज्ञा का पालन करते हुए, दुःशासन को गिराकर अपने पैरों से उसका गला दबाकर, उसे मारकर लेते हैं।

5. इस कथा में कुएँ पर नहाती हुई द्रौपदी का हार कृष्ण द्वारा उठा लेना, उसी हार को पहनने की हठ द्रौपदी द्वारा किये जाना, द्रौपदी स्वयंवर के समय कृष्ण द्वारा बाण छोड़कर कर्ण और दुःशासन को उसमें उलझा देना, नकुल का द्रौपदी को ताना और कुन्ती का चुप करवाना आदि घटना प्रसंग ऐसे हैं जो उपजीव्य ग्रंथों के साथ किसी भी रूप से साम्य नहीं रखते हैं। ये प्रसंग काव्य रचना के लम्बे समय तक लोक में श्रुत-परम्परा के रूप में प्रचलित रहने के कारण आए होंगे। लोक से प्राप्त महाभारत के घटना प्रसंगों में भी अभी तक हमें ये प्रसंग नहीं उपलब्ध हुए हैं।

इस प्रकार इस आख्यान में संतकवि ने कौरव-दल को असत्य एवं कुण्ठा का प्रतीक तथा पाण्डवों के सत्य एवं बहादुरी के प्रतीक के रूप में प्रतिष्ठापित किया है साथ ही मानवता भूलकर स्त्रियों पर होने वाले अत्याचार और सामाजिक दुर्व्यवहार पर ध्यान आकृष्ट किया है। इसमें कृष्ण की लोक-रक्षक एवं कुशल मार्ग-दर्शन की भूमिका विशेष रूप से महत्त्वपूर्ण है।

कथा बहसोंवनी

संत केसौदास गोदारा विरचित कथा बहसोंवनी का आधार महाभारत का आदिपर्व एवं सभापर्व है। लेकिन महाभारत से सम्बद्ध होते हुए भी यह आख्यान काव्य लोक-परम्परा को भी संजोये हुए हैं। इस कथा में प्राचीन धार्मिक मान्यताएँ, लोक विश्वास, लोक प्रचलित दंत कथाएं एवं लोक वार्ताओं का भी संघटन हुआ है।

इस कथा में वर्णित पाण्डवों का जन्म, ऋषिकुमार किन्दम के शाप से पाण्डु राजा को वैराग्य, पाण्डु राजा का परलोक गमन आदि घटना प्रसंग महाभारत के आदिपर्व पर आधारित है तथा पाण्डु राजा की नरकीय यातना से मुक्ति हेतु राजसूय-यज्ञ का आयोजन महाभारत के सभापर्व से संबंधित है।

उपजीव्य ग्रंथ महाभारत में पाण्डवों द्वारा किये जाने वाला राजसूय-यज्ञ इस कथा काव्य में स्वर्ण यज्ञ है जो, अपने पिता की मृत्यु के पश्चात् पुत्रों द्वारा उनकी मुक्ति हेतु किया जाता है। पाण्डवों द्वारा

आयोजित यह यज्ञ अपने पिता के निमित्त किया जाने वाला मृत्यु भोज है। कृष्ण की उपस्थिति में समस्त पाण्डव एवं कृष्ण के कठिन परिश्रम से यह महायज्ञ बहुत ही उचित ढंग से सम्पन्न होता है, जिसके फलस्वरूप पाण्डु राजा को नरकीय यातनाओं से मुक्ति मिल जाती है और वे स्वर्ग के सुखों का उपभोग करने लगते हैं।

कथा बहसोंवनी के कथावस्तु का उपजीव्य ग्रंथ की कथा वस्तु के साथ विवेचन–विश्लेषण एवं तुलनात्मक अध्ययन इस प्रकार है–

साम्य

इस कथा में उल्लेखित वे घटना–प्रसंग जो उपजीव्य ग्रंथ[74] से साम्य रखते हैं वे इस प्रकार है–

1. कथा बहसोंवनी व महाभारत आदि पर्व में वर्णित घटना प्रसंग के अनुसार पाण्डु राजा की मृत्यु शाप के कारण एक स्त्री के सहवास से होती है और उन्हें नरक का वास मिलता है।
2. किन्दम ऋषि के शाप के कारण राजा विषयों का त्याग करके, वैराग्य धारण कर वन में चले जाते हैं। दिव्य मंत्र के प्रभाव से राजा पाण्डु की पत्नी कुन्ती से धर्मराज के अंश से युधिष्ठिर, वायु के अंश से भीम एवं इन्द्र के अंश से अर्जुन का जन्म होता है। यह घटना प्रसंग दोनों[75] ग्रंथों में समान रूप से उपलब्ध होता है।
3. पाण्डु राजा के मन में काम भावना का संचार होने पर वे माद्री के साथ मैथुनधर्म में प्रवृत्त होते हैं, जिससे उनकी मृत्यु हो जाती है। यह घटना दोनों काव्य ग्रंथों में वर्णित है।
4. पाण्डु राजा के नरक में होने की सूचना तथा नरकीय यातनाओं से मुक्ति हेतु इस धरती पर महायज्ञ[76] कराये जाने का पाण्डु राजा का संदेश, पाण्डवों को नारद जी से मिलने का उल्लेख उपजीव्य ग्रंथ[77] व कथा बहसोंवनी में एक रूपता लिए हुए हैं।
5. पाण्डव आयोजन के लिए सर्वप्रथम कृष्ण से सम्मति लेते हैं। कृष्ण की इसमें केन्द्रीय भूमिका होती है, उनकी अनुपस्थिति में यह कार्य सम्भव नहीं होने का उल्लेख कथा बहसोंवनी व महाभारत के सभापर्व की कथा में समान रूप से मिलता है।
6. भीम और जरासंध के मध्य युद्ध, कृष्ण का संकेत पाकर भीम द्वारा जरासंध का वध किये जाने का उल्लेख काव्य ग्रंथों[79] में हुआ है।
7. यज्ञ में कौरवों, द्विजों एवं गुरुओं के अलावा चारों दिशाओं के नव खण्ड राजाओं के सम्मिलित होने तथा इस यज्ञ का मुख्य आकर्षण दान, धर्म और साधुओं को संतुष्ट करना, दोनों काव्य ग्रंथों[79] में उल्लेखित हुआ है।

वैषम्य

यह आख्यान काव्य मूलरूप से महाभारत पर आधारित होते हुए भी कथा में वर्णित घटना–प्रसंगों के सन्दर्भ में उपजीव्य ग्रंथ से काफी विषमताएं भी लिए हुए हैं। इसमें राजसूय–यज्ञ के साथ–साथ धर्म और नीति सम्बन्धी उपाख्यान एवं अवान्तर कथाएं भी हैं, जिसमें इतिहास विश्रुत पाण्डवों के चरित्र के साथ–साथ लोक विश्वास एवं कथात्मक रूढ़ियों का प्रयोग भी हुआ है। उपजीव्य ग्रंथ से भिन्नता लिए हुए घटना प्रसंग इस प्रकार है –

1. कथा बहसोंवनी में करणमाल नामक ब्राह्मण की पत्नी पति वियोग में प्राण त्याग कर हरिणी योनि में तथा पत्नी हत्या के दोष का निवारण करते हेतु दुर्वासा ऋषि की आज्ञा से करणमाल हरिण का रूप धारण करके उसके साथ विचरण कर रहे थे। राजा ने उन पर तीर चलाया, जिससे आहत होकर वह हरिण एक ऋषि के रूप में गिर गया और हरिणी एक ब्राह्मणी के रूप में विलाप करती हुई राजा को त्रिया भोग के कारण मरकर नरक में जाने का शाप दे देती है,[80] जबकि महाभारत की कथा में किन्दम नाम का तपस्वी मृग बनकर मृगी के साथ विहार कर रहा होता है और राजा उस पर बाण चला देते हैं। मृग रूप धारी किन्दम मुनि स्वयं प्राण त्यागने से पूर्व राजा को शाप देते हैं कि– यदि आप कभी अपनी पत्नी के साथ सहवास करेंगे तो उसी अवस्था में आपकी मृत्यु होगी और वह पत्नी भी आपके साथ सती हो जाएगी।[81]
2. महाभारत की कथा में माद्री अश्विनी कुमारों का चिन्तन करती है जिससे उसे नकुल एवं सहदेव नामक दो जुड़वा पुत्र उत्पन्न होते हैं। वन में विचरण करते समय माद्री को साथ देखकर राजा के मन में काम भावना का संचार होता है और वे मैथुन धर्म में प्रवृत्त हुए, उसी समय उनकी चेतना नष्ट हो जाती है और माद्री पति के साथ सती हो जाती है।[82] जबकि कथा बहसोंवनी के अनुसार नारद के बहकावे में आकर माद्री श्रृंगार करके राजा को भोजन कराने के लिए वन में जाती है जिसके साथ संभोग करके राजा नरकवासी तथा माद्री गर्भवती हो जाती है, जिससे उनके नकुल और सहदेव पुत्र उत्पन्न हुए।[83]
3. कथा बहसोंवनी में स्वर्ग यज्ञ के लिए आवश्यक वस्तुओं की सूची बनाई जाती है जिसमें सहदेव, अर्जुन, भीम, नकुल और युधिष्ठिर– भगवान कृष्ण की उपस्थिति में लंका से स्वर्ण, जरासंध की खोपड़ी (मस्तिष्क), पाताल से मंडप तथा स्वर्ग से धरती पर कामधेनु लाने की जिम्मेदारी क्रमशः पांचों भाई लेते हैं तथा उसके पूरा न करने की

स्थिति में मृत्यु का संकल्प भी लेते हैं,[84] जबकि महाभारत की कथा में कृष्ण की उपस्थिति और जरासंघ वध का ही उल्लेख मिलता है।[85]

4. महाभारत की कथा के अनुसार भीम जरासंध के तेरह दिन तक बिना रूके युद्ध करते हैं तथा चौदहवें दिन–रात के समय कृष्ण और अर्जुन की उपस्थिति में कृष्ण के संकेतानुसार उसका वध करके बंदी राजाओं को मुक्त कराते हैं तथा उसके प्राणहीन शरीर को वहीं रनिवास की ड्योढ़ी पर डालकर वापस आ जाते हैं।[86] जबकि कथा बहसोंवनी में भीम जरासंध का सिर लेने अकेले जाते हैं, उसके नगर की सीमा में जाकर वहीं वृक्ष की छाया में गदा गाड़कर सो जाते हैं। पता चलने पर जरासंध की सेना भीम को कुएं में गिरा देती है। ज्योतिषी सहदेव को पता चलने पर कृष्ण, अर्जुन और सहदेव जाकर उसे बाहर निकालते हैं, उसके बाद भीम गदा लेकर ब्राह्मण के वेश में जरासंध के नगर में जाते हैं। द्वार पर आये उसके तीनों पुत्रों को मारने के बाद जरासंध से युद्ध करने लगते हैं, जो अठारह दिनों तक चलता है। अंत में कृष्ण का संकेत पाकर भीम जरासंध का वध करके सिर काटकर हस्तिनापुर लाने में सफल होते हैं।[87]

पाण्डु राजा और कृष्णद्वैपायन व्यास का संवाद एवं चेतावनी, करणमाल नामक ब्राह्मण और वेहमाता का संवाद, करणमाल का विवाह, प्रसंग, पक्षी चिड़ा और चिड़ी का नर भाषा में वार्तालाप, पांचाल देश की जोगनियाँ और सहदेव का युद्ध, हनुमान और अर्जुन में तर्क–वितर्क करना, नकुल का कणियासर के दैत्य से युद्ध, युधिष्ठिर द्वारा धरती पर कामधेनु लाना आदि घटनाओं का उल्लेख कथा बहसोंवनी में विस्तार पूर्वक हुआ है जबकि उपजीव्य ग्रंथ में इनके विषय में कहीं कोई संकेत नहीं मिलता है।

काव्य बहसोंवनी के जो घटना प्रसंग उपजीव्य ग्रंथ महाभारत से मेल नहीं खाते हैं ऐसे कुछ घटना प्रसंगों का इस कथा में वर्णित रूप लोक–प्रचलित आख्यान परम्परा में थोड़े बहुत अन्तर के साथ मिल जाता है। कथा बहसोंवनी में वर्णित करणमाल ब्राह्मण का प्रसंग राजस्थानी लोक महाभारत[88] में इस प्रकार उल्लेखित हुआ है–

ऋषि किरमाल के बाल्यकाल में उन्हें गंगा स्नान करके आते समय ब्रह्म मुहूर्त में बेमाता के दर्शन हुए थे। किशोर किरमाल के पूछने पर बेमाता ने अपना परिचय दिया तथा नवजात जातकों के भाग्य–लेख लिखने का कार्य बताया। किशोर किरमाल ने उत्कंठावश अपने वैवाहिक संबंध के भाग्य–लेख के बारे में बेमाता से प्रश्न किया। उन्होंने पहले तो इस प्रसंग को टाल देने का प्रयत्न किया, परन्तु तब किरमाल हठ पर उतर आया तो बेमाता ने उसे स्पष्ट शब्दों में बता दिया की इस नदी के

किनारे पर कपड़ा धोने वाले धोबी की पुत्री के साथ तुम्हारा विवाह होगा। बेमाता तो इतना कहकर अंतर्ध्यान हो गई और किशोर किरमाल के मन में धोबी की पुत्री के साथ एक ब्राह्मण कुमार की शादी होने की बात सुनकर ग्लानि उत्पन्न हो गई। वह बेमाता की बात को असत्य सिद्ध करने कर उपाय खोजने लगा। विचार करते–करते उसके मन में इसका समाधान मिल गया। वह घर न जाकर सीधा नदी के धोबी घाट की ओर चल पड़ा। जिस धोबी की कन्या के साथ विवाह होने की बात बेमाता ने बताई थी, उसको किरमाल अच्छी तरह से जानता था। वह अपने पिता के साथ प्रतिदिन नदी के तट पर आती थी एवं कपड़ों की रखवाली करती थी। किरमाल जब नदी तट पर पहुँचा तब वह कन्या कपड़ों के पास अकेली बैठी थी। उसका पिता कुछ कपड़े घर पर भूल आया था और उन्हें लेने के लिए घर चला गया था। किरमाल के लिए यह सुअवसर था और वह उसके हाथ से जाने देना नहीं चाहता था। वह तत्काल उक्त लड़की के पास पहुँचा और शीघ्रता से उसे पकड़कर उसका गला घोंट डाला। गला घोंटने से लड़की की मृत्यु हो चुकी थी, परन्तु किरमाल को उसके जीवित होने का अंदेशा बना रहा। उसने साबुन काटने वाली छुरी से उसका पेट चीर डाला। तत्पश्चात् एक लकड़ी की पेटी में डालकर उसे नदी की धारा में बहा दिया।

यह समग्र कार्य किरमाल ने इतनी शीघ्रता से किया कि इसकी भनक तक किसी व्यक्ति को नहीं लगी। वह अपना कार्य पूरा करके घर आ गया, परन्तु हत्या का भय उसे खाये जा रहा था। यद्यपि किरमाल को हत्या करते हुए किसी प्राणी ने देखा नहीं था, परन्तु उसे ऐसा प्रतीत होने लगा मानो प्रत्येक व्यक्ति उसके इस अपकर्म को जानता है। पकड़े जाने के भय से किरमाल घरवालों को बिना कुछ कहे–सुने घर से भाग गया।

काशी का राजपण्डित सन्तान विहीन था। अतएव किसी ने उसे समुद्र की साधना करने को कह दिया। वे प्रतिदिन ब्रह्म मुहूर्त में समुद्र की पूजा–अर्चना करने हेतु जाते थे। एक दिन वे नित्य की तरह समुद्र की पूजा–अर्चना करके निवृत्त हुए तो उन्हें नदी की धारा में कोई वस्तु तैरती–उतराती हुई दिखाई दी, वह उनकी ओर आ रही थी। वे थोड़ी देर रुककर उसकी प्रतीक्षा करने लगे। इतने में वह पेटी उनके पास आ गई। उन्होंने उत्कंठावश उस पेटी को नदी की धारा से बाहर निकालकर देखा तो आश्चर्य चकित रह गये, पेटी के अन्दर एक बालिका सो रही थी। उन्होंने उक्त बालिका को गोद में उठा लिया तथा समुद्र की भेंट के रूप में स्वीकार करते हुए अपने घर ले आये। उस बालिका को देखते ही पंडिताइन के स्तनों में दूध उतर आया और वे दंपति उसका पुत्रीवत्

पालन–पोषण करने लगे। थोड़े दिनों की सेवा–सुश्रूषा से उस बालिका के पेट के घाव भी भर गये और वह दिनदूनी रात चौगुनी बढ़ने लगी।

घर से भागा हुआ किरमाल भटकता–भटकता काशी पुरी पहुँचा। वह अपने गांव से पर्याप्त दूर निकल आया था, अतः वह सम्पूर्ण रूप से आश्वस्त हो गया और पेट भराई के लिए कोई स्थान ढूंढने लगा। वह गलियों में नौकर रख लो, नौकर रख लो की आवाज लगाता हुआ राजपंडित की गली में आ पहुँचा। राजपंडित की गौशाला में कुछ गायें थी, उनकी देखभाल करने के लिए उन्हें किसी आदमी की आवश्यकता थी ही अतएव पंडिताइन ने पंडित को कहकर उक्त लड़के को गायों के काम के लिए अपने यहाँ रख लिया। किरमाल को अच्छा आश्रय प्राप्त हो गया था। काम धन्धा भी कोई अधिक नहीं था। सुबह–शाम थोड़ा काम रहता, दुपहरी का सारा समय खाली रहता। उसे दुपहरी में खाली बैठा देखकर पंडित जी ने उसे अपनी पुत्री के साथ पढ़ाना प्रारम्भ कर दिया। किरमाल प्रतिभा का धनी निकला, थोड़े समय में ही सारे वेद–वेदांग कंठस्थ कर लिये। उसकी प्रतिभा से पण्डित जी भी प्रसन्न थे। इधर उनकी पुत्री भी यौवन की दहलीज पर आ पहुँची थी। पंडिताइन ने पंडित जी से अपनी पुत्री के लिए योग्य वर ढूंढने को कहा। पंडित जी का ध्यान किरमाल की ओर गया तथा उससे जाति और गोत्र इत्यादि के संबंध में पूछताछ की। विद्वान तो वह था ही जाति गौत्र बताने पर वह कुलीन भी साबित हो गया। पंडित जी ने उसके समक्ष अपनी पुत्री का हाथ थामने का प्रस्ताव रखा। काशी के राजपण्डित की पुत्री के साथ संबंध जोड़ने में किरमाल को क्या आपत्ति हो सकती थी। उसने लज्जाते हुए स्वीकृति दे दी। धूमधाम से विवाह हो गया। किरमाल को बेमाता के लेख को असत्य सिद्ध कर देने का हर्ष हो रहा था। कुछ दिनों के बाद उसे अपने माता–पिता की स्मृति आई। उसने राजपंडित से विदा मांगी। उन्होंने एक रथ एवं आवश्यक सामग्री किरमाल को दे दी। वे परम्परा के अनुसार दास–दासियां भी देते, परन्तु किरमाल ने मनाही कर दी, अतः बात फिर कभी पर टल गई। वह अपनी पत्नी को रथ में बैठाकर अपने घर की ओर प्रस्थान कर गया।

मार्ग में चलते समय प्रातःकाल से पूर्व वे एक नदी के तट पर पहुँचे। किरमाल अपनी पत्नी को रथ में ही छोड़कर स्वयं नित्य–कर्म हेतु नदी की ओर चल पड़ा। मार्ग में उसे बेमाता के दर्शन हुए। विजयभरी मुस्कान के साथ बेमाता को अभिवादन किया तथा भेद भरे स्वर में उन्हें उपालंभ भी दिया। यह सुनकर बेमाता ने उनसे पूछा कि– तुमने जब धोबी की कन्या की हत्या की थी, उसका कोई निशान तुम्हें स्मरण है ? किरमाल ने बताया कि उसने भय के मारे उक्त लड़की के पेट पर

दो–चार चीरे लगा दिये थे। बेमाता ने हँसते हुए कहा– किरमाल! तुम जाकर अपनी पत्नी का पेट देखो, कहीं तुम्हारे हाथ से दिये हुए उक्त चीरों का निशान तुम्हें मिल जाये।

यह सुनकर किरमाल के मन में खलबली मच गई और वह बिना नित्य–कर्म किये ही वापिस रथ की ओर लौट पड़ा। उसकी पत्नी रथ में आराम से सो रही थी। उसने तत्काल वहां पहुँचकर शनैः शनैः वस्त्र हटाकर अपनी पत्नी के पेट की परीक्षा की। बेमाता की बात सही साबित हुई। पत्नी के पेट पर उसके दिए हुए चीरों के निशान मौजूद थे। अपनी पराजय और बेमाता की विजय से क्षुब्ध होकर वह उसी स्थान से तपस्या करने का निश्चय करके वन की ओर चल पड़ा।

किरमाल की पत्नी काफी देर तक पति की प्रतीक्षा करती रही, परन्तु वे दुपहरी तक भी नहीं लौटे तो उसके मन में संदेह उत्पन्न हो गया। वह पति की खोज में रथ छोड़कर निकल पड़ी। कई दिनों की दौड़–धूप के बाद उसे पतिदेव के दर्शन हुए, परन्तु हुए तापस के वेश में। अपने पति का यह रूप देखकर उसके मन में अत्यन्त विषाद उत्पन्न हुआ। परिणामस्वरूप वह हरिणी के रूप में परिवर्तित हो गई।

किरमाल अपनी तपस्या में लीन रहता। हरिणी दिन भर इधर–उधर घूमघाम कर अपना पेट भर लेती और सांयकाल के समय वह तपस्यारत किरमाल के पास आ जाती और रात्रि उसके समीप ही बिताती। एक दिन शिव–पार्वती इधर आ निकले। मानव के संनिकट एक हरिणी को निर्भय बैठी देखकर पार्वती को महद्‌आश्चर्य हुआ। भगवान से पूछने पर उन्होंने पूर्व वृतांत बता दिया। पार्वती ने शिव से प्रार्थना की कि, या तो इस हरिणी को मानवी रूप दे दें अथवा ऋषि को हरिण का रूप। भगवान शिव ने पार्वती की बात मानकर किरमाल को हरिण बना दिया। हरिण के रूप में पति–पत्नी अत्यन्त प्रसन्नता से विचरने लगे। एक दिन राजा पाण्डु ने उक्त हरिण को अपने तीर का निशाना बना लिया। हरिण को मरते ही हरिणी ने उसके सींगों पर गिरकर अपना अंत कर दिया। इसी हरिणी के गर्भ से नकुल की माता मादका का जन्म हुआ और वह राजा पाण्डु के सर्वनाश का कारण बनी।

कथा बहसोंवनी में गौरेया का जो प्रसंग वर्णित हुआ है, वह प्रसंग भी लोक में इस रूप में प्रचलित है–

'मादा गौरेया एक दिन आंधी एवं वर्षा के कारण अपनी नीड़ तक नहीं पहुँच सकी। उसने एक नारी जातीय वृक्ष इमली पर बैठकर रात्रि व्यतीत की। प्रातःकाल होते ही वह उड़कर अपने निवास पर पहुँची। नीड़ में नर चटक उपस्थित था, उसने उसकी अनुमति के बिना रातभर नीड़ से बाहर रहने के कारण उसे नीड़ के अन्दर आने के लिए मनाही कर

दी। मादा चटक ने अनेक शपथ खाकर अपने पतिदेव को आश्वस्त करने का प्रयत्न किया, परन्तु नर चटक ने उसकी एक भी बात नहीं मानी तथा सदा के लिए उसका बहिष्कार कर दिया। मादा-चटक ने पुनः प्रार्थना की तो वह इस शर्त पर उसे नीड़ में प्रवेश देने के लिए तैयार हो गया कि–वह ऋषि किरमाल (जिसकी जटा के मध्य चटक दंपत्ति का नीड़ था) का पाप स्वयं ओढ़े। मादा चटक ने जिज्ञासावश ऋषि के पाप के बारे में जानना चाहा। प्रत्युत्तर में चटक ने ऋषि के जीवन की पूरी कहानी ब्योरेवार सुनाई। उसकी पाप भरी कहानी सुनकर मादा चटक भयभीत हो गई और सदा के लिए अपने पति से संबंध-विच्छेद कर लिया।[89]

सनेह लीला

संतकवि ऊदोजी अड़ींग विरचित –'सनेह लीला' श्रीमद्भागवत[90] के दशम स्कन्ध के छियालीसवें व सैंतालीसवें अध्याय पर आधारित आख्यान काव्य है। यह विश्नोई संतकवियों द्वारा रचित कृष्ण और गोपियों से संबंधित भ्रमरगीत परम्परा विषयक काव्य है।

साम्य

1. सनेल लीला[91] एवं श्रीमद्भागवत[92] ग्रंथों में वर्णित कथा के अनुसार उद्धव कृष्ण के प्रिय सखा हैं। अपने माता-पिता को संदेश सुनाकर सुखी करने तथा गोपियों को संदेश सुनाकर वेदनाओं से मुक्त कराने के लिए कृष्ण उन्हें ब्रज भेजते हैं।

2. उद्धव के मथुरा से रवाना होकर ब्रज पहुँचने का समय दोनों ग्रंथों में सूर्यास्त की वेला बताई गई है, उस समय गायें जंगल से लौट रही होती हैं। उनके चरण-रज की धूल से गगन में अंधकार छाया होता है।

3. कृष्ण के प्रिय सखा उद्धव के ब्रज में आने पर नन्दबाबा व यशोदा अत्यधिक प्रसन्न होते हैं, उनका वैसा सम्मान करते हैं, मानों स्वयं कृष्ण आये हों। यह प्रसंग भी दोनों ग्रंथों में इसी रूप में उद्घाटित हुए है।[93]

4. माता यशोदा द्वारा कृष्ण एवं बलराम की बाल लीलाओं का उल्लेख सनेहलीला[94] एवं श्रीमद्भागवत[95] में समान रूप से देखने को मिलता है।

5. कृष्ण का प्रिय सखा जानकर गोपियां भी उद्धव का विनयपूर्वक सम्मान, सत्कार करने के पश्चात्, कृष्ण की कुशलता पूछती है तथा अपनी विरह वेदना प्रकट करती हैं। गोपियों की विरह वेदना का अनेक प्रकार से मार्मिक चित्रण दोनों ग्रंथों[96] में समान रूप से चित्रित हुआ है।

6. कृष्ण ने बचपन से लेकर किशोरावस्था तक जितनी भी लीलाएं की थी, गोपियों द्वारा उन्हें याद कर–करके उद्धव को सुनाने का वर्णन ऊदोजी अड़ींग ने श्रीमद्‌भागवत[97] के अनुरूप ही किया है।
7. गोपियों द्वारा भ्रमर को सम्बोधित करते हुए उद्धव के सामने विरह वेदना प्रकट करने के पश्चात् कृष्ण को विभिन्न प्रकार से उपालम्भ देने का उल्लेख सनेह लीला[98] एवं उपजीव्य ग्रंथ[99] दोनों में प्रमुखता से मुखरित हुआ है।
8. सनेह लीला[100] एवं श्रीमद्‌भागवत[101] दोनों ग्रंथों में ही कृष्ण के विरह में व्याकुल गोपियां उद्धव से पूछती हैं कि– क्या कृष्ण हमें जीवनदान देने के लिए ब्रज आऐंगे ?
9. उद्धव के नन्दबाबा, यशोदा एवं गोपियों से आज्ञा लेने के बाद ही ब्रज से मथुरा के लिए रवाना होने का उल्लेख दोनों कृतियों में मिलता है।

वैषम्य

श्रीमद्‌भागवत से अत्यधिक साम्य रखने वाली सनेह लीला भ्रमरगीत परम्परा की महत्त्वपूर्ण काव्य रचना है। यह रचना सामान्यतः उपजीव्य ग्रंथ के समान्तर ही है, लेकिन कुछ प्रसंगों में सामान्य परिर्वतन ध्वनित होता है वे इस प्रकार है–

1. सनेह लीला के अनुसार कृष्ण अपना मुकुट, कमण्डल आदि उद्धव को देकर, अपना रथ समाजकर, उन्हें ब्रज के लिए रवाना करते हैं।[102] श्रीमद्‌भागवत के अनुसार कृष्ण उद्धव का हाथ अपने हाथ में लेकर कहते हैं कि ब्रज में जाकर मेरे माता–पिता को आनन्दित करो व मेरे सन्देश सुनाकर गोपियों को वेदना से मुक्त करो।[103]
2. उद्धव के सुबह उठकर ब्रज में यमुना के दर्शन करके, उसमें स्नान करने का उल्लेख ऊदोजी अड़ींग[104] ने किया है, जबकि उपजीव्य ग्रंथ में यमुना का स्पष्ट उल्लेख नहीं मिलता है। नंद बाबा के द्वार पर सोने का रथ देखकर ब्रज की स्त्रियां परस्पर बातचीत कर रही होती है। उसी समय उद्धव के दैनिक कार्य से निवृत्त होकर आने का उल्लेख अवश्य हुआ है।[105]
3. श्रीमद्‌भागवत में उद्धव के ब्रज में कई (अनिश्चित) मास तक रुकने की बात कही गई है जबकि ऊदो जी ने रुकने की अवधि छह (निश्चित) मास उल्लिखित की है।
4. उद्धव के ब्रज से मथुरा लौटने पर नन्द के द्वारा कृष्ण के लिए भेंट दिये जाने का उल्लेख श्रीमद्‌भागवत[106] में हुआ है, जबकि सनेह लीला में उद्धव को नन्द द्वारा कृष्ण के लिए भेंट दिये जाने के विषय में कवि ने कोई संकेत नहीं किया है।

संदर्भ सूची

1. पौराणिक आख्यानों का विकासात्मक अध्ययन : डॉ. उमापति राय चन्देल, पृष्ठ संख्या : 19
2. जायसी का कथा–लोक : डॉ. देवेन्द्र, पृष्ठ संख्या : 01
3. मेहा रामायण : पद संख्या : 142
4. रामकथा : फादर कामिल बुल्के, पृष्ठ संख्या : 511
5. रामकथा : फादर कामिल बुल्के, पृष्ठ संख्या : 514
6. रामकथा : फादर कामिल बुल्के, पृष्ठ संख्या : 563
7. आनन्द रामायण : सर्ग 11, पृष्ठ संख्या : 174
8. विमल सूरि कृत, पउमचरिय ग्रंथ के अनुसार रावण सामन्त नामक दूत भेजकर संधि का प्रस्ताव करता है।
9. महानाटक (हनुमन्नाटक) : दामोदर मिश्र, सर्ग : 14, श्रीरामविजय अंक
10. रामकथा : फादर कामिल बुल्के, पृष्ठ संख्या : 203
11. रामकथा : फादर कामिल बुल्के, पृष्ठ संख्या : 576
12. वाल्मीकि रामायण दक्षिणात्य पाठ, उत्तरकाण्ड, सर्ग 51
13. (क) हरिवंशपुराण भाग–3, अध्याय 67–69
    (ख) वाल्मीकी रामायण दक्षिणात्य पाठ, (1, 29, 10–17)
    (ग)वामन पुराण : अध्याय : 24–28
14. पदम भगत और रामलला कृत रुक्मिणी मंगल
15. श्रीमद्भागवत : पुराण, दशम स्कन्ध के उत्तरार्ध के बावन व तिरपन अध्याय
16. विष्णु पुराण : पंचम अंश–छब्बीसवां अध्याय
17. हरिवंश पुराण : बयालीसवां सर्ग
18. ब्रह्मवैतर्त पुराण : चतुर्थ भाग, (श्रीकृष्ण जन्म खण्ड अध्याय एक सौ पांच से एक सौ नौ)
19. गर्ग संहिता : द्वारका खण्ड, अध्याय चार से सात
20. जाम्भोजी, विष्णोई सम्प्रदाय और साहित्य : डॉ. हीरालाल माहेश्वरी, (दूसरा भाग), पृष्ठ संख्या : 895
21. जीते हैं जादू वंस जय जय जीते हैं जादू वंस।
ले आये अपनी दुलहनी कौ, सब असुर किये हैं विंध्वस।।1।।
पृथ्वी पति सब निवत बुलाये, ब्रह्मा सेस महेस।
सोरठ सुचंगै देश मैं जहां ब्याहे कृष्ण नरेस।।2।।
माधोपुर में रच्यौ मंडप रतन कलस धराय।
विधाता वेदी रची जाकि छवि बरणी न जाय।।3।।
रतनागर सागर चढ्यौ छिन–छिन सोभा अगर।
रामलाल हरि व्याहिये, धन्य माधोपुर नगर।।4।।

22. कथा अहदांवणी में अभिमन्यु अहमंन नाम से चित्रित हुए हैं।
23. (क) महाभारत : आदिपर्व (सुभद्राहरण पर्व), अध्याय 218, श्लोक 22–23
    (ख) भागवतपुराण : दशम स्कन्ध, अध्याय : 86
24. महाभारत : विराट पर्व
25. महाभारत : द्रोण पर्व, अध्याय : 33–50
26. महाभारत : द्रोण पर्व, वही
27. महाभारत : द्रोण पर्व, वही
28. महाभारत : द्रोण पर्व, वही,
29. महाभारत : द्रोण पर्व (प्रतिज्ञा पर्व), अध्याय : 73
30. महाभारत : द्रोण पर्व (प्रतिज्ञा पर्व) वही,
31. राजस्थानी लोक महाभारत : मूलचंद प्राणेश
32. वही, पृष्ठ संख्या : 42
33. महाभारत : आदिपर्व (सुभद्राहरण पर्व) अध्याय, 217–220
34. कथा अहदांवणी : पद संख्या : 50–66
35. राजस्थानी लोक महाभारत : मूलचंद प्राणेश, पृष्ठ संख्या : 39–40
36. महाभारत : द्रोण पर्व, अध्याय : 33–50
37. कथा अहदांवणी, पद संख्या : 42–64
38. महाभारत : द्रोणपर्व, अध्याय : 33–50
39. वैर आयौ राव माथै, किसंन काज संवारियै।
    नारायण सूं कूड रचियौ, पूरब वैर चितारियौ।। 601 (पोथो ग्रंथ ज्ञान : पृष्ठ संख्या : 495)
40. भागवतपुराण : (दशम स्कन्ध), अध्याय : 62, 63
41. विष्णु पुराण : अंश 5, अध्याय : 32–33
42. हरिवंश पुराण : (विष्णु पुराण : 117–128)
43. शिव पुराण : (द्वितीय रूद्र संहिता पंचम अध्याय : 51–56 , युद्धखण्ड)
44. ब्रह्मवैवर्त्तपुराण (श्रीकृष्ण जन्मखण्ड, अध्याय : 114–120)
45. महाभारत : (सभापर्व–अर्धाभिहरण पर्व, अध्याय 38 के अन्तर्गत 28 श्लोक)
46. ब्रह्मवैतर्त्त पुराण : कृष्ण–जन्म–खण्ड, अध्याय : 115
47. महाभारत : सभापर्व, अध्याय : 38
48. हरिवंश पुराण : विष्णु पर्व, अध्याय : 117/19
49. भागवत पुराण :अध्याय : 10/62/12
50. भागवत पुराण :अध्याय : 10/62
51. अग्नि पुराण : 12/41–52

52. विष्णु पुराण : 5/32
53. हाड हिवाळै गालीया, सिरजणहार सहाय।
    सुरगापुरि पाण्डव गया, सा विधि कहूं सुणाय।। (कथा सुरगारोहणी : पद संख्या : 2)
54. महाभारत : महाप्रास्थानिक पर्व एवं स्वर्गारोहरण पर्व
55. महाभारत : महाप्रस्थानिक पर्व
56. महाभारत : महाप्रस्थानिक पर्व
57. वही
58. कथा सुरगारोहणी : पद संख्या : 145–160
59. महाभारत : महाप्रस्थानिक पर्व
60. महाभारत : महाप्रस्थानिक पर्व
61. राजस्थानी लोक महाभारत :मूलचन्द प्राणेश, (भूमिका), पृष्ठ संख्या : 44–45
62. राजस्थानी लोक महाभारत :मूलचन्द प्राणेश, (भूमिका), पृष्ठ संख्या : 45
63. महाभारत : आदि पर्व, अध्याय : 206, सभापर्व, आदिपर्व 47, 49, 56, 58
64. जाम्भोजी, विष्णोई सम्प्रदाय और साहित्य : डॉ. हीरालाल माहेश्वरी (दूसरा भाग), पृष्ठ संख्या : 735
65. महाभारत : आदिपर्व, सभापर्व, आदिपर्व 47, 49
66. महाभारत : आदिपर्व, (स्वयंवर पर्व, आदिपर्व 137)
67. महाभारत : सभापर्व आदिपर्व 47, 49
68. महाभारत : सभापर्व आदिपर्व 46, 58
69. महाभारत : आदिपर्व, (स्वयंवर पर्व, आदिपर्व : 137)
70. वही
71. जाम्भोजी, विष्णोई सम्प्रदाय और साहित्य : डॉ. हीरालाल माहेश्वरी (दूसरा भाग), पृष्ठ संख्या : 736
72. वही
73. महाभारत : कर्णपर्व, (37, 53, 28–39)
74. महाभारत : आदिपर्व
75. कथा बहसोंवनी : पद संख्या : 127–130, महाभारत आदिपर्व
76. महाभारत में राजसूय–यज्ञ के नाम से तथा कथा बहसोंवनी में स्वर्ण यज्ञ के नाम से अभिहित है।
77. महाभारत : सभा पर्व
78. कथा बहसोंवनी : पद संख्या : 384–468, महाभारत आदिपर्व
79. कथा बहसोंवनी : पद संख्या : 490–520, महाभारत आदिपर्व

80. कथा बहसोंवनी : पद संख्या : 125—126
81. महाभारत : आदिपर्व
82. महाभारत : आदिपर्व
83. कथा बहसोंवनी : पद संख्या : 168, 169
84. कथा बहसोंवनी : पद संख्या : 220—221
85. महाभारत : सभापर्व
86. महाभारत : आदिपर्व
87. कथा बहसोंवनी : पद संख्या : 384—468
88. राजस्थानी लोक महाभारत : मूलचंद प्राणेश, पृष्ठ संख्या : 73—75
89. राजस्थानी लोक महाभारत : मूलचंद प्राणेश, पृष्ठ संख्या : 81
90. श्रीमद्भागवत : दशम स्कन्ध, अध्याय : 46—47
91. सनेह लीला : पद संख्या : 3—5
92. श्रीमद्भागवत : दशम स्कन्ध, अध्याय : 46/8
93. श्रीमद्भागवत : दशम स्कन्ध, अ. 46/14
94. सनेह लीला : पद : 22—35
95. श्रीमद्भागवत : दशम स्कन्ध, अ. 46/20—25
96. वही, 47/3—4
97. वही, 47/9—10
98. श्रीमद्भागवत : दशम स्कन्ध, अध्याय : 47/11—23
99. सनेह लीला : पद : 65—70
100. वही, 90—91
101. श्रीमद्भागवत : दशम स्कन्ध, अध्याय : 47/44
102. सनेह लीला : पद : 6—7
103. श्रीमद्भागवत : दशम स्कन्ध, अध्याय : 46/1—3
104. सनेह लीला : पद : 43
105. श्रीमद्भागवत : दशम स्कन्ध, अ. 46/49
106. वही

5. निराकार–निर्गुण भक्ति और सगुण–साकार राम–कृष्ण

हिन्दी भक्ति–काव्य परम्परा

विक्रम की चौदहवीं शताब्दी के अन्तिम भाग से आरम्भ होकर सत्रहवीं शताब्दी के अंत तक के हिन्दी साहित्य के भक्तिकाल में निर्गुण और सगुण नाम से भक्ति की दो धाराएँ प्रवाहित हुई। निराकार और साकार ब्रह्म को आधार बनाकर संतों एवं भक्तकवियों ने जो साहित्य सृजन किया, उस आधार पर इस इतिहास को, साहित्य के इतिहासकारों ने निर्गुण भक्ति धारा और सगुण भक्ति धारा में विभक्त किया है।

आचार्य रामचन्द्र शुक्ल ने ज्ञानाश्रयी शाखा और शुद्ध प्रेममार्गी शाखा के नाम से निर्गुण भक्तिधारा को दो शाखाओं में विभक्त किया। नामदेव तथा कबीर द्वारा प्रवर्तित भक्तिधारा को निर्गुण ज्ञानाश्रयी शाखा के नाम से तथा सूफी कवियों की प्रेम गाथाओं को साहित्य कोटि में सम्मिलित करते हुए प्रेमाश्रयी शाखा के नाम से अभिहित किया। आचार्य हजारी प्रसाद द्विवेदी ने इसे निर्गुण भक्ति साहित्य और डॉ. रामकुमार वर्मा ने इसे संत काव्य परम्परा का नाम दिया। 'अवतारवाद को स्वीकार कर लेने के फलस्वरूप सगुण भक्ति को एक साकार आलंबन मिल जाता है, जिसके कारण उसे सामान्य अशिक्षित व्यक्ति भी सहज ही स्वीकार कर सकता है। निर्गुण भक्ति का आलम्बन निराकार है, फलस्वरूप वह जनसाधारण के लिए ग्राह्य नहीं हो सकती। सामाजिक उपयोगिता की दृष्टि से सगुण भक्ति, निर्गुण भक्ति की अपेक्षा कहीं अधिक महत्त्वपूर्ण है, किन्तु इसी आधार पर निर्गुण भक्ति की सत्ता या महत्त्व के विषय में सन्देह नहीं किया जाना चाहिए।'[1]

भक्तिकाल की निर्गुण धारा (ज्ञानाश्रयी शाखा) के संतों का उद्देश्य साहित्य रचना नहीं था, अतः ज्ञानाश्रयी शाखा की रचनाएँ विशुद्ध रूप से साहित्यिक नहीं हैं। यह शाखा विशेष रूप से शंकर के ब्रह्मज्ञान का ही रूप कही जा सकती हैं। साथ ही इसमें योग साधना एवं सूफियों के प्रेमतत्त्व को भी ग्रहण किया गया। इस शाखा के कवियों ने पैगम्बरी मत, बहुदेवोपासना, मूर्तिपूजा, सगुण आराधना आदि का खण्डन कर निर्गुण–निराकार की उपासना पर बल दिया। 'आचार्य रामचन्द्र शुक्ल ने लिखा है– पहली शाखा भारतीय ब्रह्म ज्ञान और योग साधना को लेकर तथा सूफियों के प्रेमतत्त्व को मिलाकर उपासना के क्षेत्र में अग्रसर हुई और सगुण के खण्डन में उसी जोश के साथ तत्पर रही जिस जोश के साथ पैगम्बरी मत बहुदेवोपासना और मूर्तिपूजा आदि के खण्डन में रहते हैं।

इस शाखा की रचनाएँ साहित्यिक नहीं है। भक्तिरस में मग्न करने वाली सरसता भी उनमें बहुत कम पाई जाती है। उच्च विषयों का कुछ आभास देकर, आचरण की शुद्धता पर जोर देकर, आडम्बरों का तिरस्कार करके, आत्मगौरव का भाव उत्पन्न करके, उन्होंने इसे ऊपर उठाने का स्तुत्य प्रयत्न किया।'[2] निर्गुण भक्तिधारा में भक्ति की स्वानुभूति मूलक ज्ञान मानकर उसे विशेष महत्त्व प्रदान किया जाता है। निर्गुण भक्तिधारा में ब्रह्म के साकार, निराकार रूप की जो समस्याएँ थी, वे औपनिषेदिक काल से ही चली आ रही है।

भक्ति आन्दोलन की जो लहर प्राचीनकाल से ही चली आ रही है, उसमें प्रारम्भ से ही निर्गुण एवं सगुण ब्रह्म की कल्पना विद्यमान थी। भक्ति का सर्वप्रथम उल्लेख उपनिषदों में मिलता है, जिसमें निराकार–निर्गुण ब्रह्म की तथा साकार–सगुण ब्रह्म की उद्‌भावना व्यक्त की गई। उसके पश्चात् महाभारत तथा गीता में भी हमें ब्रह्म के दोनों रूप देखने को मिलते हैं। निर्गुण ब्रह्म उपाधि से रहित निराकार है जबकि सगुण ब्रह्म को उसके गुणों से जाना जाता है।

वेदों में भक्ति के जो बीज आरोपित हुए, दृष्टिगोचर होते हैं वे उपनिषदों में प्रस्फुटित तथा अंकुरित हुए है। उपनिषदों में भक्ति के साथ चिन्तन पक्ष का प्रतिपादन अधिक हुआ है। 'वेदों में जो स्थान इन्द्र को प्राप्त था वह उपनिषदों में विष्णु को प्राप्त होने लगा तथा विष्णु के हरि, वासुदेव, वृष्णीपति इत्यादि अनेक नाम प्रचलित हुए।'[3] भक्तिधारा में निर्गुण काव्य धारा का उदय रुढ़िवादी, अंधविश्वास प्रधान, धार्मिक पंथ–सम्प्रदायों की प्रतिक्रिया के रूप में हुआ। निर्गुण ने बहुदेववाद, अवतारवाद और ईश्वर के साकार रूप का विरोध किया। ज्ञान सत्ता के माध्यम से परमसत्ता के अस्तित्व का अवबोध कराते हुए, सत्य की ओर ले जाना इस भक्तिधारा का मुख्य ध्येय था।

भक्तिकाल और गुरु जाम्भोजी

विश्नोई पंथ एवं उनकी सगुण तथा निर्गुण विषयक अवधारणा आदि को समझने के साथ उस युग की मूल चेतना को जानना आवश्यक है। वस्तुतः उस परिवेश के प्रति गुरु जाम्भोजी का जो दृष्टिकोण था, वह सामान्य निर्गुण परम्परा से कुछ भिन्न एवं सामान्य सगुण परम्परा से भी कुछ अलग प्रतीत होता है। उनका दृष्टिकोण अपने परिवेश के प्रति व्यापक और प्रगतिशील था, उन्होंने समाज में उदात्त मानवीय मूल्यों की प्रतिष्ठा द्वारा जाति, सम्प्रदाय और धर्म के भेदभाव को मिटाकर मानव मात्र को एक समन्वय के सूत्र में बांधने का प्रयास किया। तत्कालीन समाज में प्रचलित किसी भी उपासना पद्धति, विचारधारा आदि के प्रति अन्य निर्गुणोपासकों की तरह तीखी प्रतिक्रिया प्रकट नहीं की। समाज में

विश्नोई संतकवियों द्वारा रचित राम–कृष्ण संबंधी आख्यान काव्य

व्याप्त बुराइयों एवं कुप्रथाओं को त्यागने तथा समूचे समाज को सुधारने की चेष्टा व्यक्त की और सैद्धान्तिक स्तर पर जीव हिंसा, दुराचार, पाखण्ड, आडम्बर आदि से लोगों को मुक्त कराया। समाज में भेदभाव रहित मानवतावादी दृष्टिकोण प्रस्तुत किया ताकि किसी के भी मन में उच्च, मध्यम एवं निम्नता के भाव जाग्रत न हो सके। साम्प्रदायिक सीमाओं से ऊपर उठकर धर्म, दर्शन, संस्कृति एवं साहित्य के प्रति उदारतावादी दृष्टिकोण अपनाया।

गुरु जाम्भोजी ने सर्वव्यापी, निर्विकार, निरंजन, निर्गुण ब्रह्म (विष्णु) की उपासना की ओर संकेत अवश्य किया, किन्तु सगुणोपासना और अवतारवाद का खण्डन कहीं नहीं किया। उनके अनुसार भक्ति (उपासना) की ओर लोगों को जाग्रत करने के लिए सगुण–साकार ब्रह्म के माध्यम से ही समाज में भक्ति भावना विकसित की जा सकती है। उन्होंने सैद्धान्तिक दृष्टि से सगुण की सत्ता को पारमार्थिक सत्ता के रूप में स्वीकार किया। सगुण या निर्गुण में से किसी भी एक भक्ति परम्परा को श्रेष्ठ भी नहीं बताया और उनका निषेध भी नहीं किया। दोनों की पहचान करने की ओर संकेत अवश्य किया।

मध्यकालीन सगुण भक्ति साहित्य एवं निर्गुण भक्ति साहित्य में एक मूल भेद अवतारवाद है। जिन्होंने समग्र दार्शनिक चिन्तन परम्परा को प्रभावित किया है। 'स्वयं अद्धैतवादी शंकर ने सिद्धान्त की दृष्टि से पंचायतन की पूजा का प्रवर्तन करते हुए माण्डूक्योपनिषद् के अंत में अवतरित ब्रह्म की वंदना की है।'[4] गीता के शांकर–भाष्य के आधार पर वैष्णवी माया की सहायता से लीला द्वारा शरीर धारी की चर्चा मिलती है।[5] अवतारवाद की स्थापना में रामानुज आदि आचार्यों ने भी मायावाद के मिथ्या भाव का निषेध किया है। तमिल प्रदेश के आलवार भक्तों ने 'द्रविड़ प्रबन्धम्' में आचार्यत्व एवं अवतारत्व का एक साथ प्रयोग किया है। रामानुज, मध्वाचार्य, निम्बार्क, वल्लभाचार्य आलवारी अवतारवाद के सैद्धान्तिक सम्पोषक है। यहाँ तक कि योग प्रधान नाथ पंथ में भी अवतारवादी तत्त्वों का सन्निवेश है।[6]

मध्यकालीन अधिकांश संत–सम्प्रदायों एवं मतों में प्रायः अवतारों की उपासना की प्रतिष्ठा विशेष रूप से रही है। वैष्णव भक्ति में तो अवतारवाद वैदिक युग से आरम्भ था। उत्तर मध्यकाल में प्रचलित प्रायः सभी पंथ–सम्प्रदायों एवं विचारकों ने अवतार तत्त्व को यत् किंचित स्वीकार अवश्य किया। लेकिन वैष्णव अवतार को सर्वाधिक मान्यता मिली।

इसी वैष्णव भक्ति परम्परा एवं अवतारवाद अवधारणा का ही एक अंग है विश्नोई–पंथ। इस पंथ में सर्वसाधारण के लिए भक्ति को सुलभ

बनाया गया। गुरु जाम्भोजी अपने युग के एक जागरुक विचारक, लोक–द्रष्टा, युगचेता एवं तत्कालीन समाज के गहरे पारखी थे। उन्होंने भक्ति का जो प्रतिपादन किया वह वास्तव में सामाजिक उत्थान का एक उत्तम साधन था। उनकी लोक प्रसिद्धी का यही कारण था। उनका दृष्टिकोण जगत् के साधारण संतकवि या साहित्यकार से मेल नहीं खाता है, वे महान् विचारक एवं युग–द्रष्टा होने के साथ–साथ भावी दूर–द्रष्टा भी थे। उन्हें किसी एक वर्ग–विशेष का प्रतिनिधि या मात्र एक विश्नोई–पंथ तक ही समिति रखना उचित नहीं है। वे सम्पूर्ण समाज के मार्गदर्शक, विविध धर्मों के लोगों के पथ–प्रदर्शक एवं युग–प्रवर्तक रहे। अतः उन्हें समूचे समाज का पथ–प्रदर्शक माना जाना चाहिए।

सामान्य निर्गुण–भक्ति परम्परा

सामान्यतः निर्गुण वह है जो सभी प्राणियों में अन्तर्निहित, सर्वव्यापी, सभी को चेतना एवं अधिवास प्रदान करने वाला तथा समस्त कार्यों का पूर्ण अधिष्ठाता है, वह विशुद्ध रूप से निर्गुण है।

मुण्डकोपनिषद् में ब्रह्म की निर्गुण एवं सगुण दोनों सत्ता समान रूप से उद्घाटित हुई है– वे एक तरफ तो निर्गुण ब्रह्म को पूर्ण दिव्य, पूर्ण–पुरुष, आकार से रहित, चराचर जगत में सर्वत्र व्याप्त, जन्मादि विकारों से रहित, मन–प्राण विहिन तथा अविनाशी जीवात्मा से श्रेष्ठ बतलाता है वहीं दूसरी तरफ उसे मन, प्राण, जल तथा सम्पूर्ण प्राणियों को धारण करने वाली धरती का उद्भावक भी स्वीकार करता है।[7] महाभारत एवं गीता में भी निर्गुण शब्द व्यवहृत हुआ है। श्रीमद्भगवद्गीता के अनुसार निर्गुण–सम्पूर्ण इन्द्रियों के विषय में जानने वाला होते हुए भी वास्तव में सभी इन्द्रियों से रहित है, आसक्ति रहित होते हुए भी सभी का भरण–पोषण करने वाला तथा गुण रहित होते हुए भी सभी गुणों को भोगने वाला है।[8] रामानुजाचार्य और उनके मतावलम्बियों ने भी निर्गुण शब्द का व्यवहार किया है, लेकिन उनका अभिप्राय शंकर से भिन्न प्रतीत होता है। 'रामानुज तथा उनके समर्थकों की दृष्टि में वह (निर्गुण) जन्म–मरण आदि त्याज्य गुणों से रहित सगुण ब्रह्म का ही वाचक है।'[9]

नाथ सम्प्रदाय में भी निर्गुण शब्द का प्रयोग व्यापक रूप से देखने को मिलता है। इसके अनुयायियों ने अपने हृदय में विद्यमान यौगिक ब्रह्म की व्यजंना और भावना को निर्गुण शब्द के माध्यम से व्यक्त किया है।

मध्ययुगीन आचार्यों एवं विभिन्न पंथ–सम्प्रदायों के साधकों द्वारा किये गये निर्गुण शब्द के प्रयोग से कुछ संतकवि अत्यधिक प्रभावित हुए और उसी को केन्द्र बनाकर अपनी विचारधारा प्रसारित करने लगे वे लोग अपना इष्ट, अपनी साधना तथा स्वयं का मत आदि सभी को निर्गुण मानने व कहने लगे थे। इन संत कवियों में कबीर, धर्मदास, नानक,

विश्नोई संतकवियों द्वारा रचित राम-कृष्ण संबंधी आख्यान काव्य

रैदास, दादू, सूरदास, रज्जब, मलूकदास, अक्षर अनन्य, पलटू साहब, जगजीवन आदि नाम प्रमुख हैं। इन संत-कवियों का निर्गुण ईश्वर के सगुण-साकार रूप से रहित, लेकिन गुण युक्त है। साथ ही, ये संतकवि अपने निर्गुण पर सर्वशक्ति सम्पन्नता, भक्त वत्सलता तथा सर्वव्यापकता का आरोप भी लगाते हैं। आचार्य रामचन्द्र शुक्ल के अनुसार निर्गुण पंथ जो चला है उसमें 'जैसे, किसी में वेदान्त के तत्त्वज्ञान का अवयव अधिक मिलेगा, किसी में यौगियों की साधनातत्त्व का, किसी में सूफियों के मधुर प्रेमतत्त्व का और किसी में व्यावहारिक ईश्वर भक्ति (कर्ता, पिता, प्रभु की भावना से युक्त) का। यह दिखाया जा चुका है कि निर्गुण पंथ में जो थोड़ा बहुत ज्ञानपक्ष है वह वेदान्त से लिया हुआ है; जो प्रेमतत्त्व है, वह सूफियों का है।'[10]

समग्र रूप से यह कहा जा कहा है कि निर्गुण शब्द पारिभाषिक रूप से सत्व आदि गुणों से रहित, अनिर्वचनीय सत्ता का बोधक है, जिसे परम तत्त्व, ब्रह्म, परमात्मा एवं सर्वज्ञ जैसी संज्ञाओं से अभिहित किया जा सकता है।

सामान्यतः निर्गुण भक्ति परम्परा में निर्गुण-सगुण से परे अनादि, अनंत, अनाम ब्रह्म का नाम जप किया जाता है। इसमें नाम जप को साधना का प्रमुख आधार माना जाता है तथा जाति, वर्ण एवं वर्ग संबंधी किसी भी प्रकार का भेदभाव नहीं करते हुए मानव को एक विश्वव्यापी धर्म के सूत्र में निबद्ध करना आवश्यक समझा जाता है। निर्गुण विचारधारा में ईश्वर की निर्गुण सत्ता को मान्यता प्रदान की जाती है तथा अवतारवाद एवं बहुदेववाद का समर्थन नहीं किया जाता है, साथ ही गुरु को सर्वाधिक महत्त्व प्रदान किया गया है। इसमें रूढ़ियों, बाह्य आडम्बरों एवं अन्धविश्वासों का पुरजोर विरोध देखने को मिलता है। मूर्तिपूजा, धर्म के नाम पर की जाने वाली हिंसा, तीर्थयात्रा, व्रत, रोजा, नमाज, हज आदि निर्गुण भक्ति परम्परा में स्वीकार्य नहीं है। वेद शास्त्रों की निन्दा की जाती है तथा ईश्वर प्राप्ति हेतु नाम स्मरण एवं पवित्रता को परमावश्यक माना जाता है। निर्गुण भक्ति परम्परा के अधिकांश संतकवि पारिवारिक जीवन व्यतीत करने वाले थे, वे नाथ सम्प्रदाय की तरह योगी नहीं थे। लोक संग्रह की भावना उनमें प्रमुखता से देखने को मिलती है। आत्मशुद्धि पर विशेष बल तथा स्त्री को माया का रूप बताकर उसकी निंदा भी निर्गुण भक्ति काव्य धारा में मिलती है। इसमें निर्गुण-निराकार ब्रह्म की सत्ता को सर्वोच्च महत्त्व प्रदान किया जाता है।

विश्नोई पंथ का पृथक् दृष्टिकोण

निराकार-निर्गुण भक्ति परम्परा की सामान्य विशेषताओं में एक यह भी है कि वह अवतारवाद और विष्णु के अवतार के रूप में राम-कृष्ण

आदि को स्वीकार नहीं करती। लेकिन विश्नोई पंथ मूलतः निराकारोपासक होते हुए भी विष्णु के अवतारों को स्वीकार करता है। उससे संबंधित कथाओं को कहता–सुनता और उन पर काव्य रचना भी करता है।

उत्तर भारत में गुरु जाम्भोजी द्वारा प्रवर्तित विश्नोई पंथ जो कि मूलतः एक निर्गुण–निराकार भक्ति परम्परा से संबंधित पंथ है। इनके उपास्थ निर्गुण ब्रह्म (विष्णु) ही है। सामान्यतः निर्गुण भक्ति परम्परा में पायी जाने वाली विशेषताओं से कुछ भिन्नता भी हैं। गुरु जाम्भोजी के इस पृथक दृष्टिकोण को समझना आवश्यक है।

वैदिक साहित्य में प्राप्त उल्लेखों के आधार पर हम कह सकते हैं कि ब्रह्म निर्गुण और सगुण द्विविधि रूप वाला है। वैदिक काल से लेकर आज तक ब्रह्म के इन दोनों रूपों की अभ्यर्थना देखने को मिलती है। 'ब्रह्म प्रकृति और जीव के गुणों से ऊपर है। अतः निर्गुण है किन्तु अपने स्वाभाविक गुणों से युक्त है अतएव सगुण है। सगुण का अर्थ न तो साकार है और न जीव धर्मा होना है। सगुण से तात्पर्य जीव से परे दिव्यगुणों से युक्तता से है। उपनिषदों में परमतत्त्व के दो रूप कहे हैं : निर्गुण या परब्रह्म, सगुण या अपर ब्रह्म। सगुण सविशेष साकार और सोपाधि है, निर्गुण गुण विशेषण और उपाधि से परे है। ब्रह्म अपने वास्तविक स्वरूप में तो निर्गुण ही है। किन्तु उपासना के हेतु हम उसकी कल्पना सगुण साकार रूप में कर लेते हैं।'[11]

शास्त्रों में एक ही साथ भगवान (परमेश्वर) के सगुण–निर्गुण होने की व्याख्या की गई है, जो वस्तुतः बहुत समीचीन और युक्तियुक्त प्रतीत होती है।

सगुण भक्ति धारा के अन्तर्गत वैष्णव भक्ति का क्रमिक विकास पुराणों में देखने को मिलता है। पुराण–युग में विष्णु सर्वश्रेष्ठ देवता के स्थान पर आसिन थे तथा वैष्णव भक्ति का सर्वश्रेष्ठ ग्रंथ भागवत् ही कहा जा सकता है। आज पुराणों में श्रीमद्भागवत् को वेद के समकक्ष माना जाता है। पुराणों के तत्वार्थ पर ही विकसित होकर वैष्णव भक्ति अपनी प्रौढावस्था तक पहुँची।[12] वैदिक काल से लेकर आज तक ब्रह्म के सगुण रूप की अनेक रूपों में अभ्यर्थना मिलती है। इसी अभ्यर्थना में भगवान के सगुण–साकार रूप की स्तुति, अवतारों में राम और कृष्ण की भगवत्रूप में व्यापक प्रतिष्ठा एवं भक्ति की महत्ता प्रधान है।[13] श्रीमद्भागवत् के प्रभाव के फलस्वरूप भगवान के विविध अवतारों में राम और कृष्ण अवतार का वर्णन सर्वाधिक विस्तार से मिलता है। विष्णु के समस्त अवतारों में राम–कृष्ण अवतार का वर्णन अधिक विस्तार पूर्वक हुआ है। महाभारत के भगवद्गीता के अंश में श्रीकृष्ण और राम एक महान्

उपदेशक एवं लोक शिक्षक रूप में आते हैं।[14]

विश्नोई पंथ के संस्थापक गुरु जाम्भोजी है तथा उनकी वाणी साहित्य में उपलब्ध उनके विचार विश्नोई पंथ के सिद्धान्तों के रूप में मान्य है। इस पंथ में विष्णु को परब्रह्म माना गया है। इस पंथ की परम्परा में मूल उपास्य तो निर्गुण ब्रह्म ही है। विष्णु के निराकार रूप को मानने वाले विश्नोई पंथ का परमसत्ता के अवतार में पूर्ण विश्वास है। गुरु जाम्भोजी विष्णु को दशावतार मानते हैं। विष्णु अनन्त रूपों में सर्वत्र व्याप्त है। विष्णु के दशावतारों में मच्छ, कच्छ, वराह, नृसिंह, वामन, परशुराम, राम, कृष्ण, बुद्ध और कल्कि प्रमुख हैं। इन अवतारों में उल्लेखित बुद्ध अवतार बौद्ध धर्म प्रवर्तक भगवान बुद्ध नहीं है। द्वापर युग में विष्णु ने बुद्ध रूप धारण करके गयासुर का वध किया था, का उल्लेख है। नौ अवतार गुरु जाम्भोजी से पूर्व हो चुके थे तथा दसवां अवतार कल्कि रूप में होगा। अवतारों में विश्वास रखते हुए भी गुरु जाम्भोजी को किसी भी रूप में मूर्तिपूजा स्वीकार्य नहीं है। धर्म के नाम पर की जाने वाली हिंसा, विधि–विधान, बाह्य आडम्बर आदि भी विश्नोई पंथ में स्वीकार नहीं है। गुरु जाम्भोजी ने कहा है कि 'उत्तम कुल में जन्म लेने से मनुष्य उत्तम नहीं बन सकता, उनके जैसे कर्म होंगे वह वैसा ही माना जाना चाहिए।[15] यहां तक कि उनके द्वारा प्रवर्तित विश्नोई धर्म में ऊँच–नीच, जाति–वर्ण आदि का भेदभाव न करते हुए, उन्होंने सभी वर्ण–धर्मों के लोगों को दीक्षित किया था, और वर्तमान में सभी विश्नोई एक समान है, उनमें परस्पर ऊँच–नीच, जाति, वर्ण आदि भेद नहीं है।

इस पंथ में शास्त्र एवं पुस्तक ज्ञान को महत्त्व दिया जाता है। गुरु जाम्भोजी के अनुसार वेद शास्त्र आदि थोथे नहीं हैं, किन्तु उनका सार ग्रहण किया जाना चाहिए, अध्ययन के द्वारा उनका मर्म समझा जाना चाहिए। वेद–शास्त्रों की निन्दा विश्नोई पंथ के सम्पूर्ण साहित्य में कहीं पर भी देखने को नहीं मिलती है। शास्त्र ग्रंथों पर गहरी आस्था है।

विष्णु के विविध अवतारों को स्वीकार करने के साथ ही विभिन्न अवतारों से संबंधित कथाओं पर आधारित काव्यों की रचना भी इस पंथ में हुई है। अन्य संत–सम्प्रदायों की भांति विश्नोई पंथ में भी अनेक काव्य–प्रतिभा सम्पन्न साधक हुए हैं, विष्णु के अवतारों में राम–अवतार और कृष्ण–अवतार को लोक में सर्वाधिक महत्त्व मिला है। पंथ के संत–कवियों ने राम और कृष्ण से संबंधित अनेक आख्यान काव्यों की रचना की है, जिस में से कुछ प्रमुख इस प्रकार हैं– डेल्हजी कृत कथा अहमंनी जो कि अभिमन्यु की कथा है, पदम भगत और रामलला कृत रुक्मिणी मंगल, श्रीकृष्ण और रुक्मिणी के विवाह प्रसंग से संबंधित है। मेहोजी गोदारा विरचित रामायण एवं सुरजनदास पूनिया कृत रामरासौ,

विश्नोई संतकवियों द्वारा रचित राम-कृष्ण संबंधी आख्यान काव्य

राम काव्य परम्परा की दृष्टि से अत्यन्त महत्त्वपूर्ण एवं प्रभावशाली काव्य रचनाएँ है। महाभारत एवं पुराणों के विविध प्रसंगों से संबंधित कथाओं में सुरजनदास पूनिया कृत 'कथा उषा पुराण' तथा केसौदास गोदारा विरचित कथा स्वर्गारोहिणी, कथा बहसोंवनी, कथा भींव दुसासणी और ऊदोजी अड़ींग द्वारा रचित सनेहलीला और लूर आदि प्रमुख है, इन सभी रचनाओं में श्रीकृष्ण की केन्द्रीय भूमिका है। इनके अलावा विश्नोई पंथ के कई अन्य संतकवियों द्वारा रचित उपाख्यान, चरित, कथा, गाथा, हरजस, साखी आदि में भी हिन्दू धार्मिक चिन्तन परम्परा और विष्णु के विविध अवतारों के साथ तादात्म्य एवं समाहार और समन्वय विशेष रूप से द्रष्टव्य है। विख्यात मौलवियों, योगियों तथा कई अन्य सम्राटों से शास्त्रार्थ करके उन्हें वैदिक धर्म की ओर आकर्षित करने में गुरु जाम्भोजी की अहम भूमिका रही।

गुरु जाम्भोजी पुनर्जन्म और कर्म सिद्धान्त पर पूर्ण विश्वास करते हैं। स्वयं गुरु जाम्भोजी ने न केवल विष्णु के प्रमुख अवतार राम और कृष्ण अवतार धारण करके धरातल पर कार्य सिद्ध करने का उल्लेख किया, बल्कि इस पंथ में विष्णु के अन्य विविध अवतारों के सम्बन्ध में भी गुरु जाम्भोजी ने कहा है कि मैंने पूर्व में विविध रूप धारण करके धरातल पर नाना प्रकार के कार्य सिद्ध किये। सबद संख्या 93 में इस प्रकार उल्लेखित हुआ है।

सत्ययुग में मैंने मत्स्य रूप धारण करके सत्यव्रत को ज्ञानोपदेश दिया। उसके बाद कच्छप रूप धारण करके तेतीस कोटि देवताओं को एकत्र किया, देवताओं और दानवों के साथ समुद्र-मंथन करवाकर चौदह रत्न निकलवाये। तत्पश्चात् वराह रूप धारण करके पृथ्वी को दाढ़ पर धारण किया। प्रहलाद मेरे ही शरण में था, मैंने ही नृसिंह रूप धारण करके हिरण्यकशिपु का वध किया। राजा बलि को सचेत करने और सम्पूर्ण लोक को तीन डगों में नापने के लिए मैंने ही वामन अवतार लिया। परशुराम होकर मैंने क्षत्रियों का संहार किया, श्रीराम के रूप में सिर पर मौड बाँधा और सीता से विवाह किया। कृष्ण रूप में धरती का छेदन करके वासुकि नाग को नाथा, पर्वत को धारण किया तथा असुरों का दमन किया, बुद्ध रूप धारण करके गयासुर को मारा।

इस प्रकार नौ अवतारों में मैंने लोगों को सुपथ पर चलाकर, सही राह दिखायी। नौ बार ही मेरी विजय हुई। इस समय मैं स्वयं जाम्भोजी (झांभराय) आदि-अनादि अपरम्पर विष्णु हूँ। इससे प्रसंग न केवल जाम्भोजी की वाणी में ही उल्लेखित हुआ है अपितु अनेक विश्नोई संत कवियों की काव्य कृतियों में भी बखूबी से वर्णित हुआ है।

भारतीय लोक संस्कृति में अवतारवाद के प्रणेताओं की महत्त्वपूर्ण

भूमिका होने के साथ–साथ भारतीय आध्यात्मिक जीवन का प्रमुख आधार स्तम्भ भी माना जाता है। अवतारवाद का आरम्भ एवं विकास वैदिक धर्म के साथ–साथ माना जाता है। परमात्मा का निराकार से साकार रूप धारण करने का नाम ही अवतार है। समय–समय पर अनेक कारणवश भगवान विष्णु अवतार धारण करते हैं। अलग–अलग ग्रंथों में भगवान विष्णु के 9, 10, 22, 24 आदि अवतारों का उल्लेख मिलता है, किन्तु उनके दशावतार की अवधारणा अत्यन्त प्रसिद्ध है। गुरु जाम्भोजी ने स्वयं के धरातल पर आने के विषय में जो बात कही है वह सर्वथा नवीन एवं प्रसंगानुरूप है।

तेतीसा की वरण वहां म्हे बा'रा काजै आयो।[16]
बा'रा काजै पड्यौ बिछोहो, संभलि संगळि झुरू।[17]
जे नर दावौ छोड्यो मेर चुकाई राह तेतीसा की जाणी।[18]
बा'रा कोडी समांहण आयौ, पहराजा सूं कौल ज थाई ।[19]
कोड़ तेतीसूं वाडै दीन्ही, जांह की जाति पिछांणौ।[20]

स्पष्ट है कि सत्ययुग में भगवान विष्णु ने नृसिंह रूप धारण कर हिरण्यकशिपु दैत्य का वध किया, उस युग में 33 करोड़ जीव जो प्रहलाद के अनुयायी थे, उन सभी के मोक्ष का वर भगवान विष्णु से भक्त प्रहलाद ने मांगा था। विष्णु ने अलग–अलग युगों में प्रहलाद के साथ 5 करोड़, राजा हरिश्चन्द्र के साथ 7 करोड़ और धर्मराज युधिष्ठिर के साथ 9 करोड़ जीवों का उद्धार किया। शेष 12 करोड़ जीवों का उद्धार करने के लिए गुरु जाम्भोजी भारत–भूमि पर अवतरित हुए। भक्त प्रहलाद के अनुयायी शेष 12 करोड़ जीवों (लोगों) की पहचान करके 'विश्नोई पंथ' की स्थापना करके अपना वचन पूरा किया।

विश्नोई पंथ की सांस्कृतिक एवं आध्यात्मिक परम्परा में जम्भवाणी को श्रुतियों एवं उपनिषदों के समान आदर प्राप्त है। यह जाम्भाणी साहित्य परम्परा का विश्वकोश है। इसे उपजीव्य ग्रंथ मानकर ही सम्पूर्ण जाम्भाणी साहित्य सृजन किया गया है। वास्तव में अगर देखा जाये तो जम्भवाणी वैष्णव धर्म एवं भागवत् धर्म का आधार ग्रंथ होने के साथ–साथ, जाम्भाणी साहित्य सभ्यता एवं वैष्णव भक्ति साहित्य दर्शन का विशाल कोश भी है। जम्भवाणी में वर्णित विविध कथा प्रसंग एवं चारित्रों को ग्रहण करके विश्नोई पंथ के परवर्ती साहित्य स्रष्टाओं ने अनेक काव्य रचनाओं का सर्जन किया है जो भक्ति विषयक भारतीय धर्म–साधना का महत्त्वपूर्ण अंग है। वैदिक साहित्य से लेकर जो भक्ति विषयक चिन्तन परम्परा चली आ रही है। उनके दर्शन सुष्ठु रूप से हमें जाम्भाणी साहित्य परम्परा में मिलते हैं।

गुरु जाम्भोजी ने हिंसा प्रधान वैदिक कर्मकाण्डों का खण्डन किया

तथा भक्ति जगत में बुद्धि पक्ष एवं हृदय पक्ष के मध्य सांमजस्य स्थापित करने का प्रयास भी किया। जीवन के विशाल कर्म क्षेत्र में क्या करणीय है और क्या अकरणीय है? इसका व्यापक विवेचन–विश्लेषण इस परम्परा के साहित्य में उपलब्ध होता है। अहिंसा, त्याग, सत्य, आचरण शुद्धि, क्षमा, सम्पूर्ण जीव–जगत के प्रति समभाव आदि गुणों का समावेश विश्नोइ पंथ के साहित्य में आध्यात्मिक साधना के स्तर पर हुआ है।

भक्ति साहित्य में ब्रह्म के निराकार–निर्गुण और साकार–सगुण इन दोनों रूपों का जो उल्लेख मिलता है, ये दोनों ही उपासना भेद की दृष्टि से वैष्णव है। 'वैष्णव भक्ति का पूर्ण विकास पुराणों में ही देखने को मिलता है। पुराण युग में विष्णु सर्वश्रेष्ठ देवता के स्थान पर आसीन थे। पुराणों के तत्त्वार्थ पर ही विकसित होकर वैष्णव भक्ति अपनी प्रौढावस्था तक पहुँची।'[21] सगुण भक्ति में लीला का माहात्म्य है और निर्गुण भक्ति में लय का महत्त्व। निर्गुण मतावलम्बी भी अपने प्रभु की लीला का गायन व श्रवण करना चाहता है और सगुणोपासक भी। अन्तर उपासना के साधनपक्ष का है, साध्य दोनों का एक हैं।[22] निर्गुण ही सगुण बनता है और वही अवतार लेता है, तात्विक एवं फल की दृष्टि से दोनों में भेद नहीं है, उपासना की दृष्टि से किंचित भेद अवश्य है। ऐसी स्थिति में विश्नोई पंथ के साहित्य का अध्ययन–अनुशीलन करने पर स्पष्ट होता है कि इस पंथ के साहित्य में परमात्मा का स्वरूप तीनों रूपों में पाया जाता है। मूलतः निराकार–निर्गुण पंथ होते हुए भी सगुण–साकार अवतारवाद में विश्वास करता है। निर्गुन–निराकार विश्नोई पंथ और सगुण–साकार मान्यताएँ इस पंथ की मुख्य विशेषता है। यह पंथ सगुणोन्मुखी निर्गुण अवधारणाओं को अधिक महत्त्व प्रदान करता है। परमसत्ता के तीनों रूपों में– निर्गुण–निराकार, सगुण–साकार और निर्गुणोन्मुखी–सगुण साकार है।

गुरु जाम्भोजी की निर्गुण सम्बन्धी अवधारणा

निराकार–निर्गुण के संबंध में गुरु जाम्भोजी ने एक सबद में कहा है कि हम किसी जन्मे हुए जीव का जप नहीं करते हैं।[23] हम तो केवल माता–पिता रहित, मूल–रहित (अनादि), निरालम्भ, स्वयंभू का जप करते हैं।[24] अन्य सबद में वे निर्गुण ब्रह्म की अहं ब्रह्मास्मि के रूप में अभिव्यक्ति करते हुए कहते हैं कि अवतार भी वही धारण करता है। निर्गुण ब्रह्म अव्यक्त है तथा वही सगुण केवल्यज्ञानी, ब्रह्मज्ञानी और सहजसिनानी के रूप में प्रकट होता है। उनके अनुसार 'परमात्मा का श्रेष्ठ सत्य स्वरूप व्यक्त नहीं, अव्यक्त है, वह इन्द्रियों के अगोचर और निर्गुण है।[25] जैसा कि गुरु जाम्भोजी ने कहा–

निरगुण रूप अम्हे पतियांणी, थळसिरि रहयो अगोचरि बांणी।[26]
तदि म्हे रहया निरालंभ होय करि, उतपति धधूंकारी।[27]
म्हे नर निरहारी एकल वाई जिणि ओ राह फुरमाई।[28]

नर निरहारी आप निरंजण परगट जोति विराजै।[29]
जुग अनंत अनंता वरत्या म्हे सून्य मण्डल का राजूं।[30]
जे म्हां सूतां रैण विहावै, वरतै बिंबा वारूं।[31]
को को जाणंत म्हारी आदि मूळ का भेवूं।[32]

अलग–अलग सबदों में इस प्रकार से गुरु जाम्भोजी ने परमात्मा की अनंतता और असीमता तीनों कालों और तीनों अवस्थाओं (दशाओं) में निर्गुण ब्रह्म की एकरूपता की अभिव्यंजना की है।

गुरु जाम्भोजी ने मूलतः निर्गुण ब्रह्म को महत्त्व प्रदान करके, परमसत्ता–परमेश्वर निर्गुण ब्रह्म को विष्णु नाम से अभिहित किया है। इसी निर्गुण विष्णु की उपासना को महत्त्व देते हुए नाम स्मरण पर बल दिया है। अपनी वाणी में विष्णु के– विसन, स्वयम्भू, निरालम्भ, अलख, अलील, अलेख, अडाल, अयोनी, अपरम्पर, सुरपति, परमतंत, आदि परमतंत, पारब्रह्म, परमेसर, नारायण, सतगुरु, हरि, मुरारी आदि नामों से परिचित कराया है। तात्त्विक दृष्टि से आत्मा और परमात्मा तत्त्वतः एक ही है, **'सो गुर परतकि जांणी'**। ब्रह्म स्वरूप के अन्तर्गत गुरु जाम्भोजी ने केवल्यज्ञानी, ब्रह्मज्ञानी एवं सहज सिनांनी का उल्लेख किया है जो उसे भौतिक शरीर रूपी ब्रह्मवेत्ता प्रतिस्थापित करता है। उनके अनुसार सृष्टि का कार्य ईश्वर को अपनी इच्छाओं के अनुसार करना पड़ता है।

निराकार–निर्गुण ब्रह्म के संबंध में गुरु जाम्भोजी अपने आत्मस्वरूप में स्वयं को सांसारिक माया और वृत्तियों से परे बताते हैं। उनके अनुसार परमसत्ता का अस्तित्व सर्वत्र है, सभी लोकों में, अनन्त युगों में है। उनके आदि–अन्त के विषय में कोई भी भेद प्राप्त नहीं कर सकता है।[33]

वह सर्वत्र, सर्वव्यापी, निराकार, निरालम्ब, निरंजन है। शब्द में, रत्नों में, पानी में, सप्त पातालों में, तीनों लोकों में, चौदह भुवनों में, अनन्त गगन के बाहर–भीतर जब जगह विद्यमान है।[34] उनके अनुसार अड़सठ तीर्थ हृदय के भीतर ही है लेकिन विरले गुरुमुखी व्यक्ति ही उसमें स्नान कर सकते हैं।[35] परमसत्ता का उपयुक्त धाम भक्त के हृदय को ही बताया गया है।

यह कहकर गुरु जाम्भोजी ने निर्गुण भक्ति परम्परा की पाई जाने वाली सामान्य विशेषताओं में तीर्थों को महत्त्व नहीं प्रदान करते हुए, गुरु की महत्ता को प्रतिपादित किया तथा परमसत्ता की समस्त वृत्तियों से भी हमें अवगत कराया है। युक्तिपूर्वक जीवन यापन करने व मरने के पश्चात् मोक्ष प्राप्ति हेतु विष्णु नाम स्मरण, शुद्धता (पवित्रता), गुरु के सबदों का अनुगमन व 29 नियमों की आचार संहिता को आवश्यक माना है। आन्तरिक एवं बाह्य पवित्रता के साथ–साथ सम्पूर्ण वातावरण की शुद्धता को भी उन्होंने विशेष महत्त्व प्रदान किया। जहां पर एक तरफ निर्गुण पंथ

के संतकवि पारिवारिक जीवन व्यतीत करने वाले थे, वहीं इस पंथ के संतकवि पारिवारिक जीवन यापन करने वाले नहीं थे, पंथ प्रवर्तक स्वयं गुरु जाम्भोजी अपने माता–पिता के गोलोकवास के पश्चात् अपनी सम्पूर्ण सम्पत्ति का परित्याग करके आजीवन योगी, ब्रह्मचारी रहे। नारी निंदा इस पंथ में कहीं पर भी देखने को नहीं मिलती है। अभेदमूलक दृष्टि द्वारा आत्म–साक्षात्कार का महत्त्व सर्वाधिक प्रतिपादित हुआ है।

गुरु जाम्भोजी की सगुण सम्बन्धी अवधारणा

गुरु जाम्भोजी विष्णु के निराकार रूप को मानते हुए भी परमसत्ता के अवतार में पूर्ण विश्वास रखते हैं। उनकी वाणी में परमसत्ता के सगुण–साकार रूप का भी उल्लेख मिलता है। स्वयं गुरु जाम्भोजी बारह कोटि जीवों के कल्याणर्थ अपने अवतरित होने का प्रमाण भी देते हैं। पूर्व में हुए नौ अवतार मेरे ही रूप हैं कहकर अवतारवाद की अवधारणा को पुष्ट किया है। इस पंथ में अवतार मान्य होने के कारण ही गुरु जाम्भोजी के हुजूरी एवं परवर्ती संत कवियों ने इसे आधार बनाकर काव्य सर्जन किया है। अपनी–अपनी रुचि के अनुसार विभिन्न अवतार लीलाओं का वर्णन किया है।

सामान्यतः भक्ति साहित्य परम्परा में निर्गुण एवं सगुण उपासनाएँ परस्पर एक–दूसरे के विरोधी नहीं, बल्कि एक–दूसरे के पूरक भी समझी जाती है। निर्गुण भक्ति साहित्य परम्परा में सगुण समन्वित निर्गुण काव्य परम्परा (धारा) – सगुणोन्मुखी निर्गुण को प्रवृत्त करने का श्रेय गुरु जाम्भोजी को ही दिया जाता है। गुरु जाम्भोजी की वाणी ही नहीं, अपितु विश्नोई पंथ के सम्पूर्ण साहित्य में सगुणोन्मुखी निर्गुण काव्य परम्परा का प्रवृत्तिगत स्वरूप स्पष्ट रूप से परिलक्षित हुआ है। गुरु जाम्भोजी ने अपनी वाणी में कहा है कि– मैं दृश्य भी हूँ और अदृश्य भी तथा वैसे ही तीनों लोकों में व्याप्त हूँ। आदि–अनादि की रचना मैंने ही की, मेरा सृजनकर्ता कोई नहीं है। मैं योगी हूँ या भोगी, ज्ञानी हूँ या ध्यानी, शोषक हूँ या पोषक, जल में प्रतिबिम्बित होने वाली सूर्य और चन्द्रमा के प्रतिबिम्ब (छाया) की भाँति इस दृश्य जगत में प्रतिभासित हूँ। मेरे इस रहस्य को कोई नहीं जान सकता है।[36]

मैं साकार और निराकार दोनों रूपों में पिण्ड और ब्रह्माण्ड में व्याप्त हूँ। घट–घट और अनन्त युगों में मैं एक स्वरूप में रहता हूँ।[37] मैं जीव–जगत की उत्पत्ति तथा लय का आश्रय स्थल हूँ तथा इन सभी से परे भी हूँ। आशा–तृष्णा, निद्रा, भूख–प्यास सभी मेरे बस में हैं।[38] मैं पूर्ण योगी हूँ। मैं सत्ययुग में विष्णु भक्त प्रहलाद से किये गये वादों को निभाने हेतु बारह–कोटि जीवों के उद्धारार्थ इस मरुभूमि पर आया हूँ। मैं अलक्ष्य, अभेदरूप, आत्मज्ञानी, ब्रह्मज्ञानी एवं सहज सिनानी आदि हूँ, यह

कोई भी नहीं जान सकता है। मैं अल्पाहारी हूँ, या नहीं, पुरुष हूँ अथवा नारी, वाद–विवाद करने वाला हूँ अथवा अल्प संवादी, जोगी हूँ अथवा भोगी, स्वयं अकेला हूँ या संयोगी अथवा सांसारिक दुःखों को भोगता हूँ। मैं लीलापति हूँ अथवा नहीं, सूम हूँ अथवा दाता, सत्यवादी हूँ या मितभाषी। इसे आज तक कोई भी विज्ञ नहीं कर पाया है। आगे वे स्वयं स्पष्ट करते हुए कहते हैं कि परस्पर विरोधी प्रतीत होने वाले सभी गुणों का आश्रय मैं ही हूँ।[39] इसी प्रकार जम्भवाणी में चर–अचर, भीतर–बाहर, विज्ञ–अविज्ञ, विभक्त–अविभक्त आदि सभी गुण स्वरूप समान रूप से परिलक्षित होते हैं।

जम्भवाणी में एक ही साथ भगवान के सगुण–निर्गुण होने की व्याख्या की है, जो वस्तुतः बहुत ही समीचीन और युक्तियुक्त प्रतीत होती है। भगवान प्रकृति के गुणों से सर्वथा अतीत है, इसलिए वे निर्गुण हैं और उनमें अनेक स्वरूपभूत अचिन्त्यानन्त दिव्य गुण निवास करते हैं, इसलिए वे सगुण भी हैं। वे नित्य निर्गुण होते हुए भी नित्य सगुण है और नित्य सगुण होते हुए भी नित्य निर्गुण है। इस प्रकार भगवान सर्वथा–सर्वदा एक ही तत्त्व हैं और वे सगुण–निर्गुण, साकार–निराकार सभी रूपों से परे भी हैं। वस्तुतः उनका स्वरूप वे ही जानते हैं, और किसी भी तर्क या पुरुषार्थ से उसे नहीं जाना जा सकता है। सभी धर्मों एवं दर्शनों में भगवान दोनों ही रूपों में मिलते हैं तथा मानव कल्याण के सार्वभौम सिद्धान्तों को महत्त्व प्रदान करते हैं। इसीलिए आचार्य हजारीप्रसाद द्विवेदी ने हिन्दी साहित्य की भूमिका में लिखा है– "कबीरदास, दादूदयाल आदि निर्गुण–मतवादियों की नित्य लीला और सूरदास, नन्ददास आदि सगुण मतवादियों की नित्य–लीला एक ही जाति की है। अन्तर यही है, कि पहली श्रेणी के भक्तों के सामने भगवान के व्यक्तिगत सम्बन्धात्मक रूप के साथ उसकी रूपातीत अनंतता वर्तमान रहती है और दूसरी श्रेणी के भक्तों के सामने भगवान सदा प्रतीक रूप में आते हैं और इसीलिए उनकी अनंतता और असीमता ओझल सी हुई रहती है।[40]

स्पष्ट है कि सगुण धारा के भक्तों के समक्ष भगवान सदैव प्रतीक रूप में आते हैं उनकी अनन्तता और असीमता ओझल सी हुई रहती है। सगुण भक्ति काव्य धारा के अन्तर्गत पाये जाने वाले कतिपय प्रतीक रूप विश्नोई पंथ के साहित्य में भी परिलक्षित हुए हैं। इसमें प्रतीकों को भगवान की उपासना का साधन बतलाया गया है न कि साध्य। इस पंथ के साहित्य में आकाश, वायु, तेज, जल, धरती, सूर्य, चन्द्रमा, वनस्पति आदि प्रतीकों की उपासना का उल्लेख मिलता है। मानव–मन को बुद्धि और श्रद्धा भाव से परमसत्ता की ओर उन्मुख करने का श्रेय इनको दिया जाता है। ये प्रतीक अव्यक्त सगुण, व्यक्त सगुण और विश्वव्यापी,

इन्द्रिय–ग्राह्य है। प्रतीकों के प्रति मानव (जीव) का जैसा भाव–समर्पण (भक्ति) होगा, उनके अनुसार ही उसे फल प्राप्ति होगी। इनका अनुभव सभी को होता है तथा इन्ही के माध्यम से ही वह परमसत्ता को जानने और उसका ज्ञान प्राप्त करने की प्रेरणा ले सकता है।

सगुण–भक्ति परम्परा के राम–कृष्ण के साथ विश्नोई पंथ का साम्य–वैषम्य

भारतीय धर्म, इतिहास दर्शन और साहित्य में सामान्य तौर पर असंख्य अवतारों की परिकल्पना की गई है; किन्तु उनमें प्रमुख अवतार दो ही है– राम और कृष्ण। परमसत्ता के ये दोनों स्वरूप अति प्राचीन एवं सार्वकालिक है। साधु–सन्तों, देवी–देवताओं, ऋषि–मुनियों एवं गुरुओं की इस पावन धरा पर विष्णु के विविध अवतारों में से राम और कृष्ण अवतार का उल्लेख सर्वत्र उपलब्ध होता है। इनके मूल स्त्रोत वैदिक संहिता, ब्राह्मण ग्रंथ, पुराण, उपनिषद्, रामायण, महाभारत आदि हैं।

हिन्दी साहित्य के मध्यकालीन भक्ति साहित्य में भी राम–अवतार और कृष्ण–अवतार को आधार बनाकर विपुल साहित्य सृजन हुआ है। मध्यकालीन वैष्णव भक्ति परम्परा से संबंधित गुरु जाम्भोजी द्वारा प्रवर्तित विश्नोई पंथ के साहित्य में इनका विशद् वर्णन देखने को मिलता है। गुरु जाम्भोजी की वाणी जो कि सामूहिक रूप से जम्भवाणी या सबदवाणी कहलाती है; जो वस्तुतः पौराणिक परम्परा का ही साहित्य है। भक्ति, दर्शन, अवतारवाद, सृष्टिक्रम, प्रकृति आदि जितने भी विषय जम्भवाणी में हैं– सभी पुराणों के प्रत्यक्ष प्रमाण हैं। राम–अवतार और कृष्ण–अवतार का जैसा विशद् काव्यमय वर्णन पौराणित ग्रंथों में है, वैसा ही सरस और भावपूर्ण वर्णन जम्भवाणी एवं जाम्भाणी साहित्य में मिलता है। जाम्भाणी साहित्य पर भागवत् एवं अन्य वैष्णव पुराणों का पूर्ण प्रभाव है। अतः इस साहित्य को पौराणिक परम्परा का साहित्य मानना सर्वथा उचित है।

भारतीय धर्म–संस्कृति में राम और कृष्ण को आदर्श माना जाता है, प्रायः सभी भारतीय भाषाओं में लिखित रामकथा और कृष्ण काव्य इसके प्रमाण हैं। गुरु जाम्भोजी की वाणी में रामकथा का धारावाहिक प्रणयन तो नहीं हुआ है परन्तु राम रूप धारण करके विभिन्न प्रकार के कार्य सिद्ध करने का उल्लेख अवश्य हुआ है। सगुण–साकार राम के विषय में जो गुरु जाम्भोजी की वाणी में उल्लेख मिलता है, उसे आधार मानकर विश्नोई संत–कवि मेहोजी गोदारा ने राजस्थानी भाषा में रामाख्यान काव्य विषयक ग्रंथ– रामायण की रचना की तथा सुरजनदास पूनिया ने रामायण के लंका काण्ड पर आधारित रामरासौ काव्य की रचना की। विश्नोई संतकवियों द्वारा रचित ये दो रामकथा विषयक काव्य हिन्दी साहित्य के मध्यकालीन भक्ति काव्य में महत्त्वपूर्ण स्थान रखते हैं।

विश्नोई संतकवियों द्वारा रचित राम–कृष्ण संबंधी आख्यान काव्य

भारतवर्ष की जिन महान् आत्माओं ने मानव जाति के विचारों को स्थायी रूप में प्रभावित किया है, उनमें कृष्ण का नाम प्रमुख है। संस्कृत और हिन्दी साहित्य का एक बहुत बड़ा भाग इनके चरित्र से आच्छादित है। कृष्ण के मनोरम आख्यान्, उनके गीता शास्त्र के महान् उपदेश तथा महाभारत से संबंधित उनके विविध आदर्शोंचित कर्मों की कथाएँ जाम्भाणी साहित्य में प्रचुरता में उपलब्ध होती है। कई जाम्भाणी साहित्यकारों का जीवन आज भी कृष्ण के आदर्श से प्रभावित है। वस्तुतः जाम्भाणी साहित्य का एक विशाल भाग कृष्ण विषयक काव्य से अनुप्राणित हुआ है। सगुण कृष्ण के विषय में भी सबदवाणी के अलग–अलग सबदों में उल्लेख मिलता है। कृष्ण की केन्द्रीय भूमिका मानकर विश्नोई पंथ के कई संत कवियों ने काव्य सृजन किया, जिनमें पदम भगत एवं रामलला कृत रुक्मिणी मंगल, केसौदास गोदारा विरचित कथा बहसोंवनी, कथा स्वर्गारोहणी एवं कथा भींव दुसासणी प्रमुख है। ऊदोजी अड़ीग रचित सनेहलीला व लूर का भी महत्त्वपूर्ण स्थान माना जाता है।

'हिन्दी साहित्य का इतिहास' में आचार्य रामचन्द्र शुक्ल ने सगुण भक्ति धारा को रामभक्ति धारा और कृष्ण भक्ति धारा दो नामों में विभक्त किया। मध्य युग में ये दोनों प्रकार की काव्य धाराएँ भी अलग–अलग चलीं और राम और कृष्ण भक्ति काव्य धारा के अलग–अलग संत कवि भी हुए। अपने उपास्य के रूप में राम और कृष्ण को आधार बनाकर भिन्न–भिन्न पंथ–सम्प्रदायों का भी प्रादुर्भाव हुआ। लेकिन विश्नोई पंथ का दृष्टिकोण अन्य पंथ–सम्प्रदायों से भिन्न है। इस पंथ के संतकवियों ने राम और कृष्ण दोनों को ही आधार बनाकर काव्य सृजन किया है। कई संतकवियों ने रामकथा काव्य की रचना की तो कई ने कृष्ण कथा विषयक काव्य का प्रणयन किया। इस पंथ में विष्णु के अवतार के रूप में भगवान के राम और कृष्ण दोनों रूपों को स्वीकार किया जाता है। सुरजनदास पूनिया तो ऐसे संतकवि हुए जिन्होंने राम को आधार बनाकर रामरासौ तथा कृष्ण की केन्द्रीय भूमिका से युक्त उषा पुराण आख्यान काव्य की रचना की। इस पंथ के संतकवियों द्वारा रचित अधिकांश काव्य रामकथा तथा महाभारत के विविध प्रसंगों पर आधारित है। अतः स्पष्ट है कि विश्नोई पंथ के संत–कवियों ने मूलतः निराकार–निर्गुण पंथ के अनुयायी होते हुए भी विष्णु के प्रमुख अवतार सगुण–साकार राम और कृष्ण को आधार बनाकर सगुण भक्ति काव्य धारा के राम और कृष्ण दोनों उपास्यों पर विपुल साहित्य सृजन किया।

संदर्भ सूची :

1. हिन्दी साहित्य का इतिहास : (सम्पादक) डॉ. नगेन्द्र, डॉ. हरदयाल, पृष्ठ संख्या : 107
2. हिन्दी साहित्य का इतिहास : आचार्य रामचन्द्र शुक्ल, पृष्ठ संख्या : 100
3. राजस्थान एवं गुजरात के मध्यकालीन संत एवं भक्त कवि : डॉ. मदनकुमार जानी, पृष्ठ संख्या : 38
4. हिन्दी काव्य में भक्ति का स्वरूप : डॉ. नित्यानंद शर्मा, पृष्ठ संख्या : 155
5. श्रीमद्भगवत्गीता : शांकरभाष्य उपाद्घात, पृष्ठ संख्या : 14 (गीता प्रेस गोरखपुर–1968)
6. हिन्दी काव्य में भक्ति का स्वरूप : डॉ. नित्यानंद शर्मा, पृष्ठ संख्या : 155
7. दिव्यो ह्यमूर्त : पुरुष सबाह्यभ्यंतरोह्यजः।
   अप्राणोह्यमनाः शुभ्रोह्यक्षरात परतः परः ।।
   एतस्माज्जायते प्राणोमनः सर्वेन्द्रियाणि च।
   खं वायुर्ज्योतिरापः पृथिवी विश्वस्य धारिणी।।
   (मुण्डकोपनिषद् : 2–1–3)
8. सर्वेन्द्रियगुणाभासं सर्वेन्द्रिय विवर्जितम्।
   असक्तं सर्वभृच्चैव निर्गुणं गुण भोक्तृ च।।
   (श्रीमद्भगवद्गीता : 13/14)
9. निर्गुण काव्य : प्रेरणा और प्रवृत्ति : डॉ. रामसजन पाण्डेय, पृष्ठ संख्या : 12
10. हिन्दी साहित्य का इतिहास : आचार्य रामचन्द्र शुक्ल, पृष्ठ संख्या : 115
11. रामकृष्णकाव्येतर हिन्दी सगुण भक्ति–काव्य : डॉ. छोटे लाल दीक्षित, पृष्ठ संख्या : 8
12. राजस्थान एवं गुजरात के मध्यकालीन संत एवं कवि : डॉ. मदनकुमार जानी, पृष्ठ संख्या : 39
13. निर्गुण काव्य : प्रेरणा एवं प्रवृति : डॉ. रामसजन पाण्डेय, पृष्ठ संख्या : 14
14. सर्वात्मना यः सुकृतज्ञमुत्तमम् (भागवत् 5/5/5)
15. 'उत्तम कुली का उत्तम न होयबा, कारण किरिया सारू' (सबदवाणी)
16. श्री जाम्भोजी और जम्भवाणी मीमांसा : डॉ. हीरालाल माहेश्वरी, सबद संख्या : 27
17. वही, सबद संख्या : 61
18. वही, सबद संख्या : 71

19. वही, सबद संख्या : 99
20. श्री जाम्भोजी और जम्भवाणी मीमांसा : डॉ. हीरालाल माहेश्वरी, सबद संख्या : 112
21. राजस्थान एवं गुजरात के मध्यकालीन संत एवं कवि : डॉ. मदनकुमार जानी, पृष्ठ संख्या : 39
22. निर्गुण काव्य : प्रेरणा एवं प्रवृति : डॉ. रामसजन पाण्डेय, पृष्ठ संख्या : 16
23. म्हे जपां न जाया जीयौं, (सबद संख्या : 4)
24. जपां तो एक निरालम्भ सिंभू; जिंहके माई न पीयौं।
न तनि रगतूं, न तनि धातूं; न तनि ताव न सीयौ। (सबद संख्या : 4)
25. श्री जाम्भोजी और जम्भवाणी मीमांसा : डॉ. हीरालाल माहेश्वरी, पृष्ठ संख्या : 182
26. वही, सबद संख्या : 68
27. वही, सबद संख्या : 93
28. वही, सबद संख्या : 101
29. वही, सबद संख्या : 104
30. श्री जाम्भोजी और जम्भवाणी मीमांसा : डॉ. हीरालाल माहेश्वरी, सबद संख्या : 81
31. वही, सबद संख्या : 78
32. वही, सबद संख्या : 88
33. रूप अरूप रमूं प्यंड ब्रह्ममंडयै; घटि घटि अघटरहायौ। अनंत जुगा मां अमर भणीजूं; ना मेरे पिता न मायौ। ना मेरे माया न छाया रूप न रेखा। बाहर भीतर अगम अलेखा। (सबद संख्या : 17)
34. सपत पयाळे त्यौंह तिरलोके; चवदा भुंवणे गिगन गहीरे। बाहरि भीतरि सरब निरंतरि; जहां चीन्है तहां सोई। (सबद संख्या : 43)
35. 'अड़सठ तीरथ हिरदां भीतर, को को गुरमुखि विरला न्हायो'। (सबद संख्या : 17)
36. 'आदि अनादि तो हंम रचीलौ, हमै सिरजीलो स कंवण। म्हे जोग क भोगी क अलप अहारी। ज्ञानी क ध्यानी क निज क्रंम धारी, सोषी क पोषी क जल बिम्ब धारी। मोरी आदि न जांणत। (सबद संख्या : 2)
37. 'रूप अरूप रमूं पिण्डे, ब्रह्मण्डे, घट घट अघट रहायौ। अनंत जुगां मां अमर भणीजू।'' (सबद संख्या : 17)
38. सबदवादी, (सबद संख्या : 27)
39. सबदवादी, (सबद संख्या : 63)
40. हिन्दी साहित्य की भूमिका : आचार्य हजारीप्रसाद द्विवेदी, पृष्ठ संख्या : 87–88

6. आलोच्य आख्यान काव्यों का काव्यगत वैशिष्ट्य

काव्यगत वैशिष्ट्य के अन्तर्गत काव्य के दो प्रमुख पक्ष हैं; भावपक्ष एवं कला पक्ष। भाव पक्ष काव्य का अन्तरंग पक्ष है इसके अन्तर्गत अनुभूति की उच्चता और प्रभावात्मकता का विश्लेषण होता है। कलापक्ष काव्य का बाह्य पक्ष है इसके अन्तर्गत अभिव्यंजना–कौशल पर विचार किया जाता है। राम–कृष्ण सम्बन्धी आख्यान काव्यों के काव्यगत वैशिष्ट्य के अन्तर्गत काव्य के भाव एवं कला दोनों पक्षों पर रचनाओं का परीक्षण करेंगे। विश्नोई संतकवियों का भाषा और शैली दोनों पर पूर्ण अधिकार है जिसके बल पर उन्होंने काव्य के भावपक्ष और कलापक्ष में सफल सन्तुलन रखते हुए काव्य–सौन्दर्य की सृष्टि की है।

भावपक्ष

भाव पक्ष के अन्तर्गत राम–कृष्ण सम्बन्धी आख्यान काव्यकारों की रस–व्यंजना, प्रकृति चित्रण आदि की दृष्टि से इन रचनाओं का मूल्यांकन करेंगे।

रस व्यंजना

भारतीय वाड्.मय रस के द्वारा ही अनुप्राणित हुआ है। 'रस एक प्रकार का विशेष आनन्द है जो काव्य के पठन, श्रवण अथवा नाटक के अभिनय देखने से सामाजिक को प्राप्त होता है।'[1] रस की अनुभूति की स्थिति में मानव की समस्त वृत्तियाँ तन्मय हो जाती है और वह अपनी लौकिक सत्ता को भूल जाता है। रस काव्य के भाव का स्थायी तत्त्व है और भाव से ही रसत्त्व को प्राप्त किया जा सकता है। रति, हास, शोक, क्रोध, उत्साह, भय, जुगुत्सा, विस्मय, निर्वेद और वात्सल्य स्थायी भाव है, जो रस–निष्पति पर पहुंचकर क्रमशः शृंगार, हास्य, करुण, रौद्र, वीर, भयानक, वीभत्स, अद्‌भुत, शांत, और वत्सल्य का रूप धारण करते हैं। काव्य का चाहे प्रबन्ध रूप हो या मुक्तक रूप दोनों में ही रसों की परिणति अवश्य हुई है। आलोच्य काव्य रचनाएँ जो कि मुख्यतः प्रबन्ध काव्य है, इनमें वीर भावों की सुरम्यता के साथ–साथ शृंगार एवं भक्तिपरक भाव भी हृदय को आनंदित करने वाला है।

आलोच्य आख्यान काव्यों के पठन एवं श्रवण से जो भागवत रसानुभूति की जा सकती है, उनका विश्लेषण इस प्रकार है–

शृंगार रस

शृंगार को रसराज कहा गया है तथा इसका स्थायी भाव रति है। रति या प्रीति जब लौकिक आलम्बन के प्रति होती है तब उस दशा को

श्रृंगार की श्रेणी में माना जाता है। 'इसके भीतर न केवल अधिकांश संचारी भाव, वरन् अन्य सभी रस भी संचारी रूप में समाविष्ट हो जाते हैं।'[2] इसलिए इस रस को रसों में सर्वोपरि स्थान दिया गया है। नायक–नायिका के मिलन एवं वियोग के आधार पर, काव्यशास्त्र के आचार्यों ने श्रृंगार रस के दो भेद किये हैं[3]–

1. संभोग श्रृंगार
2. विप्रलम्भ श्रृंगार

आलोच्य काव्य ग्रंथों में श्रृंगार रस के उपर्युक्त दोनों भेदों का सफल संयोजन हुआ है। श्रृंगार रस का स्थायी भाव रति शब्द का प्रयोग कथा उषा पुराण व रुक्मिणी मंगल में विशेष रूप से देखने को मिलता है। रति शब्द के सामान्यतः तीन अर्थ प्रचलित है– कामदेव की पत्नी, रमणक्रीड़ा या स्त्री–पुरुष का संभोग तथा अनुरक्ति अथवा प्रीति। इन काव्य ग्रंथों में प्रयुक्त रति शब्द तीनों अर्थों का वाचक है।

संभोग श्रृंगार

आलोच्य आख्यान काव्यों में श्रृंगार रस के संभोग पक्ष की अभिव्यक्ति नायक–नायिका के परस्पर मिलनजन्य स्थिति के रूप में चित्रित हुई है। 'स्पष्ट है कि संयोग श्रृंगार के अन्तर्गत रूप–सौन्दर्य, उद्दीपन सामग्री, सौन्दर्यवर्द्धक साधन, हाव, अनुभाव आदि चेष्टाएँ, प्रणयक्रीड़ा आदि का वर्णन किया जाता है।'[4] इन आख्यान काव्यों में संभोग श्रृंगार रस की अभिव्यंजना उषा–अनिरुद्ध के परस्पर प्रेमानुकूल दर्शन, स्पर्श, आलिंगन, वास्तविक मिलन एवं प्रणयक्रीड़ा के रूप में हुई है–

नव जोवनी कंवरी नित होय, उषा नांव कहीजे सोय।
सुपनै भुवस्य विराज्यौ जाय, राज कंवरि दीठौ चित मांहि।
सुपनै सोवत दीठौ सोय, जागत जोग न दीठौ कोय।।[5]
उषा अनरध हुवो मीलाय, जसै गज को छटि सराय।
काज सरै सभ कोय, जाकौ नीहचौ पति सूं होय।।84।[6]

पदमभगत का कृष्ण और रुक्मिणी का मिलन आध्यात्मिक के साथ–साथ प्रेम बन्धन में भी निरूपित हुआ है–

इधकस्य इधक रूप सखियन में, मांनू केसर क्यारी।
संग सख्या ले रुक्मणी चाली, भीय ज्यो राज दुलारी।।
जद रुकमणी जल में डूबण लागी, याद किया बनवारी।
करो ध्यान मन मांय रुकमणी, आये श्री कृष्ण मुरारी।।
बांह पकड़ हरि बाहिर काढ़ी, कुल की बात कहोरी।
किनकी पुत्री कांई नांव थारो, गोत्र बतावो थारो री।।[7]

विश्नोई संतकवियों द्वारा रचित राम–कृष्ण संबंधी आख्यान काव्य

नैणां नीद पलक नहीं झपै, चितउत रैन बिहावै।
चंद वदन चूड़ामण कारण, सुरत सांवरो आवै।।[8]

रूप सौन्दर्य के माध्यम से प्रेम की अभिव्यंजना के लिए विभिन्न प्रकार के वस्त्राभूषणों का उल्लेख आलोच्य काव्य कृतियों में हुआ है। जिनमें नायिका के सौन्दर्य–विधान वस्त्रों एवं आभूषणों का उल्लेख विशेष रूप से द्रष्टव्य है –

बिंदी सीस फूल सिर दिया, छवि भानु कीसी लियां।
सब के आड है भारी, छवि देख के रति हारी।
मींडी जो भोत सिंगारी, मनु नागनी सी कारी।
माथे ज बीदो लायो, मानो चंद उगी आयो।
नैनन में सुरमां सोहै, छवि देख के मन मोहै।
जरकस को लहंगो पैरयो, ओढ़यो जो चीर लहर्यो।
जांमै हीरा मोती खासा, मानों कोटि भानु प्रकाशा।।
करन फूल सोहै भारी, जुलफयां है कारी कारी।
रवि राज की छवि हारी, इत है चंद सी उजियारी।।
गल हीरा हार भारी, मानो लखिल्यो हजारी।
पग पैंजणी झलकारी, जावे पदम भक्ति बलिहारी।।[9]

कवि ने नायिका के श्रृंगार के साथ–साथ नायक के रूप–सौन्दर्य एवं वस्त्राभूषणों को भी इस प्रकार अभिव्यक्ति प्रदान की है–

सांपड़ स्याम सिंगासण, बैठे, कपड़ा साज मंगाया।
जरक सपा गजरी का जामा, हरजी नै पहराया।
जरीदार मोचड़ियां सोहै, जरकस डपला तार।
कमर कटारा बांका सोहै, सोरठड़ी तरवार।।[10]

रूप–सौन्दर्य चित्रण प्रसंग के अन्तर्गत आलोच्य रचनाकारों ने नायक–नायिका के शरीर के अंग विशेष के सौन्दर्य का भी चित्रण किया है–

अचकम चक पग धर तल बक गत, शोभा वरणी न जाई।
है रूप रंग में जग के, ललत पट सी रुकमणी बाई।
छातिया पै सोहै चक्र, अधर दाडिम सी दंत ललाई।
सूवां चूंच नासिक बनी, नैन बीच भ्रकुटी सी सुन्दरताई।।[11]
मरकत मणी और तुररासौ है, चपल ज्याने मोही है।
सुन्दर बदन विशाल नैन पर, हांसी होय रही है।
गल मोतियन की माल विराजै, कानां बिच कुंडल जोड़ी है।
बड़ी बड़ी भुजा विशाल नैन है, सुरमां सोह रया है।[12]

विप्रलम्भ श्रृंगार

विप्रलम्भ श्रृंगार में वियोग जन्य काव्य दशाएँ घटित होती रहती है इनमें दर्शनादि के अभाव और मिलने की उत्कंठा के कारण नायिका के हृदय में तीव्र वेदना प्रकट होती है। आलोच्य आख्यान काव्य ग्रंथों में विप्रलम्भ श्रृंगार की अभिव्यंजना कथा उषा पुराण, रुक्मिणी मंगल–पदम भगत कृत व रामलला कृत, सनेह लीला एवं कथा बहसोंवनी में हुई है।

उषा स्वप्न में अनिरुद्ध को अपने साथ देखती है तथा आँख खुलने पर वह अनिरुद्ध को अपने पास न पाकर वियोग जन्य व्यथा से व्यथित हो जाती है।

तन गहय रहयौ पीराण नै, चीत हरि लेग्यौ सोय।
हीरै पै लद्यौ हाथ तै, उखा व्याकुल होय।
व्याकुल होय पड़ी मुरझाय, दुती कंठि वीलगी आय।
कंवरि कंवरि तदि कह पुकारी, अवस वात दिल इहकारि।।[13]

इसमें कवि ने विप्रलम्भ श्रृंगार के पूर्व राग, स्वप्न दर्शन एवं बाद में प्रत्यक्ष दर्शन द्वारा नायिका के हृदय में प्रिय से मिलने की उत्कंठा के कारण उत्पन्न होने वाली व्याकुलता को व्यक्त किया है–

सनेह लीला में गोपियों का कृष्ण के वियोग में व्याकुल होना व चित्त नहीं लगने का उद्वेग विशेष रूप से द्रष्टव्य है–

उद्धव हम तो बावरी, वै करत कोन सो प्रीति।
जहां जादू छाडी सबै, नंद गांव की रीति।।[14]
सब अंग मोहन रूप है, मोहन सब उनहारि।
मोहन पै कछु मोहनी, लै मोही वृजनारि।।[15]

रुक्मिणी की कृष्ण को वर के रूप में पाने की अभिलाषा के सन्दर्भ में कवि पदम भगत ने रुक्मिणी के वियोग के समय प्रियतम के गुणों का संकीर्तन इस प्रकार अभिव्यंजित किया है–

विरह अगन हिरदा जलै, जलै धरण आकाश।
शील समुद्र आण के हरि, बेग बुलावो पास।।
त्रास आस भारी लगी, कद पुरवै करतार।
पलक वर्ष सम जात है, या तुम लेहूं विचार।।[16]

वियोग जन्य काम दशा में वियोगिनी के जीवन में मृत्युजन्य पीड़ा का वर्णन भी आलोच्य काव्य रचनाओं में देखने को मिलता है –

सुपनै रीण संतोष मां, मुरति दीठी सोय।
सो पति मिल तै उबरूं क काल गरासै मोहि।।[17]
थारे कारण मैं व्रत कीना, माघ मास सीतल जल न्याही।
पदम भणै अरधंग्या थारी, प्राण गये कहा करिहौ आयी।।[18]

हास्य रस

किसी भी काव्य कृति में जब रूप, आकार, वाणी, वेशभूषा, कार्य और चेष्टा आदि विकृत होते हैं, तब हास्य रस का परिपाक होता है। इस रस की उत्पत्ति श्रृंगार रस से मानी जाती है। इसका स्थायी भाव हास होता है। विचित्र एवं विकृत वेशभूषा, रूप, आकार, वचन, हास्यापद चेष्टाएँ आदि इसके आलम्बन उद्दीपन है। विवेच्य आख्यान काव्यों में कृष्ण रुक्मिणी विवाह प्रसंग में विवाह के पश्चात् कंगना खेलते समय कृष्ण के हारने पर हास्य की परिणति होती है–

हंस हंस सब रानी कहै, पाय बहू कै परौ।
कै बुलावो देवकी को, संकुच काहे नै करौ।[19]

रामरासौ में रावण की बहन शूर्पणखा द्वारा राम–लक्ष्मण से विवाह का प्रस्ताव रखने तथा लक्ष्मण द्वारा उसके नाम एवं चोटी काटकर अंग विकृत करने के प्रसंग में भी हास्य रस की अभिव्यक्ति दृष्टिगोचर होती है–

ताम्य साम्य ना कारय, कांय मेल्हू जानखी।
रीसाणौ रघुवीर, राम राकसी अणखी।
काढ्या तक्र कसा, धुण्य सिर आतम धसी।
धाय धाय लघुवीर, देखि मुख सीता हसी।
चुक चुक राघव चव, धाय कंवर लघुवीर धरया।
काढि वाढय चोरी कंवल, नाक काटि वदसुल्य करि।[20]

करुण रस

इष्ट का नाश, प्रियजन का वियोग, पुत्र एवं प्रिय व्यक्ति आदि की मृत्यु का विनाश के कारण चित्त की उद्विग्नता या व्याकुलता को शोक कहा जाता है। शोक करुण रस का स्थायी भाव है।

कथा अहदांवणी में अभिमन्यु के चक्रव्यूह भेदन के लिए जाने पर माता सुभद्रा का पुत्र वियोग एवं विलाप उनकी व्याकुलता को अभिव्यंजित करता है–

बालुड़ो म्हारौ रनै पधारौ, मरणै विछूटो मां हुवो।
लुलके लुलके आंसू आवै, मुहुरू धांन न भावै।[21]

कथा उषा पुराण में उषा के प्रिय अनिरुद्ध को बाणासुर द्वारा नागपाश में बांधे जाने पर उषा के हृदय में दुःख के कारण शोक का उदय होता है–

उखा दुख उपनु जोय, प्रवेदन्य जांण नहीं कोय।
जेता रूप आंव अवतार, दुख सुख भुगतै इण्य संसार।[22]

मेहोजी कृत रामायण में राम के वनवास काल में सीता हरण प्रसंग में सीता को कुटिया में न पाकर राम का सीता के वियोग में शोक–विह्ल हो जाने पर करुण रस की निष्पति इस प्रकार हुई है–

अभावंण दीसै धवळ, कंवळा काग बईठ।
ज्यौं धंण दीठी नांह विण्य, धंण विण्य नांह मं दीठ।
राम रोंवै लछमण धीरवै, गहला रांय न रोय।
सीत गई तो जाण दे, ले लोटी मुख धोय।[23]

लक्ष्मण के मूर्च्छित होने पर राम का ह्रदय विलाप सुरजनदास पूनिया के रामरासौ में इस प्रकार वर्णित हुआ है–

कहा कंरू ले लंक, अंक दुख दाह लगाण।
कहा कंरू ले सीता, दोस दहकन्ध उपाए।
कहा कोडि कुभेण्य, कहा मह रावण मारे।
आजस भुजंग अंध, बध विण्य बाजी हारे।
परवाह नीर नीणे पड़ , मील नै बन्धु कोडि जंण।
खल्य सट हाथि हीरौ गयौ, जलौ जति लखणै सविण्य।।[24]

रौद्र रस

जिसे पढ़कर या सुनकर, पाठक या श्रोता के मन में उत्साह एवं उत्तेजना पूर्ण भाव बढ़ जाते हैं, इसे क्रोध कहा जाता है, जो रौद्र रस का स्थायी भाव है। आलोच्य काव्य ग्रंथों में क्रोध–स्थायी भाव से कई प्रकार के अनुभावों का वर्णन हुआ है।

रुक्मिणी हरण का समाचार सुनकर रुक्मैया व शिशुपाल के ह्रदय में कृष्ण के प्रति अत्यन्त उत्तेजना पूर्ण भावों में क्रोध की छटा दृष्टिगोचर होती है–

कृष्ण ग्वाल भाग नहीं जावै, जलदी लावो पकड़ कै।
बड़े बड़े राजन के सिर पग धरके, ले गयौ रुकमणी झपट कै।।[25]
दुखित हुआ सिसपाला राजवीर, उठ्या बांण संभावै।
भुजा फरूंकै उठ्या भर दानां, फूल्या अंग न मावै।[26]
कोप्या कंवर भीम राजा का, सब ही भूप बुलाई।
सांतर करो बेग चढवां की, जुध समान भराई।।[27]

कथा उषा पुराण में उषा के साथ अनिरुद्ध का समागम होने का समाचार सुनकर बाणासुर के ह्रदय में शत्रु के प्रति क्रोध का आवेश विशेष रूप से द्रष्टव्य है–

बाणासुर कीयो अभेवान, गसती मांरू चौकीवान।
राज महल जै चोरी होय, द्रग राज को जीवण सोय।।[28]

कृष्ण के द्वारा बाणासुर से युद्ध किये जाने पर महादेव कृष्ण के प्रति अत्यधिक आक्रोशित होकर आसन छोड़कर सेना एकत्र करने पर विचार करते हैं–

भुजा कटी छूटो वरदान, जादम वंस कीयो बेरान।
महादेव कीयो इहंकार, आसण छोड़ि उठ्यो तिण्य वार।।[29]

कथा सुरगारोहणी में पर्वत के द्वारा पाण्डवों से दांण (कर) के रूप में द्रौपदी मांगे जाने पर भीम का अत्यधिक क्रोधित होना, रौद्र रस का अनुभाव है–

सरम्या पांडव सरमी सती, ज्यौ परबत मांगी दरोपति।
उठियो भीवड़ सोहड़ सधीर, चौकस ऊभा च्यारयौ वीर।।[30]

वीर रस

वीर रस का स्थायी भाव उत्साह है तथा 'मानसिक वृत्तियों में इसका सम्बन्ध युयुत्सा से माना जा सकता है।'[31] शत्रु, शत्रु की चेष्टाएँ, ऐश्वर्य, साहसिक कार्य, उसकी वीरता, यश, युद्ध जनित कोलाहल आदि इसके आलम्बन तथा उद्दीपन विभाव है। आँखों का लाल होना, भुजाओं या अंगों का संचालन, सेना को प्रेरित करना आदि युद्ध के सहायक अन्वेषण इसके अनुभाव माने जाते हैं। साहित्य दर्पणकार विश्वनाथ[32] के अनुसार उत्तम पात्र में वीर रस आश्रित होता है। धैर्य, उग्रता, तर्क, रोमांच आदि इसके संचारी भाव है। युद्धवीर, दानवीर, दयावीर और धर्मवीर इसके चार प्रकार माने गये हैं।

राम–कृष्ण सम्बन्धी आख्यान काव्यों में कृष्ण–शिशुपाल युद्ध, कृष्ण–रुक्म युद्ध, कृष्ण–बाणासुर युद्ध, महादेव–कृष्ण युद्ध, राम–रावण युद्ध, लक्ष्मण–रावण युद्ध आदि प्रसंगों में वीर रस निरूपित हुआ है। रामरासौ में तो उत्साह को विविध रूपों में प्रस्तुत कर कवि ने वीर रस का श्रेष्ठ निरूपण कर दिया है। रुक्मिणी मंगल आख्यान काव्यों में कृष्ण एक उत्तम युद्धवीर, दयावीर एवं दानवीर है। उषा पुराण में धर्मवीर पाठकों के हृदय में भिन्न–भिन्न तरह से प्रभावित करता हुआ दिखाई देता है।

विवेच्य आख्यान काव्यों में वीर रस सम्बन्धी कुछ उदाहरण द्रष्टव्य हैं–

1. इंद बज आरंभ, थंम धर लंक धर हरि।
रोम रोम रत गात, कुंत नखती त्रस विमर।
सार धार सु खीरय, करे बाजार कलोहल।
भुज भांजै भड़ भीति, गुंदरस मास गलोवल।
गोरंभ गरज आभगीर, स राजा लंक पिसहर।
नीसांण नाद वेहत हदि, धर थरहरि कंक लंक हर।।[33]

2. मारयौ दोढो भाभरौ, दोढिये हुवो संगराम।
रांवण सीता मांगियै, आया लछमण रांम।।
+ +++++++
धोरी धंणष चहोड़ियो, कंवर सझ्यौ कोवंड।
तांण्यौ तीर सभाव सूं , निज कांप्या नवखंड।।[34]

3. जांणै घणहरै गाजीयौ, छूटा बांणै गंभीरै।
सूरवीर झुंकार सांवतै, कांपियां सरीरै।।[35]

4. डूबत ही गजराज टेर सुनी, हरि कहते ही आयो।
कहां वैकुण्ठ कहां वो सरवर, पलक एक में धायो।
आंधी सूण्ड रही जल बाहर, तब गज ध्यान लगायो।
गरूड़ छोड़ निज चरण धाय कर, गज को दुख मेटायो।[36]

5. जीव काजै बोह संगठ सहया, यौ पांडव सुरगापुर गया।
पिसण सरीक न सकई पोहि, काया काल न लागै कौय।[37]

उपर्युक्त पदों में उत्साह का वर्णन अन्य भावों से परिपुष्ट होकर पाठकों के औत्सुक्य को निरन्तर जाग्रत रखता है।

भयानक रस

हिंसक स्वभाव वाले जीव तथा उग्र स्वभाव और आचरण वाले व्यक्ति को देखकर भयानक रस की निष्पति होती है। इस रस का स्थायी भाव भय है। हाथ पैर का कम्पन, नैत्रों की चंचलता, मुख वैवर्ण्य, स्वरभेद, रोमांच आदि अनुभाव हैं। स्तम्भ, स्वेद, वैवर्ण्य, चिन्ता, त्रास, आवेग, मोह, जुगुत्सा, मरण आदि संचारी भाव हैं।

कथा उषा पुराण में महादेव–कृष्ण युद्ध प्रसंग में महादेव के अत्यधिक क्रोधित होकर कृष्ण पर आक्रमण करने की दशा में भय का संचार दृष्टिगोचर होता है–

वीसहर हुवा नाद निसंक, तीन्य लोक हुवा भकंप।
माहादेव तदे सांड चलाय, जादंम दीन्हौ गुरड़ पठाय।।
वीषम कोपि दीन्हौ फुंहकार, जादम उडया आठ हजार।
गुरड़ किसन का लागो पाय, खोहण एक दत मुरझाय।[38]

इसी प्रकार रामरासौ में अनेकशः कवि को भयानक रस की व्यंजना में पूर्ण सफलता प्राप्त हुई है–

कळ–कळ तप्यौ कळूळ, झळ झाला इळहळीया।
दह मसतग जेण्य को श्रीराम दले सांभळीयौ।
रोह रोह खण्य रस्य बोल्य, करि कांय कुपरि प्रवाड़ी।
वल्य वल्य पुंणौ म चवि, देह कांयै देहै दीहाड़ी।

करि वाज के नर कामणी, प्राण पिंड भेलो रह।
मोहि देह मरत कि भुंवर, वहे वहे वहण भेलो वह।।[39]

प्रस्तुत छंद में राम सेना के आगमन पर उनके कोलाहल की ध्वनि से भय का वातावरण उपस्थित हो जाता है। रावण, मंदोदरी व समस्त लंकावासी सभी में भय व्याप्त है। यहाँ पर राम सेना के कारण भयानक रस का आविर्भाव है। मंदोदरी का भरभराकर भागना एवं अंग थरथराना अनुभाव तथा मोह, चिन्ता, मरण आदि संचारी भाव है। इस प्रकार भयानक रस का पूर्ण परिपाक स्पष्ट होता है।

अद्‌भुत रस

अद्‌भुत रस का स्थायी भाव विस्मय या आश्चर्य है। 'विस्मय की सम्यक् समृद्धि अथवा सम्पूर्ण इन्द्रियों की तटस्थता ही अद्‌भुत रस है। अभिप्राय यह है कि जब किसी रचना में स्थायी भाव का इस प्रकार पूर्णतया प्रस्फुटन हो कि सम्पूर्ण इन्द्रियां उससे अभिभावित होकर निःचेष्ट बन जाए तब वहां अद्‌भुत रस की निष्पत्ति होती है।'[40] अलौलिक, असाधारण वस्तु, अलौकिक घटना, दृश्य, चरित्र आदि इस रस के आलम्बन व उद्दीपन विभाव है। स्तब्ध हो जाना, अवाक् हो जाना, आँखें फाड़कर देखना, रोमांच आदि अनुभाव हैं। विवेच्य आख्यान काव्यों में अद्‌भुत रस के उदाहरण इस प्रकार हैं–

आद्र दे चित्रा बसाण्य, रथ साझ्यौ आकास वेवाण्य।
गुपत होय कीयो परगास, चाली कंवरि प्रीव की आस।।
मन्यसा वेग चलाय रथ, भुवण्य पहोता जाय।
वीगसी कला जे कंवलापती, उषा लागी पाय।।[41]

अनिरुद्ध को आकाश मार्ग से रथ में बैठाकर उषा के पास गुप्त रूप से पहुंचाना, अलौकिक घटना देखकर राजा–रानी व सेना का स्तब्ध हो जाना इसके अनुभाव है।

मिरघौ मिरघी माल्हता, अचकल करता आलि।
राजा रेवत थांभीयौ, निरख्य निजर निहाली।।
महिपति मनमां राखौ मांण, राजा बल करि खांच्यौ बांण।
पूरब लेख टले क्यो पर, रिख पड़ीयो काय कटि धर।।[42]

यहाँ पर राजा द्वारा हरिन पर बाण चलाना, हरिन का ऋषि रूप में धरती पर गिरना आलम्बन, राजा का स्तब्ध हो जाना (रोमांच) अनुभाव तथा प्रलाप संचारी भाव है।

शान्त रस

तत्त्व ज्ञान और वैराग्य से शान्त रस की उत्पत्ति मानी गई है। इसका स्वामी भाव निर्वेद है। उदात्त वृति के प्रेरक होने के कारण इसकी

गणना श्रृंगार एवं वीर रस के साथ–साथ प्रधान रसों में होती है।[43] संसार का अनित्य रूप से ज्ञान, परमात्मा चिन्तन आदि इसके आलम्बन हैं। पुण्याश्रम, तीर्थ स्नान, रमणीय वन आदि इस रस के उद्दीपन है। आख्यान काव्य ग्रंथों में शान्त रस का सर्वाधिक परिपाक हुआ है–

मैं अलप बुध जानुं कांहा, सतगुरु दी रीझ।
बुध जब भई प्रकासा, मिटे सब गही तिमिर।
ऐक समै ब्रजिवास की, सुरति भइ हरि राय।
निज जन अपनौ जानिकै, श्री उद्धव लीये बुलाय।[44]

सांई सिंवरू सहंस नांव, सिंवरू सिरजंणहार।
इळ अर आभ उपाविया, विण्य थंभा गैणार।
लख चवरासी जीव सिरया, वंणी अठारै भार।
सातूं सायर जिण्य सिरया, नवसै नदी कल्हार।।[45]

सिरजण हारौ कहै सुबाणी, हलति पलति हतिया तै हाणी।
हरजी आप कहयौ करि हेत, किसन कहे जावौ कुरखेत।
महादेव का दरसण करै, हरि बोल्यौ हत्या ऊतरै।
कहीयौ किसन विणस्या वीर, हेमा जल मांह तो सरीर।।[46]

उपर्युक्त पदों में कवि की अल्पज्ञता, परमात्मा का चिन्तन आलम्बन है। गुरु (प्रभु), माता–पिता, ब्रज, महादेव, कुरुक्षेत्र, हिमालय आदि उद्दीपन है। हरि (कृष्ण) अनुभाव तथा बोध, शंका, तर्क आदि इसके संचारी भाव हैं।

वत्सल रस

संस्कृत के अधिकांश आचार्यों ने इसे अलग रस न मानकर श्रृंगार रस के भीतर ही परिभाषित किया है। इस रस को पूर्णता से प्रतिष्ठित करने वाले आचार्य विश्वनाथ हैं। संतान विषयक रति इस रस का मूल भाव माना जाता है तथा शिशु की अनेक चेष्टाएँ उसका खेलना–कूदना, पढ़ना–लिखना आदि इसके उद्दीपन हैं।

सहृदय के हृदय में जब संतान विषयक रति या पुत्र स्नेह अन्य विभावों के साथ रस अवस्था में पहुँचकर आस्वाद योग्य बनाते हैं, तब उसे वत्सल रस कहा जाता है। विवेच्य राम–कृष्ण सम्बन्धी आख्यान काव्यों में ऊदोजी अडींग विरचित 'सनेहलीला' में उद्धव के ब्रज आने पर कृष्ण के बाल रूप को याद करके माता यशोदा एवं नंद के हृदय में वत्सल रस उमड़ता है–

मोतीयन की माला गलै राज हंस गति दोरि।
यह आंन कब देखि हौ, श्रीराम कृष्ण की जोरि।

पिताबंर की वोढनी, अर बाजत मृदु बैन।
अब बहुरयौ कब देखिहु , वन वन चारत धेनू।
++++++++
बात ये कै द्योस की, तुम सूं कहौ बनाय।
हीये मैं कर बालसी, चित्त चितबै जाय।[47]

बाल कृष्ण के बचपन का अंचल खींचने तथा साथियों के साथ मिलकर गायें चराने (बालक्रीड़ा) करने में वात्सल्य के उद्दीपन विभाव का चित्रण यहां प्रस्तुत हुआ है।

पांडव कुल में पुत्र उत्पन्न होने पर, उनके ह्रदय में वत्सल रस के उदय के कारण, अत्यधिक खुशी का इजहार इस प्रकार होता है–

पांडवां घर जायो पुत, देव बधाई देवै अनन्त।
बाजा बाजै नर मन रली, हथनापुरी गुडी उछली।[48]
धन राज रो दिहाड़ो, हुवा जै जै कार।
बधावा बाजै घणा, अर बाजिया छ थाल।।[49]

भक्ति रस

भक्ति को रस के रूप में प्रतिष्ठित करने वाले, मधुसूदन सरस्वती और रूप गोस्वामी है।[50] ईश्वर विषयक रति इसका मूलभाव है। इन आख्यान काव्यों में राम–कृष्ण अवतार, ईश्वर की अलौकिक शक्तियां, अद्वितीय गुण तथा सगुण स्वरूप का सौन्दर्य आदि इसके उद्दीपन एवं आलम्बन हैं। 'सह्रदय के ह्रदय में वासना एवं संस्कार रूप में स्थित देव–विषयक रति स्थायी भाव, विभाव, अनुभाव, की सहायता से रसावस्था को पहुंचकर आस्वाद योग्य बनते हैं, तब उसे भक्ति रस कहा जाता है।'[51] आलोच्य आख्यान काव्यों में भक्ति रस की छटा सर्वत्र विद्यमान है। गौरी पूजन, गणेश पूजन, शिव अराधना एवं पूजन, गुरु भक्ति आदि की पूजा का उल्लेख एवं विष्णु के समस्त अवतारों का वर्णन आदि प्रसंगों के रूप में भक्ति रस की निष्पति हुई है–

आदि भुवानी अरज सुवाय, परदंमण पादि लगो पाय।
गवरी अरज सुंणाउं तोहि, माता सेवा फल जे होय।[52]
विरत पिंगला भेद न जाणा, नहीं पढ़िया व्याकरणी।
केवल भक्ति करां केशव की, कलिमल चिंता हरणी।।[53]

रुक्मिणी गौरी की पूजा में लीन होकर कृष्ण को वर के रूप में पाने की प्रार्थना करती है। इस प्रसंग में भक्ति रस इस प्रकार निस्सृत होता है–

रुक्मण भणै सुणों री देवी, काटो न मेरी फांसी।
दीनानाथ मिलावो मोकौ, जनम जनम थारी दासी।[54]

भक्ति रस का वर्णन प्रायः सभी आख्यान काव्यों में हुआ है।

इस प्रकार आख्यान काव्यों में रसों का परिपाक हुआ है, जो काव्य के भावाभिव्यक्ति की दृष्टि से महत्त्वपूर्ण है। इसमें वीभत्स रस को छोड़कर प्रायः सभी रसों की अभिव्यक्ति हुई है। इस रस के सामान्य उदाहरण मिल जाते हैं लेकिन उसे काव्य शास्त्रीय सीमा में बांधा नहीं जा सकता है। आख्यान काव्य मूलतः भक्ति प्रधान काव्य होने के कारण इसमें भक्ति रस की भी परिणति हुई है।

प्रकृति–चित्रण

भारतीय वाङ्.मय में प्रकृति को परब्रह्म की उपासिका के रूप में चिर–काल से चित्रित किया गया है। **'ओं वैश्वानरस्य सुमतौ स्याम–इतो जातो विश्वमिदं– विचष्टे वैश्वानरो यतत सूर्येण'** की उद्‌घोषणा द्वारा वैदिक ऋषियों ने बहुत पहले ही प्रकृति को परम पुरुष की चेरी के रूप में व्यंजित किया है। 'भारतीय दर्शन में प्रकृति की स्वतंत्र सत्ता नहीं मानी गई, उसकी सत्ता ब्रह्म के साथ ही है। प्रकृति को महापुरुषों की अनुचरी के रूप में माना गया है।'[55] आदि कवि महर्षि वाल्मीकि, कालिदास, भवभूति आदि प्रकृति–प्रेमी कवियों का तो सम्पूर्ण काव्य ही मानों प्रकृति की विराट रंगभूमि के रूप में ही अवतरित हुआ है। प्राचीन संस्कृत के कवियों के अनुरूप तो नहीं लेकिन विश्नोई संतकवियों द्वारा रचित राम–कृष्ण सम्बन्धी आख्यान काव्यों में कहीं–कहीं प्राचीन कवियों जैसा सूक्ष्म निरीक्षण एवं संश्लिष्ट योजना भी देखने को मिलती है। स्वानुभूति एवं लोकानुभूति से व्युत्पन्न उनकी प्रतिभा ने हिन्दी साहित्य को प्रकृति के जो शब्द–चित्र भेंट किये हैं, वे सर्वथा अनूठे एवं अद्वितीय हैं। भक्तियुग के कवियों का परिवेश एवं पुरुष के रहस्यमय सम्बन्धों का निरूपण करते रहे, वे प्रकृति एवं मानव के सुख–दुःखमय सम्बन्धों की सरस चर्चा में संलग्न दिखाई देते हैं। 'हिन्दी के रहस्यवादी कवि कबीर एवं जायसी ने भी प्रकृति को उस विराट पुरुष के संयोग–वियोग में हर्ष–पुलक युक्त होते प्रदर्शित किया है।[56]

विवेच्य आख्यान काव्यों में प्रकृति के भव्य एवं सुरम्य दृश्यों को अनेक प्रकार से चित्रित किया गया है। विश्नोई पंथ में प्रकृति सम्बन्धी मूल्य कूट–कूट पर भरे पड़े हैं। प्रकृति के मूल तत्त्व वृक्ष, जीव रक्षा आदि से सम्बन्धित इनके जो धर्म–नियम हैं, उनका अक्षरशः पालन अत्यधिक कठोरता से किया जाता है। इन प्रबन्ध काव्य ग्रंथों में प्रकृति के उद्दीपन रूप में कुछ विशिष्ट अंग अरण्य, उपवन, पर्वत, पठार, जलाशय, जीव–जगत एवं ऋतुओं के साथ–साथ आलम्बन रूप में प्रकृति एवं मनुष्य का प्रत्यक्ष आलम्बन, हृदय में जगे भाव, अनुराग, विरह तथा प्रकृति

के विभिन्न उपादानों का यथा तथ्य चित्रण और अलंकार एवं बिम्ब रूप में प्रकृति का प्रचुर प्रयोग भी देखने को मिलता है। यहां तक कि प्रकृति के मानवीकरण की प्रकृति भी इन संतकवियों के काव्यों में उपलब्ध होती है। 'पुरुषोत्तम अग्रवाल अपनी देशज आधुनिकता की अवधारणा देते हुए आधुनिकता की कई विशेषताओं को गिनाते हुए विश्नोई सम्प्रदाय के पर्यावरण प्रेम को भी भारत की देशज आधुनिकता का एक स्तम्भ मानते हैं।'[57] इन आख्यान काव्यों में पौराणिक आख्यानों के अनुरूप प्रकृति के मूल तत्त्वों को **'वृक्ष आदि स्थावर सब सृष्टि, ब्रह्म रूप यह जान समष्टि'** कहकर प्रकृति को ब्रह्म सदृश स्वीकार किया गया है। प्रकृति और धर्म के मध्य एक अनुपम सम्बन्ध इसमें स्थापित हुआ है।

यद्यपि विवेच्य आख्यानकारों का मुख्य उद्देश्य राम और कृष्ण के चरित एवं उनके विश्वव्यापी दिव्य जीवन गाथा एवं अस्तित्व का बोध कराना है। उन्होंने स्वतंत्र रूप से प्रकृति का चित्रण नहीं किया, लेकिन विविध प्रकार से उद्दीपनों, उपमानों, दृष्टान्तों एवं आलंकारिक योजना के माध्यम से अनेक स्थानों पर प्रकृति का चित्रण उल्लेखित हुआ है, जिसमें प्रकृति के आलम्बन एवं उद्दीपन रूप, उपदेश तथा तत्त्व निष्ठरूप तथा सादृश्य विधान के लिए शब्द चयन, ध्वनयात्मकता एवं बिम्ब योजना का भी पूर्ण सहयोग प्राप्त किया है।

इन आख्यान कवियों ने प्रकृति चित्रण की सभी शैलियाँ यत्र–तत्र अपनाते हुए प्रकृति के आलम्बन–उद्दीपन रूप का चित्रण उपमा, उत्प्रेक्षा एवं विविध दृष्टान्तों के माध्यम से करने का प्रयास किया है, साथ ही वन, वाटिका, धरती, समुद्र आदि का चित्रण कुछ संश्लिष्ट एवं विशिष्ट रूप में मिलता है।

यहाँ धरती पर देवताओं आदि के अवतारों को भी प्रकृति के उपादानों के रूप में अवतरित होना बताया गया है–

इंद चंद सुरा दे मांन, नारद व्रभा इस पर ध्यान[58]
कोईय इंद कोइ चंद , कोइ रवि रूप अवतरि[59]

रामायण कथा काव्य में मेहोजी गोदारा ने सर्वप्रथम प्रकृति को प्रणाम करते हुए राम–लक्ष्मण आदि के अवतारों को प्रकृति–प्रदाता के रूप में उल्लेखित किया है–

लख चवरासी जीव सिरसा, वंणी अठारै भार।
सांतू सायर जिण्य सिरया, नवसै नदी कल्हार।।[60]

रामायण में राम सेना की लंका चढ़ाई का दृश्य भी कवि ने अति रोचक एवं यथार्थ रूप में वर्णित किया है जिसमें असंख्य वन्य जीवों (रीछ, वानर आदि) की पर्वत चढ़ाई का वर्णन कवि ने किया है।[61]

राम–सीता स्वयंवर में सीता को दहेज के रूप में सात समुद्रों तथा लंका की अस्सी योजन ऊँचाई एवं सात समुद्र की खाई[62] का उल्लेख पाठकों के मन में प्राकृतिक सुषमा महासागरों का चित्र उकेरता है–

सातूं सायर दायजो, लाखे कियौ पसाव।[63]
असी जोयण सी ऊंची लंका, समदं सरीखी खाई।[64]

रुक्मिणी मंगल आख्यान काव्य में रुक्मिणी का सखियों सहित सरोवर में स्नान करने जाना तथा जल में डूबती हुई रुक्मिणी को एवं एक अन्य प्रसंग में जल में डूबते हुए गज को कृष्ण द्वारा जल के बाहर निकालने का प्रसंग भी प्राकृतिक सुषमा का एक अनोखा दृश्य बिम्बित करता है–

सात समुद्र की रतन तलाई, रुकमणी न्हांवा सिधारी।[65]
आधी सूंड रही जल बाहर, तब गज ध्यान लगायो।[66]

लंका युद्ध के लिए राम सेना का प्रस्थान एवं राम–रावण सेना के युद्ध का दृश्य कवि ने प्रकृति की उपमाओं से इस प्रकार संश्लिष्ट एवं बिम्बग्राही बनाया है–

घंणहर घोर घुरै इंद बाजै, मांहे बीज झमाळे।[67]
बादळ दीसै वरसंणा, गहरी सुणीयै गाज।
सूर विढै अंग पालटै, भूरा दीसै भूप।।[68]

अहदांवण और कौरव दल के मध्य युद्ध का दृश्य भी प्रतीकात्मक रूप में प्रकृति के चित्रों को इस प्रकार उकेरता है–

जद रे गंडूकेला मेहै, बीजलीयां झालीमील
मधरा बोलै मोर, पपइयां प्रीव प्रीव करै।[69]

जब शिशुपाल कृष्ण से युद्ध में हारकर वापस घर लौटता है तो वह अपनी भाभी को देखकर शरमा जाता है। इस प्रसंग को कवि ने एक रूपक के सहारे इस प्रकार चित्रित किया है–

चौमासा में उड़ता आगियां, सूरज ने नहीं भावै रै।
मन चाहै तो करै उजारौ, सूरज नकल करावै रै।।[70]

एक अन्य प्रसंग में–

सायर झाल समंद ज्यू उठै, घटा लूबंती आई।
सूरज चांद छिप्या रज सेती।[71]

उपर्युक्त प्रसंगों में कवियों ने वर्षा, तड़ित झंझा, समुद्र, वन, आंधी, घनघोर, घटाच्छन आकाश के कारण सूर्य की ज्योति कम हो जाना, चन्द्रमा की मंद–दुति रहना आदि के माध्यम से मानव तथा प्रकृति के मध्य सुन्दरता और सहृदयता से एक कोमल एवं उल्लासहीन हृदय की

भावनाओं को अलंकारवादी मनोवृत्ति प्रदर्शित करने के प्रयास किये हैं।

कथा अहदांवणी में संतकवि डेल्हजी ने चन्द्रमा की नैसर्गिक सुषमा का आभास विभिन्न उपमानों के रूप में इस प्रकार उपस्थित किया है–

चांदणी चवदस थावर वार, रूडे दिन जलम्यो राजकुवांर।
सरवर नक्षत्र कंवरो जाइयो।
चन्द्र मुखो नै पांव पदम, कुंवर नाव दीवायो अहंमन।।[72]

गंगा नदी के किनारे श्वेत वस्त्र धारण किये हुए खड़ी युवती का दृष्टान्त गंगा की निर्मलता के साथ–साथ पाठकों के ह्रदय में भी एक मनोरम दृश्य उपस्थित करता है–

उभी गंगा रै तीर, धोला वस्त्र पहरीया।
गंगा के तीर उभी नहाई नीरमल वीर।।[73]

कथा बहसोंवनी में पांडव राजा के शापवश वन में जाने के प्रसंग में कवि ने वन के प्राकृतिक वातावरण से अत्यन्त सुन्दर एवं मार्मिक व्यंजना की है, जो पाठकों के ह्रदय में बियाबान–जंगल का दृश्य चित्रित करती है–

मेह पवण तन ताव, सीत पड़ै सो सो सहै।
सीत पड़ै सो सो सहै नै, अंतरि इधको दुख।
फल–फूल अहार कीजै, भिदै भीतरि भूख।
रीछ, राकस डाकणी, नरबीत भूत डराय।
राजा परि परि रहै वन मां, पापा तणौ पसाय।।[74]

कमल, चमेली, मोगरा आदि पुष्प एवं चकवा, हंस, गौरेया, गिद्ध आदि पक्षी तथा हाथी, घोड़ा, हरिण, साँढ़ (ऊँटनी) आदि प्रकृति में स्वच्छन्द विचरण करने वाले पशु एवं जीव–जन्तुओं का चित्रण संतकवियों[75] ने विभिन्न उपादानों के माध्यम से किया है। उदाहरणार्थ ऊँटनी का चित्रण–

काली काजळी नैवरंगी, नीलड़ी, रतन रातड़ी जाती।
आसा अलूंधी कर कहूंका, करहा मेलो साथे।[76]

कवि ने ऊँटनी के छोटे बच्चों की आवाज को बादलों की गर्जना का आभास कराने वाली बताया है–

जोजन जोजन करै करूंका, जुं उतराधो मेहौ।[77]

साढों (ऊँटनियों) के भोजन का कवि ने जो चित्र उकेरा है वह पाठकों के मन में पश्चिमी राजस्थान में पायी जाने वाली विभिन्न वनस्पतियों का चित्र प्रतिबिम्बित करता है– 'वेला लूंग, फोगड़ा चरती'[78]

घोड़ों की विभिन्न प्रजातियों एवं विभिन्न किस्मों का चित्रण न केवल

विश्नोई संतकवियों द्वारा रचित राम-कृष्ण संबंधी आख्यान काव्य

गणनात्मक ही है अपितु एक स्वच्छंद घुड़साल का दृश्य भी अंकित कराता है–

"सीहडा सुरसी मगसी मोरड़ा गिरझला सारसा सजावर
घोड़ा अरपाया भूतिया भूसला खानजादी देशिया
मोती डामसकी काबली चमकिया कीलेगड़ा किचालिया
चोटणां लेखेरिया हजारिया, गुमानिया बजारिया
पलाणी रे पलाणी रे, राजा कहै सांणिया।"[79]

प्रायः सभी संतकवियों ने अपने-अपने काव्य ग्रंथों में नायक-नायिका के विविध उपमानों के लिए प्रकृति का उपयोग किया है जिनमें सीता के नख-शिख वर्णन से लेकर, रुक्मिणी-कृष्ण, उषा-अनिरुद्ध, माद्री-पाण्डव राजा, सुभद्रा-अर्जुन, उत्तरा-अहदांवण आदि के लिए उपमानों का प्रयोग विशेष रूप से उल्लेखनीय है। कुछ उदाहरणार्थ–

गंवण हंस गज हारे दीप, केहरि कंठ पे राग न होय।
कीनक बेल देह वर नांल, उवर पहोवर कंचन ताल।
कुंज गीध मोर सीर नाय, कीर दीप दोय रहले जाय।[80]
दादुर तो जल बिन जीय, मीन तुरन्त मर जाय।
है दोउ येकै ठोर कै, दादुर मीन समान।
वै जल बिन मारुत भषै, वै बिछुरत तजै प्रान।।[81]
सूर उदै संसार मां, जिण खाण्डे होय उजास।
सतिया सिरि सीतां सती, विध्य सेवै वंनवास।।[82]
म्रघा नीण केल कीला लोची, चंद वदन भर हास गोची।
राक लोक कजि ता सीणगार, वीणी भुवंग माण्यगा हार।।[83]
चोवा चंदन परमल खोल, टावा टीका तिलक तबोल।
हंस गवणी सरस बदनी जोय।[84]
मुंगफली सी आंगली, मीरघा जेहा नैने।
दाड़िम जेहा दंतै सोहं, पहरणै नीलो नेतौ।।[85]
चन्द बदन चूड़ामणी।[86]

रुक्मिणी मंगल आख्यान काव्यों में संतकवियों ने रुक्मिणी के बढ़ते यौवन को चन्द्रमा की कलाओं एवं उसकी शोभा के रूप में चित्रित किया है–

भयो चंद छव भीखम राजदुलारी।[87]
सोलाकलां चन्द्रमा ऊग्या मानुइंद्र घटासी।[88]

कवि ने चन्द्रमा के साथ-साथ चकोर और कुमुदिनी का भी वर्णन किया है–

हम चकोर तुम चन्द्रमा माधो, तुम बिन कैसे जीवे।[89]

211

जैसे गऊ सिंघ को देखत कंपत सगरी देही।
ऐसे सकुच रही है रुक्मन तनक न हये गेह।[90]
सिघ घेरी गाइ प्रभुजी तुम बिन कौन छुड़ाए।[91]
हिंस मुख से छीन मोती, काक मुख अंम्रित दीयो।[92]

इन सभी उदाहरणों में संतकवियों ने प्रस्तुत–अप्रस्तुत एवं उपमान–उपमेय रूप में प्रकृति के चित्रों को नियोजित करने का प्रयास किया है। संध्या काल में वन से घर लौटते समय गौ–रज से उड़ती धूल से आसमान में अंधेरा छा जाने का सजीव चित्रण ऊदोजी अडींग के काव्य में चित्रित हुआ है, वह इस प्रकार है–

गोरज उड़ी अंबर लगी, छिवि पावत नंद गाय।[93]

उपर्युक्त विवेचन के आधार पर स्पष्ट है कि इन आख्यान काव्यकारों ने प्रकृति के चित्र खींचने के जो प्रयास किये हैं या इनके काव्य में प्रकृति का जो सजह स्वाभाविक उपयोग हुआ है वह उनकी प्रकृति के साथ निकटता, प्रेम और सूक्ष्म निरीक्षण दृष्टि का परिणाम है।

कला पक्ष

कला पक्ष के अन्तर्गत सर्वप्रथम राम–कृष्ण सम्बन्धी आख्यान काव्यकारों की भाषा पर विचार करेंगे। विवेच्य काव्यों का एक महत्त्वपूर्ण पक्ष है– इनमें प्राप्त होने वाली संवाद–योजना। संवादों की दृष्टि से काव्य रचनाओं के मूल्यांकन के पश्चात् अलंकार, प्रतीक–योजना, बिम्ब–विधान, छंद–योजना एवं संगीतात्मकता आदि का विवेचन–विश्लेषण इस प्रकार है।

भाषा

काव्य के लिए जिन अनिवार्य तत्त्वों की अपेक्षा रहती है उनमें भाषा को सर्वाधिक महत्त्व प्रदान किया गया है। भाषा अभिव्यक्ति का साधन है इनमें भावों की सम्प्रेषणीयता अन्तर्निहित रहती है। काव्यकार अपने भावों एवं विचारों को सहृदय पाठकों तक भाषा के माध्यम से ही पहुँचाता है। काव्य का सबसे प्रथम एवं महत्त्वपूर्ण तत्त्व भाषा है। सुन्दर भावों की अभिव्यंजना के लिए कवि का भाषा पर पूर्ण अधिकारी होना आवश्यक है। 'शब्द–शय्या निर्माण में जो जितना कुशल है, वह उतना ही बड़ा कवि है।'[94] आलोच्य काव्य ग्रंथों में प्रयुक्त भाषा के स्वरूप को किसी एक बोली में समेटना सम्भव नहीं है। काल एवं स्थान की दृष्टि से इन कवियों का क्षेत्र भिन्न–भिन्न रहा है। अलग–अलग क्षेत्रों की विविध बोलियों के कारण उनकी भाषा के स्वरूप में अन्तर होना स्वाभाविक हैं। 'संत लोग अपनी भाषा से अधिक उसमें व्यक्त किये जाने वाले भावों को ही महत्त्व दिया करते थे। संत लोग भ्रमणशील होने के कारण जहाँ कहीं

विश्नोई संतकवियों द्वारा रचित राम-कृष्ण संबंधी आख्यान काव्य

भी जाते थे, वहाँ की जनता के प्रति कुछ उपदेश देते समय अथवा कम से कम वहाँ के अन्य सन्तों के साथ सत्संग करने के अवसरों पर उन्हें स्थानीय भाषा का भी कुछ-न-कुछ व्यवहार करना पड़ जाता था।'[95]

कुछ संत कवियों की रचना लोक में अत्यधिक प्रचलित एवं प्रसिद्ध हो जाने के कारण अलग-अलग क्षेत्रों में भिन्न-भिन्न लोगों द्वारा गाये जाने के कारण भी उनमें वहाँ की जनता की स्थानीय बोली का पुट आ जाना स्वाभाविक है।

विश्नोई संतकवियों द्वारा रचित राम-कृष्ण संबंधी आख्यान काव्यों की भाषा तत्कालीन जन-साधारण की भाषा के समीप है। प्रत्येक संत कवि ने अपने काव्य में तत्कालीन लोक-प्रचलित शब्दावली, नीति एवं उक्तियों का प्रयोग किया है। अधिकांश संतकवियों का साधना स्थल राजस्थान होने के कारण राजस्थानी भाषा की उपभाषाएँ एवं बोलियों के शब्दों की प्रधानता अवश्य देखने को मिलती है। आलोच्य कवियों ने अपने काव्य में अधिकांशतः उन शब्दों का प्रयोग किया, जिससे उनके श्रोता-पाठक पूर्णतः परिचित थे। ऊदोजी अड़ींग रचित सनेहलीला को छोड़कर सम्पूर्ण काव्य रचनाओं पर विश्नोई पंथ प्रवर्तक गुरु जाम्भोजी की वाणी का प्रभाव पूर्ण रूप से परिलक्षित होता है। गुरु जाम्भोजी की भाषा शैली परम्परागत भाषा शैली से थोड़ी भिन्न है तथा उनके जन्मदाता वे ही हैं यह शैली आज भी विश्नोई पंथ में प्रचलित है। इनके अतिरिक्त आलोच्य काव्यकारों की भाषा पर काल एवं स्थान का भी बड़ा प्रभाव है।

यही कारण है कि गुरु जाम्भोजी के समकालीन एवं परवर्ती कवियों की भाषा, भाव एवं शैली में गुरु जाम्भोजी का एवं पूर्ववर्ती पंथ के साहित्य का प्रभाव परिलक्षित होता है।

शब्द भण्डार

आख्यान-काव्यों में प्रयुक्त शब्दों का भण्डार बहुत समृद्ध है, जिनमें मुख्य रूप से तत्सम, तद्भव, देशज एवं विदेशी आदि सभी श्रेणियों के शब्दों का प्रयोग मिलता है जो कि इस प्रकार है—

तत्सम शब्द

गुरु, ब्रह्म, जन, मन, चित्त, संत, काम, क्रोध, मद, लोभ, नर, स्वर्ग, तप, निर्गुण, सगुण, पावन, पवित्र, प्रजा, वेग, नगर, देश, जल, संतोष, वेद, पाताल, शास्त्र, कुटुम्ब, मंत्र, तंत्र, तपस्या, अंग, प्राण, सुख, दुःख, अग्नि, काल, अमृत, निरंजन, आत्मा, परमात्मा, वर्षा, वंश, योग, पुराण, कथा, ग्रंथ, कूप, भूप, भेद, कृपा, राज, सभा, मत, दल, जय, सप्त, सिंधु जगत, उर, अमर, दर्शन, अंत, नारी, लोक, निंदा, कर्म, कष्ट, नेत्र, परमेश्वर, हंस, सहज, अगम, निगम, स्वामी, भ्रम, इन्द्र, धन, सम्पत्ति, त्रिभुवन, औषधि,

शब्द, अक्षर, वचन, विश्राम, रंग, प्रभु, रोगी, मन, श्वेत, द्विज, नृप, विप्र, मुद्रिका, शंख, चक्र, गदा, विघ्न, पुरुषोत्तम, त्रास, वीर, दधि, कपि, अखण्ड, भगवद्, अमृत, ऋषि, योग, अनुराग, अर्थ, कोमल, संसार आदि।

तद्भव शब्द

अगन, संख, काज, हिरदे, देस, संदेसा, उपदेस, गंग, रीस, गिगन, जोग, पूरब, मारग, दसरण, जनम, पूत, सास, नरग, सरवर, सोभा, सिस, गांव, रात, बासा, लोहा, भूख, निस, मुरष, नाव (नाम), भगत, मुगत, सायर (सागर), पदम, आसण, ब्यापै, किरपा, सूरज, जथा, अरथ, मूरख, जोध, नाभ, अछर, पूत, कसर, दूलहो, पिरथी (पृथ्वी), परछाना, बगत, सुकन, लीन्हा, बिरामण, अपजस, दुबला, औगुन, सुरसत, समंदर, नैंणा, दीसै, पाग, जाचक, पारबती, परबत, पिचाणवै, कंवरी, आखर, जसोधा, कीसन, दुलहनी, किरोड़, अलप, अनरध (अनिरुद्ध), खत्री (क्षत्रिय), विपर, दुरबल, हथणापुर, हिवालौ (हिमालय), कुरखेत (कुरुक्षेत्र), दुसमण, पंखी, महूरत, लाखण, कुसल, मितर, पुन्यू, छैमासी, भांणेज, दुरजोधन, जैदरथ, बनासपाती, बोहोत, औगण, प्रदिखणा, सराप, भारथ, नरेस, अंतरजामी, खीर, परदेसि, दरोपति, प्रोहित, नंणद, जुध आदि।

देशज शब्द

गहणो–गांठो, कोचरी, सुघड़, घुघरमाला, लटपट, ढलकत, मोहड़ो, फरुकै, उनै, ढाला, फैंटा, कड़ाकड़, धमाधम, ओलूड़ी, डीकरो, लाड, रंडैपो, साँढ, समदांणी, बाळद, खांड, गुळ, खीचड़ौ, खाटौ, न्हाळ्यो, नारेळ्या, इसड़ी, कूड़ा, खळो, खड़हड़या, धोरी, पटोलड़ी, रल्या, दीवळ, उपाडूं , रावळी, तीजणी, भात, लूखी, झालर, गवड़ियो, गड़गड़ा, ठीकरो, नीलड़ी, करूंका, रातड़ी, फोफल, लुंघड़ा, मुकलावो, लंघिया, खपी, झगमग, काढ़ी, ऊंदे धड़े, छाबड़ी, लाडा, हुंडी, झेली, मटकी, फीका, घणा, लूखी, चूरमौ, भाता, बूटा, ठौर, काढ़े, बीजा, झमलाड़, छछोहा, तिसड़ौ, ढीग, ढेली, खाधौ, सुंडाळा, पूछावै, पूरबलौ, नाखै, राड़ि, हिणी–हिण्यौ, कजीयौ, कूड़ी, डाकणी, जिमावण, संडासीया, इधकी, अऊता धड़ हड़ै, घूंट, कुसड़, रोहड़ीयो, पौळियो, खोह, लाधौ, उखणीया, ओलखियो, नाखीयौ, घसीट्यौ, फोकट, उफणीयौ, डिगमिग, पाछी, धोळा, मुंहडो, झाकै, माल्हीया, फोड़ी, लाड–कोड, पेठा, आंतरौ, रैत–खां, थूणौ, छाणौ, भाखै, पोखै, मेड़ी, बाजौट, पाटवी आदि।

विदेशी शब्द

काजी, कसाई, कलमा, अकल, चाकर, नूर, ख़बर, असरफ़ी, दरबार, इलाज, खालिक, अबीह, निज़री, मैदान, बंदूक, गोली, दाग, चौकी, आवाज़, आसमान, दरवाजा, बंगला, गुलाम, चाकर, बेकाम, सलाम, अरज,

बलाय, फरमान, खुशी, बादशाह, नजर, दुरस्त, हजार, फौज़, चाबी, शहर, तीर, कमान, अजीब, कलम, कागज़, काजू, बरफ़ी, जलेबी, हलवा, कलाकंद, गुलाब, इत्र, तुर्रा, कलंकी, साफा, पिस्ता, सिपाही, माल, हमला, किशमिश, परदै, उसताज, हुजूरी, दुनियां, अर्ज, फुरमाइ, दोरै, हवेली, संख, फुरमांण, फुरमायौ, नोबतां, कोटवाल आदि।

खड़ी बोली का प्रभाव

आख्यान काव्यों में खड़ी बोली के शब्दों का प्रयोग भी बहुतायत में देखने को मिलता है। 'खड़ी बोली' का आदिकालीन रूप गोरखनाथ, खुसरो, रामानंद, कबीर, रैदास, नामदेव तथा बन्दानवाज़ आदि की रचनाओं में उपलब्ध है।'[96] विश्नोई पंथ के संतकवियों ने भी खड़ी बोली के प्रचलित शब्द–संयोजन को अपनाकर काव्य रचना की है। आख्यान काव्यों में खड़ी बोली का शब्द–संयोजन इस प्रकार देखने को मिलता है–

मामा मार कै भया सूरमा, घर ही में राजा गाजै।[97]
डूबत ही गजराज टेर सुनी, हरि कहते ही आयो।
कहां वैकुण्ठ कहां वो सरवर, पलक एक में धायो।।[98]
चार दिवस की चटक चांदनी, फिर आवेगी अंधेरी रतियां।
छोड़ गुमान कान दे सजनी, सौत लगाय रही है घतियां।[99]
कूड़ कपट लालच लंपट अति बुधिसी अहंकार।
कलिजुग की कथा संभलौ देखि दुनि आचार।।[100]

ब्रजभाषा का प्रभाव

ब्रज हिन्दी की एक प्रशस्त उपभाषा रही है, जिसका सर्वाधिक विकसित रूप मध्यकाल में देखने को मिलता है। हिन्दी साहित्य के भक्तिकाल में कृष्ण–भक्ति काव्य–धारा ब्रजभाषा में ही पल्लवित–पुष्पित हुई है। विवेच्य राम–कृष्ण सम्बन्धी आख्यान काव्यों में भी ब्रज भाषा की अभिव्यक्ति हुई है। विश्नोई संतकवियों में ब्रजभाषा में आख्यान काव्य सृजित करने में ऊदोजी का महत्त्वपूर्ण स्थान है–

है दोउ येकै ठोर कै, दादुर मीन समान।
वै जल बिन मारुत भखै, वै बिछुरत तजै प्रांन।।[101]
बहुरयौ नाहि न बिसरत, भुज वली की उनहारि।
राखि लियो वृज कुल सबै, कर पर गिरवर धारि।।
बहुरयौ वन वन कै विषै, कुंज, कुंज के धाम।
हरि हम सो क्रीड़ा करी, पल पल पूरन काम।।[102]

संतकवियों का सम्बन्ध विशेष रूप से पश्चिमी राजस्थान से होने के कारण देशज शब्दों की बहुलता होना स्वाभाविक है। इन संतकवियों का

सम्बन्ध तत्कालीन राजदरबारों से नहीं होने के कारण इन काव्य ग्रंथों में अन्य विदेशी भाषाओं के शब्दों की बहुलता नहीं है। मुसलमानों की धार्मिक भाषा अरबी होने के कारण संतकवि पदम भगत, मेहोजी गोदारा एवं डेल्हजी के काव्य में नपे–तुले (गिने–चुने), अरबी के शब्द प्रयुक्त हुए हैं जो मुसलमानों के आधिपत्य होने की वजह से तत्कालीन समाज एवं संस्कृति में आना स्वाभाविक है। ऊदोजी के काव्य में ब्रज भाषा का सर्वाधिक प्रयोग कवि के व्यापक भ्रमण एवं कृष्ण के प्रति अगाध आस्था का प्रतीक है।

मुहावरे

भावों एवं विचारों की सम्प्रेषणीयता को प्रभावी एवं आकर्षण बनाने के लिए मुहावरे भाषा में बहुत महत्त्वपूर्ण होते हैं। 'उनके कारण भाषा की अभिव्यक्ति में आकर्षण एवं गाम्भीर्य आता है।'[103] हिन्दी में आदिकाल से ही मुहावरों का समुचित प्रयोग देखने को मिलता है। मध्यकालीन भक्ति काव्य–धारा में तुलसी एवं सूर के काव्य में मुहावरों का विकसित रूप देखने को मिलता है। इसी प्रकार विश्नोई संत–कवियों द्वारा रचित राम–कृष्ण सम्बन्धी आख्यान काव्यों में भी मुहावरों का समुचित प्रयोग हुआ है। इनके प्रयोग से आख्यान काव्य रोचक, सारग्राही एवं बोधगम्य बन सके हैं। आख्यान काव्यों में प्रयुक्त कतिपय मुहावरे इस प्रकार हैं–

1. बूटै ऊपरि कांबळी, (मेहो रामायण, पद संख्या : 42)
2. बीड़ौ अंगद उठावियौ, (मेहो रामायण, पद संख्या : 113)
3. कार न लोपी, (मेहो रामायण, पद संख्या : 175)
4. जंवर जगायौ सूतो, (मेहो रामायण, पद संख्या : 169)
5. कांपै पांणी अंजो, (मेहो रामायण, पद संख्या : 177)
6. कंबर कस उठीयो नंद केसरि, (रामरासौ, दवाला, संख्या : 26)
7. पहाड़ सरकै (रामरासौ, कवित्त, संख्या : 28)
8. निखरी नारि न सीधै नाक, (कथा बहसोंवनी, पद, संख्या : 84)
9. कूड़ी कलंक लगायो, (कथा बहसोंवनी, पद संख्या : 97)
10. हरख्यौ हींयौ, (कथा बहसोंवनी, पद संख्या : 110, 285)
11. हुलस्यौ हीयौ, (कथा बहसोंवनी, पद संख्या : 151)
12. भाख्या बैण विसोवा बीस, (कथा बहसोंवनी, पद संख्या : 243, 210)
13. पंडवा रै मनि पूगी रली, हथणापुर गुडी उछली, (क– कथा बहसोंवनी पद संख्या : 248,) (ख– कथा अहमंनी, पद संख्या : 72)
14. मन मांहि आमण दूमणां, (कथा सुरगारोहणी, पद संख्या : 61)
15. बल भागौ छूटौ मांण, (कथा सुरगारोहणी, पद संख्या : 67)
16. कालौ मुहं थे आया काह, (कथा सुरगारोहणी, पद संख्या : 103)

17. खुंवार हुव संसार, (कथा सुरगारोहणी, पद संख्या : 190)
18. जांण केहरी खाही, (कथा अहदांवणी , पद संख्या : 84)
19. निसदिन अंधारी रात, (कथा अहदांवणी, पद संख्या : 345)
20. धोला वस्त्र पहरीया, (कथा अहदांवणी, पद संख्या : 333)
21. अबला रा बल वीछाहीयां, (कथा अहदांवणी, पद संख्या : 436)
22. जीसो पुन्यू चंद , (कथा अहदांवणी, पद संख्या : 499, 524)
23. सीतल हुवो सरीर, (कथा अहदांवणी, पद संख्या : 648)
24. नीठर नीमोरी, (कथा अहदांवणी, पद संख्या : 636)
25. पूत पंखेरू सारिखो, (कथा अहदांवणी, पद संख्या : 639, 641)
26. सखी फूली फिरै, (पोथो ग्रंथ ज्ञान, पृष्ठ संख्या : 521)
27. हिरदा फाटै कंप ज्यूं, (पोथो ग्रंथ ज्ञान, पृष्ठ संख्या : 525)
28. कायर तजै पिराण, (कृष्णजी रो विवाहलो, पृष्ठ संख्या : 108)
29. दूणी देह बधावो, (कृष्णजी रो विवाहलो, पृष्ठ संख्या : 67)
30. मुंहडो हो गयो कालो, (कृष्णजी रो विवाहलो, पृष्ठ संख्या : 108)
31. पड़दा का माणंस, (पदम भगत कृत रुक्मिणी मंगल, पोथो ग्रंथ ज्ञान, पृष्ठ संख्या : 553)
32. होंणहार कुंण मेटै, (रामलाल कृत रुक्मिणी मंगल, प्रति संख्या 25542, राजस्थान प्राच्य विद्या प्रतिष्ठान, जोधपुर)
33. इण मां हुंता लखण बतीस, (कथा भींवदुसासणी, पोथो ग्रंथ ज्ञान, पद संख्या : 2)
34. किसन काग बोलियो कुरंग, (कथा भींवदुसासणी, पोथो ग्रंथ ज्ञान, पद संख्या : 9)
35. आधां री लकैड़ी, (कथा अहदोवणी, पोथो ग्रंथ ज्ञान, पद संख्या : 296)

लोकोक्तियाँ

मानव ने चिरकाल से अपने अनुभव एवं घटना विशेष के कारण जिन तथ्यों का अनुभव किया है, उनकी अभिव्यजंना लोकोक्ति के माध्यम से होती है। जो बंधे हुए शब्दों में किसी वांछित या अवांछित स्थिति के सम्बन्ध में जनमानस के चिर संचित अनुभव एवं ज्ञान की परिचायक होती है। लोकोक्तियाँ अनुभव सिद्ध मानवीय ज्ञान की अमूल्य निधि है।

विश्नोई संतकवियों द्वारा रचित राम–कृष्ण सम्बन्धी आख्यान काव्यों में भी अनेक प्रसंगों पर संतकवियों ने लोक प्रचलित उक्ति का प्रयोग किया है जो नीति–कथन, कार्य, घटना प्रसंग एवं कवि के कथ्य (बात–विशेष) की पुष्टि करती है। विवेच्य आख्याना काव्यों में प्रयुक्त ऐसे कुछ कथन इस प्रकार है–

1. लिखीया भोग वीयासह लेख, (कथा बहसोंवनी, पद संख्या : 31)
2. लूण लीयै चोरै गुड़ लोह, (कथा बहसोंवनी, पद संख्या : 76)
3. घणौ पढेरो तारा कुण गिणै, (कथा बहसोंवनी, पद संख्या : 243)
4. खाली कांय बुहारै खेत, (कथा बहसोंवनी, पद संख्या : 265)
5. नर नेकी मतो को करौ, (कथा सुरगारोहणी, पद संख्या : 52)
6. सूके आभै कड़कै बीज, (कथा सुरगारोहणी, पद संख्या : 135)
7. न टले कलम ज करता लिखी, (कथा सुरगारोहणी, पद संख्या : 204)
8. हाथ सुके तन छीन हुवौ, (कथा सुरगारोहणी, पद संख्या : 35)
9. रह्या दूध का दूध, गया पांणी का पांणी, (रामरासौ–कवित्त, पद संख्या : 92)
10. जीसो कमायो जीव, जीव तीसड़ो फल पायो, (सनेहलीला, पद संख्याः58)
11. भूख मरै दीन सात लो, सिंघ घास नहीं खात, (कथा अहदांवणी, पद संख्या : 38)
12. गुड़ मरतो विष क्यूं मारिये, (कथा अहदांवणी, पद संख्या : 346)
13. बांझ के घर बालो जायो, सुख बाजो थाल, (पदम भगत कृत रुक्मिणी मंगल, पोथो ग्रंथ ज्ञान, पद संख्या : 505)
14. तीन लोक अरु चवदा भवन में, नहीं किसे से छानो, (पदम भगत कृत रुक्मिणी मंगल, पोथो ग्रंथ ज्ञान, पद संख्या : 506)
15. एक जो घर में दो मते, भगति कहां सै होय, (कृष्णजी रो विवाहलो)
16. पुरुषो पूजै देवता, भूत पूजणी जोय,
17. खेत सूके बिरखा भई, अमृत वर्षा नीर,
18. मीन मर्‌या सागर भरे, तो कोन काज बलवीर,
19. बोल बाप जग्य एक छै, एक ज हरि को नांव, (मेहोजी कृत रामायण, छन्द संख्या : 11)
20. थूक्यां पाछै कुण गिळे, जे लाखीणो थूक, (मेहोजी कृत रामायण, छन्द संख्या : 14)
21. एकल काढी न जगै, नां उजियालौ होय, (मेहोजी कृत रामायण, छन्द संख्या : 105)
22. काज पराया सीवळा, जां दुखै जां पीड, (मेहोजी कृत रामायण, छन्द संख्या : 211)
23. साथ किसो मुसै मुजारि, (कथा सुरगारोहणी पद संख्या : 50)

संवाद–योजना

कथात्मक साहित्य में कथानक पात्रों का चरित्र–चित्रण, संवाद शैली, देशकाल तथा उद्देश्य आदि तत्त्वों की प्रधानता होती है।[104] 'इनमें से

संवाद आख्यान काव्यों की नीरसता में संचार करने वाला महत्त्वपूर्ण साधन है।' संवाद और वर्णनों के द्वारा ही आख्यान का विकास हो पाता है।[105] संवाद को न केवल नाटक का अपितु काव्य का भी महत्त्वपूर्ण अंग माना जाता है, क्योंकि कथावस्तु के विकास, पात्रों के चरित्र–चित्रण, परिचय एवं घात–प्रतिघात आदि को कवि संवाद के माध्यम से ही प्रभावी एवं लोकोन्मुखी बना सकता है।

किसी भी काव्य में कथा वस्तु की प्रगति, चरित्र के विकास और भावों के स्पष्टीकरण एवं उनको गंभीरता प्रदान करने में संवाद की विशेष भूमिका होती है। किसी रचना में संवाद के द्वारा यदि पात्रों का चरित्र–चित्रण उद्घाटित नहीं होता है, तो ऐसे संवादों को निरर्थक माना जाता है।

नाटकों में जो 'प्रत्यक्षानुभूति अभिनय द्वारा आती है, वही प्रबन्ध एवं महाकाव्यों में सुन्दर, सजीव एवं उत्कृष्ट संवादों द्वारा आती है। भाषा–प्रवीणता और व्यवहार–कुशलता जैसे गुण एक संवाद–प्रधान काव्य लेखक के लिए अनिवार्य माने जाते हैं। संक्षिप्तता, सरलता, स्वाभाविकता, सजीवता, वाग्विदग्धता, प्रत्युत्पन्नमति, प्रासंगिकता, पात्रानुकूलता, रोचकता, गत्यात्मकता, उदात्तता आदि उत्तम कोटि के संवादों की मुख्य विशेषता मानी जाती है।

विश्नोई संतकवियों द्वारा रचित समस्त आख्यान काव्य संवाद प्रधान है, जो उनकी प्रत्युत्पन्नमति एवं सूक्ष्म मनोविज्ञान के परिचायक है। इनके द्वारा रचित प्रबन्ध काव्यों में सभी संवाद प्रसंगानुकूल, सार्थक, स्वाभाविक, प्रत्युत्पन्नमति पूर्ण, वाग्विदग्धता युक्त, प्रभावशाली और आख्यान को गति प्रदान करने वाले हैं। उनमें चरित्र–विशेष का चित्रण, भावों को स्पष्ट करने वाला एवं उनको गंभीरता प्रदान करने वाला है।

राम–कृष्ण संबंधी सभी काव्य कृतियों में संवादों का प्रयोग मिलता है। अब हम सर्वप्रथम राम संबंधी आख्यान काव्यों के संवादों पर विचार करेंगे। रामायण तथा रामरासौ ग्रंथ में निम्नलिखित संवाद महत्त्वपूर्ण हैं–

1. दशरथ–कैकयी संवाद
2. सीता–भोज संवाद
3. भोज–रावण संवाद
4. रावण–ज्योतिषी संवाद
5. सीता–लक्ष्मण संवाद
6. सीता–रावण संवाद
7. राम–हनुमान संवाद
8. राम–लक्ष्मण संवाद
9. अंगद–हनुमान संवाद

10. हनुमान–सीता संवाद
11. रावण–हनुमान संवाद
12. लक्ष्मण–हनुमान संवाद
13. मंदोदरी–सीता संवाद
14. मंदोदरी–रावण संवाद
15. विभीषण–रावण संवाद
16. विराही–पथिक संवाद
17. राम–वैद्य संवाद
18. अंगद–रावण संवाद

उल्लेखनीय है कि इनमें एक पात्र के कथन का दूसरा पात्र समुचित उत्तर देता है तथा साथ ही इनमें कार्य–कारण के संबंध में उसकी दृढ़ धारणा भी स्पष्ट होती है जो श्रोता एवं पाठकों को आश्वस्त करने के लिए युक्तिपूर्ण एवं तर्क संगत है।

हनुमान–सीता संवाद, मंदोदरी–रावण संवाद तथा मंदोदरी–सीता संवाद विशेष रूप से द्रष्टव्य है–

सीता– के मुवौ कै मारियौ, के सुपनै आयौ सांम्य।
श्रीराम रो मूंदड़ो, कुंण रंन मा ल्यायो रांम।।

हनुमान– न मुवौ न मारियौ, न सुपनै आयौ सांम्य।
श्रीराम रो मूंदड़ो, ल्यायौ छै हंणौमांन।।[106]

मंदोदरी– जितरो तेज पुवणं अर पांणी, अतरो गंणो भंणीजै।
जितरो तेज दहुं दळ मांहे, अतरो राधौ दीजै।।
च्यारे चक अर तेहूं त्रलोके, सुरगि पयाळ भंणीजै।
अतरो तो लाखंण पंतावै, लाखंण अंत न लीजै।।
उचक्य मेर जे ऊपरि रेड़ै, थांमां कंवणं अधारै।
कहै मंदोवरि सुंण हो रांवणं, कोप्यो लाखण मारै।।

रावण– खाय पीय विलसै धंन मेरो, रांमै राम पुकारै।
है कोई इण्य लंक नगर मां, तया गळो दे मारै।।
अळियो चवै मंदोवरि रांणी, वात किसी मन्य सुधी।
जै मैं आणी सीतां रांणी, तूं क्यौ वैर वीलुधी।।
तै सारीखी पाटंमदै रांणी, संहंस करूंलो औरे।
जोगी जंगंम सह चुग्य मारूं, काढूं देसोटो रे।।[107]

मंदोदरी– सोहड़ सीत कही जै साड़ी, वर क्यौं छाड़्यो रांम सुवाड़ी।
चावी होय चोहचकि चाड़ी, कहि क्यौ कियौ मुंध कहाड़ी।

सीता– रावंण मांरण तुझि रंडेपौ, दांणव दुष दियो सो देषौ।
लहिस्यौ क्यौ आगोतरि लेषौ, एहवो कीजे काय अभेषौ।[108]

कृष्ण सम्बन्धी आख्यान काव्यों में रुक्मिणी मंगल ग्रंथ में प्रमुख संवाद इस प्रकार है–

1. राजा भीष्मक–रुक्म (रुक्मैया) संवाद
2. रुक्मिणी–(उसकी) माता संवाद
3. कृष्ण–रुक्मिणी संवाद
4. कृष्ण–ब्राह्मण संवाद
5. शिशुपाल–(उसकी) भाभी संवाद
6. राजा भीष्मक–रानी संवाद
7. रुक्म (रुक्मैया)–शिशुपाल संवाद
8. रुक्मिणी–कृष्ण संवाद

उपर्युक्त सभी संवाद छोटे, प्रसंगानुकूल, स्वाभाविक और नाटकीय गुणों से युक्त है जो रुक्मिणी–कृष्ण विवाह विषयक आख्यान के कथा–प्रसंग को सजीव एवं हृदयग्राही बनाते हैं। श्रोता एवं पाठकों को आत्मीयता का बोध कराने वाले कतिपय संवाद इस प्रकार हैं–

कहे कंवर मंत्री सुंणो, राव बुलावो कुंज।
लगन लिख्यो बाई राज को, द्यो चंदेरी भेज।।
राजा राणी सों कहै, सुंणियो प्राण आधार।
तीन लोक के पति कृष्ण है, रुकमणी के भरतार।[109]

कृष्ण– किनकी पुत्री कांई नांव थारो, गोत्र बतावो थारो री।
रुक्मिणी– नानी खीचण माय सोलंकी, दादी जात पुंवारी।
राजा भीम री पुत्रि भणिजै, ज्यां घर जलम हमारा।
कृष्ण– बोले श्याम सुणों रुकमणीजी, वाचा देय घर जावो।
रुक्मिणी– इण गोकुल में ग्वाल घणेरा, आपको रूप बतावो।।[110]

कृष्ण–बरात आगमन पर राजा भीष्मक और रानी का संवाद द्रष्टव्य है–

राजा– बारात अब इक और आई, राणी कहो कहा कीजियै।
रानी– आगूणी ले जाहु सन्मुख, आये कूं आदर दीजियै।।
राजा– दुषत होसी सुषत नाहीं मन हमारा यों कहै।
रानी– षरच षोटा आपणां सदा परनाले पाणी वहै।।
राजा– कुबुधि तुमरे पुत्र कीनी, सो तो भुगते छूट ही।
रानी– कर्म लिष्या सोई होयसी, पण कृष्ण तै क्यू टूट ही।।[111]

कथा अहदांवणी घटनाओं एवं पात्रों के लम्बे–लम्बे संवादों के माध्यम से महाकाव्य का बोध कराती है, इसमें अहिलोचन की पत्नी–अहिदानव संवाद, अहिदानव–विश्वकर्मा संवाद, ब्राह्मणवेश धारी

कृष्ण–अहिदानव संवाद, दासी–उत्तरा संवाद, ज्योतिषी–सुभद्रा संवाद, कुन्ती–सुभद्रा संवाद, सुभद्रा–अभिमन्यु संवाद, युधिष्ठिर–रैबारी संवाद, विराट राव–रैबारी संवाद, उत्तरा की माँ–रैबारी संवाद सुभद्रा–कृष्ण संवाद, उत्तरा–अभिमन्यु संवाद, सुभद्रा–उत्तरा संवाद, कवि कथन एवं पात्र–विशेष के भाव रूप में अत्यन्त नाटकीय प्रभावशाली और कथा को गति प्रदान करने वाले हैं–

किसड़ो राजा किसड़ो देस, केहो नगर नै कहो नरेस।
रूड़ो नगर नै रूड़ो नरेस, अति घणो रूड़ो वील्ह नरेस।।[112]
गहली बहु गींवार, रोवंती भूंडा कियो।
सती कूंता कही विचार, सा पुरिष राहै जीवो।।[113]
सासू थारै पाण्डू पांचै, मो अबला रं अहमनै एकलो।
जाय पूछाड़ो रावै जो चाहो म्हारौ भलो।।[114]

कथा बहसोंवनी में पांडव राजा–कृष्ण द्वैपायन व्यास संवाद, करणमाल–बेहमाता संवाद, अर्जुन–हनुमान संवाद, करणमाल–दुर्वासा ऋषि संवाद, नर गौरेया–मादा गौरेया संवाद, कथा सुरगारोहणी में युधिष्ठिर–कलि संवाद, युधिष्ठिर–भीम संवाद, युधिष्ठिर–सहदेव संवाद, कुन्ती–भीम संवाद, पाण्डव–गणेश संवाद, धर्मराज–युधिष्ठिर संवाद तथा कथा उषा–पुराण में बाणासुर–(उसकी) राणी संवाद, उषा–चित्रलेखा संवाद, अनिरुद्ध–चित्रलेखा संवाद, नारद–कृष्ण संवाद, शिव–पार्वती संवाद, शिव–कृष्ण संवाद आदि संतकवियों के वाग्वैदग्ध्य के सुन्दर प्रमाण हैं। द्रष्टव्य करणमाल–दुर्वासा ऋषि संवाद –

करणमाल– विप्र कहै विधि दाखवै, करूं जुगति सौ जाप।
जिणि विधि हत्या उतरै, सांमी मिटै सराप।।

दुर्वासा ऋषि– खरतर बचन कहयौ ज्यौं खरौ, हिरण होय हिरणी दुख हरौ।
वागि हो सेवौ वनवास, इणि विधि हिरणी पूरौ आस।।[115]

कथा सुरगारोहणी में धर्मराज स्वर्ग से रथ लेकर राजा युधिष्ठिर के पास आते हैं और स्वर्ग चलने का कहते हैं तब राजा श्वान को छोड़कर अकेले चलने से मना कर देते हैं। यह घटना काव्य कृति में इस रूप में मिलती है–

ले चालौ सुणहौ सुरंगी, सुरि तेव जोयसी छोड़ि।
सुण है चाल्यौ चालिस्याँ, राव कहे कर जोड़ि।।[116]

सनेहलीला रचना तो अत्यन्त लघु है लेकिन कृष्ण–उद्धव संवाद, उद्धव–नंद–यशोदा संवाद, उद्धव–गोपियाँ संवाद ने इसे सम्पूर्ण कथा का कलेवर प्रदान कर दिया है।

गोपियां– उद्धव हम तो बावरी, वै करत कौन सों प्रीति।
उहा जादू छाडी सबै, नंद गांव की रीति।।

उद्धव– वै तुम सो करि है कृपा, प्रभुता जाणि परम।
तजिये नातौ गांव को, भजिये पूरन ब्रह्म।।[117]

विचेच्य काव्यों के संवाद कथा वस्तु को आगे बढ़ाने वाले पात्रों के चरित्र विकास में सहायक एवं काव्य में रोचकता उत्पन्न करने वाले हैं। इनमें सभी पात्रों के शिष्टाचार के साथ–साथ सामाजिक मर्यादा एवं कुल–अनुशासन आदि का ध्यान रखते हुए वार्तालाप प्रस्तुत किया गया है। निस्सन्देह ये संवाद संतकवियों की वाक्पटुता, भाषा–प्रवीणता, व्यवहार कुशलता, प्रत्युत्पन्नमतित्त्व एवं मनोवैज्ञानिक दक्षता के परिचायक हैं।

अलंकार

काव्य की भाषा को सजावट प्रदान करके, काव्य की शोभा बढाने वाला तत्त्व 'अलंकार' है। कवि की अभिव्यक्ति को सहज, बोधगम्य एवं प्रभावशाली बनाने में अलंकारों की महत्त्वपूर्ण भूमिका होती है। आचार्य रामचन्द्र शुक्ल के अनुसार – 'भावों का उत्कर्ष दिखाने और वस्तुओं के रूप गुण और क्रिया का अधिक तीव्र अनुभव कराने में कभी–कभी सहायक होने वाली युक्ति ही अलंकार है।'[118] इसके विषय में डॉ. देवेन्द्र लिखते हैं कि 'काव्यगत भाव और वस्तु को सौन्दर्य पूर्ण और आकर्षक बनाने के निमित्त भावों की विशेष प्रकार की अभिव्यंजना 'अलंकार' है।'[119] 'शब्द और अर्थ में सौन्दर्य–तत्त्व को पुष्ट करने वाले साधनों में से अलंकार ही एक साधन है।'[120]

इस प्रकार अलंकारों का प्रयोग काव्य में भावों को सजाकर, उनका सौन्दर्य बढाते हैं उन्हें रमणीयता प्रदान करने के साथ–साथ भावों की अभिव्यक्ति को भी प्रांजल करके उसे प्रभावशाली बनाते हैं। अलंकार भाव एवं भाषा दोनों के आभूषण हैं जिनका काव्य में महत्त्वपूर्ण स्थान है।

विश्नोई संतकवियों द्वारा रचित राम–कृष्ण सम्बन्धी आख्यान काव्यों में अलंकारों का प्रयोग काव्य के सौन्दर्य में वृद्धि करने में सहायक सिद्ध हुए हैं। उनकी अभिव्यंजना में जो सौन्दर्य आकर्षण एवं वैचित्र्य विद्यमान है वह सहज एवं उनके भाव सहजात हैं। उनकी भाषा उनके हृदय का स्वाभाविक उद्‌गार है जो उनके अलंकार–कौशल की विशेषता है। राम और कृष्ण के रूप एवं चरित्र वर्णन करते समय इन संतकवियों ने विभिन्न उपमानों का प्रयोग किया है जो काव्यलंकारों के रूप में उपस्थित हुए हैं–

शब्दालंकार

वे अलंकार जिनमें शब्दों के द्वारा चमत्कार एवं सौन्दर्य में वृद्धि होती है, शब्दालंकार कहे जाते हैं। अनुप्रास, यमक, पुनरुक्ति प्रकाश, श्लेष

आदि शब्दाश्रित अलंकार हैं।

अनुप्रास

जहाँ वर्णों की समानता हो, वहाँ अनुप्रास अलंकार होता है। आख्यान काव्यों में अनुप्रास की छटा सर्वत्र विद्यमान है–

मन मोहन यो नाम है, मोहन नैन विसाल।[121]
मोहन मूरत माधुरी, मोहन बचन रसाल।।
घोड़ा घुंधर घुम घुम्या, दोबा दलन सार।
कुछ भुज का राजा चढया, कुम्भकरण आकार।।[122]
पपइयां प्रीव प्रीव करै, मेंहा महीयल माल।[123]
चोवा चंदन चहर चंपेल, परमल सूधौ बास फुलेल।[124]
कळ–कळ तप्यौ कळूळ, अळ झाला झळ हलीया।[125]
धवल स लका धड़हड़े खड़ हड़ीया नव खंड।[126]

इसी प्रकार प्रायः सभी आख्यान काव्यों में अनुप्रास का प्रयोग बहुतायत में देखने को मिलता है।

यमक

एक ही शब्द की एक से अधिक बार आवृत्ति हो और उनके अर्थ भी भिन्न–भिन्न हों, वहां यमक अलंकार होता है।

थली चंरती थली ऊपैनी, आंकौड़े ग्रहै आंणी।
वेला लूंग फोगड़ा चरती, सोला सांढे पलाणी।।[127]
मेरो मतो नंद नंदन सूं , कोड जानो भलो भावे मानो बुरो री।
लाज के उपर गाज गिरै, ब्रजराज मिलै सोई लाज करोरी।।[128]

उपर्युक्त पद में **थली** शब्द की आवृत्ति धरती एवं ऊँटनी के लिए तथा **लाज** शब्द की आवृत्ति रुक्मिणी व मर्यादा के लिए वर्णित हुई है।

पुनरुक्ति प्रकाश

भावों को अधिक रुचिकर एवं प्रभावी बनाने के लिए एक ही शब्द की बार–बार आवृत्ति होने पर पुनरुक्ति प्रकाश अलंकार होता है। उदाहरणार्थ –

बार बार पुकारती, त्राहि त्राहि पद नाथ।[129]
धन्य धन्य मुरति किसन मंहुरत्य, धन्य तीथ्य धंन ओवर।
धन्य धन्य सो दिनै आदे महुरति, जयो जयो किसन मुरार।।[130]
बहुरयौ वन वन के विषै, कुंज कुंज के धाम।
हरि हम सो क्रीड़ा करी, पल पल पूरन काम।।[131]

अर्थालंकार

जहाँ अर्थ के कारण चमत्कार एवं सौन्दर्य में वृद्धि होती है, वहाँ

अर्थालंकार होते हैं। उपमा, रूपक, उत्प्रेक्षा, लोकोक्ति अलंकार प्रमुख रूप से इन आख्यान काव्यों में वर्णित हुए हैं।

उपमा

सादृश्यमूलक अलंकारों में उपमा का स्थान सर्वोपरि माना जाता है। जहाँ दो भिन्न वस्तुओं की उसके किसी विशेष गुण, क्रिया, स्वभाव, आदि के आधार पर किसी अन्य वस्तु से समानता स्थापित की जाए, वहाँ उपमा अलंकार होता है। यहाँ पर उपमेय और उपमान में सादृश्य और साधर्म्य स्थापित किया जाता है। आलोच्य काव्य में उपमा के प्रयोग सम्बन्धी कुछ उदाहरण द्रष्टव्य हैं –

कहां करूं कै लिषुं , नैन लिषत नहिं देत।
वरसत जिमि सावन घटा, नैक चैन नहीं लेत।।[132]
रूध्या च्यार्यौ घाट है बहंणो ढोल दयांमा वाजै।
लछमण बांण असी परि छुटै, जाणै इंद गराजै।।[133]
हारि डोर जो कंवरी जपै, जांण सूर उगंतो तपै।
माथै मोलीयो अर म्है मदै, कंवरी उसी पुन्यु रो चंद।।[134]
नैणां नीदं पलक नही झंपै, चितउत रैन बिहावै।
चंद बदन चूड़ामण कारण, सुरत सांवरो आवै।।[135]
देह धरी जा कारनै, लगै है ताकै काम।
मन घटया रस सौं भरयो, नहीं योग कूं ठांम।।[136]

रूपक

जहाँ उपमेय में उपमान का निषेध–रहित आरोप व अभेद–स्थापन किया जाए, वहाँ रूपक अलंकार होता है। विश्नोई संत कवियों द्वारा रचित आख्यान काव्यों में इस अलंकार का सुन्दर प्रयोग मिलता है –

सत्य रूप लीयो अवतार, उषा नांवै कह संसार।
हंस गुवणी कोकिल सुर बाण्य, कदली जंघा पेरोग पखाण्य।।[137]
चन्द्र मुखो नै पांव पदम, कुंवर नावं दीवायो अहमंन।।[138]

उत्प्रेक्षा

जहाँ उपमेय (प्रस्तुत) में उपमान (अप्रस्तुत) की संभावना की जाती है, वहाँ उत्प्रेक्षा अलंकार होता है। राम–कृष्ण सम्बन्धी आख्यान काव्यों में उत्प्रेक्षा का प्रयोग अनेक स्थानों पर हुआ है, यथा–

इधकस्यूं इधक रूप सखियन में, मांनूं केसर क्यारी।
संग सख्या ले रुकमणी चाली, सूरज किरण सवारी।।[139]
भंवर कमाण तणी भौं बंकी, नैना मानो कटारी।
निरखत लगे बाण उर बैधे, सुन्दर कांमण गारी।।[140]

अत्युक्ति

जहाँ किसी काव्य में रोचकता लाने के लिए उदारता, सुन्दरता, शूरता, विरह, प्रेम आदि का अद्भुतपूर्ण वर्णन किया जाता है, वहाँ अत्युक्ति अलंकार होता है।

तीन लोक अरू चवदा भवन में, नहीं किसी से छानो।[141]
उद्धव या गोपियन की कथा, भूतल परम पुनीति।
तीन लोक चवदा भवन, बंदनीक सो गीत।।[142]

अतिशयोक्ति

'जहं अत्यन्त सराहियो, अतिशयोक्ति सुं कहंत।

जहाँ काव्य में लोक–सीमा का उल्लंघन करते हुए किसी की अत्यन्त प्रशंसा के लिए बढ़ा–चढ़ाकर बात कही है, वहाँ अतिशयोक्ति अलंकार होता है।

राम–कृष्ण सम्बन्धी आख्यान काव्यकारों ने अनेक स्थानों पर अतिशयोक्तिपूर्ण उक्ति कही, इसके कुछ उदाहरण द्रष्टव्य है–

चोवा चवण चहर चपेल, सौ मण मांहि तिलां रौ तेल।
सौमण आणि अलसीयौ तेल, सौ मण आण्यौ छै सरसेल।।[143]
बीस योजन में पांव जुरा का, दश योजन में हाथा।
पांच योजन में शीश भणीजै, दोय जोजन में दांता।।[144]
करे धूप कोवड, करे भुज रीस धरणी धर।
नीमो बांण, कस्य प्रांण, हुवा इल आभ थर हरि।
एक भुजा दस कोस, एक भुज कोस असी करि।
मारे रीण पुंतारया, सोर सीर भुंवर दई सीर।।[145]
असी जोयण सी ऊंची लंका, समंद सरीखी खाई।।[146]

उदाहरण

इसमें किसी बात को कहकर उसके स्पष्टीकरण हेतु कोई दूसरी बात कही जाती है और दोनों को जैसे, ज्यो, इव आदि वाचक शब्दों से जोड़ा जाता है। उदाहरणार्थ–

मधुकर अंतर कचिन है, कठिन बात कही जाय।
भूख मरै दिन सात लो, सिंघ घास नहीं खाय।।[147]
घोड़ा में ज्यूं कूर्चा सखा, अहरावत गजसारो।
देवन इन्द्र अपसरां रंभा, ऐसो रूप संवारो।।[148]
वचने ज्यौं हरिचंद छल्यौ, बल्य ज्यौं बावन रूप ।
यों दसरथ छलियो केकवी, चोकस करि मन्य चूक।।[149]

विभावना

जहाँ कारण के न होते हुए भी कार्य होते हैं, वहाँ विभावना अलंकार होता है। यथा–

भीव कहै म्है न धा दांण, तेज करे ज्यौ तमक्यौ तांण।
कोप्यो भीवड़ कीयो मनि खीज, सूके आभै कड़कै बीज।।[150]
विगरय खुंन मारयौ सीव पूत, तातै हर उठयौ अवधूत।।[151]

लोकोक्ति

जहाँ प्रसंग के अनुकूल किसी लोक प्रसिद्ध उक्ति का चमत्कारपूर्ण प्रयोग किया जाता है, वहाँ लोकोक्ति अलंकार होता है। संतकवि सुरजनदास पूनिया के काव्य में लोकोक्ति अलंकार का प्रयोग द्रष्टव्य है–

बीढे रांण श्रीराम करे, जुग तीन्य कहांणी।
रह्या दूध का दूध, गया पांणी का पांणी।
दता रंग पतंग गयो, दीन ओ ग्रह आयो।
जीसो कमायो जीव, जीव तीसड़ो फल पायो।।[152]
जड़ी बूटी जे कारज सर, विष कूं दीजै गुड़ ही मर।
गुड़ मरतो विष क्यूं मारिये, जीतो हुव तो क्यूं हारिये।।[153]

मानवीकरण

जहाँ अमानवीय पदार्थों पर मानव सुलभ गुणों और क्रियाओं का आरोप किया जाता है, वहाँ मानवीकरण अलंकार होता है। यथा–

कलि बोली कहीयो करि कांनि, रहण न पावौ न्यछै निदानी।
दिन तीजै देखे दरसाव, कहयौ करौ का करू उपाव।।[154]
पहले परबत गोवलि गया, अरि कूं छै नही दिल दया।
दिल दुसटी इम मांगै दांण, पांडव पंथ न पावै जांण।।[155]

दृष्टान्त

जहाँ उपमेय, उपमान और साधारण धर्म का बिम्ब, प्रतिबिम्ब भाव हो, वहाँ दृष्टान्त अलंकार होता है। इसमें किसी बात का निश्चय कराया जाता है। यथा–

सूर उदै संसार मां, जिण खण्डि होय उजास।
सतियां सिरि सीता सती, विध्य सेवै वंनवास।।[156]
औगण पाप कीयो जे मुझ, पाप धरम सब सुझै तुझ।
जे हूं घर की वड़ै वियापी, करणमाल कै लीजै पापि।।[157]

इस प्रकार विश्नोई संतकवियों द्वारा रचित राम–कृष्ण सम्बन्धी प्रबन्ध काव्यों में भावों की अभिव्यक्ति को प्रांजल करने एवं प्रभावी बनाने के लिए संतकवियों ने शब्द और अर्थालंकारों का प्रयोग किया, जिनसे प्रभावित हुए

बिना पाठक नहीं रह सकते हैं।

वैणसगाई

यह राजस्थानी का प्रसिद्ध अलंकार है, मध्ययुगीन वीर रसात्मक काव्य रचनाओं में इसका प्रयोग सर्वाधिक हुआ है। वैण सगाई के लिए दो अक्षर प्रयुक्त किये जाते हैं। इसमें अक्षरों का मेल आदि और अंत तक अक्षर से मिलाया जाता है। वर्ण मैत्री के जो रखने की विधि है वह भी कविगण तीन प्रकार की बताते हैं– आदिमेल, मध्यमेल व अंतमेल। आदि–आदि में जो अक्षर रखे जाते हैं वह आदिमेल, आदि मध्य में रखने का नियम मध्यमेल और आदि और अंत में रखने पर अंतमेल कहलाता है। उदाहरण–

रांम खणायो रांमसर, अग में नीर अथाह।
सीता सरि आवै नहीं, आ कल्य चालै काह।।[158]
हीर झलकै हिरण रै, चौकस रतन चियारि।
उरि उपरि ओपै भलौ, कांचू दे करतार।।[159]

मेहा रामायण में उक्त दोहों में रेखांकित अक्षरों (वर्णों) के आदिमेल व मध्यमेल में वैणसगाई मिलती है।

इस प्रकार हम देखते हैं कि राम–कृष्ण सम्बन्धी आख्यान काव्यों में अलंकारों का सहज एवं सुन्दर प्रयोग हुआ है। जो काव्यों की शोभा बढ़ाने वाले धर्म के रूप में सहायक हैं।

प्रतीक–योजना

'प्रत्येक भाषा में कुछ शब्द ऐसे होते हैं जिनसे केवल अर्थ की व्यक्ति ही नहीं होती, वरन् भावनाओं का उद्बोधन भी होता है। जिन वस्तुओं में तनिक भी निजी विशेषतापूर्ण आकर्षक है तथा जिन पर दीर्घ सांस्कृतिक वासना का प्रभाव पड़ा है वे शब्द हमारे काव्य में प्रतीक का काम करते हैं।'[160] प्रतीक मानव हृदय की अमूर्त, सूक्ष्म तथा जटिल अनुभूतियों, भावनाओं एवं विचारों का मूर्त सम्प्रेषक है, जो काल–क्रमानुसार विस्तृत प्रयोगों में आवृत्ति या परम्परा के द्वारा एक निश्चित रूढ़ अर्थ ग्रहण करते हैं।

डिक्श्नरी ऑफ वर्ल्ड लिटरेचर के अनुसार, ''प्रतीक यथार्थ का ऐसा प्रस्तुतीकरण है जिसमें एक स्तर के यथार्थ को व्यक्त करने के लिए दूरवर्ती अप्रस्तुत के समतुल्य स्थापित करना पड़ता है।'[161]

प्रामाणिक हिन्दीकोश के अनुसार, 1. चिह्न, लक्ष्ण, निशान, 2. मुँह, मुख, 3. आकृति, रूप, मूरत, 4. किसी के स्थान पर या बदले में रखी हुई या काम करने वाली वस्तु प्रतिरूप, 5. प्रतिभा मूर्ति 6. वह जो समष्टि के प्रतिनिधि के रूप में और उसकी सभी बातों का सूचक या प्रतिनिधि

हो।'[162]

परशुराम चतुर्वेदी के मत में 'प्रतीक से अभिप्राय किसी वस्तु की ओर इंगित करने वाला न तो संकेत मात्र है और न उसका स्मरण दिलाने वाला चित्र या प्रतिरूप ही है। यह उसका एक जीता–जागता एवं पूर्णतः क्रियाशील प्रतिनिधि है।[163] आचार्य रामचन्द्र शुक्त प्रतीक को मनोभावों के मूर्त प्रकाशन का साधन मानते हुए स्पष्ट करते हैं कि 'किसी देवता का प्रतीक सामने आने पर जिस प्रकार उसके स्वरूप और विभूति की भावना चट सामने आ जाती है, उसी प्रकार काव्य में आई हुई कुछ वस्तुएँ विशेष मनोविकार या भावनाओं को जाग्रत करती हैं। कुमुदनी शुभ्रहास की, चन्द्र मृदुल आभा की, आकाश सूक्ष्मता और अनन्तता की, इसी प्रकार सर्प से क्रूरता और कुटिलता का, अग्नि से तेज या क्रोध, चातक से निःस्वार्थ प्रेम का संकेत मिलता है।[164]

डॉ. नित्यानन्द शर्मा का मत है कि 'अप्रस्तुत, अप्रमेय, अगोचर तथा अमूर्त का प्रतिनिधित्व करने वाले उस वस्तु या गोचर वस्तु विधान को प्रतीक कहते हैं जो देशकाल एंव सांस्कृतिक मान्यताओं के कारण हमारे मन में अपने चिर साहचर्य के कारण किसी तीव्र भावना को जाग्रत करता है।'[165]

प्रतीक सम्बन्धी उपर्युक्त परिभाषाओं एवं मतों से स्पष्ट है कि प्रतीक–अप्रस्तुत का प्रतिनिधित्व करने वाला वह प्रस्तुत है जो अपने समान गुण या विशेषताओं अथवा मानसिक सम्बन्ध के कारण, जिस वस्तु को देखते या सुनते ही कोई अन्य लक्षित वस्तु विधान तत्काल याद आता हो, उसे प्रतीक कहा जा सकता है।

वैदिक साहित्य से लेकर आधुनिक साहित्य तक प्रतीकों की परम्परा काव्य में महत्त्वपूर्ण स्थान रखती है। वैदिक साहित्य की प्रतीक परम्परा का विकसित स्वरूप परवर्ती साहित्य पुराण संहिता, संस्कृत साहित्य, प्राकृत साहित्य आदि में मिलता है। इसके बाद सिद्ध एवं नाथ साहित्य में भी प्रतीकों का प्रयोग हुआ है, जिसका व्यापक रूप से प्रभाव हिन्दी साहित्य के संत कवियों पर पड़ा है। हिन्दी साहित्य में प्रतीकों का सर्वाधिक व्यापक प्रयोग भक्तिकालीन साहित्य में देखने को मिलता है। मध्यकालीन हिन्दी संतकवियों ने परवर्ती नाथ एवं सिद्ध कवियों के प्रतीकों का प्रभाव ग्रहण किया तथा उनमें नवीन मौलिक प्रतीकों की सर्जना भी की है। इन कवियों ने भावात्मक, रहस्यात्मक, आध्यात्मिक, अनुभूति एवं प्रेमानुभूति में सूक्ष्म तत्त्वों को प्रतीकात्मक रूप प्रदान कर सामान्य जन–जीवन के लिए ग्राह्य एवं सुलभ बनाया है।

विश्नोई संत कवियों द्वारा रचित राम–कृष्ण सम्बन्धी आख्यान काव्यों में प्रतीकों की अविरल परम्परा देखने को मिलती है। इन आख्यान काव्यों

विश्नोई संतकवियों द्वारा रचित राम-कृष्ण संबंधी आख्यान काव्य

में पौराणिक, धार्मिक, दार्शनिक, सांस्कृतिक आदि सभी प्रकार के प्रतीक मिलते हैं।

प्रत्येक अवतार एक जागतिक उन्मेष और चेतना का भी प्रतीक है।[166] उस अवतार विशेष की पृष्ठभूमि में मानव समुदाय की वर्गीय, जातीय, आध्यात्मिक, पौराणिक, मनोवैज्ञानिक, सामाजिक, सांस्कृतिक क्षेत्रों में जागृति एवं प्रबुद्ध चेतना का योग रहता है। विश्नोई संतकवियों द्वारा रचित राम-कृष्ण सम्बन्धी आख्यान काव्यों में दस प्रमुख अवतारों का उल्लेख मिलता है–

रावण का दश मस्तक छेद्या, दियो विभीषण राजा।
परसराम होम छत्री मार्या, परशु शस्त्र ले साजा।।
वराह रूप बन धरणी लायो, जाणै सकल जिहाना।
मच्छ रूप होय वेद निकास्या, ब्रह्मा करे बखाना।।
बावन बन कर पृथ्वी मापी, बलि पाताल पठायो।
नरसिंघ बन हिरनाकुश मार्यो, जन प्रहलाद बचायो।।[167]

उपर्युक्त पद में सांस्कृतिक पृष्ठभूमि के आधार पर वराह अवतार एक सांस्कृतिक प्रतीक है, ब्रह्मा की प्रार्थना पर विष्णु ने वराह अवतार धारण किया और पृथ्वी को पाताल से बाहर निकाला। नृसिंह उस शक्ति का पर्याय है जो बुराई का नाश करके सन्मार्ग का विस्तार करती है अथवा हिंसा प्रवृत्ति को सात्विक प्रवृत्ति की ओर प्रवृत्त करती है। हिरण्यकशिपु तीनों लोकों की सिर-पीड़ा (विक्षेप-शक्ति) का प्रतीक है। प्रह्लाद को आह्लाद में स्थित जीवन सत्ता (विश्नोई पंथ का आदि-मूल प्रवर्त्तक) के प्रतीक के रूप में माना जाता है। वामन मानव-विकास एवं विराट बुद्धि के प्रतीक तथा बलि त्यागी अहं के प्रतीक हैं।

परशुराम में बुद्धि और पराक्रम के समुचित संयोग के कारण मानव युग तथा पशु-मानव युग के सन्धिकाल का प्रतिनिधित्व करने वाला पुराण प्रतीक है। राम आर्य संस्कृति के प्रतीक हैं तथा रावण महामोह का प्रतीक है।

राम और रावण के अतिरिक्त रामकथा के अन्य पात्रों की प्रतीकात्मकता इस प्रकार है –

दशरथ– दश इन्द्रियों के संघात रूप भौतिक शरीर के शासक के प्रतीक हैं।[168]

कैकेयी– निम्न चेतना की प्रतीक है।[169]

लक्ष्मण– श्रीराम के आज्ञाकारी भाई, मानवीय प्रेम एवं श्रद्धा का प्रतीक तथा काल एवं परमतत्त्व के विधि-वाक्य का प्रतीक भी मेहोजी गोदारा एवं सुरजनदास पूनिया के काव्य में विवेचित हुआ है।

शूर्पणखा– वासनापूर्ण काम की प्रतीक है।[170]
सुग्रीव– ज्ञान का प्रतीक है।[171]

कथा अहदांवणी में संतकवि ने नारायण के विषय में लिखा है कि–

नारायण गल अनंत, को आयो दाणु बलवंत।
नारायण हुवो ब्राइमण वेस, माथै तिलक पंडराया केस।[172]

इस वर्णन से स्पष्ट है कि नारायण स्थिरप्रज्ञ मानव मन की इच्छाओं को जानकर उनकी पूर्ति करने वाले तथा मानव जाति में सदा वर्तमान भागवत् आत्मा के प्रतीक हैं।

हनुमान– लौकिक रूप में राम के अनन्य भक्त के प्रतीक है तथा आध्यात्मिक क्षेत्र में वे पवन के प्रतीक माने गये हैं।[173]

पौराणिक पात्र नारद– विवेच्य आख्यान काव्यों में प्रमुखता से प्रतीक रूप में चित्रित हुए हैं।

उषा–अनिरुद्ध कथा प्रसंग में बाणासुर द्वारा अनिरुद्ध को नाग–पाश में बांधे जाने पर नारद कृष्ण को सूचना देते हैं। कथा बहसोंवनी में पाण्डू राजा की नरकीय यात्नाओं से मुक्ति की युक्ति पाण्डवों के बताते हैं। इन काव्य ग्रंथों में नारद ज्ञानी के प्रतीक हैं।

रुक्मिणी मंगल आख्यान काव्य में नारद कलह एवं संघर्ष कराने वाले के प्रतीक हैं।

नारद रीख आयो जीहवार, अनंरध नै पुछ विचार।
जादंव वंस कहो दुख तोही, तेरो कारज करिद्यौ सोय।।[174]

कृष्ण सम्बन्धी आख्यान काव्यों में कृष्ण लीला की प्रतीकात्मकता वैदिक काल से लेकर पौराणिक काल तक विकास प्रक्रिया के रूप में देखने को मिलती है। कृष्ण की कुछ प्रतिनिधि लीलाएं जो प्रतीकात्मकता को अभिव्यक्त करती हैं, वे इस प्रकार हैं–

चतुर्भुज रहे भुज चारूं , सोहै गरूड़ासन गोविन्दा।
ब्रह्मादिक, इन्द्रादिक थरपै, सूरज नै सह चंदा।।
वासुकि के शिर धरणी थापी, जल पाताल पठाये।
ज्यां ज्यां भीड़ पड़ी संतन में, ज्यांहां आप चड़ ध्याये।।
प्रथम परवाड़े हती पूतना, जीते मल्ल अखारे।।
हरि आगे दावानल दलियां, दानव अमित संहारे।।[175]
वर्षो धन अति मूसलधार सों, गोवर्धन धार बचाई।।[176]
कालीय को जमुना में नाथ्यो, बलि अजगर कूं मारयो।
केश पकड़कर केशी पछाड़यो, यादव कुल को उबारयो।।[177]

उल्लिखित पदों में कृष्ण ब्रह्म के प्रतीक, पूतना मोह की प्रतीक, कालिया नाग रूपी तामसिक वृत्तियों द्वारा संसार रूपी यमुना के जल को

विषाक्त करना, कृष्ण के स्थिरप्रज्ञ मन का प्रतीक है। दावानल संसार में व्याप्त दुःखों एवं विपत्तियों का समष्टिगत प्रतीक है। गोवर्धन धारण लीला में धन (इन्द्र) कोप (क्रोध) का प्रतीक है इन्द्र प्रलय वर्षा के द्वारा गोधन का नाश करने का प्रयत्न करते हैं। इन्द्र की दमन प्रवृत्ति पराजय की प्रतीक है तथा कृष्ण शिव–प्रवृत्ति के प्रतीक हैं।

सनेहलीला काव्य रचना में गोचारण लीला, चीर हरण–लीला एवं रासलीला में प्रतीक विवेचन इस प्रकार है–

एक समै जल के बिचै, करत केल असनान।
चीर चोर तरवर चढ़े , वे जसोधा के कान्ह।।[178]
बहुरयौ वन वन के विषै, कुंज कुंज के धाम।
हरि हम सो क्रीड़ा करी, पल पल पूरन काम।।[179]

यहाँ कृष्ण परमात्मा के गोपियां (हम) मर्यादा जीव की, जल (यमुना) संसार की, चीर संकोच एवं लोक–लज्जा का तरवर (कदम्ब) ज्ञान का प्रतीक है। पद में रासलीला (क्रीड़ा) जीव एवं परमात्मा की मिलन–प्रतीक भी मानी जा सकती है। कृष्ण को ब्रह्म एवं लीला रूप दोनों का ही प्रतीक माना जा सकता है।

सनेहलीला में गोपियां प्रेमाभक्ति की मर्मज्ञा और प्रवर्तिकायें हैं। नंद आनन्द के प्रतीक, गोकुल आनंद–निलय का प्रतीक, वृन्दावन सात्विक हृदय का प्रतीक, यमुना आत्मा का प्रतीक, गाय–पृथ्वी अथवा स्वर्ग का प्रतीक, मुरली जीवों को ब्रह्म–सुख में लीन करने वाली साधना की प्रतीक तथा लकुटी ग्वाल वेश की प्रतीक हैं।

लोक विश्वास प्रतीकों के रूप में अपशकुन आने वाले कष्ट या अनष्टि के प्रतीक हैं। कुछ अपशकुन इस प्रकार हैं–

तोरणे आई जांने, कागै करूके बोलियो (कथा अहंमनी, पंद संख्या : 159
विध्वा नाम सुबगती कन्या, ये ही आडी आय।
माल मुकदमा मिल्या चोधरी, ओर मिल्या सिरदारी।
तिलक बिहिणा ब्राह्मण मिलिया, ऊंदै घड़े पिणिहारी।।
ईदण वाला मिल्या समाही, उरध केशणी नारी।
बिणजी करता बाण्या मिलिया, बीलाई सू नारी।।
मूंड मूडिया विन मुद्रा का जोगी मिलिया संगी।
छुरी मारगन राड़ा मिलिया, मिलिया सामा सोगी।[180]
अह डावौ खर दांहिवौ, सांम्हौ पुळै सुंनार।
आप ठगांवां के बांह ठगां, कहि भोजला विचार।।[181]
काग परेवो कौचरी, अहि बंदर हिरणा।
अतरा लीजै दाहिणा, बावा और घणा।।[182]

कृष्ण विषयक आख्यान काव्यों में वर्णित विवाह के विधि–विधानों की प्रतीक योजना भी महत्त्वपूर्ण है। कृष्ण–रुक्मिणी विवाह, उषा–अनिरुद्ध विवाह, अर्जुन–सुभद्रा विवाह, अभिमन्यु–उत्तरा विवाह, जो कि दाम्पत्य जीवन के स्थायित्व का प्रतीक है। विवाह रस्म में कंकण बन्धन दृष्टिदोष को दूर करने के विधान का प्रतीक, मधुपर्क दिव्य वस्तुओं के पान का प्रतीक, मुकुट वर और वधू की विशिष्टता का प्रतीक, ग्रन्थि (गांठ बांधना) वर–वधू के हृदयों के मिलन का प्रतीक, पाणिग्रहण कन्या के दायित्व ग्रहण करने का प्रतीक, फेरे– पति–पत्नी के सुखी पारिवारिक जीवन एवं विवाह के वैध रूप से होने के प्रतीक हैं।

जीव के द्योतक प्रतीक में मृग और उसकी नारी जीव और बुद्धि की प्रतीक है–

मिरघौ मिरघी माल्हता, अचकल, करता आलि।
राजा रेवत थांभीयौ, निरख्य निजर निहाली।।
हाय हाय मो पीव हयौ, कीयौ पूरण पाप।
रिखणी कहै राजा सुणौ, संगह लीयौ सराप।।[183]

शाप वाली कथानक रूढ़ि भी आख्यान काव्यों की संगति बिठाने, विभिन्न देवी–देवताओं के रूप–स्वरूप गुण आदि की व्याख्या करके कथा को गति प्रदान करने में सहायक सिद्ध हुई है–

होती बकाज्य हठ वाद करि, विण, विरोध, विचखीया।
एक एक तन तीन्य करि, तेण्य सराप सुरती खीया।।[184]
पोहमी परगट कीयौ पाप, साध हथौ नै लीयो सराप।
जूरै आमै पसारयौ जाल, तोर संजोगे करस्य काल।।[185]

संजीवन मंत्र एवं संजीवन बूटी (जड़ी–बूटी) तथा देवताओं द्वारा मृत व्यक्ति को जीवित करने के प्रसंग में संजीवन बूटी उस पदार्थ का प्रतीक है जो मरे हुए लोगों को जीवित करता है। संजीवन मंत्र भाषा परक प्रतीक है जिसके उच्चारण मात्र से मृत व्यक्ति जीवित हो उठता है–

घसि करि मूळी ऊपर लाई, सूतौ कंवर जगायो।[186]
सरजीत मंत्र सींच सती, व्रध बाल त्रणा वही।।[187]

क्रिया प्रतीकों के रूप में बीड़ा देना, काम का भार सौंपने का प्रतीक है–

'श्रीराम कह सुंणो सांवता, कोइ रावण वीडौ उखणौ।।[188]

सनेहलीला में उद्धव ज्ञानी व्यक्ति का प्रतीक, भ्रमर कृष्ण का प्रतीक मधुकर शब्द उद्धव का संकेत प्रतीक है। इनके अतिरिक्त कुछ सामान्य काव्य प्रतीक हैं जिनका नामोल्लेख भी आवश्यक है– अबला–विरहणी का प्रतीक, कोमल–मधुरवाणी का प्रतीक, कंवरी कीरण ज्यू तपै–किरण

नवयौवन की प्रतीक, पूनम का चाँद–पुत्रवधू उत्तरा का प्रतीक, हंस–सौंदर्य का प्रतीक, नीर–आँसुओं का प्रतीक, सत रज तम–सावित्री, लक्ष्मी और शक्ति का प्रतीक, अंधेरी रात–वियोग का प्रतीक, मालवा–धन्य धान्य से परिपूर्ण क्षेत्र विशेष का प्रतीक, अर्जुन वीरता का प्रतीक आदि विशेष रूप से उल्लेखनीय है।

इस प्रकार राम–कृष्ण सम्बन्धी आख्यान काव्यों में विश्नोई संतकवियों ने पौराणिक, धार्मिक, सांस्कृतिक, दार्शनिक एवं काव्य सम्बन्धी सभी प्रकार के प्रतीकों का प्रयोग किया है।

बिम्ब–विधान

बिम्ब एक शब्दचित्र है जो कवि की कल्पना एवं ऐन्द्रिय अनुभवों के आधार पर काव्य में निरूपित होता है। बिम्ब स्थूल एवं अनुभवगम्य संवदेना है जो वस्तु और काव्य के अर्थ को जोड़ने का कार्य करता है। बिम्ब विधान में कवि की कल्पना और स्मृति दोनों का उचित समन्वय आवश्यक होता है। बिम्ब एक दृश्यचित्र संवेदना की अनुकृति है, जिसका कोई सामान्य लक्षण निर्धारित नहीं किया जा सकता है। यह अनुभूति के द्वारा आध्यात्मिक और तार्किक सत्य तक पहुँचने का मार्ग है, जिसमें अमूर्त विचारों की पुनर्रचना होती है।

कवि जब सहज, अकृत्रिम, गतिशील और जटिल संवेगों का भाषा के जीवंत माध्यम के द्वारा शाब्दिक पुनर्निर्माण करता है तो उसे समीक्षा की आधुनिक पदावली में बिम्ब विधान कहते हैं। इस प्रक्रिया के पीछे ज्ञात या अज्ञात रूप से एक सतत् अन्वेषणशील रचनातुर मानव मन की गहरी पीड़ा और आत्मरोध की भावना होती है।'[189] बिम्ब–विधान काव्य को प्रभावशाली एवं संवदेनशील बनाते हैं। कवि हृदय के अमूर्त एवं अतीन्द्रिय भावों को ऐन्द्रिय शब्दचित्रों के द्वारा मूर्त रूप में उपस्थित होना, बिम्ब योजना है। काव्य में बिम्ब की परिणति कवि के लम्बे आत्मसंघर्ष (जीवन अनुभव) और भावात्मक परिपक्वता से होती है। डॉ. नगेन्द्र के अनुसार, बिम्ब निश्चय ही कला की सिद्धि है।[190] बिम्ब चराचर जगत अथवा जीवन के अनुभवों की ऐसी प्रतिकृति है, जो कल्पना के प्रत्यक्ष एवं विभिन्न इन्द्रियों के परोक्ष सन्निकर्ष से प्रमाता के हृदय में उद्‌बुद्ध होती है।[191]

'बिम्ब का सम्पूर्ण ढांचा आनुषंगिक नियमों के द्वारा बुना जाता है इसीलिए उस के संघटन में प्रायः अबौद्धिकता, अन्तर्विरोध और व्यतिक्रम पाया जाता है।[192] बिम्ब के द्वारा ही काव्य में कवि की अनुभूति की तीव्रता एवं अभिव्यक्ति की प्रणवता का पता चलता है।

इस प्रकार स्पष्ट है कि बिम्ब एक शब्द चित्र है जिसका निर्माण कल्पना के द्वारा ऐन्द्रिक अनुभव के आधार पर होता है। बिम्ब काव्य का प्रधान तत्त्व भी है इसके बिना काव्य अस्तित्व विहिन है। ऐन्द्रिक बोध

(अनुभव) के आधार पर विद्वानों ने दृश्य (चाक्षुष), श्रव्य (श्रोत), स्पृश्य, घ्रातव्य और आस्वाद्य (रस्य) बिम्बों का परिगणन किया है। यहाँ विश्नोई संतकवियों द्वारा रचित राम–कृष्ण सम्बन्धी आख्यान काव्यों की बिम्ब योजना का मूल्यांकन उपर्युक्त वर्गीकरण के आधार पर करने का प्रयत्न किया है।

दृश्य बिम्ब

जब कवि रूपक, उपमा आदि के द्वारा सुन्दर अप्रस्तुतों को नवीन कल्पना के माध्यम से चित्रित (प्रस्तुत) करता है तब श्रोता या पाठक के मानस पटल पर दृश्य संवेदना द्वारा जो बिम्ब चित्रित (अंकित) होता है, उसे दृश्य बिम्ब कहा जाता है। इसका सम्बन्ध आँखों से है।

अपने अपने गृह तै, बाहर आई ग्वाल।
रथ देख्यौ गोपाल को, नंद महर के द्वारि।।[193]
हस गवणी सरस बदनी जोय, हरखे मरण राव कौ होय।
जदि विरहणी वनवास गई, राजा सुंदरि दीठी सई।।[194]
ऊंचा परबत ऊंची धार, परबत लंघण न पावै पार।
आभै अड्यौ कीयो अहंकार, पांडव मन मां करै विचार।।[195]
इधक हेत चित प्रीति करि, देखी नजरि चलाय।
अनिरुद्ध की गति देखि के, उषा लगी पांय।।[196]
नैणा नाक निरखियौ नै, अरि गंजण अबीह।[197]
नख चख सगळा निरखिया, विध्य सूं कहै बखांण।।
लंक नगर मां उण कहया, रांणी सती तणां सहनांण।।[198]
गोख चड़ी चोहो दिसां जोव, मतखिणे अरैजनै आवै।।[199]
यह देखो अब दिखन लागे, भाला फेरे असवार।
आनन्द में बहुत हर्ष है, चलै द्वारका मंगार।।[200]

श्रव्य बिम्ब

श्रव्य बिम्ब की प्रतीति ध्वनियों के द्वारा होती है। इस बिम्ब का सम्बन्ध कर्णेन्द्रिय से है। विश्नोई संतकवियों ने आख्यान काव्यों में विभिन्न वस्तुओं के चित्रण एंव प्रसंगों के आकलन के लिए श्रवणेन्द्रिय अनुभवों द्वारा बिम्ब की सुन्दर योजना प्रस्तुत की है–

बात कहत बीती निसा, तमचर कीन्हौ ग्यान।
मारो गरजन मेघ की, घरि घरि दधि मथानि।।[201]
कवली सांढि खीवांवत भणीजै, नेवर ठमक पाऐ।[202]
कंठ कोकल सोहण बोलती, लै वर लीणै।[203]
रथ झणकार पड़ी कानन में, अरू जांगड़िया री ऊनकार।[204]
ढोल दमामा बाजिया, कसीपण लागा बाण।[205]
सुरा बली बांधावंणां, कायर तजै पिराण।।

इन्द्र अवाज गगन गरज लागी, छिपै चंद्र अरू भाण।
लंका कोट रामदल आया, ये गावै वेद पुराण।[206]

स्पृश्य बिम्ब

स्पृश्य संवदेना के आधार पर जो बिम्ब निर्मित होता है, उसे स्पृश्य बिम्ब कहते हैं। 'इसमें कवि स्पर्शजन्य संवेदनों (त्वचा) के ताप–बोध, कोमलता, मसृणता, स्निग्धता का चित्रण करता है।'[207] आलोच्य संतकवियों ने विभिन्न प्रसंगों के सन्दर्भ में स्पृश्य बिम्बों की सफल अभिव्यंजना की है। यथा–

पकड़ अगूठौ मोड़्यौ पांव, रैणि समै जागवीयौ राव।[208]
एक हाथ कृष्ण पकड़ियो दूजो हलधर भाई।
आदि तुम्हारी पूजन होसी, पाछै और बड़ाई।।
हाथ पकड़कर आगे लीन्हा, गणपति रथ बैठाया।।[209]
प्यार करै और कंठ लगावै, भुवाज काकी नानी।
कैसे चैन पड़ै धीयां मोकौ, आवैजे अकुलानी।
भुजा पसार मिलै मां बेटी, नैनां ढलक्यां नानी।[210]
उषा अनरध हुवो मीलाय, जसै गज को छटि सराय।
उसै काज सरै सम कोय, जाकौ नीहचौ पति सुं होय।।[211]

घ्रातव्य बिम्ब

घ्रातव्य बिम्ब का आकलन घ्राण संवेदना से होता है। इसका संबंध नासिका से होता है। आख्यान काव्यों में संतकवियों ने घ्रातव्य बिम्बों की योजना भी प्रस्तुत की है। कवियों ने कई प्रकार के गन्ध युक्त प्रसून एवं सुगन्धित द्रव्यों के माध्यम से घ्राण संवेदना की अभिव्यंजना की है–

कामणीयां चूवा में भीना, कोई अतर लगावे।
कामणीयां फूलन में राजे, जो कोई गूंथ पहरावे।।[212]
चोवा चंदन चहर चंपेल, परमल सूधौं बास फुलेल।।[213]
हाथि कटोरौ सिरि घड़ौ सीतां पांणी जाय।
चंपौ मरवौ केवड़ौ सींचै छै वंणराय।।[217]
अरचन चंदन पौहप जल, धूप दीप कर आदि।
विधि पूरब पूजा करी, सुख सेज्या कुशमादि।[215]
केशर अगर कपूर, चोपड़ो, सास आरती लाई।[216]

रस्य बिम्ब

इस बिम्ब की संवेदना रसना द्वारा मन ग्रहण करता है। यह आस्वाद्य बिम्ब है, इसमें रस बिम्ब का ग्रहण स्वादिष्ट व्यंजनों एवं पेय पदार्थों के माध्यम से रसेन्द्रिय द्वारा किया जाता है। आलोच्य कवियों के

काव्य में रसना के स्वादिष्ट खट्टे मीठे नाना प्रकार के व्यंजनों की संवेदना अभिव्यंजित करते हुए रसना को अमृत बरसाने वाली एवं विष निवारक इन्द्रिय व्यंजित करके अनुभूति को बिम्बात्मकता प्रदान की है–

कड़वा कदे न बोलही, मीठा बोलणियाह।[217]

हरिया मूंग मंड़ोवरा ऊजळ भात करावो।
चोखा चावल घिरत घणेरो, बूरो मांय मिलावो।
छप्पन भोग छतीसूं व्यंजन, अेक सूं अेक संवारो।
चोखो घिरत मंगाय र घालो, बूरो बोत प्रकारो।
साबूनी मिसरी रो सीरो, घणा घिरत री धायी।
घेवर पाक जलेबी खुरमा मालपुवा सरसायी।
लाडू पेड़ा बरफी पेठो, बहु पकवान मंगावो।
मोती चूर मगद रा लाडू दुज। रुच रुच के पावो।
केळा मूळा भांत–भांत रा पापड़ वड़ा मुंगोड़ी।
सकल पाक सुन्दर ही वणिया, सब सूं इधक अलोड़ी।
केंदू पेठा, वेंगन तोरू, आंबा रो आचारो।
खारक फोग र दाख विदामा, रायतो खाटो खारो।।[218]
जीभां तणा हिलोळ सूं जग अपणा कर लेय।
जीभड़िया इमरत वसै जे कोइ जाणै बोल।
विष वासग का ऊतरै, जीभा तणै हिलोल।[219]
तो तुम रस ल्याये योग कु , यदुपति के परधान।
या रस की सीची सबै, नहि भावत रस आने।।[220]
उधो हम तो नर देहै है, इतनी जानत नाहि।
रस तजि भजिये योग कूं , होत भंग व्रत माहि।।[221]

इस प्रकार इन संतकवियों के काव्य रचनाओं में विभिन्न प्रकार के बिम्ब पाठकों के हृदय में स्वतः ही निर्मित होकर काव्य के पूर्ण रूप से आस्वादन करने में सहायक सिद्ध हुए हैं।

छंद–योजना

'छन्दः पादौतु वेदस्य हस्तौ कल्पोऽथ कथ्यते'[222]

छंद वेदों का चरण होते हुए भी सर्वप्रथम वर्णित होने के कारण सर्वाधिक महत्त्वपूर्ण है। प्रामाणिक हिन्दीकोश के अनुसार छंद का अर्थ– वेद, वर्ण, मात्रा आदि की गिनती के विचार से होने वाली वाक्य रचना, पद्य।[223] जिस शब्द योजना में मात्राओं, यति, गति और वर्णाक्षरों आदि नियमों का विशेष ध्यान रखा जाता हो, साहित्य में उसे छन्द कहा जाता है। छन्द काव्य में नाद–सौन्दर्य, लय और संगीतात्मकता उत्पन्न करके पाठक को काव्य का यथार्थ ज्ञान एवं बोध कराते हैं। 'किसी भी भाषा को

सुन्दर और अलंकृत बनाने के लिए जिस प्रकार शब्द योजना, वाक्य योजना और शैली शिल्प आवश्यक है उसी प्रकार पद्यबद्ध रचना को लययुक्त, गतिशील और प्रवाहपूर्ण बनाने के लिए उसे छन्द के साँचे में ढालना पड़ता है। छन्दोमयी रचनाएँ निश्चय ही भावमयी और रसीली होती है जिनका हमारे हृदय की तंत्रियों से गहरा सम्बन्ध है।[224] किसी भी भाषा के काव्य पठन–पाठन में जो अलौकिक आनन्द प्राप्त होता है वह केवल छन्दों के द्वारा ही सम्भव है। छन्द विधान के लिए यति और लय के साथ–साथ अन्त्यानुप्रास भी आवश्यक है, जो कवि के भावों को प्रभावशील, गतिमान और सुरम्य बनाते हैं। 'लय एवं गति से निर्मित छन्द कविता के लिए आवश्यक ही नहीं, वरन् कविता की पूर्ण सुन्दरता के सूचक भी हैं।[225]

छन्दों के प्रकार

काव्य मनीषी छन्दों के वैदिक एवं लौकिक दो प्रकार मानते हैं। वेद में प्रयुक्त होने वाले छन्द वैदिक और शेष वेदेत्तर साहित्य में प्रयुक्त लौकिक छंद कहलाते हैं।

लौकिक छन्द– मात्रिक, वर्णिक एवं अक्षर छन्द तीन प्रकार के होते हैं। 'हिन्दी–साहित्य में तीसरे प्रकार के छन्द नामावशेष हैं। उन्हें पूर्णवृत्तों में ही अन्तर्भूत कर दिया गया है।'[226] जिन छन्दों के पदों में केवल मात्राओं की संख्या का विधान हो उसे मात्रिक छन्द और जिन छन्दों में वर्णों का क्रम एवं उनकी संख्या का विधान हो उसे वर्णिक छन्द कहते हैं।

लौकिक छन्दों में शास्त्रीय छन्दों की भाँति भाषा, व्याकरण और मात्राओं आदि का विशेष अनुबन्धन नहीं होता है। इनमें भाव और भाषा का सामंजस्य लय के अनुसार चलता है। 'ये वे छन्द हैं जिनका प्रचार सामान्य लोक अथवा जन–समुदाय में रहता है। ये छन्द किसी निश्चित नियम पर आधारित न होकर विशेषतः ताल और लय पर ही आधारित रहते हैं। इसलिए इनकी रचना सामान्य अपठित जन भी कर लेते हैं।[227]

विश्नोई संतकवियों ने मात्रिक एवं वर्णिक दोनों प्रकार के छन्दों का प्रयोग किया है। इनके साहित्य में प्राचीन हिन्दी व राजस्थानी के काफी छन्द मिलते हैं। हिन्दी एवं राजस्थानी के प्रारम्भिक युग में 'दूहा' छन्द का प्रचलन रहा। उसके रासो नामक ग्रंथों में दूहा, गाहा, छप्पय, तोमर, आर्या एवं भोजक आदि छन्द मिलते हैं। हिन्दी भक्तिकाल के निर्गुण शाखा के संतकाव्य में दोहा छन्द अधिक प्रचलित रहा। दोहा–चौपाई शैली के सूफ़ी संतकवियों ने प्रमुखता से लिया। कृष्ण भक्ति काव्यधारा में अष्ट–छाप के कवियों की अधिकांश पद रचना–दोहा, सार, सरसी, चौपाई, रोला आदि छन्दों में वर्णित हुई है। राम भक्ति धारा के संत–भक्त

कवि तुलसी दास के काव्य में अनेक छन्दों का प्रयोग मिलता है केशव का काव्य छन्दों का अजायबघर है।

विश्नोई संतकवियों द्वारा रचित राम–कृष्ण सम्बन्धी आख्यान काव्यों में जितने छन्दों का प्रणयन हुआ है वे अनेक देशी राग–रागिनियों में लय एवं ताल के साथ गाये जाते हैं। इन आख्यान कथा–काव्यों में सर्वाधिक दोहा, चौपाई एवं कवित्त छन्द का प्रयोग संतकवियों ने किया है। यद्यपि संतकवियों ने शास्त्रीयता को दृष्टि में रखते हुए विभिन्न छन्दों का प्रयोग किया है लेकिन यत्र–तत्र छन्द शास्त्र के पूर्ण शास्त्रीय नियमों के स्थान पर भाव सम्प्रेषणीयता एवं लयबद्धता के कारण सामान्य परिवर्तन भी देखने को मिलता है। अतः उनकी नामावली से परिचित हो जाना अधिक समीचीन प्रतीत होता है।

रामायण– दोहा, चौपाई, सोरठा, पवाडो, और स्रग्विणी।

रामरासौ– कवित्त, दौहा, दवाळा, और लीला।

रुक्मिणी मंगल (पदम भगत)– दोहा, चौपई, चौपाई सोरठा, छप्पय, मारू, बरवै, दण्डक, धमाल, कैरवो, लावणी, चंचरी, रेखतो इत्यादि।

रुक्मिणी मंगल (रामलला)– दोहा, सोरठा, चौपई आदि।

कथा उषा पुराण, कथा बहसोंवनी, कथा सुरगारोहणी एवं भींव दुसासणी, कथा काव्य, दोहा, चौपाई छंदों में व सनेहलीला दोहा छंद में रचित है।

विवेच्य काव्यों में प्रयुक्त कुछ प्रमुख छन्दों का विवेचन इस प्रकार हैं–

दोहा (दूहा)

चार चरणों के इस छन्द में प्रथम एवं तृतीय चरण में तेरह मात्राएँ एवं द्वितीय व चतुर्थ चरण में ग्यारह मात्राएँ होती हैं। सम चरणों के अंत में गुरु लघु (ऽ।) होता है।

विवेच्य आख्यान काव्यों में इस छंद का प्रयोग प्रायः सभी संतकवियों ने विशेष रूप से किया है।

मूल लिख्यौ वेह न टलै, दई वणायौ दाव।
कामणि की दीठी कया, घट मां लागा घाव।।[228]

शास्त्रीय दृष्टि से दोहा छंद की मात्राओं, यति–गति आदि नियमों का सभी कृतियों में विशेष ध्यान रखा गया है।

चौपई

चौपई छन्द में चार चरण होते हैं और प्रत्येक चरण में 15 मात्राएँ होती हैं। चरण के अन्त में गुरु–लघु (ऽ।) आवश्यक हैं। इस छंद को

'जयकारी' छंद भी कहा जाता है।[229]

सील संतोष घटै सुचि साच।
विरला वायक मांनै साच।
बोल साचा साधै न सहै।
कलिजुग कूड़ौ आदर लहै।।[230]

कैसौदास व सुरजनदास पूनिया ने इस छंद का प्रयोग अन्य छन्दों की अपेक्षा अत्यधिक किया है।

चौपाई

जैसा कि नाम से ही स्पष्ट है– चौपाई चार पादों वाला छंद है, इसके प्रत्येक पाद (चरण) में सोलह मात्राएँ होती हैं। चरण के अंत में गुरु–गुरु आते हैं। यथा–

थारी भूवा भरम गमायो।
वो तो करण कुंवारी जायो।
थारी बहन सहोदरां जांणी।
वा तो अर्जुन रूप लुभाणी।।[231]
थे तो गणपतिजी नें लाया।
म्हारा टाबर सब डरपाया।
थे तो नंद महर का धोटा।
थे तो ठणकर मार्‌या रोटा।।[232]

सोरठा

सोरठा छंद दोहा का उल्टा होता है इसके प्रथम व तृतीय चरण में ग्यारह और द्वितीय व चतुर्थ चरण में तेरह मात्राएँ होती हैं। राजस्थानी में इसे 'सोरठीया दूहा' भी कहा जाता है। विवेच्य आख्यान काव्यों में सभी संतकवियों का यह प्रिय छंद रहा है। उदाहरणार्थ–

पापां तणौ पसाय, राजा जी स मां रहै।
मेह पवण तन ताव, सीत पडे सो सा सहै।[233]
वीढै मीन जल मछ, तछ भुज काढय तरोवर।
जांण भांण जांमणी, गलैसी कोट गिरीवर।।[234]

कुण्डलनी

रघुनाथरूपककार के अनुसार 'इस छंद में प्रथम आर्या छन्द होता है, बाद के चार पद काव्य छन्द के होते हैं। आर्या के चौथे पद का अन्तिम शब्द काव्य के प्रथम पद में आता है और आर्या छन्द का प्रथम पद काव्य छन्द के चौथे पद के अन्त में उलट कर आता है।'[235]

'झड़उलट' कुण्डलियों में प्रथम दो दोहा और बीस–बीस मात्रा के

चार पद होते हैं और चौथे पद को पाँचवे पद में उलट देते हैं।[236]

'राजवट कुण्डलिया' में प्रथम दोहा, फिर 24 मात्रा के छः पद होते हैं। प्रथम और अंतिम पद का चौथे और पाँचवें पद का सिंहावलोकन होता है।[237]

'दोहाल कुण्डलिया' में प्रथम एक दोहा बाद में चौबीस–चौबीस मात्राओं के छः पद होते हैं। दोहे के चौथे पद का पाँचवे पद में सिंहावलोकन होता है।[238]

प्रथम पद और अन्तिम पद एक ही होते हैं। 'कुण्डलिया के वाचन का ढंग कुछ भिन्न होता है, क्योंकि दोहा प्रथम यति 13 मात्रा पर होती है, जबकि रोला में 13 मात्रा पर यति कभी नहीं होती बल्कि 11, 12, 14 या 16 पर हो सकती है।[239]

विवेच्य आख्यान काव्य ग्रंथों में कुंडलनी या कुण्डलिया छन्द का प्रयोग संतकवि डेल्ह जी[240] व सुरजनदास जी पूनिया[241] के काव्य ग्रंथों में हुआ है। इनके काव्य में 'झड़उलट कुण्डलिया' मिलता है, जो धवल राग में गेय है।

मोतियां थालै छलै ही, कुंता उभी आंगणै।
बैठी पोली मंझारी, घुमरी करि आई घणै।
घुमरी करि आई घणै, प्रेम प्रीत अपार।
आहलै सोहलै आरती, कीजै कुल आचार।।
विनगै थारा विल जावौ, उरि मांहि अटकल एहि।
कुंता उभी आंगणै, मोतियां थालै छलै ही।।[242]

अन्य उदाहरण

मीलीया मोगर थाट, जादम दले बधावणां।
घरि घरि मंगलाचार, घरि घरि गीत सुहावणां।
घरि घरि गीत सुहावणां न, घरि घरि धूप वास प्रमला।
कांने कुंडल हीर सोह, गल्य माल मोती उजला।
वीयर वेद अनेक सोभा, भणै बांभण भाट।
मंड हव कुंठ माला, मीलीया मोगर थाट।।[243]

उमंग

कळ षोडस पद पद में कीजै, मोहरा सम चारूं में लीजै।
अंत चरण में दीरध आंण, सो उमंग ह्वै गीत सुजाण।[244]

रघुनाथ–रूपककार के अनुसार सोलह मात्रा, अंत में गुरु और चारों ही पंक्तियों (पदों) में एक ही प्रास उमंग के लक्षण है। संतकवि सुरजनदास पूनिया कृत रामरासौ के दवाळा–सीता मंदोदरी संवाद में यह

छंद उपयोग में लिया गया है–

सीस धरे ज पटंबर सेळौ।
कामैण्य ग्रभ किना ग्रभ केळौ।
मिलती सीत मंदोवरि मेळौ।
भाव नहीं मन राषि संभेळौ।
रावण मारण तुझि रंडेपौ।
दावण दुष दीयो सो देषौ।
लहिस्यौ क्यौ आगोतरि लेषौ।
एहवौ कीज कांय अभेषौ।।[245]

छप्पय

छः चरणों वाला विषय–पाद मात्रिक छंद है। पहले चार चरण रोला के (11–13 की यति) होते हैं और अंतिम दो उल्लाला (26 अथवा 28 मात्रा) के होते हैं। रामरासौ आख्यान में इस छन्द का व्यापक प्रयोग देखने को मिलता है। यथा–

लाषण ले जळ कुंभ, वीर नुष धोय वसासै।
कोड़ि एक राज कवरि, राम आंणौ घरवासै।
कांय घर वेसौ करौ, सोग कौसल्या सुंण्यसी।
मनि करिसी अणराय, मात षिणि सुणतां मरिसी।
उठिया जोध दसरथ सुंतन, करो दळ मुछां मेल्य कर।
चाड़िया घणप चड़ि चालिया, सुर वर गहिया असुर सुर।[246]

ताटक

यह एक मात्रिक छन्द है इसके प्रथम व तृतीय विषम पदों में सोलह तथा द्वितीय व चतुर्थ सम पदों में चौदह मात्राएँ होती हैं। सोलह पर यति एवं अन्त में मगण (SSS) होता है। पदम भगत के काव्य में यह छन्द चौपाई–लावणी राग में गेय है। द्रष्टव्य छन्द–

सूरत मत विसरो बृजवासी, नाथ मैं चरण <u>की दासी</u>।
फंसी गले प्रेम की पासी, दीनद्रग दर्शन <u>की प्यासी</u>।।[247]

लावणी[248]

लावणी छन्द भी ताटक के अन्तर्गत है। लावणी के अन्त में गुरु लघु का कोई एक विशेष नियम नहीं है।[249] इसमें भी विषम चरणों में 16 व सम चरणों में 14 मात्राएँ होती है–

जम की सी धार बरात काल, शिशुपाल संग सजि आई।
दुर्योधन सम दुरबुद्धि कोटि खल, उमंगे जग दुःख दाई।
मम प्राण घात हित करत प्रतिज्ञा, प्रभूता मान बड़ाई।
परवश ब्याहन की टेक ऐक, मन सबै क्रोध अधिकाई।[250]

मारू

मत सोळह फिर बार मुण, दख मोहरे गुरु दोय।
मारू नीसांणी मुणै, सुकव महा मत सोय।।[251]

मारू छन्द में 16–12 मात्राएँ होती है। प्रथम पद में 16 व द्वितीय पद में 12 मात्राएँ एवं अंत में गुरु–गुरु (SS) होता है।

तेल छूवो तंबोल हि षावौ, पहरो सुन्दर सारी।
और कहै तो द्यों मै गारी, तो लागै महतारी।।[252]

मारू छन्द आलोच्य आख्यान काव्य ग्रंथों में देशी मारू राग में गेय है, इस छन्द का प्रयोग डेल्हजी, पदम भगत व रामलला ने किया है। राजस्थानी भाषा के कृष्ण भगत कवियों का यह प्रिय छन्द है।

साणोर

यह राजस्थानी भाषा का सर्वाधिक प्रसिद्ध छन्द है। इसके चार प्रकार है। पहला वेलिया गीत, दूसरा सोहणो, तीसरा जांगड़ो साणोर और चौथा खुड़द साणोर।[253] मेहोजी रामायण में जांगड़ो साणोर का प्रयोग हुआ है। डिंगल छंद शास्त्र के अनुसार इसके प्रथम पंक्ति में मात्राएँ अधिक होती है, उसके बाद चतुष्कल चलते हैं। सोलह मात्राओं पर यति होती है। अंत में दो गुरु (SS) इष्ट हैं। इस छन्द में कहीं नगण (।।।) नहीं आना चाहिए। द्रष्टव्य उदाहरण–

रांम पठायो बंदर धायो, बंदर मेर पहूंतो।
बूंटी जड़ी पिछाणै नांही, जड़ो उपाडण ढूको।
जड़ो उपाणि र कांधै लीयौ, ले हणवत घरि आयो।
घसि करि मूली ऊपर लाई, सुतो कुंवर जगायौ।।[254]

इस गीत के प्रथम चरण में 18 मात्राएँ होना चाहिए था, किंतु दो मात्राएँ कम हैं। इस छन्द की केवल प्रथम पंक्ति में ही 18 मात्राएँ होती हैं, बाकि सभी पंक्तियों में 16–12 व अंत में दो गुरु (SS) होता है। जिनका पूर्ण निरूपण रामायण में देखने को मिलता है। रामायण में साणोर छन्द, 'सुबह' की राग में गेय है।

इस प्रकार आख्यान काव्यों के छंद–विवेचन पर विचार करने के पश्चात् यह कहा जा सकता है कि आख्यान संतकवि छंदशास्त्र से भी अनभिज्ञ नहीं थे। उन्होंने अपनी रचनाओं में मात्रिक एवं वर्णिक दोनों प्रकार के छंदों का प्रयोग कुशलता पूर्वक किया है। इनमें से कुछ संतकवियों के लक्षणबद्ध एवं शास्त्रीय परम्परा अनुसार छन्दों का प्रयोग किया है जो काव्यशास्त्रीय परम्परा की दृष्टि से भी महत्त्वपूर्ण है। इससे यह स्पष्ट होता है कि यह संतकवि काव्य शास्त्रीय परम्परा के भी विद्वान

थे। अतः राम–कृष्ण सम्बन्धी आख्यान काव्य छन्द शास्त्र की दृष्टि से सबल काव्य है।

संगीतात्मकता

हिन्दी साहित्य के मध्यकालीन अनेक संत–भक्तकवियों के काव्य में विभिन्न राग–रागिनियों का उल्लेख मिलता है। तुलसीदास, कबीर, सूरदास एवं मीरां आदि के पद विभिन्न राग–रागिनियों में गेय है। मध्यकाल हिन्दी साहित्य का स्वर्ण युग होने के साथ–साथ संगीत का भी स्वर्णकाल है। इसी युग में ही शास्त्रीय संगीत पद्धति का उन्मेष हुआ।

संगीत के द्वारा मन इतर विषयों से हटकर अतीव अह्लादित स्थिति को प्राप्त हो जाता है। इसलिए मन के स्थिरीकरण हेतु भक्ति परक एवं श्रद्धा–फलित पदों में संगीतात्मकता का समावेश होना आवश्यक है। संगीत में लय, ताल और तुक योजना आवश्यक होती है। लय और तुक राग का आन्तरिक स्पन्दन है। राग जो कि स्वरों की एक विशिष्ट रचना होती है। संगीत में राग योजना सर्वोपरि होती है। राग शब्द रज् धातु से बना है जिसका अर्थ है– प्रसन्न करना[255]। राग में स्वर एवं वर्ण दोनों हो और सुनने वाले के चित्त को प्रसन्न करें।[256]

अनुकूल राग–विधान के द्वारा ही कोई गीत (काव्य) अधिक प्रभावशाली एवं प्रेषणीय होता है। वेदों से लेकर मध्यकाल तक काव्य में राग–योजना अक्षुण्ण है। 'संगीत समस्त जीवन समूह को आनंद का वरदान देकर अपनी ओर खींच लेता है।[257] कवि की अनुभूति को बोधगम्य बनाने एवं काव्य में सौन्दर्य का परिहार राग–विधान से ही होता है। काव्य–संगीत के पूर्ण विकास के लिए भाषा की मधुरता, कोमलता तथा सुकुमारता आवश्यक तत्त्वों में से माने जाते हैं।

राग–रागिनियाँ

विश्नोई संतकवियों ने अपनी कृतियों में अनेक प्रकार की राग–रागिनियों का समावेश किया है। उन्होंने तत्कालीन राजस्थानी संगीत साहित्य में एवं लोक साहित्य में प्रचलित सभी राग–रागिनियों का प्रयोग अपने काव्य में किया है। मेहोजी रामायण भुंवरो (173 छंद), सुबह (57 छंद), धनांसी (8 छंद), रामगिरी (6 छंद), जैतसरी (मलार) (12 छंद), हंसौ (2 छंद) राग–रागिनियों में गेय हैं।

पदम भगत के रुक्मिणी मंगल की प्रधान राग मारू एवं सोरठ है तथा इनके अलावा मारुत, आसावरी, ठुमरी, खंभावची, होरी, दंडक, झिंझोटी, केदारो, सारंग, कालंगड़ा, विहाग, लावणी, बरवो, धमाल, चर्चरी, रेखतां, कैरवों, कांगड़ा, परज, धनाश्री (धनासरी) आदि देशी राग–रागिनियों में गेय हैं।

कथा अहदांवणी के छंद धनासी (धनाश्री), मारू, सोरठ, गवड़ी, धवल (धवळे, धोवळ), धवला, असाधाहड़ी राग–रागिनियों में गाये जाते हैं। संतकवि केसौदास गोदारा का काव्य कथा बहसोंवनी मारू (धवल), गवडी, सोरठ एवं सिन्धु राग–रागिनियों में तथा कथा भींव दुसासणी मारू, मलार और हंसौ राग–रागिनियों में गेय हैं।

रामलला कृत रुक्मिणी मंगल 13 प्रचलित राग–रागिनियों में गेय है– देवगिरी, सोरठ, केदारो, गौडी, विलावत, वसन्तकानड़ो, काफी, विहाग, जैजैवंती, खंभावची, परज, भैरू और उवटन।

इस प्रकार आख्यान काव्यों में संतकवियों ने विभिन्न राग–रागिनियों का प्रयोग किया है। इनमें से रामायण के कुछ पद, रुक्मिणी मंगल व आरती आदि तो विश्नोई पंथ के जागरण एवं धार्मिक उत्सवों के अवसर पर आज भी गाये जाते हैं। संतकवियों ने कथा–काव्यों में प्रयुक्त विभिन्न राग–रागिनियाँ उनके गहन अनुभव एवं संगीत साहित्य के सम्यक् ज्ञान का परिचायक हैं। ये राग–रागिनियाँ संतकवियों के लोक–संगीत ज्ञान के अलावा उनके वर्णवृत्तों की भी उपज है। इनमें लय, ताल, तुक आदि का ध्यान विशेष रूप से देखने को मिलता है। ये जन–साधारण के बीच प्रचलित ताल संगीत की देन है, जो निर्बाध गति से आज भी लोक में प्रचलित है। उसे काव्यशास्त्रीय पद्धति से शास्त्रोक्त छंद शास्त्र की सीमा में चरण, लय, ताल, तुक आदि की दृष्टि से नहीं बाँधा जा सकता है लेकिन स्वच्छन्द रूप से छंद मिश्रण यति–योजना एवं अन्त्यानुप्रास विधान द्वारा इसे पढ़ा एवं गाया जा सकता है। कौनसा पद किस राग में गाया जाता है एवं कौनसी राग–किस समय गायी जाती है उनके विषय में वे पूर्ण जानकारी रखते थे। जिस राग में जो पद रचा गया है तो उनका भाव भी उसी के अनुरूप देखने को मिलता है। कुछ प्रमुख राग–रागिनियां, जो विभिन्न कृतियों में वर्णित हैं, उदाहरणार्थ प्रस्तुत है–

राग मारू

बैठा खोहणी साते, बीड़ो को झाले नही।
मैं बीड़ो मांड्यो हाथे, पीता हमारो घरे नहीं।।[258]
रामचन्द्र अवतार कृष्णजी, लिछमन है बलराजा।
कहै जादव पांडव के दल में, बाजै नौबत बाजा।।[259]

राग सोरठ

गंगा जमना जित जांणी, वणीया दोय ओध बखाणी।
सोइ बासिग रासि संवारी, सोनो ग्रहल्या बौह सारी।।[260]
सोला सहीयां सौला सीणैगारी, सोला मनै जैगीसै।
कंवरी राम आंगणी भीतरी, उभां दां आसीसै।।[261]

राग भुंवरो

राम रोवै लछमंण धीरवै, गणवतं मेल्है चीस।
सीत गई तो जांण दे, अवर अणाऊं बीस।।
गहला हंणवंत बावळा, तो मन्य किसी जगीस।
सीता न संहस न पूज ही, तूं रै अंणावै बीस।।[262]

राग विहाग (बिहाग)

निस दिन रही मग जोय सखीरी, ओजूं नाथ नहीं आय।
वो द्विज तो मतलब को गरजी, रहयो कहां कित छाय।।
जो प्रभु जी अब नहीं पधारे, हरि को कहा उपाय।
बांच पतिया मेल दई रे, कहा जूं गये विसराय।।[263]

इस प्रकार विवेच्य आख्यान काव्यों में संतकवियों ने विभिन्न राग–रागिनियों का प्रयोग किया है। काव्यों में प्रयुक्त इन राग–रागिनियों के प्रयोगों से हमें तत्कालीन साहित्य में संगीतात्मक वातावरण का सम्यक् ज्ञान प्राप्त होता है।

संदर्भ सूची :

1. काव्यशास्त्र : डॉ. भगीरथ मिश्र, पृष्ठ संख्या : 111
2. काव्यशास्त्र : डॉ. भगीरथ मिश्र, पृष्ठ संख्या : 237
3. 'तस्य द्वे अधिष्ठाने सम्भोगे विप्रलम्भश्च' (नाट्यशास्त्र, पृष्ठ संख्या : 84)
4. हिन्दी–रीतिकविता के परिप्रेक्ष्य के कवि मण्डन का अध्ययन : डॉ. देवेन्द्र, पृष्ठ संख्या : 180
5. पोथो ग्रंथ ज्ञान : (सम्पादक) कृष्णानन्द आचार्य, पृष्ठ संख्या : 237
6. वही, पृष्ठ संख्या : 238
7. पदमभगत कृत–रुक्मिणी मंगल, (पोथो ग्रंथ ज्ञान : पृष्ठ संख्या : 502)
8. वही, पृष्ठ संख्या : 503
9. पदमभगत कृत–रुक्मिणी मंगल, (पोथो ग्रंथ ज्ञान : पृष्ठ संख्या : 542)
10. वही, पृष्ठ संख्या : 532
11. वही, पृष्ठ संख्या : 527
12. पदमभगत कृत–रुक्मिणी मंगल, (पोथो ग्रंथ ज्ञान : पृष्ठ संख्या : 554)
13. कथा उषा पुराण, पद संख्या : 48, 49
14. सनेह लीला, पद संख्या : 52

विश्नोई संतकवियों द्वारा रचित राम-कृष्ण संबंधी आख्यान काव्य

15. वही, पद संख्या : 72
16. पदमभगत कृत-रुक्मिणी मंगल, (पोथो ग्रंथ ज्ञान : पृष्ठ संख्या : 525)
17. कथा उषा पुराण, पद संख्या : 53
18. राजस्थानी रुकमणी-मंगल : (सम्पादक) डॉ. सत्यनारायण, पृष्ठ संख्या : 100
19. रामलला कृत रुक्मिणी मंगल : पद संख्या : 201
20. रामरासौ : कवित्त- 6
21. कथा अहदांवणी : पद संख्या : 543
22. कथा उषा-पुराण : पद संख्या : 109
23. मेहोजी रामायण : पद संख्या : 100, 101
24. रामरासौ : कवित्त- 88
25. पदमभगत कृत-रुक्मिणी मंगल, (पोथो ग्रंथ ज्ञान : पृष्ठ संख्या : 544)
26. वही, पृष्ठ संख्या : 546
27. पदमभगत कृत-रुक्मिणी मंगल, (पोथो ग्रंथ ज्ञान : पृष्ठ संख्या : 549)
28. कथा उषा पुराण : पद संख्या : 91
29. वही, पद संख्या : 158
30. कथा सुरगारोहणी : पद संख्या : 119
31. काव्यशास्त्र : डॉ. भगीरथ मिश्र, पृष्ठ संख्या : 240
32. साहित्य दर्पण : अध्याय- 3/232-234
33. रामरासौ : कवित्त- 66
34. रामायण : छंद संख्या : 240-245
35. कथा अहदांवणी : छंद संख्या : 577
36. पदमभगत कृत-रुक्मिणी मंगल, (पोथो ग्रंथ ज्ञान : पृष्ठ संख्या : 524)
37. कथ सुरगारोहणी : छंद संख्या : 212
38. कथा उषा पुराण : छंद संख्या : 175-176
39. रामरासौ : कवित्त - 82
40. हिन्दी साहित्य कोश : (सम्पादक) धीरेन्द्र वर्मा (भाग-7), पृष्ठ संख्या : 16
41. कथा उषा पुराण : छंद संख्या : 81-82
42. कथा बहसोंवनी : छंद संख्या : 120-121
43. काव्यशास्त्र : डॉ. भगीरथ मिश्र, पृष्ठ संख्या : 246
44. सनेहलीला : वंदना - प्रथम पद

45. रामायण : छंद संख्या : 1,2
46. कथा सुरगारोहणी : छंद संख्या : 79–80
47. सनेहलीला : छंद संख्या : 28–31
48. कथा अहदावंणी : छंद संख्या : 72
49. वही, छंद संख्या : 75
50. काव्यशास्त्र : डॉ. भगीरथ मिश्र, पृष्ठ संख्या : 248
51. काव्यदर्पण : रामदाहिन मिश्र, पृष्ठ संख्या : 241
52. कथा उषा पुराण : छंद संख्या : 34
53. पदमभगत कृत–रुक्मिणी मंगल, (पोथो ग्रंथ ज्ञान : पृष्ठ संख्या : 499)
54. पदम भगत कृत–रुक्मिणी मंगल, पोथो ग्रंथ ज्ञान, पृष्ठ संख्या : 543
55. केशव और उनका साहित्य : डॉ. विजयपाल सिंह, पृष्ठ संख्या : 279
56. गोस्वामी तुलसीदास प्रबन्धकार एवं प्रगतिकार : डॉ. राजकुमार पाण्डेय, पृष्ठ संख्या : 74
57. अकथ कहानी प्रेम की : पुरुषोत्तम अग्रवाल, पृष्ठ संख्या : 112
58. कथा उषापुराण : छंद संख्या : 6
59. रामरासौ :
60. रामायण : छंद संख्या : 2
61. रामायण : छंद संख्या : 189–190
62. किसी नगर या गढ़ की सुरक्षा हेतु उनके चारों ओर खोदा गया गहरा खड्डा।
63. रामायण : छंद संख्या : 31
64. वही, छंद संख्या : 205
65. पदमभगत कृत–रुक्मिणी मंगल, (पोथो ग्रंथ ज्ञान : पृष्ठ संख्या : 502)
66. वही, पृष्ठ संख्या : 524
67. रामायण : छंद संख्या : 31
68. रामायण : छंद संख्या : 241–242
69. कथा अहदावंणी, छंद संख्या : 570
70. पदमभगत कृत–रुक्मिणी मंगल, (पोथो ग्रंथ ज्ञान : पृष्ठ संख्या : 517)
71. वही, पृष्ठ संख्या : 515
72. कथा अहदावंणी : छंद संख्या : 81–82
73. कथा अहदावंणी : छंद संख्या : 333–334
74. कथा बहसोंवनी : छंद संख्या : 135
75. कथा सुरगारोहणी एवं रूक्मिणी मंगल विशेष रूप से द्रष्टव्य है।

76. कथा अहदांवणी : छंद संख्या : 353
77. वहीं, छंद संख्या : 361
78. कथा अहदावंणी : छंद संख्या : 351
79. पदमभगत कृत–रुक्मिणी मंगल, (पोथो ग्रंथ ज्ञान : पृष्ठ संख्या : 519)
80. कथा उषा–पुराण : छंद संख्या : 74–75
81. सनेहलीला : छंद संख्या : 61–62
82. रामायण : छंद संख्या : 43
83. कथा उषा पुराण : छंद संख्या : 76
84. कथा बहसोंवनी : छंद संख्या : 164–165
85. कथा अहदांवणी : छंद संख्या : 540
86. रुक्मिणी मंगल : (सम्पादक) स्वामी कृष्णानन्द आचार्य, पृष्ठ संख्या : 115
87. रामलाल कृत रुक्मणी मंगल : छंद संख्या : 56
88. रुक्मिणी मंगल : (सम्पादक) स्वामी कृष्णानन्द आचार्य, पृष्ठ संख्या : 183
89. रामलला रुक्मिणी मंगल : छंद संख्या : 113
90. रामलला कृत रुक्मिणी मंगल : छंद संख्या : 80
91. वही, छंद संख्या : 82
92. वहीं, छंद संख्या : 189
93. सनेहलीला : छंद संख्या : 13
94. आधुनिक हिन्दी काव्य–शिल्प : डॉ. मोहन अवस्थी, पृष्ठ संख्या : 21
95. संत काव्य : आचार्य परशुराम चतुर्वेदी , भूमिका पृष्ठ संख्या : 65
96. हिन्दी भाषा का इतिहास : डॉ. भोलानाथ तिवारी, पृष्ठ संख्या : 115
97. पोथो ग्रंथ ज्ञान : पृष्ठ संख्या : 517, (पदम भगत कृत रुक्मिणी मंगल)
98. वही , पृष्ठ संख्या : 524
99. जाम्भोजी, विष्णोई सम्प्रदाय और साहित्य : डॉ. हीरालाल माहेश्वरी (दूसरा भाग), पाद टिप्पणी से उदधृत, पृष्ठ संख्या : 896)
100. कथा सुरगारोहणी, पद संख्या : 12
101. सनेहलीला : पद संख्या : 62
102. वही , पद संख्या : 77–78
103. हिन्दी भाषा का इतिहास : डॉ. भोलानाथ तिवारी, पृष्ठ संख्या : 301–302

104. आधुनिक हिन्दी महाकाव्यों में संवाद–तत्त्व : डॉ. रामबीर सिंह शर्मा, पृष्ठ संख्या : 26
105. भारतीय काव्य शास्त्र : डॉ. तारकनाथ बाली, पृष्ठ संख्या : 44
106. मेहोजी रामायण : पद संख्या : 123, 124
107. मेहोजी रामायण : पद संख्या : 179–184
108. सुरजनदास पूनिया कृत रामरासौ : सीत मंदोदरी को संवादौ, दवाला संख्या : 3–4
109. पोथो ग्रंथ ज्ञान : पदम भगत–रुक्मिणी मंगल, पृष्ठ संख्या : 507
110. पोथो ग्रंथ ज्ञान : पदम भगत कृत रुक्मिणी मंगल, पृष्ठ संख्या : 502
111. रामलला कृत रुषमंणी मंगल : हस्तलिखित प्रति संख्या : 25542, राजस्थान राज्य प्राच्य विद्या प्रतिष्ठान, जोधपुर
112. कथा अहदांवणी : पद संख्या : 111
113. वही, पद संख्या : 297
114. वही, पद संख्या : 300
115. कथा बहसोंवनी : पद संख्या : 106–107
116. कथा सुरगारोहणी : पद संख्या : 206
117. सनेहलीला : पद संख्या : 52, 54
118. गोस्वामी तुलसीदास : रामचन्द्र शुक्ल, पृष्ठ संख्या : 120
119. हिन्दी–रीति कविता के परिप्रेक्ष्य में कवि मण्डन का अध्ययन : डॉ. देवेन्द्र, पृष्ठ संख्या : 238
120. भारतीय एवं पाश्चात्य काव्य शास्त्र की पहचान : प्रो. हरिमोहन, पृष्ठ संख्या : 66
121. सनेहलीला : छंद संख्या 71
122. पोथो ग्रंथ ज्ञान : रुक्मिणी मंगल, पृष्ठ संख्या : 513
123. कथा अहदांवणी : छंद संख्या : 571
124. कथा बहसोंवनी : छंद संख्या : 160
125. रामरासौ : कवित्त संख्या : 82
126. वही, दुहा संख्या : 17
127. कथा अहदांवणी : छंद संख्या : 351
128. पोथो ग्रंथ ज्ञान : रुक्मिणी मंगल, पृष्ठ संख्या : 52
129. पोथो ग्रंथ ज्ञान : पदम भगत कृत रुक्मिणी मंगल, पृष्ठ संख्या : 526
130. कथा उषा पुराण : अंतिम चरण आरती, छंद संख्या : 3
131. सनेहलीला, छंद संख्या : 178
132. पदमदास : रुक्मिणी मंगल, पृष्ठ संख्या : 103

133. मेहोजी कृत रामायण : छंद संख्या : 205
134. कथा अहदांवणी : छंद संख्या : 113
135. पोथो ग्रंथ ज्ञान : रुक्मिणी मंगल, पृष्ठ संख्या : 503
136. सनेहलीला : छंद संख्या : 96
137. कथा उषा पुराण : छंद संख्या : 7
138. कथा अहदांवणी : छंद संख्या : 82
139. पोथो ग्रंथ ज्ञान : पदम भगत कृत रुक्मिणी मंगल, पृष्ठ संख्या : 502
140. श्री रुक्मिणी मंगल : पृष्ठ संख्या : 142
141. पोथो ग्रंथ ज्ञान : रुक्मिणी मंगल, पृष्ठ संख्या : 505
142. सनेहलीला, छंद संख्या : 121
143. कथा बहसोंवनी, छंद संख्या : 501
144. पदम भगत कृत रुक्मिणी मंगल : (सम्पादक) कृष्णानन्द आचार्य, पृष्ठ संख्या : 87
145. रामरासौ : कवित्त संख्या : 85
146. मेहोजी विरचित रामायण : छंद संख्या : 206
147. सनेहलीला : छंद संख्या : 58
148. पोथो ग्रंथ ज्ञान : पृष्ठ संख्या : 529
149. मेहा रामायण : छंद संख्या : 13
150. कथा सुरगारोहणी : छंद संख्या : 135
151. कथा उषापुराण : छंद संख्या : 164
152. रामरासौ : कवत्त संख्या : 92
153. कथा अहदांवणी : छंद संख्या : 38
154. कथा सुरगारोहणी : छंद संख्या : 16
155. वही , छंद संख्या : 118
156. मेहोजी कृत रामायण : छंद संख्या : 43
157. कथा बहसोंवनी : छंद संख्या : 89
158. मेहा रामायण , छंद संख्या : 67
159. वही, छंद संख्या : 67
160. भारतीय काव्य शास्त्र की परम्परा : (सम्पादक) डॉ. नगेन्द्र, पृष्ठ संख्या : 577
161. Symbolism may be defined as the representation of a reality on the level of reference by a corresponding reality on another, page 405, हिन्दी संत परम्परा और संत केसो : पृष्ठ संख्या : 352 से उद्धृत
162. प्रामाणिक हिन्दी कोश : आचार्य रामचन्द्र वर्मा, पृष्ठ संख्या : 539

विश्नोई संतकवियों द्वारा रचित राम–कृष्ण संबंधी आख्यान काव्य

163. कबीर साहित्य की परख : श्री परशुराम चतुर्वेदी, पृष्ठ संख्या : 142 भारती सागर प्रयाग, संवत् 2011
164. चिन्तामणि : आचार्य रामचन्द्र शुक्ल, (भाग–2), पृष्ठ संख्या : 12
165. आधुनिक हिन्दी काव्य में प्रतीक विधान : डॉ. चन्द्रकला, पृष्ठ संख्या : 21
166. मध्यकालीन साहित्य में अवतारवाद : डॉ. कपिल देव पांडेय, पृष्ठ संख्या : 719
167. (क) पोथो ग्रंथ ज्ञान : पदम भगत रुक्मिणी मंगल, पृष्ठ संख्या : 507–508
    (ख) कथा उषापुराण : पद संख्या : 160–164
168. राम कौसल्या सुमता लखंण, भरत चत्रगुण केकवी विचारि।
    दसरथ घरे जळमिया, चौकस कंवर चियारि।। (मेहो रामायण, पद संख्या : 5)
169. कर जोड़े कहे केकवी, आगल्य ऊभी साम्य।
    भरत चत्रगुंण राज द्यौ, देसोटो लछमंण राम।। (मेहो रामायण, पद संख्या : 10)
170. हुं सुपन्नख्या राम, वरि वा सगति, भणौ मुंझि राखौ भुंवण्य।। रामरासौ, पद संख्या : 5
171. रामरासौ : पद संख्या : 23
172. पोथो ग्रंथ ज्ञान : कथा अहदांवणी, पृष्ठ संख्या : 476
173. (क) मेहो रामायण : पद संख्या : 16, 17, 18, 35–36
    (ख) कथा बहसोंवनी : पद संख्या : 320–322
174. कथा उषापुराण : पद संख्या : 112
175. पोथो ग्रंथ ज्ञान : पदम भगत, रुक्मिणी मंगल, पृष्ठ संख्या : 503–504
176. रामलला कृत रुक्मिणी मंगल : प्रति संख्या : 25542, राजस्थान राज्य प्राच्य विद्या प्रतिष्ठान, जोधपुर
177. पोथो ग्रंथ ज्ञान : रुक्मिणी मंगल, पृष्ठ संख्या : 505
178. सनेहलीला : पद संख्या : 76
179. वही, पद संख्या : 78
180. पोथो ग्रंथ ज्ञान : रुक्मिणी मंगल, पृष्ठ संख्या : 509
181. रामायण : पद संख्या : 59
182. कथा बहसोंवनी : पद संख्या : 232
183. कथा बहसोंवनी : पद संख्या : 120, 124
184. रामरासौ : कवित्त : 1
185. कथा बहसोंवनी : पद संख्या : 128

विश्नोई संतकवियों द्वारा रचित राम–कृष्ण संबंधी आख्यान काव्य

186. रामायण : पद संख्या : 213
187. रामरासौ : कवित्त : 90
188. रामरासौ : कवित्त : 75
189. आधुनिक हिन्दी कविता में बिम्ब विधान : डॉ. केदार नाथ सिंह, पृष्ठ संख्या : 48
190. रस सिद्धान्त : डॉ. नगेन्द्र, पृष्ठ संख्या : 357
191. छायावादी काव्य में बिम्ब विधान : डॉ. कृष्णकान्त शर्मा, पृष्ठ संख्या : 10
192. आधुनिक हिन्दी काव्य में बिम्ब विधान : डॉ. केदार नाथ सिंह, पृष्ठ संख्या : 28
193. सनेहलीला : छंद संख्या : 45
194. कथा बहसोंवनी : छंद संख्या : 165
195. कथा सुरगारोहण : छंद संख्या : 138
196. कथा उषापुराण : छंद संख्या : 57
197. कथा बहसोंवनी : छंद संख्या : 269
198. रामायण : छंद संख्या : 40
199. कथा अहदांवणी : छंद संख्या : 544
200. पोथो ग्रंथ ज्ञान : पदम भगत कृत रुक्मिणी मंगल, पृष्ठ संख्या : 563
201. सनेहलीला : छंद संख्या : 42
202. कथा अहदांवणी : छंद संख्या : 497
203. वही, छंद संख्या : 456
204. पोथो ग्रंथ ज्ञान : रुक्मिणी मंगल, पृष्ठ संख्या : 563
205. रुक्मिणी मंगल : (सम्पादक) कृष्णानन्द आचार्य, पृष्ठ संख्या : 107
206. रुक्मिणी मंगल : (सम्पादक) कृष्णानन्द आचार्य, पृष्ठ संख्या : 109
207. हिन्दी रीतिकविता के परिप्रेक्ष्य में कवि मण्डन का अध्ययन : डॉ. देवेन्द्र, पृष्ठ संख्या : 260 से उद्धृत
208. कथा सुरगारोहणी : छंद संख्या : 14
209. पोथो ग्रंथ ज्ञान : पदम भगत कृत रुक्मिणी मंगल, पृष्ठ संख्या : 536
210. रुक्मिणी मंगल : (सम्पादक) कृष्णानन्द आचार्य, पृष्ठ संख्या : 146
211. कथा उषापुराण : छंद संख्या : 84
212. रुक्मिणी मंगल : (सम्पादक) कृष्णानन्द आचार्य, पृष्ठ संख्या : 135
213. कथा बहसोंवनी : छंद संख्या : 160
214. मेहोजी कृत रामायण : छंद संख्या : 64
215. सनेहलीला : छंद संख्या : 17

216. पोथो ग्रंथ ज्ञान : पदम भगत कृत रुक्मिणी मंगल, पृष्ठ संख्या : 537
217. राजस्थानी रुकमणी मंगल : डॉ. सत्यनारायण स्वामी, पृष्ठ संख्या : 112
218. राजस्थानी रुकमणी मंगल : डॉ. सत्यनारायण स्वामी, पृष्ठ संख्या : 28
219. वही,   पृष्ठ संख्या : 86
220. सनेहलीला : छंद संख्या : 83
221. वही, छंद संख्या : 90
222. छन्द प्रभाकर : जगन्नाथ प्रसाद 'भानु' भूमिका, पृष्ठ संख्या : 12
223. प्रामाणिक हिन्दी कोश : रामचन्द्र वर्मा, पृष्ठ संख्या : 272
224. रस, अलंकार, छन्द और अन्य काव्यांग : डॉ. वेंकट शर्मा, पृष्ठ संख्या : 163
225. महादेवी : चिन्तन और कला : (सम्पादक) इन्द्रनाथ मदान, पृष्ठ संख्या : 57–58
226. केशव और उनका साहित्य : डॉ. विजयपाल सिंह, पृष्ठ संख्या : 316
227. हिन्दी साहित्य कोश : धीरेन्द्र वर्मा, पृष्ठ संख्या : 305
228. कथा बहसोंवनी : छंद संख्या : 41
229. श्री पिंगल पियूष : परमानन्द शास्त्री, पृष्ठ संख्या : 158
230. कथा सुरगारोहणी : छंद संख्या : 9
231. पदम भगत कृत रुक्मिणी मंगल : रंगीली मतवारी, राग सोरठ, छंद संख्या : 3–4
232. श्री पिंगल पियूष : परमानन्द शास्त्री, पृष्ठ संख्या : 158
233. कथा बहसोंवनी : छंद संख्या : 135
234. पोथो ग्रंथ ज्ञान : रामरासौ, पृष्ठ संख्या : 251
235. रघुनाथरूपक : पृष्ठ संख्या : 253
236. वही, पृष्ठ संख्या : 250
237. वही, पृष्ठ संख्या : 251
238. वही, पृष्ठ संख्या : 252
239. हिन्दी छन्दोलक्षण : नारायणदास, पृष्ठ संख्या : 204
240. कथा अहदावणी में धवल (धवला) राग के अन्तर्गत
241. कथा उषापुराण में धवल राग के अन्तर्गत
242. कथा अहदावणी : छंद संख्या : 526–528
243. कथा उषापुराण : छंद संख्या : 213
244. रघुनाथरूपक : (सम्पादक) महताब चन्द्र खारेड़, पृष्ठ संख्या : 138

245. रामरासौ : सीत मंदोदरी कौ संवाद 1 व 4
246. रामरासौ : कवत्त संख्या : 19
247. रुक्मिणी मंगल पदम भगत कृत : (पोथो ग्रंथ ज्ञान, पृष्ठ संख्या : 526)
248. लावनी भी लिखा जाता है।
249. छन्द प्रभाकर : पृष्ठ संख्या : 70
250. रुक्मिणी मंगल पदम भगत कृत : (पोथो ग्रंथ ज्ञान, पृष्ठ संख्या : 530)
251. रघुवरजस प्रकास : पृष्ठ संख्या : 328
252. रामलला कृत रुक्मिणी मंगल : ग्रंथांक 25542, राजस्थान प्राच्य विद्या प्रतिष्ठान, जोधपुर
253. डिंगल साहित्य : डॉ. गोवर्द्धन शर्मा, पृष्ठ संख्या : 306
254. मेहा रामायाण : छंद संख्या : 212–213
255. तुलसी के भक्त्यात्मक गीत : डॉ. वचनदेव कुमार, पृष्ठ संख्या : 181
256. यो सोहवनि विशेषस्तु स्वरवर्ण विभूषितः। रज्को जन चिन्तानां स रागः कथितोबुद्येः।। (संगीत रत्नाकर–शाङ्.र्गधर, सम्पादक श्रीनिवास मूर्ति, पृष्ठ संख्या : 2)
257. संगीत शास्त्र : के वासुदेव शास्त्री, पृष्ठ संख्या : 2
258. कथा अहदांवणी : छंद संख्या : 275
259. पोथो ग्रंथ ज्ञान : रुक्मिणी मंगल, पृष्ठ संख्या : 545
260. कथा बहसोंवनी : छंद संख्या : 288
261. कथा अहदांवणी : छंद संख्या : 468
262. मेहा रामायण : छंद संख्या : 102–103
263. रुक्मिणी मंगल : (सम्पादक) कृष्णानन्द आचार्य, पृष्ठ संख्या : 92

उपसंहार

राम और कृष्ण सम्बन्धी आख्यान काव्य भारतीय वाङ्.मय का लोकप्रिय एवं महत्त्वपूर्ण अंग रहा है। इसमें भारतीय धर्म, दर्शन, समाज, कला एवं संस्कृति आदि की झलक दिखाई देती है। ये आख्यान काव्य अपनी व्यापकता, गंभीरता, लोकचिन्तन एवं प्रभाव की दृष्टि से भारतीय काव्य मंजूषा का एक अद्भूत अमूल्य रत्नहार हैं।

विश्नोई संतकवियों द्वारा रचित राम–कृष्ण सम्बन्धी आख्यान काव्यों की परम्परा पन्द्रहवीं शताब्दी से आरम्भ होकर बीसवीं शताब्दी के प्रारम्भ तक मिलती है। इस पंथ में राम और कृष्ण को आधार बनाकर जो प्रबन्धकाव्य लिखे गये हैं, उनका विवेचन–विश्लेषण हमने इस प्रबन्ध में करने का एक प्रयास किया है। इन प्रबन्ध काव्यों के अतिरिक्त फुटकल रूप में भी मुक्तक छंदों की रचना इस पंथ के साहित्य में मिलती है जिनमें ज्ञात कवियों में आलम जी, रैदास धतरवाल, वील्होजी, सूरतराम, साहबराम राहड़, ऊदोजी नैण, रायचन्द सुथार एवं लाखाराम आदि अनेक कवियों द्वारा रचित जाम्भाणी साखियों में राम और कृष्ण के साथ–साथ पाण्डवों से सम्बन्धित पद भी गाये जाते हैं। इनके अतिरिक्त बहुत सी ऐसी साखियां भी उपलब्ध होती है जिनके रचयिता के सम्बन्ध में कोई जानकारी नहीं मिलती है। संतकवि मय्याराम द्वारा कृष्णार्जुन संवाद के रूप में रचित 'अमावस्या माहात्म्य' का भी विश्नोई पंथ में महत्त्वपूर्ण स्थान है। इस प्रकार प्रबन्ध काव्य एवं फुटकल पदों की रचना करने वाले संतकवियों सहित विश्नोई पंथ के ज्ञात एवं अज्ञात साहित्यकारों की एक विस्तृत श्रृंखला मिलती है, जिन्होंने हिन्दी साहित्य की श्री वृद्धि की है। इस पंथ का साहित्य परम्परागत साहित्य का अनुकरण मात्र नहीं है वरन् इस पंथ के संतकवियों की मौलिक उद्भावनाएँ भी हैं। यह श्रृंखला साहित्य जगत की अक्षुण्ण विरासत है, जिससे साहित्य साधना को नया पथ निर्देशन भी मिला है।

पौराणिक कथानकों पर आख्यान काव्यों की रचना करने वाले विश्नोई पंथ के गुरु जाम्भोजी के हुजूरी (समकालीन) संतकवियों में डेल्हजी, पदम भगत एवं मेहो गोदारा प्रमुख हैं। राजस्थानी साहित्य में आख्यान काव्य परम्परा का सूत्रपात डेल्हजी एवं पदम भगत से होता है। डेल्हजी ने कथा अहदांवणी व पदम भगत ने रुक्मिणी मंगल नामक आख्यान काव्य की रचना की, उसके ठीक दो दशक बाद मेहोजी गोदारा ने रामाख्यान काव्य परम्परा का सूत्रपात किया जो राजस्थानी भाषा का रामकथा विषयक प्रथम एवं गोस्वामी तुलसीदास जी के रामचरितमानस से

विश्नोई संतकवियों द्वारा रचित राम-कृष्ण संबंधी आख्यान काव्य

काफी पूर्व लिखा गया रामचरित विषयक प्रबन्ध काव्य है। इस प्रकार इस पंथ में संतकवियों ने राम और कृष्ण को आधार बनाकर, मध्यकाल के सर्वाधिक लोकमान्य अवतारों पर आख्यान काव्य सृजित करके हिन्दी साहित्य के एक बड़े अभाव की पूर्ति की। इससे पूर्व की रामचरित विषयक जो भी कृतियां मिलती हैं वे मारू-गुर्जर की रचनाएँ हैं।

हिन्दी साहित्य के मध्यकाल से लेकर आधुनिक काल तक राम और कृष्ण के चरित तथा पुराणों के आख्यान प्रसंगों को आधार बनाकर विपुल साहित्य सृजित हुआ है लेकिन विश्नोई संतकवियों द्वारा रचित आख्यान काव्य-काव्यरूप एवं वर्ण्य विषय की दृष्टि से प्रचलित काव्यों से भिन्न है। इनमें कथात्मक एवं चरित्रगत उल्लेखनीय अन्तर भी है। ये आख्यान काव्य लोक जीवन एवं लोक अनुभवों से निर्मित लोक काव्य हैं, जो समाज में गाये जाते हैं। इनमें विश्नोई पंथ की मौलिकता, स्वरूपगत अन्य विशेषता एवं उसका इतिहास सुरक्षित है। इन प्रबन्ध काव्यों की वर्तमान भारतीय समाज एवं संस्कृति के स्वरूप-निर्माण में महत्त्वपूर्ण भूमिका है। इनमें संतकवियों ने तत्कालीन समाज के लोगों की आस्था, धार्मिकता, सामाजिक एवं लोकाचार के अवधारणागत स्वरूप को अंगीकार करके, उनमें देशकाल के अनुरूप लौकिक-अलौकिक तत्त्वों, मान्यताओं, विश्वासों और उद्भावनाओं का समावेश किया है।

इन प्रबन्ध काव्यों में लोकमान्यताओं, मूल्यों एवं विश्वासों की प्रतिष्ठा रचनाकालीन ग्रामीण सामाजिक परिवेश, संस्कृति एवं मूल्यों के अनुरूप हुई है। ये आख्यान-काव्य लोक रीति-परम्परा, लोकव्यवहार में प्रयुक्त होने वाले मुहावरों, कहावतों एवं लोक गायन शैली के छन्द-अलंकार आदि का एक अच्छा निदर्शन हैं।

राम-कृष्ण संबंधी प्रबन्ध काव्यों में भक्ति के नाम पर वेदशास्त्रों की निंदा, डांट-फटकार, निर्गुण का खण्डन एवं सगुण का मण्डन, जो मध्यकालीन हिन्दी भक्तिकाल में देखने को मिलता है, इनमें ऐसा कुछ भी दिखाई नहीं देता है, हाँ! प्राचीन परम्परा के रामकृष्णोपासक वेदशास्त्र जो अपने उपदेशों में दर्शन, इतिहास, पुराणों आदि के प्रसंग गाया करते थे, उस परम्परा का निर्वहन इनमें अवश्य हुआ है। गुरु जाम्भोजी की वाणी में जिन-जिन पौराणिक पात्रों का नामोल्लेख हुआ है वे प्रायः सभी इन आख्यान काव्यों के भी पात्र बन गये हैं। ये संतकवि यद्यपि राम और कृष्ण के अनन्य भक्त होते हुए भी लोकरीति के अनुसार अपने ग्रंथ का आरम्भ गणेश वन्दना से करके आगे बढ़ते हैं। लोक-मर्यादा की रक्षा का भाव इन सम्पूर्ण काव्य ग्रंथों में समाहित है।

भारतीय वाड्.मय के महान् रत्नग्रंथ रामायण और महाभारत तथा पुराण साहित्य को लोक संस्कृति एवं लोक-विश्वासों का विश्वकोश कहा

विश्नोई संतकवियों द्वारा रचित राम-कृष्ण संबंधी आख्यान काव्य

जाता है। विवेच्य आख्यान काव्यों के उपजीव्य ग्रंथ भी ये ही है। उपजीव्य ग्रंथों की भांति इन आख्यान काव्यों में भी लोक विश्वास एवं लोक मान्यताओं का अनन्त भण्डार भरा पड़ा है। भाग्य लेखा, ज्योतिष, स्वप्न, शकुन-अपशकुन, पशु-पक्षी, कीट-पतंगे आदि से सम्बन्धित लोक-विश्वास, शरीर का कोई विशेष अंग फड़कना इत्यादि लोक-विश्वासों का प्रभाव इन काव्य ग्रंथों में विस्तृत रूप से देखने को मिलता है। सामान्य जनता बौद्धिक परिष्कार और विश्लेषण का सामर्थ्य नहीं रखती है वे लोक जीवन में व्याप्त संस्कार, रीति-रिवाज, परम्परा, मान्यताओं आदि को बिना तर्क की कसौटी पर कसे, ज्यों के त्यों स्वीकार कर लेती हैं। इन काव्यों में विवेचित ग्राम्य संस्कृति जन्म-जन्मान्तर, चौरासी लाख योनियां, ज्योतिष, स्वप्न, शकुन-अपशकुन आदि से अत्यधिक प्रभावित है। वर्तमान में वैज्ञानिक युग के प्रभाव-वश इसमें ह्रास भले ही दृष्टिगोचर होता हो, परन्तु इसका नाश कदापि सम्भव नहीं है। ये लोक विश्वास 'लोक-जीवन' की अन्तर्चेतना में इतने गहरे उतर चुके हैं कि हम जाने-अनजाने इनसे प्रेरित एवं परिचालित होते रहते हैं। इनकी जड़े केवल सामान्य व्यक्ति तक ही नहीं बल्कि सुसंस्कृत एवं शासक वर्ग में भी विद्यमान हैं। ये अन्ध-विश्वास या परम्परा अलौकिक शक्ति का आलम्बन पाकर लौकिक भूमि पर रूढ़ि और विश्वास बनकर जीवन और समाज का अंग बन गये हैं।

राम-कृष्ण सम्बन्धी इन प्रबन्ध काव्यों की कथावस्तु पुराणों एवं इतिहास ग्रंथों से अवश्य ली हुई है, लेकिन यह प्रायः जनसाधारण की जानी-पहचानी लगती है। इसलिए इसे पढ़ने व समझने में कोई कठिनाई नहीं होती है। इनका उद्देश्य जनता का मनोरंजन करना होने के साथ-साथ प्रच्छन्न एवं परोक्ष रूप से नीति, धर्म, सुसंस्कार, प्राचीन परम्परा आदि को प्रेरणा प्रदान करना और समाज की सुरूचि का निर्माण करना है।

विश्नोई पंथ में जागरण-जम्मा की प्रथा गुरु जाम्भोजी के समय से ही है, यह पंथ की सबसे प्राचीन एवं अति महत्त्वपूर्ण प्रथा है। रात्रि जागरण गायणा एवं साधुओं द्वारा लगाया जाता है। इन जागरणों में जाम्भाणी साखी, हरजस एवं अन्य पदों के साथ-साथ इन आख्यान काव्यों के पदों का भी गायन किया जाता है। विश्नोई पंथ में यह लोक प्रथा आज भी वर्तमान है। रामकथा एवं भागवत की भांति विश्नोई पंथ में रामायण और रुक्मिणी-मंगल कथा का आयोजन भी होता है, जिसमें एक सप्ताह में यह कथा गायी व अरथायी (अर्थ स्पष्ट करना एवं व्याख्या करना) जाती है। पाण्डवों की कथा जिसमें कृष्ण की केन्द्रिय भूमिका है, जो महाभारत के विराट पर्व की कथा से सम्बन्धित है, विश्नोई पंथ में

सर्वाधिक लोकप्रिय है। पंथ में गाये जाने वाले पदों में गुरु जाम्भोजी की वाणी के पश्चात् साखियों को सर्वाधिक सम्मान प्राप्त है। प्रायः सभी साखी रचयिताओं ने अपनी–अपनी साखियों में राम–कृष्ण और पौराणिक पात्रों के साथ–साथ पाण्डवों का उल्लेख भी किया है, जो इनकी लोकप्रियता एवं प्रसिद्धि का प्रमाण है।

मेहो रामायण लोकाख्यान रूप में प्रचलित प्रबन्ध काव्य ग्रंथ है, जिसमें सोहलवीं शताब्दी के मरुप्रदेशीय समाज का सजीव चित्रण है। वन में राम, लक्ष्मण, सीता सभी कार्यरत हैं, राम तालाब खुदवाते हैं, लक्ष्मण उसकी पाळ बांधते हैं तथा सिर पर घड़ा रखकर सीता पानी लाती है। खड़ी बोली के आधुनिक प्रबन्ध काव्यों में वर्णित पौराणिक चरित्रों की जो नवीन भावना बीसवीं शताब्दी में दिखाई पड़ती हैं, वह मेहो रामायण में सोलहवीं शताब्दी में ही देखने को मिल जाती है। रामायण कालीन समाज में जो लोक–मान्यता एवं लोक–विश्वास प्रचलित थे, उनका दिग्दर्शन हमें इस कृति में मिलता है, त्रिया–चरित, मुहूर्त, शकुन, अभीष्ट वर की प्राप्ति हेतु गौरी पूजन, बड़े भाई की मृत्यु होने पर उसकी औरत को पत्नी के रूप में प्राप्त करने की छोटे भाई की कामना, ब्राह्मण एवं गायों की रक्षा, पशु या स्त्री हरण करने पर पीछा करने (बाहर छोड़ने) की प्रथा, सगाई हेतु नारियल भेजना, पीहर से दहेज मिलने पर ससुराल में सम्मान, पूर्वजन्म के कर्म–फल में विश्वास, स्त्रियों के आभूषणों एवं वस्त्रों के प्रति मोह, दान की कृतज्ञता, सांप द्वारा वैर लेने का लोकविश्वास, बड़े भाई की पत्नी को माता के समान समझना, तालाब, बावड़ी–कुओं का निर्माण कराना आदि तत्कालीन लोक संस्कृति की सामाजिक मान्यताओं एवं लोक विश्वासों का विशद् विवेचन रामायण में हुआ है।

रामरासौ जाम्भाणी साहित्य की एकमात्र रासौ संज्ञक वीर रस प्रधान कृति है जिसमें राम वनवास से रावण वध तक की सुव्यवस्थित कथा सृष्टि मौलिक उद्भावनाओं के निर्देशन से तत्कालीन जनजीवन व सामाजिक स्थितियों का चित्रण उकेरती है।

कृष्ण–रुक्मिणी विवाह सम्बन्धी आख्यान काव्यों की मुख्य चेतना लौकिक जीवन से सम्बन्धित है। लोक जीवन से जुड़े समस्त पहलुओं को इसमें संतकवियों ने उद्घाटित किया है, जो लोक संस्कृति के अभिन्न अंग हैं। पदम भगत कृत रुक्मिणी–मंगल लोक संस्कृति से जुड़ी एक ऐसी धरोहर है जो पन्द्रहवीं शताब्दी से मानव समाज का लोकानुरंजन करती आई है। यह रचना न केवल विश्नोई पंथ तक ही सीमित है अपितु इसे अन्य पंथ–सम्प्रदाय एवं धर्मों के लोग भी बड़े आदर से गाते एवं सुनते हैं। इसमें मध्यकालीन सामन्ती व्यवस्था में नारी की मनोभावनाओं

पर अंकुश के विरोध में एक नारी के स्वयंवर अधिकार की रक्षा के साथ–साथ युगीन संस्कृति को सफलतापूर्वक उकेरा गया है। इसकी सम्पूर्ण कथा–वस्तु पूर्णतः लोकतत्त्वों से अनुप्राणित है। सामाजिक व्यवस्था, धार्मिक विश्वास, लोकाचार, लोकविश्वास और सांस्कृतिक उपादेयता को विशेष रूप से रुक्मिणी मंगल प्रबन्ध में उद्‌घाटित किया गया है। पशु–पक्षी, प्रकृति–पदार्थ, जादू टोना, ज्योतिष शास्त्र, शकुन आदि से सम्बन्धित लोक विश्वासों के साथ–साथ धार्मिक विश्वासों में शिव, गौरी, गणेश एवं सूर्य पूजन प्रमुखता से देखने को मिलता है। अस्त्र–शस्त्र, दिव्यास्त्रों सहित सेना के विविध रूप अश्वों–हाथियों की प्रजातियाँ, आभूषण एवं गहने, बरात, साज–सज्जा, भोजन आदि के माध्यम से पदम भगत व रामलला ने युगीन संस्कृति, सभ्यता, शासन–तंत्र एवं सैन्य–व्यवस्था का आदर्श रूप प्रस्तुत किया है। विश्नोई पंथ के मेलों–उत्सवों में वस्त्राभूषणों की साज–सज्जा एवं विवाह–मौसर आदि अवसरों पर ग्रामीण परिवेश में भोजनादि की झलक इन काव्यों में विशेष रूप से द्रष्टव्य है।

युगीन लोक–संस्कृति, लोक–मान्यताएँ, विश्वास, रीति–रिवाज, रूढ़ि, आशा, आकांक्षा आदि के साथ–साथ मरु–प्रदेशीय आत्मा की झांकी कथा अहदांवणी में दिखाई देती है। यह नाटकीय तत्त्वों के सफल गुम्फन एवं सहज घरेलू भाषा के कारण अत्यन्त लोकप्रिय है। राजस्थानी लोकजीवन के सर्वश्रेष्ठ सन्देश वाहक रैबारी माने जाते हैं, जिनका मुख्य पेशा ऊँट पालन होता है, वे 15वीं शताब्दी से लेकर आज तक ऊँट पालन का ही कार्य करते हैं। उनकी स्वामिभक्ति, शिष्टाचार एवं मानवीय सौहार्द की भावना का ऐसा सजीव चित्रण मध्यकालीन अन्य कृतियों में दुलर्भ है।

कृष्ण की केन्द्रीय भूमिका के साथ–साथ पाण्डवों के चरित को उद्‌घाटित करने वाले संतकवि केसौदास गोदारा का राजस्थानी साहित्य में पाण्डवों के चरित सम्बन्धी आख्यान और रचित कथा काव्य के क्षेत्र में महत्त्वपूर्ण स्थान है। केसौदास शकुन–अपशकुन से कम डरते थे, लेकिन भाग्य लेखा पर सर्वाधिक विश्वास करते थे। इनमें नीति–धर्म पालन में आस्था विशेष रूप से देखने को मिलती है। कवि ने पौराणिक पात्रों के माध्यम से कलियुग की विशेषता बताते हुए, माता–पिता के प्रति पुत्रों के कर्त्तव्य को समझाया है, जो मध्ययुग से लेकर वर्तमान तक सामाजिक–संस्कारों की पहली सीढ़ी है। एक गौरेया (चिड़ी) पक्षी के मुख से स्त्री के अवगुणों का बखान, एक स्त्री का पुत्र प्राप्ति हेतु धर्म–नियमों का उल्लघंन करके स्वयं मृत्यु का कारण बनना, आपातकाल में विवाहित स्त्री को भी कभी–कभी अन्य किसी को सौंप देना, स्त्री को घायल करके तपस्वी बनना और पत्नी द्वारा अपने पति का अन्तिम संस्कार किये जाने

विश्नोई संतकवियों द्वारा रचित राम-कृष्ण संबंधी आख्यान काव्य

सम्बन्धी प्रसंग युगीन स्त्री मनोवृत्ति एवं उनके स्वभाव-गुण-चरित को जीवन्तता प्रदान करते हैं। ये प्रसंग वर्तमान समाज में महिलाओं के चरित को प्रगाढ़ बनाने के साथ-साथ पुत्र-मोह, ईश्वर प्रेम (जीवन कल्याणार्थ) एवं महिला सशक्तीकरण के क्षेत्र में विशेष रूप से प्रभावी है।

कथा उषा-पुराण, उषा-अनिरुद्ध चरित विषयक राजस्थानी का प्रथम एवं जाम्भाणी साहित्य का एकमात्र प्रबन्ध काव्य है। इसकी कथा पौराणिक एवं बहुप्रचलित है। इसके प्रायः सभी पात्र अलौकिक शक्ति सम्पन्न होते हुए भी मानवीय भावनाओं से ओत-प्रोत हैं। इस प्रबन्ध काव्य में उषा-अनिरुद्ध के विवाह उत्सव पर लोक रीति एवं लोक मर्यादाओं का चित्रण कवि ने 'धवल मंगल' प्रथा के रूप में किया है। कृष्ण और शिव के युद्ध को क्षत्रिय और जोगी का युद्ध कहा है जो कवि की मौलिकता एवं काव्य क्षेत्र में नवीनता का परिचायक है।

सामाजिक व्यवस्था के अन्तर्गत समाज के विविध वर्गों की गणना की गई है और उसमें परिवार को समाज की महत्त्वपूर्ण इकाई के रूप में उद्घाटित किया गया है। कवि ने मध्ययुगीन समाज का चित्रांकन कर समाज में प्रचलित मान्यताओं के माध्यम से युगीन समाज का प्रतिबिम्ब प्रस्तुत किया है। संस्कार व्यक्ति को पूर्णता की ओर ले जाते हैं। रुक्मिणी-मंगल के साथ-साथ कथा उषा पुराण भी विवाह पर आधारित काव्य है। अतः इस काव्य में गान्धर्व विवाह का विशेष रूप से वर्णन उपलब्ध होता है। कन्या पक्ष एवं वर पक्ष के यहाँ उनकी लौकिक रीतियों का समापन होता है। एक स्त्री की काम जनित वेदना, पुरुष समागम एवं स्त्री विलाप प्रसंग उस युग के समाज में प्रचलित रीतियों एवं लोक मर्यादा का सामन्तीय परिवेश के साथ युगीन चित्र उपस्थित करते हैं।

सनेहलीला में वर्णित भ्रमर गीत प्रसंग में लोक-संस्कृति एवं लोक मर्यादा का उचित निर्वहन हुआ है। संध्यावेला में गौरज से आसमान का धूल सन्नित हो जाना और अलसुबह ब्रज गोपियों के दही-बिलौने की ध्वनि युगीन ग्रामीण संस्कृति का चित्र उपस्थित करती है। माता-पिता का पुत्र के प्रति स्नेह एवं पुत्र का माता-पिता के प्रति कर्त्तव्य निर्वहन के जो भाव इसमें वर्णित हुआ है उसकी वर्तमान सामाजिक जीवन में महत्ती आवश्यकता है।

विश्नोई पंथ में विष्णु के समस्त अवतारों को मान्यता मिली है जिनका रूप इन काव्य ग्रंथों में परिलक्षित हुआ है। प्रायः सभी काव्य ग्रंथों में अवतारवाद को विशेष महत्त्व प्रदान किया गया है। इसमें राम और विष्णु तथा कृष्ण और विष्णु के ऐक्य का प्रयास देखने को मिलता है। रुक्मिणी, उषा, द्रौपदी आदि विष्णु के दशावतारों का स्मरण करते हुए अपने उद्धार की प्रार्थना करती है। रुक्मिणी मंगल में कृष्ण को विष्णु,

बलराम को शेष और रुक्मिणी को लक्ष्मी का अवतार माना गया है। उषा को रति और अनिरुद्ध को कामदेव के अवतार की परिकल्पना कथा उषा–पुराण में की गई है। प्रहलाद से वचनबद्ध होने के कारण विष्णु के दशावतारों की मान्यता विश्नोई पंथ में विशेष रूप से स्वीकार्य है। विष्णु के समस्त अवतारों का उल्लेख अधिकांश संतकवियों ने विभिन्न दृष्टान्तों एवं उदाहरणों के माध्यम से किया है, जो लोक में विष्णु की सर्वव्यापकता के परिचायक हैं। पौराणिक पात्र हनुमान, श्रवण कुमार, हरिशचन्द्र को क्रमशः स्वामी–भक्ति, मातृ–पितृ भक्ति एवं सत्य का पालन करने के संदर्भ में अत्यन्त श्रद्धा एवं सम्मान के साथ याद किया गया है। स्वामी–भक्ति, मातृ–पितृ भक्ति, सत्य एवं धार्मिक विश्वास व्यक्ति को जीवन एवं परिवार के प्रति आस्थावान बनाये रखते हैं।

इन प्रबन्धकारों में लोक का पक्ष बड़ा प्रबल है। वैसे भी लोक का सम्बन्ध जन–जन के मन एवं उसके कार्यों में समाहित रहता है। इन सभी काव्य ग्रंथों में विश्नोई संतकवियों ने परम्परा से अलग–अलग स्रोतों से कथा और घटनाओं को ग्रहण करने के पश्चात् उसे नवीन सृष्टि–लौकिक दृष्टि के माध्यम से दी है। इनमें युगीन विश्नोई पंथ, मानव, समाज, जीवन, संस्कृति, संस्कार, रीति–रिवाज, परम्परा आदि की महत्ता स्थापित करके समग्रता के साथ लोक के समक्ष प्रस्तुत किया है। इस प्रकार विश्नोई संतकवियों द्वारा रचित राम–कृष्ण सम्बन्धी आख्यान काव्य समग्र रूप से लोकाख्यान के रूप में प्रचलित एवं प्रसिद्ध है। इस पंथ के संतकवियों ने लोक से इसे ग्रहण करके लिपिबद्ध करने का प्रयास किया, जो समाज एवं साहित्य की दृष्टि से महत्त्वपूर्ण है। पौराणिक आख्यान काव्य आज भी लोक या समाज में गाथा एवं कथा के रूप में गाये व सुने जाते हैं। विवेच्य आख्यान काव्यों में से कथा बहसोंवनी, कथा सुरगारोहणी एवं कथा भींव दुसासणी राजस्थानी लोक प्रचलित कथाओं से काफी साम्य लिए हुए हैं।

विश्नोई संतकवियों ने राम–कृष्ण सम्बन्धी विभिन्न लोक प्रसिद्ध एवं प्रचलित कथाओं और मान्यताओं को बड़े सुन्दर ढंग से नियोजित किया है। इनमें नाटकीय तत्त्वों का समावेश एवं लोगों के दैनन्दिन प्रयोग की भाषा और मुहावरों का प्रयोग संवादों के रूप में किया है। इन आख्यानों में गाने की और सुनने की वस्तु अधिक है, पढ़ने की कम। विभिन्न राग–रागिनियों में गेय होने के कारण आज भी लोक में व्यापक स्तर पर प्रचलित है।

किसी काव्य की प्रमुख विशेषता यह होती है कि वह जनमानस के योग्य कितना है और उस पर कितना खरा उतरता है। इस दृष्टि से ये प्रबन्ध काव्य सफल है। ये ऐसे लोकाख्यान है, जो तत्कालीन समाज में

गाये जाते थे और यह परम्परा आज भी जीवित है। अपने काव्य की उत्कृष्टता एवं कथा वर्णन शैली के कारण इन्होंने सामान्य जनता ही नहीं, प्रत्युत विदग्ध साहित्यकारों का ध्यान भी आकृष्ट किया है।

निःसन्देह हिन्दी संत साहित्य के परिप्रेक्ष्य में भाव और कला दोनों स्तरों पर विश्नोई संतकवियों द्वारा रचित राम–कृष्ण सम्बन्धी आख्यान काव्य सहज, लोकोन्मुखी एवं भावोद्दीप्त है। भाषिक सौन्दर्य के लिए छन्द–अलंकारों का सहज प्रयोग भी हुआ है, रस की दृष्टि से भी सम्यक चित्रण है। काव्य में परम्परा पालन एवं कथानक के विकास के लिए संतकवियों ने काव्य एवं कथानक रूढ़ियों का वर्णन भी किया है। इस दृष्टि से इन संतकवियों ने शास्त्रीय परम्परा से सम्बन्धित स्वर्ग्य, भौमिक एवं पातालीय वर्ग की काव्य–रूढ़ियों के साथ–साथ शास्त्रीय परम्परा से सम्बन्धित काव्य रूढियों का वर्णन भी किया है। जिनका प्रयोग कथा के प्रवाह एवं उत्सुकता लाने में उपयोगी साबित हुआ है। संतकवियों ने लोकभाषा को प्राथमिकता देते हुए लोक भाषा के मुहावरों, लोकोक्तियों का प्रयोग किया है, जो भाषा साहित्य की दृष्टि से अभूतपूर्व है। सभी कवियों ने अपने इन कथा काव्यों का आधार लोक–जीवन में प्रचलित जिस कथा को बनाया, उसके केन्द्र–बिन्दु राम–कृष्ण हैं। इनमें एक उत्कृष्ट प्रबन्धकाव्य की समस्त शैलियों के समन्वय के साथ विश्नोई पंथ के संस्थापक गुरु जाम्भोजी की विचारधारा, विष्णु का माहात्म्य और गौरव वर्णित है।

ग्रंथ–सूची

हस्तलिखित

क्र. सं.	ग्रन्थ–नाम	कर्ता	ग्रंथांक	प्राप्ति स्थान
1	कथा अहदावणी	डेल्ह जी	बस्ता न. 4	अखिल भारतीय बिश्नोई महासभा, मुकाम (बीकानेर)
2	कथा अहदाणौ	डेल्ह जी	बस्ता न. 7–8	अखिल भारतीय बिश्नोई महासभा, मुकाम (बीकानेर)
3	कथा अहदावणी	डेल्ह जी	बस्ता न. 7–8	अखिल भारतीय बिश्नोई महासभा, मुकाम (बीकानेर)
4	कथा अदावणी	डेल्ह जी	बस्ता न. 7–8	अखिल भारतीय बिश्नोई महासभा, मुकाम (बीकानेर)
5	कथा अहदांवणी	डेल्ह जी	बस्ता न. 5–6	अखिल भारतीय बिश्नोई महासभा, मुकाम (बीकानेर)
6	कथा उषापुराण	सुरजनदास पूनिया	बस्ता न. 1	अखिल भारतीय बिश्नोई महासभा, मुकाम (बीकानेर)
7	कथाबहसौनै की	केसौदास गोदारा	बस्ता न. 1	अखिल भारतीय बिश्नोई महासभा, मुकाम (बीकानेर)
8	कथा सुरगारोहण	केसौदास गोदारा	बस्ता न. 1	अखिल भारतीय बिश्नोई महासभा, मुकाम (बीकानेर)
9	रुक्मिणीमंगल (सचित्र)	पदमईया	11588	राजस्थान प्राच्य विद्या प्रतिष्ठान, जोधपुर
10	रुक्मिणी मंगल (सचित्र)	रामलला	25542	राजस्थान प्राच्य विद्या प्रतिष्ठान, जोधपुर

विश्नोई संतकवियों द्वारा रचित राम–कृष्ण संबंधी आख्यान काव्य

11	रुकमणी मंगल	पदमीयो	66	वील्होजी पुस्तकालय, बिश्नोई मन्दिर, हिसार
12	रुकमणी मंगल	प्रदमईया	बस्ता न. 5–6	अखिल भारतीय बिश्नोई महासभा, मुकाम (बीकानेर)
13	रुकमणी मंगल	पदमइय	बस्ता न. 5–6	अखिल भारतीय बिश्नोई महासभा, मुकाम (बीकानेर)
14	रुकमणी मंगल	पदम	बस्ता न. 4	अखिल भारतीय बिश्नोई महासभा, मुकाम (बीकानेर)
15	वेमाहो श्री किसन जी रो	पदम भगत	बस्ता न. 4	अखिल भारतीय बिश्नोई महासभा, मुकाम (बीकानेर)
16	वेमाहो श्री किसन जी रो	पदम भगत	बस्ता न. 4	अखिल भारतीय बिश्नोई महासभा, मुकाम (बीकानेर)
17	सनेह लीला	ऊदोजी अडीग		स्वामी कृष्णानन्द आचार्य, बिश्नोई मन्दिर, ऋषिकेश

हिन्दी ग्रंथ :

1. अकथ कहानी प्रेम की कबीर की कविता और उनका समय : पुरुषोत्तम अग्रवाल, राजकमल प्रकाशन प्रा. लि., नई दिल्ली–110002, दूसरा संस्करण : 2010
2. आधुनिक हिन्दी कविता में बिम्ब विधान : डॉ. केदारनाथ सिंह, भारतीय ज्ञानपीठ प्रकाशन, नई दिल्ली–6, प्रथम संस्करण, जुलाई : 1971
3. आधुनिक हिन्दी काव्य में छन्द योजना : डॉ. पुत्तुलाल शुक्ल, लखनऊ विश्वविद्यालय, लखनऊ, प्रथम संस्करण : 1958
4. आधुनिक हिन्दी काव्य में प्रतीकवाद : डॉ. चन्द्रकला, मंगल प्रकाशन, गोविन्द राजियों का रास्ता, जयपुर, प्रथम संस्करण : 1996
5. आधुनिक हिन्दी काव्य शिल्प : डॉ. मोहन अवस्थी, हिन्दी परिषद् प्रकाशन, प्रयाग, प्रथम संस्करण : 1962
6. आधुनिक हिन्दी महाकाव्यों में संवाद–तत्त्व : डॉ. रामबीर सिंह शर्मा, राजस्थानी ग्रंथागार, जोधपुर, प्रथम संस्करण : 1991

7. उत्तरी भारत की संत–परम्परा : परशुराम चतुर्वेदी, साहित्य भवन प्रा. लि., इलाहाबाद, संस्करण : 2010
8. कबीर : हजारीप्रसाद द्विवेदी, राजकमल प्रकाशन, 1बी, नेताजी सुभाष मार्ग, नई दिल्ली–110002, पुनर्मुद्रण छठा : 1999
9. कबीर : व्यक्तित्व, कृतित्व एवं सिद्धान्त : डॉ. सरनाम सिंह शर्मा, भारतीय शोध संस्थान, गांधी शिक्षण समिति, गुलाबपुरा, प्रथम संस्करण : 1969
10. कबीर साहित्य की परख : परशुराम चतुर्वेदी, भारती भण्डार, प्रयाग, सम्वत् : 2011
11. काव्य और संगीत का पारस्परिक सन्बन्ध : डॉ. उमा मिश्र, पुस्तक सदन दिल्ली, संस्करण : 1962
12. काव्य दर्पण : रामदाहिन मिश्र, ग्रंथमाला कार्यालय, पटना, संस्करण : 1960
13. काव्यशास्त्र : डॉ. भगीरथ मिश्र, विश्वविद्यालय प्रकाशन, वाराणसी, (24वां) संस्करण : 2013 ई.
14. कृष्णकथा उद्भव और विकास : डॉ. हौसिला प्रसाद सिंह, देव प्रकाशन, दिल्ली, प्रथम संस्करण : 1995
15. कृष्ण काव्य का तुलनात्मक अध्ययन : डॉ. रमाशंकर केलकर, अक्षर प्रकाशन प्रा. लि. दिल्ली, संस्करण : 1966
16. केशव और उनका साहित्य : डॉ. विजयपाल सिंह, राजपाल एण्ड सन्ज दिल्ली, द्वितीय संस्करण : मार्च 1967
17. गुरु जम्भेश्वर : जीवन और साधना : डॉ. किशनाराम बिश्नोई, श्रीगुरु जम्भेश्वर पब्लिकेशन, हिसार, प्रथम संस्करण : 2005
18. गुरु जाम्भोजी एवं बिश्नोई पंथ का इतिहास : डॉ. कृष्णलाल बिश्नोई, संभराथल प्रकाशक, अबूबशहर, सिरसा, प्रथम संस्करण : 2000
19. गुरु जाम्भोजी का जीवन दर्शन : (सम्पादक) डॉ. कृष्णलाल बिश्नोई, जाम्भाणी साहित्य अकादमी, बीकानेर (राज.), प्रथम संस्करण : 2014
20. गुरु जाम्भोजी की सबदवाणी एवं सनातन धर्म ग्रंथ : डॉ. कृष्णलाल बिश्नोई, जाम्भाणी साहित्य अकादमी बीकानेर, प्रथम संस्करण : 2012
21. गोस्वामी तुलसीदास : आचार्य रामचन्द्र शुक्ल, नागरी प्रचारिणी सभा, वाराणसी, दशम सस्ंकरण, सम्वत् : 2027
22. गोस्वामी तुलसीदास प्रबन्धकार एवं प्रगीत : डॉ. राजकुमार पाण्डेय, भारतीय ग्रंथ निकेतन, दिल्ली, संस्करण : 1974
23. चिन्तामणि (भाग–2) : आचार्य रामचन्द्र शुक्ल, सरस्वती मन्दिर, काशी, संस्करण : 1962

24. छन्द प्रभाकर : जगन्नाथ प्रसाद 'भानु', जगन्नाथ प्रिंटिंग प्रेस, बिलासपुर (म.प्र.), 10वीं आवृत्ति : 1960
25. छायावादी काव्य में बिम्ब विधान : डॉ. कृष्णकान्त शर्मा, लोकवाणी प्रकाशन, दिल्ली : 110031
26. जम्भ महिमा : (संग्राहक एवं प्रकाशक) संत कनिराम रुड़कली, जोधपुर, प्रथम संस्करण : सम्वत् 2040
27. जम्भसागर : (सम्पादक) कृष्णानन्द आचार्य, बिश्नोई मन्दिर, ऋषिकेश, पंचम संस्करण : 2003
28. जम्भवाणी मूल संजीवनी व्याख्या (संदर्भ सहित) : डॉ. किशना राम बिश्नोई, निर्मल पब्लिकेशन दिल्ली, प्रथम संस्करण : 1996
29. जाम्भा पुराण : स्वामी कृष्णानन्द आचार्य, जाम्भाणी साहित्य अकादमी, बीकानेर, तृतीय संस्करण : 2013
30. जाम्भाणी साखी संग्रह : (सम्पादक) स्वामी भागीरथदास शास्त्री, श्री बालकराम आश्रम, मुक्तिधाम मुकाम, पोस्ट हिमटसर, तहसील नोखा, जिला बीकानेर (राज.), संस्करण : 2011
31. जाम्भाणी साखी संग्रह : (संकलनकर्ता) ताराचन्द खीचड़, अखिल भारतीय बिश्नोई महासभा, मुकाम, बीकानेर, संस्करण : 2010
32. जाम्भोजी : हीरालाल माहेश्वरी, साहित्य अकादेमी, नई दिल्ली : 2012
33. जाम्भोजी, विष्णोई सम्प्रदाय और साहित्य (भाग–पहला, दूसरा) : डॉ. हीरालाल माहेश्वरी, बी. आर. पब्लिकेशन्स 6, प्रिटोरिया स्ट्रीट कलकत्ता–16, प्रथम संस्करण : 6 मार्च, 1970
34. जायसी का कथा–लोक : डॉ. देवेन्द्र, राजस्थानी साहित्य संस्थान, जोधपुर, प्रथम संस्करण : 1995
35. डिंगल साहित्य : डॉ. गोवर्द्धन शर्मा, अनुसंधान प्रकाशन, आचार्य नगर, कानपुर, प्रकाशनकाल, सन् : 1965 ई.
36. तुलसी के भक्त्यात्मक गीत : डॉ. वचनदेव कुमार, हिन्दी साहित्य संसार, पटना, प्रथम संस्करण : 1964
37. तुलसी–पूर्व राम साहित्य : डॉ. अमरपाल सिंह, रचना प्रकाशन, इलाहाबाद–1, प्रथम संस्करण : 1968
38. देव और उनकी कविता : डॉ. नगेन्द्र, नेशनल पब्लिशिंग हाउस, दिल्ली, दूसरा संस्करण : 1957
39. नाथ–सम्प्रदाय : हजारीप्रसाद द्विवेदी, लोक भारती प्रकाशन, इलाहाबाद, तृतीय संस्करण : 1981
40. नायक–नायिका भेद और राग–रागिनी : डॉ. प्रदीप कुमार दीक्षित, भारतीय विद्या प्रकाशन, वाराणसी, प्रथम संस्करण : 1967
41. निरंजनी सम्प्रदाय के हिन्दी कवि : डॉ. सावित्री शुक्ल, मध्यप्रदेश शासन साहित्य परिषद्, भोपाल, प्रथम संस्करण : 1974

42. निर्गुण काव्य : प्रेरणा और प्रवृत्ति : डॉ. रामसजन पाण्डेय, सद्भावना प्रकाशन, दिल्ली, संस्करण : 1993
43. पल्लव : सुमित्रानंदन पंत, राजकमल प्रकाशन, दिल्ली, छठा संस्करण : 1958
44. पीरदान लालस ग्रंथावली : पीरदान लालस सादूल राजस्थान रिसर्च, इन्स्टीट्यूट, बीकानेर, संस्करण : 1960 ई.
45. पोथो ग्रंथ ज्ञान : (सम्पादक) कृष्णानन्द आचार्य, जाम्भाणी साहित्य अकादमी, बीकानेर, संस्करण : 2013
46. पौराणिक आख्यानों का विकासात्मक अध्ययन : डॉ. उमापतिराय चन्देल, कोणार्क प्रकाशन : 1975
47. प्रहलाद चरित्र : (सम्पादक) कृष्णानन्द आचार्य, बिश्नोई मन्दिर, ऋषिकेश, संस्करण : 2004
48. प्राचीन काव्यों की रूप–परम्परा : अगरचन्द नाहटा, भारतीय विद्या मन्दिर शोध प्रतिष्ठान, बीकानेर (राजस्थान) प्रथम संस्करण : 1962
49. प्राचीन डिंगल गीत साहित्य : डॉ. नारायण सिंह भाटी, राजस्थानी ग्रंथागार जोधपुर, प्रथम संस्करण : 15 अगस्त 1995
50. प्रामाणिक हिन्दी शब्दकोश : (सम्पादक) रामचन्द्र वर्मा, लोक भारती प्रकाशन, इलाहाबाद, संस्करण : 1998
51. बिश्नोई पंथ और साहित्य : डॉ. बनवारी लाल सहू, जाम्भाणी साहित्य अकादमी, बीकानेर, संस्करण : 2013
52. भक्ति आन्दोलन और भक्ति काव्य : शिवकुमार मिश्र, अभिव्यक्ति प्रकाशन, इलाहाबाद, परिवर्द्धित संस्करण : 2001
53. भक्ति आन्दोलन और साहित्य : डॉ. एम जॉर्ज, प्रगति प्रकाशन, आगरा, प्रथम संस्करण : 1978
54. भक्ति आन्दोलन और सूरदास का काव्य : मैनेजर पाण्डेय, वाणी प्रकाशन, नयी दिल्ली, संस्करण : 2012
55. भक्ति आन्दोलन का अध्याय : डॉ. रतिभानु सिंह नाहर, किताब महल, प्रा. लि. इलाहाबाद, संस्करण : 1971
56. भक्ति साहित्य के आधार स्तम्भ : यज्ञदत्त शर्मा, साहित्य प्रकाशन, मालीवाड़ा, दिल्ली, प्रकाशन वर्ष : अगस्त 1984
57. भारतीय एवं पाश्चात्य काव्यशास्त्र की पहचान : प्रो. हरिमोहन, वाणी प्रकाशन, नयी दिल्ली, प्रथम संस्करण : 2013
58. भारतीय काव्यशास्त्र : डॉ. तारक नाथ बाली, वाणी प्रकाशन, नयी दिल्ली, संस्करण : 2010
59. भारतीय काव्यशास्त्र की परम्परा : डॉ. नगेन्द्र, नेशनल पब्लिशिंग हाउस, दिल्ली, संस्करण वि. सं. : 2013

60. भारतीय सौन्दर्य शास्त्र का तात्त्विक विवेचन एवं ललित कलाएँ : डॉ. रामलखन शुक्ल, नेशनल पब्लिशिंग हाउस, दिल्ली : 1978
61. मध्यकालीन राजस्थान में धार्मिक आन्दोलन : डॉ. पेमाराम, राजस्थानी ग्रंथागार, जोधपुर, पुनर्मुद्रित : 2009
62. मध्यकालीन साहित्य में अवतारवाद : डॉ. कपिलदेव पाण्डेय, चौखम्बा विद्याभवन वाराणसी, प्रथम संस्करण, वि. सं. : 2020
63. मध्ययुगीन वैष्णव सम्प्रदायों में संगीत : डॉ. राकेश बाला सक्सेना, राधा पब्लिकेशंस, दरियागंज, नई दिल्ली : 110002, प्रथम संस्करण : 1990
64. महात्मा सुरजनजी के हरजस (मूल और टीका) : डॉ. कृष्णलाल बिश्नोई, संभराथल प्रकाशन, अबूबशहर, सिरसा (हरियाणा), प्रथम संस्करण : 1994
65. महाभारत का आधुनिक हिन्दी प्रबन्ध काव्यों पर प्रभाव : डॉ. विनय, सन्मार्ग प्रकाशन, दिल्ली–7, प्रथम संस्करण : 1966
66. मिश्रबन्धु विनोद (खण्ड 3–4) : मिश्रबन्धु, गंगा पुस्तकमाला, लखनऊ, संस्करण : 1979
67. मेहा रामायण : श्याम महर्षि, साहित्य अकादेमी, नई दिल्ली, प्रथम संस्करण : 2005
68. मेहोजी कृत रामायण : डॉ. हीरालाल माहेश्वरी, सत् साहित्य प्रकाशन, कलकत्ता–700007, प्रथम संस्करण : 1984
69. रघुनाथ रूपक : (सम्पादक) महताब चन्द्र खारेड़, साहित्य अकादेमी, नवी दिल्ली, दूजी खेप : 1999
70. रघुवरजसप्रकास : (सम्पादक) श्री सीताराम लालस, राजस्थान प्राच्य विद्या प्रतिष्ठान, जोधपुर, विक्रम संवत् : 2017
71. रस, अलंकार, छंद तथा अन्य काव्यांग : डॉ. वेंकट शर्मा, राजस्थानी ग्रंथागार, जोधपुर, तृतीय संशोधित संस्करण : 2011
72. रसमीमांसा : आचार्य रामचन्द्र शुक्ल, हिन्दी साहित्य मन्दिर, जोधपुर, संस्करण : 2009
73. रस सिद्धान्त : डॉ. नगेन्द्र, नेशनल पब्लिशिंग हाउस, नयी दिल्ली, संस्करण : 1980
74. राजपाल हिन्दी शब्दकोश : डॉ. हरदेव बाहरी, राजपाल एण्ड सन्ज़, दिल्ली, संस्करण : 2007
75. राजस्थान एवं गुजरात के मध्यकालीन संत एवं भक्त कवि (ई. 1400 से 1700 तक) : डॉ. मदन कुमार जानी, जवाहर पुस्तकालय, मथुरा
76. राजस्थान की हिन्दी साहित्य को देन : डॉ. गजानन मिश्र, राजस्थान हिन्दी ग्रंथ अकादमी, जयपुर, प्रथम संस्करण : 1995

77. राजस्थान के संत कवियों के दर्शन एवं उनकी लोकधर्मिता : डॉ. रामप्रसाद दाधीच, 'प्रसाद' महाराजा मानसिंह पुस्तक प्रकाश शोध केन्द्र, जोधपुर, प्रथम संस्करण : 2009
78. राजस्थान में भक्ति आन्दोलन : प्रो. पेमाराम, राजस्थान हिन्दी ग्रंथ अकादमी, जयपुर, प्रथम संस्करण : 2014
79. राजस्थानी काव्य में रामकथा : डॉ. मदन सैनी, कथाराज प्रकाशन, श्रीडुंगरगढ़–331803 (बीकानेर), प्रथम संस्करण : 2003
80. राजस्थानी भाषा, साहित्य और संस्कृति : डॉ. कल्याणसिंह शेखावत, राजस्थानी ग्रंथागार, जोधपुर, संस्करण : 1989
81. राजस्थानी रामायण (महात्मा सुरजनजी विरचित) : (सम्पादक) श्री कृष्णलाल बिश्नोई, हिन्दी विश्वभारती अनुसंधान परिषद्, बीकानेर (राज.), प्रथम संस्करण : 1992
82. राजस्थानी रुक्मिणी मंगल (मूल रचयिता पदम भगत) : हिन्दी भाषान्तरकार डॉ. सत्यनारायण स्वामी, भुवन वाणी ट्रस्ट, मौसमबाग़, लखनऊ–226020, प्रथम संस्करण : 1977 ई.
83. राजस्थानी लोक महाभारत : (सम्पादक) मूलचन्द प्राणेश, भारतीय विद्या मन्दिर, शोध प्रतिष्ठान, बीकानेर, प्रथम संस्करण : जुलाई 2000
84. राजस्थानी साहित्य : अेक परिचय : नरोत्तम दास स्वामी, नवयुग ग्रंथ कुटीर, बीकानेर, प्रथम संस्करण : 1975
85. रामकथा (उत्पत्ति और विकास) : फ़ादर कामिल बुल्के, हिन्दी परिषद् प्रकाशन, हिन्दी विभाग, प्रयाग विश्वविद्यालय, प्रयाग, तृतीय संशोधित संस्करण : 1971 ई.
86. रामकृष्ण काव्येतर हिन्दी सगुण भक्ति काव्य : डॉ. छोटेलाल दीक्षित, भारत प्रकाशन मन्दिर, अलीगढ, प्रथम संस्करण : जनवरी 1968
87. रांम रासौ : (सम्पादक) शुभकरण देवल, साहित्य अकादेमी, नई दिल्ली, संस्करण : 2005
88. रामसनेही संतकाव्य : परम्परा और मूल्यांकन : डॉ. सतीश कुमार, महाराजा मानसिंह पुस्तक प्रकाश, जोधपुर, प्रथम संस्करण : 2005
89. रामसनेही संत स्वामी देवदास कृतित्व एवं व्यक्तित्व : डॉ. शैलेन्द्र स्वामी, जूना रामद्वारा, चाँदपोल, जोधपुर, द्वितीय संस्करण : 2007
90. रामायण आख्यान : डॉ. धर्मेन्द्र नाथ शास्त्री, परिमल पब्लिकेशन्स, दिल्ली, संस्करण : 1996
91. रुक्मिणी मंगल : (सम्पादक) कृष्णानन्द आचार्य, बिश्नोई मन्दिर, ऋषिकेश, (उत्तरांचल), वि. सं. : 2061
92. रुक्मिणी विवाह सम्बन्धी मध्ययुगीन हिन्दी मंगल काव्य–लोक सांस्कृतिक अध्ययन : डॉ. सुनिता शर्मा, दीपू प्रकाशन, दिल्ली, प्रथम संस्करण : 2001

93. लोक साहित्य का लोकतत्त्व : डॉ. रामनिवास शर्मा, निर्मल पब्लिकेशन्स, दिल्ली, संस्करण : 2003
94. लोक साहित्य की भूमिका : डॉ. कृष्णदेव उपाध्याय, साहित्य भवन (प्रा.) लिमिटेड, इलाहाबाद, षष्टम संस्करण : 1995
95. वील्होजी का जीवन चरित्र : स्वामी ब्रह्मानन्द, प्रकाशक–श्री रामदास विष्णोई मन्दिर, गणेशगंज, कालजी, सम्वत् : 1970
96. वील्होजी की वाणी (मूल व टीका) : (सम्पादक) कृष्णलाल बिश्नोई, संभराथल प्रकाशन, अबूबशहर, सिरसा (हरियाणा), द्वितीय संस्करण : 1997
97. श्री कृष्ण–रुक्मिणी विवाह सम्बन्धी राजस्थानी काव्य : डॉ. पुरुषोत्तमलाल मेनारिया, मंगल प्रकाशन, जयपुर, प्रथम संस्करण : 1969
98. श्री जम्भ–गीता : भाष्यकार स्वामी सच्चिदानंद योगीराज, प्रकाशक–स्वामी भोलाराम मंहत पीपलगट्टा, हरदा (होशंगाबाद)
99. श्री जम्भदेव चरित्र भानु : (सम्पादक) ताराचन्द खीचड़, अखिल भारतीय बिश्नोई महासभा, मुक्तिधाम मुकाम, नोखा, बीकानेर (राज.) सम्वत् : 2069
100. श्री जाम्भोजी और जम्भवाणी मीमांसा : डॉ. हीरालाल माहेश्वरी, श्री गुरु जम्भेश्वर साहित्य सभा (रजि.) श्री बिश्नोई मन्दिर अबोहर–152116, जिला फिरोजपुर (पंजाब), प्रथम संस्करण : मई 2011
101. श्री बिश्नोई धर्म संस्थापक : स्वामी भागीरथदास आचार्य, श्री जम्भेश्वर धोरा जाजीवाल, जोधपुर (राज.), प्रथम संस्करण : सन् 1989
102. संगीत शास्त्र : के. वासुदेव शास्त्री, प्रकाशन शाखा, उत्तर प्रदेश, सूचना विभाग, लखनऊ, संस्करण : 1958
103. संत काव्य : आचार्य परशुराम चतुर्वेदी, किताब महल, सरोजनी नायडू मार्ग, इलाहाबाद, संस्करण : 2009
104. संत काव्य की सामाजिक प्रासंगिकता : रवीन्द्र कुमार सिंह, वाणी प्रकाशन, नयी दिल्ली–110002, प्रथम संस्करण : 1994
105. संत जाम्भोजी तथा बिश्नोई दर्शन : डॉ. सहीराम बिश्नोई, राजस्थानी ग्रंथागार, जोधपुर, प्रथम संस्करण : 2014
106. संत परम्परा और साहित्य : डॉ. ओंकारनाथ चतुर्वेदी, जयपुर पब्लिशिंग हाउस, चौड़ा रास्ता जयपुर–3, प्रथम संस्करण : 1999
107. संत श्री साहबरामजी राहड़ द्वारा प्रणीत ग्रंथ जम्भसार (भाग–1,2) : (सम्पादक) स्वामी कृष्णानन्द आचार्य, प्रकाशक : स्वामी आत्मप्रकाश

'जिज्ञासु', श्री जगद्गुरु जम्भेश्वर संस्कृत विद्यालय, मुकाम (बीकानेर) द्वितीय संस्करण : 2002

108. साखी भावार्थ प्रकाश : (टीकाकार) स्वामी कृष्णानन्द जी आचार्य, जम्भेश्वर प्रकाशन संस्थान, बिजनौर (उ.प्र.) प्रथम संस्करण : 1993 ई.
109. साहबराम राहड़ कृत जम्भसार (भाग–1, 2) : (सम्पादक) कृष्णानन्द शास्त्री, बिश्नोई मन्दिर, ऋषिकेश, संस्करण : 1982
110. सिद्ध साहित्य : डॉ. धर्मवीर भारती, किताब महल, इलाहाबाद, द्वितीय संस्करण : 1968
111. सूरदास : आचार्य रामचन्द्र शुक्ल, प्रकाशन संस्थान, नयी दिल्ली–110002, संस्करण : 2009
112. सूरदास (जीवन और काव्य का अध्ययन) : ब्रजेश्वर वर्मा, लोक भारती प्रकाशन, इलाहाबाद–1, सातवां संस्करण : 2004
113. सूरसागर में प्रतीक योजना : डॉ. बी. लक्ष्मय्या शेट्टी, रिसर्च पब्लिकेशन्स, नयी दिल्ली–2, संस्करण : 1972
114. हिन्दी काव्य में भक्ति का स्वरूप : डॉ. नित्यानन्द शर्मा, आशा प्रकाशन गृह, नई दिल्ली, संस्करण : 1975
115. हिन्दी कृष्णकाव्य : डॉ. सुधा चतुर्वेदी, रामा प्रकाशन, नजीराबाद, लखनऊ, प्रकाशन वर्ष : 1974
116. हिन्दी के पौराणिक नाटकों के मूल स्रोत : शशिप्रभा शास्त्री, राजकमल प्रकाशन प्रा. लि., दिल्ली–6, प्रथम संस्करण : 1973
117. हिन्दी के मध्यकालीन खण्ड काव्य : डॉ. सियाराम तिवारी, हिन्दी संसार, दिल्ली–6, प्रथम संस्करण : 1964
118. हिन्दी छन्दोलक्षण : नारायण दास, वाणी प्रकाशन, दिल्ली, द्वितीय संस्करण : 2005
119. हिन्दी भक्ति साहित्य में लोकतत्त्व : रवीन्द्र भ्रमर, भारतीय साहित्य मन्दिर, फव्वारा, दिल्ली, प्रथम संस्करण : 1965
120. हिन्दी भाषा का इतिहास : डॉ. भोलानाथ तिवारी, वाणी प्रकाशन, नयी दिल्ली–110002, आवृत्ति : 2014
121. हिन्दी–रीतिकविता के परिप्रेक्ष्य में कवि मण्डन का अध्ययन : डॉ. देवेन्द्र, राजस्थानी ग्रंथागार, जोधपुर, प्रथम संस्करण : 1990
122. हिन्दी संत परम्परा और संत केसो : डॉ. सुरेन्द्र कुमार, आकाश पब्लिशर्स एण्ड डिस्ट्रीब्यूटर्स, गाजियाबाद–201102, प्रथम संस्करण : 2011
123. हिन्दी साहित्य उद्भव और विकास : हजारीप्रसाद द्विवेदी, राजकमल प्रकाशन, नयी दिल्ली, नौंवी आवृत्ति : 2009

124. हिन्दी साहित्य का इतिहास : आचार्य रामचन्द्र शुक्ल, यूनिक ट्रेडर्स, जयपुर (राज.), संस्करण : 2013
125. हिन्दी साहित्य का इतिहास : (सम्पादक) डॉ. नगेन्द्र, डॉ. हरदयाल, मयूर पेपरबैक्स, नोएडा–201301, संस्करण : 2016
126. हिन्दी साहित्य का इतिहास : डॉ. हरिशचन्द्र वर्मा, डॉ. रामनिवास गुप्त, मंथन पब्लिकेशन्स, रोहतक (हरियाणा), प्रथम संस्करण : 1982
127. हिन्दी साहित्य का दूसरा इतिहास : बच्चन सिंह, राधाकृष्ण प्रकाशन प्राइवेट लिमिटेड, नई दिल्ली, सातवीं आवृत्ति : 2014
128. हिन्दी साहित्य की भूमिका : हजारी प्रसाद द्विवेदी, रामकमल प्रकाशन प्रा. लि., नई दिल्ली, संस्करण : 2008
129. हिन्दी साहित्यकोश (भाग–1,2) : (सम्पादक) धीरेन्द्र वर्मा, ज्ञानमंडल, प्रकाशन, वाराणसी, संस्करण : 1985

संस्कृत ग्रंथ

1. अग्नि पुराण : मनसुख राय मोर, 5 क्लाइव रो, कलकत्ता–1, प्रथम संस्करण : 1957
2. आनन्द रामायण : गोपाल नारायण, मुम्बई, संस्करण : सम्वत् :2014
3. ईशादि नौ उपनिषद (शंकरभाष्यार्थ) : गीताप्रेस, गोरखपुर, तेरहवाँ पुनर्मुद्रण : सम्वत् 2073
4. गर्ग संहिता : (अनुवादक) गिरधरदास, नवलकिशोर, प्रेस लखनऊ, संस्करण : 1954
5. ब्रह्मवैवर्त्त पुराण : राधाकृष्ण मोर, 5 क्लाइव रो, कलकत्ता–1, प्रथम संस्करण : 1955
6. भागवत् पुराण : गीताप्रेस, गोरखपुर, पुनर्मुद्रण सम्वत् : 2070
7. मुण्डकोपनिषद् : गीता प्रेस, गोरखपुर, सम्वत् : 2026
8. वामन पुराण : नवल किशोर प्रेस, लखनऊ, सम्वत् संस्करण : 1954
9. विष्णु पुराण : (अनुवादक) मुनिलाल गुप्त, गीताप्रेस, गोरखपुर, संस्करण : 1969
10. वैदिक संस्कृत परिप्रेक्ष्ये जम्भवाणाया विवेचनात्मकमध्ययनम् : डॉ. गोरधनराम विश्नोई, राष्ट्रीय संस्कृत साहित्य केन्द्र, जयपुर, संस्करण : 2010
11. शतपथ ब्राह्मण : (भाष्यकार) हरिस्वामी वेदगंग, चौखम्बा संस्कृत सीरीज, वाराणसी, संस्करण : 1969
12. शिव पुराण : (भाषानुवाद) प्यारेलाल, तेजकुमार बुक डिपो, त्रयोदश संस्करण : 1956
13. संगीत रत्नाकर–शार्ङ्धर : (सम्पादक) सुभद्रा चौधरी, राधा पब्लिकेशन्स, नई दिल्ली, संस्करण : 2000

विश्नोई संतकवियों द्वारा रचित राम-कृष्ण संबंधी आख्यान काव्य

14. हरिवंश पुराण : (अनुवादक) पं. ज्वालाप्रसाद मिश्र, श्री वेंकटेश्वर स्टीम प्रेस, बम्बई, संस्करण : 1954
15. श्रीमद्भगवद्गीता : गीताप्रेस, गोरखपुर, तेरहवां संस्करण, सम्वत् : 2062
16. श्रीमद् भागवत : गीताप्रेस, गोरखपुर, बाईसवां संस्करण, सम्वत् : 2061

पत्रिकाएँ

1. अमर ज्योति : बिश्नोई सभा, हिसार, (हरियाणा)
2. कल्याण : रामांक, वर्ष—46 (संख्या—1) गीताप्रेस गोरखपुर, संस्करण : 1972
3. जम्भ आलोक : विश्वबन्धु बिश्नोई, कांठ, मुरादाबाद (उ. प्र.)
4. जम्भ ज्योति : विश्नोई धर्मशाला, रातानाडा, जोधपुर
5. जम्भधारा : गुरु जम्भेश्वर पर्यावरण संरक्षण शोधपीठ, जयनारायण व्यास विश्वविद्यालय, जोधपुर
6. जागती जोत : राजस्थानी भाषा साहित्य एवं संस्कृति अकादमी, बीकानेर
7. पर्यावरण सौरभ : सूचना प्रिंटिंग प्रेस, हिसार
8. मधुमती : राजस्थान साहित्य अकादमी, उदयपुर
9. मीरायन : मीरा स्मृति संस्थान, चित्तौड़गढ
10. वैचरिकी : भारतीय विद्या मन्दिर शोध प्रतिष्ठान, बीकानेर
11. समराथल धारा : गुरु जम्भेश्वर जी महाराज धार्मिक अध्ययन संस्थान, गुरु जम्भेश्वर विज्ञान एवं तकनीकी विश्वविद्यालय, हिसार

www.ingramcontent.com/pod-product-compliance
Lightning Source LLC
Chambersburg PA
CBHW050246010526
44107CB00003B/197
9781998027255